幼稚園教學資源手冊

江麗莉 策畫主編

江麗莉♥黃靜子♥張重文♥曾月琴♥曾錦貞♥詹日宜　著

作者簡介

　　江麗莉（兼策畫主編），誰？是個「人」！是那個離不開孩子世界，狂愛孩子心思的大小孩。平時除了在新竹師院幼教系教教書、做做研究、兼兼行政職務外，就喜歡與幼教老師們嘗試各種新點子。有興趣嗎？歡迎一起來玩。

───────────

　　嗨！各位幼教伙伴們，我是**黃靜子**，現任教於新竹師院實驗國民小學附設幼稚園。從幼教界的新生代漸漸跨入中生代，期許自己在不同的人生階段中，有不同的突破。「凡走過必留下痕跡」，希望此書的出版，能與幼教伙伴做教學上的交流，並為自己的成長留下足跡。

───────────

　　我的名字是**張重文**，目前在新竹科學園區實驗中學幼稚園部服務。雖然在幼教界服務了二十幾年，但我可不是現在流行的LKK喲！自己覺得還與年輕的朋友一樣的「HIGH」，因為保持「年輕」與「熱忱」的心是我能有「興趣」玩下去的原動力。想想，每天到學校就可以看到一群可愛的孩子是多麼幸福快樂的事呀！期許自己會隨著年齡的增長而更珍惜留在幼教界的日子！

───────────

　　「再唱一段思想起，再唱一段……」很欣慰這把彈奏了二十四年的老「月琴」至今從未變調。**曾月琴**，現任教於國立科學工業園區實驗中學幼稚園部。走過八千多個日子，陪伴幼兒們走過重要關鍵的學前階段，這段過程雖艱辛，但是親見他們的成長，心中滿溢甘飴，期願自己不斷精進，能給孩子們最適切的教學內容。

~~~~~~~~~~~~~~~~~~~~~~~~~~~~~~~~~~~~~~~

曾錦貞，與幼教結緣於新竹師院和台北市立師院的我，本著工作與生活結合為一的執著在幼教領域裡努力著，至今邁入第十年，目前服務於新竹師院實小幼稚園。在經歷三種不同型態的幼稚園工作環境，嘗試不同的教學類型之後，願將所累積的成長點滴與有緣人分享。感謝陪伴我走過成長歲月的每一個大大人和小小孩！

~~~~~~~~~~~~~~~~~~~~~~~~~~~~~~~~~~~~~~~

詹日宜，新竹人，新竹師院幼教系畢，曾經當過作業員、國小和私立幼稚園代課老師，前前後後在幼教的園子裡走過了十二個年頭，發現最愛的還是接觸小孩；目前在新竹師院實小幼稚園服務，也是二個小孩的媽媽。常自詡為「歐巴桑小姐」，希望能常保有慈母般的細膩和青春般的活力及接受挑戰的勇氣。

活化教學，教學活化

幼稚園教學資源手冊導讀

真是好久、好長的一段歷程，從開始有這本書的構想到這本書終於要出版。

最先有編撰此書的構想是來自於教學，在師院教授教育實習一門課時，總是會要求學生編撰「教案」。在當時，即非常強調學生在教案的設計絕非僅是活動的組合而已，更是同學對自己所欲試教主題相關知識的充實，因而非常要求學生設計教案的第一步，一定得事先蒐集相關的資訊，而非是在匆忙、快速、速食的情況下，將與主題有關的「活動」串連而已。當然，在課程的要求下，同學都是「奮力」的蒐集許許多多資訊。身為教師的我，在批閱、討論之時，總是有著一份感動與驕傲，但另一方面，亦感念同學蒐集資料的寶貴，且意識這些資料若能加以整理，相信能提供現場幼教教師些許的「觀念激盪」與「教學分享」。

曾錦貞、詹日宜、黃靜子、張重文、曾月琴等人，一直是我執教以來亦師亦友的親密戰友。為了重整本書，我們歷經了長達二年，一次又一次的討論、爭辯，才有今日的小小成果展現在各位的面前。感謝他們的共同參與和信任。再者，此書在編撰的過程，由於本人的「本性」，致使本書的出版一延再延，在此，衷心感謝心理出版社陳文玲小姐和許麗玉總經理的寬容與協助。

□這本資源手冊有些什麼內容□

這本資源手冊共包括我、多元文化、童玩、文房四寶、選舉、食品、交通、環保之旅、電腦、數學，及文房四寶等十個主題。每一個主題都曾是幼稚園裡的教學主題，也是實際教學的紀錄。

基本上，每一個主題的敘述包括六部分：前言、主題概念網、參考書籍、社會資源、參考活動及活動範例。

一、前言

〔簡述該主題的教學動機〕

首先，讓我以第八章的環保之旅為例，說明該主題的「前言」是如何的被描述。

環保之旅是由「飲料」、「水」和「樹」三個個別進行的主題所串連。教學緣起於班上幼兒因參加國小哥哥姊姊們的期末飲料品嚐大會後，顯露出愛喝高糖份飲料的傾向。教師一則害怕他們就將陷入胖弟胖妹的行列中，另則擔憂飲料空瓶隨地棄置，故而開始了「飲料」的主題。而就當飲料進行到飲料的原料時（水為主要原料），正逢台灣地區鬧水荒，缺水問題相當嚴重，再加上學校旁邊有污水處理廠、淨水廠等社會資源的提供，於是就開展出「水」的主題。森林是水的故鄉，因而「樹」的主題就此激發。而有趣的是當進行到登山活動時，山泉水、礦泉水等「飲料」的概念又被帶出來。於是「環保之旅」的想法浮現，而將這三個主題串起來。

二、主題概念網

〔提供教師有關該主題的基本概念架構〕

為什麼要做主題概念網呢？它的主要功能在於提供教師有關該主題的基本概念，並提供教師一個機會去嘗試材料或點子的各種可能性。

基本上，主題概念網是一種非線性的計畫型式，它讓幼兒的學習可以從某一獨立的興趣點出發而展翅到各種不同的方向。同時，一個主題概念網也是個試驗性、假設性的計畫。它無法確實的告訴你即將發生些什麼事或發生的順序是如何，因為那往往是依幼兒的反應而決定的。所以，教師第一步先計畫，然後開始嘗試一些想法，並特別留意發生了些什麼事，評量，然後進行更深入的活動。

使用主題概念網，教師可以統整各種的學習活動。只要沒有迷失活動的目的，那麼他們可以在不同的方向上游走。換言之，主題概念網可以幫助教師以更統整的方式設計學習活動以滿足不同幼兒的需求。在此種模式之下，幼兒可能學習較高層級的活

動，因為他無須像在過去線性計畫模式之下，必須先學會某些概念技能後才可能學習更高層級的活動。當教師很清楚目標之後，即可以有彈性的計畫，並回應幼兒的興趣和關注焦點，若有必要，甚而可遠離原有的軌跡。一個岔枝離題可能導致另一個目標，但也可能只是短期的課程插入而已！

主題概念網的繪製或組織並沒有一定的格式，它可以是樹枝狀的（如：飲料），也可以是圓盤式的（如：多元文化），完全視教師個人的思考習慣、組織模式而定。只要教師能掌握相關的資訊並以清楚的邏輯層次架構之即可，因為使用者是教師自己。如何繪製概念網對許多幼教教師而言似乎是件挑戰，他們常面臨的困難有二：其一，不了解概念網與教學資料、主題知識和教學活動之間的關聯，亦即，它有什麼用；其二，到底要從哪裡著手。

我建議教師可嘗試回答：你的主題是什麼？例如：「飲料」一主題，什麼是飲料，可就其種類、包裝、原料、用途、來源和影響等方向積極搜尋資訊和思考。

換言之，概念網可以是主題知識的統整和組織，也可以是活動的列舉，更可以是知識與活動的整合。時下許多幼教教師在畫主題網時，常以腦力激盪的方式，將與主題有關的所有知識或活動一一列舉，此種作法的好處是教師較無壓力，可以說是想到什麼就寫什麼，但它的問題可能有二：其一是，較無系統組織；其二，它完全是以教師對該主題的既有知識為基礎。若教師對該主題有清楚、正確且較完整的知識概念，所能提供給幼兒的主題知識或活動內容自然也就較豐富；反之，則很容易受限於教師的知識經驗，而易流於所謂的「常識」教學，這對於幼兒的學習是件挫敗且不公之事。

基本上，我們主張要畫主題概念網的第一步（是非常重要的步驟）是教師廣泛的蒐集、閱讀與主題有關的知識。教師對主題概念知識的了解應盡可能朝向「專家知識」而努力，切勿以為只是教幼兒，而僅以一般的「流傳常識」隨意應付。事實上，這也是這本資源手冊編輯的重要動機之一。因為我們相信，幼兒園的幼兒雖然年紀小，但他們的學習權利和所有的成人是一樣的。因此，教師絕對有義務提供幼兒正確且完整的知識。

在教師蒐集、閱讀了相關知識後，接下來的整理組織亦常是許多教師感到頭疼、困擾之處。我們建議教師可嘗試從下列幾個方向去統整手邊的資料。

1. 定義
2. 種類／類別
3. 功能／用途／功用
4. 來源
5. 成分／特性
6. 影響（正向、負向）
7. 產地
8. 使用者／使用規則

三、參考書籍

〔提供教師與主題有關的教學參考用書，並摘錄內容要點及相關資料。參考書籍包括：教師用書、幼兒用書、錄影帶、錄音帶、幻燈片和雷射唱片〕

由於每一個主題的相關參考書籍相當的豐富，我們僅列舉與主題有直接相關的資料，並予以編號，以方便活動範例的說明使用。即：活動範例中若列有相關參考書籍資料，往往是以編號代之，而非以書名直接呈現。又每一數字編號前的英文若為 T 表示為「教師用書」，若為 C 表示為「幼兒用書」，若為 V 表示為「錄影帶」，若為 TA 表示為「錄音帶」，若為 S 表示為「幻燈片」，若為 CD 表示為「雷射唱片」。

基本上，參考書籍的部分是以表格的方式呈現，每一類之參考書籍的性質與使用方式各有不同，因而所提供之資訊內容也有不同，茲分別說明如下：

㈠教師用書（T）

為充實教師有關該主題之知識，建議教師於教學之前或教學中可閱讀參考之圖書。教師用書所包含之訊息包含有編號、書名、作者、出版社、主題相關資料。若整本圖書均是論及該主題（如 T～1），則於主要相關資料欄內作整本書的內容摘要，但若僅是書中的部分章節論及該主題（如 T～2），則列出頁碼，並就該部分的內容做摘要說明。

編　號	書　　名	作　　者	出　版　社	主題相關資料
T～1	環境保護ㄅㄆㄇ	行政院環境保護署 （民79）	教育部行政院環境保護署	• 說明地球產生哪些環境危機以及具體落實行動的方法，促成舉手做環保之共識。
T～2	環境衛生學	陳永仁、陳雄文著 （民84）	國立空中大學	• 說明環境衛生之科學事實問題與發生之根由，並提出可行的預防措施與解決方法。 • 頁25～65　空氣污染防治。 • 頁119～154　飲用水衛生。

(二)幼兒用書（C）

　　為充實幼兒有關該主題之知識，建議了教師可直接用來讀（說）給幼兒聽之圖畫書，或是可放置於語文角，提供幼兒自行閱讀之圖畫書。幼兒用書所包含之訊息有編號、書名、作者、出版社及內容簡介。若整本圖書均是論及該主題（如C～1），則於內容簡介欄內作整本書的內容摘要，但若僅是書中的部分章節論及該主題（如C～2），則列出頁碼，並就該部分的內容做摘要說明。

編　號	書　　名	作　　者	出　版　社	內容簡介
C～1	張小猴買水果	文/陳木城 圖/鄭明進 （民79）	光復	• 故事介紹張小猴買水果時，水果們自我推薦說出優點，引導讀者認識水果的外型特徵、營養及吃法。
C～2	蔬菜和水果	文/江偉 圖/江婷 （民88）	江氏圖書	• 頁7～9　好吃的水果。 • 頁12～15　夏天的水果。

(三)錄影帶（Ｖ）

為充實教師與幼兒有關該主題之知識，我們蒐集了與主題有關的錄影帶，教師可於教學中放映，以與幼兒共同討論。錄影帶所包含之訊息有編號、名稱、發行公司、內容簡介及備註。內容簡介欄內乃就該錄影帶之內容作簡要的說明。由於錄影帶有許多都是以系列成套的方式發行，因此若該卷錄影帶是屬於某套的其中一卷，則於備註欄內說明之。

編　號	名　　稱	發行公司	內容簡介	備　　註
Ｖ～1	認識果汁	台視文化事業	• 介紹果汁製造的原料及包裝過程。	• 公共電視──天之美祿
Ｖ～2	環保小英雄	行政院環保署	• 利用卡通人物傑比環保兔來喚醒地球人類如何改善污染以拯救地球。	

(四)錄音帶（ＴＡ）

為充實教師與幼兒有關該主題的知識，我們亦蒐集了與主題有關的錄音帶，教師可於教學中播放，以與幼兒共同討論。錄音帶所包含之訊息有編號、名稱、製作、發行及備註。

編　號	名　　稱	製　　作	發　　行	備　　註
ＴＡ～1	朱宗慶陪你過新年	朱宗慶（民78）	福茂唱片	• 以打擊樂的風貌呈現中國的新年旋律歌曲，並收錄廣西的「傜族舞曲」。
ＴＡ～2	客家童謠──伯公、伯婆　• 阿丑琢	涂敏恆	漢興傳播有限公司	• 內錄製十四首趣味性的客家童謠，由小朋友演唱。

(五)*幻燈片*（S）

為充實教師與幼兒有關該主題的知識，我們同時蒐集了與主題有關的幻燈片，教師可於教學中放映，以與幼兒共同討論。幻燈片所包含之訊息有編號、名稱、製作、發行及備註。

編　號	名　　稱	製　　作	發　　行	備　　註
S～1	好吃的水果	江婷 （民85）	江氏圖書	• 一套四組，依產出的季節呈現台灣常見的水果。

(六)*雷射唱片*（CD）

為充實教師與幼兒有關該主題之知識，我們蒐集了與主題有關的雷射唱片，教師可於教學中放映，以與幼兒共同討論。雷射唱片所包含之訊息有編號、名稱、製作、發行及備註。若同時有卡帶發行，則於備註欄內說明之。

編　號	名　稱	製　　作	發　　行	備　註
CD～1	布農族之歌	音樂中國出版社 風潮有聲出版有限公司 （民81）	玉山國家公園出版社	• 卡帶同步發行
CD～2	卑南族之歌	音樂中國出版社 （民82）	風潮有聲出版有限公司	• 卡帶同步發行

四、社會資源

〔提供教師與主題有關，可用的社會資源，包括社會人士與機構〕

社會資源的部分亦是以表格的方式呈現，列有名稱、資源內容和備註。名稱是指該主題有關之社會人士或機構；資源內容乃說明該資源單位可提供的協助與服務內容；備註欄內則說明該單位的聯絡住址或方式。

以飲料為例：

名　　　稱	資源內容	備　　註
黑松汽水公司	• 提供參觀以了解飲料之來源、製作過程、設備及種類的認識	• 黑松汽水公司位在桃園縣中壢市，另外在南部縣市也有分廠 • 亦可參考其他汽水公司，如：百事公司

五、參考活動

〔提供教師與主題有關之各領域教學活動說明，包括體能遊戲（Ⅰ）、故事與戲劇（Ⅱ）、兒歌與律動（Ⅲ），及工作（Ⅳ）〕

(一)體能遊戲（Ⅰ）

列舉了與該主題有關的體能遊戲活動的名稱、準備工作、遊戲說明，有時亦加上活動實景分享。每一活動前均予以編號，以方便該主題活動範例的說明使用。基本上，體能遊戲活動都以「Ⅰ」為開頭，而後緊跟以阿拉伯數字編號之。

編號：Ⅰ～20

❀名稱：河水哭了

❀準備工作：

1. 幼兒用書「小雨滴的旅行」（C～18）。

2. 錄影帶「環保小英雄」（V～10）之河川污染部分。

3. 事前觀測學校附近可以觀察的溪流水溝。

4. 各角落的教材。

5. 集水瓶三個。

※遊戲說明：

1. 老師說「小雨滴的旅行」（C～18）故事，或觀賞錄影帶「環保小英雄」（V～10）。

2. 師生討論河川變髒的原因，及河川污染對人類有何影響。

3. 徒步到學校附近的小溪或水溝觀察。

4. 收集溪水或水溝的水帶回教室（集水瓶要有蓋子，貼上膠帶以防臭味四溢）。

5. 角落活動：

　(1)娃娃角：用超型積木搭成浴室玩洗澡遊戲，洗澡水流入排水管。

　(2)積木角：搭建豬舍、牛舍，將動物模型放在裡面，玩排泄物污染河川的遊戲。

　(3)科學角：用放大鏡觀察集水瓶所裝的自來水及排水溝、溪水的水質。

　(4)語文角：欣賞幼兒用書⇨小河愛唱歌（C～14）、水（C～16）、小河的故事（C～17）、小雨滴的旅行（C～18）、水中動物的生活（C～19）、水底神奇的世界（C～20）、走向大自然——河流㈠（C～21）、走向大自然——河流㈡（C～22）、走向大自然——海洋（C～23）、綠池裏的大白鵝（C～24）。

㈡故事與戲劇（Ⅱ）

　　列舉了與該主題有關的故事與戲劇活動的名稱、內容，有時加入活動實景分享。每一活動前均予以編號，以方便該主題活動範例的說明使用。基本上，故事與戲劇都以「Ⅱ」為開頭，而後緊跟以阿拉伯數字編號之。

編號：Ⅱ～1

※名稱：可樂惹的禍

※內容：

1. 老師說故事：可樂惹的禍

　小女孩甜甜喜歡喝可樂，所以常常要求爸媽帶她去麥當勞喝可樂、吃漢堡，結果不但牙齒疼了，同學也說她愈來愈像小象隊了。甜甜不想吃飯，很容易

生病感冒，媽媽帶她去看醫生，醫生伯伯說：「一定是可樂惹的禍！可樂含糖份太多，容易蛀牙，又含有咖啡因，小孩喝太多會越來越急躁、變笨，而且會變成小胖妞了！」小甜甜聽了之後，從此再也不敢喝可樂了！

2. 由幼兒分別扮演甜甜、爸媽、醫生等角色。

3. 表演的幼兒依不同的角色做裝扮。

4. 表演程序及內容的大略介紹：

　　第一幕

(1)小甜甜出場——甜甜唱飲料歌，然後介紹自己，且說出自己最愛喝可樂。

(2)爸媽出場，和小甜甜對白，告之飲料含糖份太高易蛀牙，要節制。小甜甜不聽，執意要拿錢去買，話還來不及說完就叫起牙疼來了，於是爸媽帶她去看醫生。

　　第二幕

(3)醫生出場，自我介紹後，敘述門診小病人都是喝太多飲料引起蛀牙的。

(4)甜甜來就診，開始時不合作，後來經過醫生開導後乖乖看診並聽醫生叮嚀，再也不愛喝碳酸飲料了！

(5)最後所有演員一起謝幕。

(三)兒歌與律動（Ⅲ）

　　列舉了與該主題有關的兒歌與律動的名稱及內容。每一活動前均予以編號，以方便該主題活動範例的說明使用。基本上，兒歌與律動以「Ⅲ」為開頭，而後緊跟以阿拉伯數字編號之。

編號：Ⅲ～1

❋名稱：飲料

❋內容：

　飲料種類真正多，

　汽水、可樂、優酪乳；

牛奶、咖啡、冰紅茶；

咕嚕、咕嚕、咕嚕嚕；

啊！真正最棒白開水，

人人天天喝兩千，

健康美麗又快活。

㈣工作（Ⅳ）

　　列舉了與該主題有關的工作活動的名稱、材料、作法說明，有時附上活動實景說明（作品簡圖）。每一活動前均予以編號，以方便該主題活動範例的說明使用。基本上，工作活動都以「Ⅳ」為開頭，而後緊跟以阿拉伯數字編號之。

編號：Ⅳ～1

❀**名稱**：收銀機

❀**材料**：立方體紙箱一個、正方形空盒一個、蒲草、厚紙板一張。

❀**作法說明**：

1. 將空箱開口面對自己放好，上面部分盒蓋保持完整，左、右兩側盒蓋之鄰接上面盒蓋部分剪開約 2cm，然後將左右蓋子之剪開部分向內側方向各摺一個三角形作為上面的盒蓋和它的黏合處。

2. 將上面的盒蓋往下壓，並黏合在左、右兩個三角形上，上面盒蓋即成斜坡狀。

3. 在斜面部分黏上含蒲草當鍵盤（鍵入商品價格）。

4. 箱子頂部摺成三角形當螢幕可顯示出商品價格。

5. 找另一空盒寬度與紙箱子相同，放在箱子內，在盒子前做個把手，可以隨時拉出來裝錢。

6. 收銀機右上方開孔放入長形紙條當統一發票。

六、活動範例

〔每一主題均提供二至三個為期一周的活動流程實例，以為教師運用此書時的參考〕

　　或許有老師會問，此書每一主題的前五部分都只是提供與該主題有關的教學資源，然而在幼兒園的教室中，若真的要以該主題為教學主題，那該如何運用之前的這些教學資源呢？教室的教學情景又是何種景象呢？

　　為使教師對於每一主題的可能活動流程或實況有較清晰的全貌，因而，每一主題均提供了二至三個活動實例。原則上，每一個活動實例的進行時間約為一周，且多是幼兒園教室中的教學實錄，相信透過這些活動實例的提供，可以讓教師在運用此書時，能更得心應手。

　　每一活動範例的敘寫方式各有不同。有的是以文字敘述之，如例一「忘不了的飲料篇」；有的是以表格流程的方式呈現，如例二「飲料之旅」。其目的之一，在於闡述教學活動的進行可以是多元的，而非唯一的。事實上，這種觀念也一直是本資源手冊所要強調的焦點。全書雖然涵蓋了十個主題，每個主題的基本架構是一致的，但事實上，其中隱含了相當多的「不同」呈現，不同的主題概念網呈現方式，不同的教學活動範例等等。也是基於想提醒幼教教師們在教學活動過程勿過度執著於「唯一」作法，或「標準」作法。

例一：忘不了的飲料篇

（以敘述性文字描述在教室內進行「飲料」的教學實錄）

準備活動

　　假期中即與搭檔重文老師研商開學第一單元主題「飲料」之可行性。決定之後，立即展開蒐集資料的工作，透過商店、友人的幫助，終於找到了黑松、香吉士等各類產品廣告的海報。另外也發通知請求家長配合支援各種飲料空瓶及圖書、圖片等資源。同時透過電話聯絡參觀地點及交通。更在主題佈置欄上巧妙地

佈局，貼上參照幼兒午睡用的小枕頭圖案——鄉下老鼠來引發幼兒的動機。

五、六位幼兒圍過來問老師：「板子上的動物是誰呀？為什麼要放在上面呢？」老師回答：「穿裙子的叫蒂蒂，穿褲子的叫咪咪。從今天起要和我們一起玩喲！」幼兒們好興奮地說：「好棒噢！」老師又問：「他們從很遠的鄉下來的，現在口好渴，怎麼辦？」於是討論的話題就開始了，有人建議喝可樂，有人說喝茶，有人說喝果汁、喝水。老師說：「教室裡沒有怎麼辦？」幼兒說：「福利社有！」「我家有！」「用畫的！」於是老師鼓勵他們把家中飲料空瓶都帶來，幼兒的表情極為雀躍。

飲料的家

活動進行的第一天，我們讓幼兒介紹自己帶來的東西。結果有家庭號味全鮮乳、可口可樂、沙士、奧力多、礦泉水、豆乳、咖啡、烏龍茶、花茶等空瓶、罐、鋁箔包、立頓茶包等，以及小萍和媽媽一起剪下的果汁、杯具、茶器的雜誌圖片，猶如鑑賞藝術品的饗宴呢！分享完之後，師生共同討論「飲料在哪裏？」幼兒十分踴躍的回答：「在7-11！」「在超市！」「在百貨公司、速食店、餐飲店、雜貨店、車站販賣機、學校。」等。概念十分清楚。接著老師帶領他們參觀學校賣飲料的地方——「合作社」及中學部走廊的飲料販賣機。參觀完後師生一起討論兩處飲料販賣的方式、擺置……等不同點。幼兒的回答是：「飲料販賣機有熱的咖啡，福利社沒有。」「福利社的飲料種類比較多，數量也多。」「販賣機的飲料只要自己投錢就可以拿到飲料。」「到福利社買飲料要把錢交給阿姨才可以。」

第二天早上，小羽、小君到教室後，即到大積木角利用大積木搭建飲料店。

例二：飲料之旅

（以表格流程的方式呈現如何以飲料為主題進行教學活動）

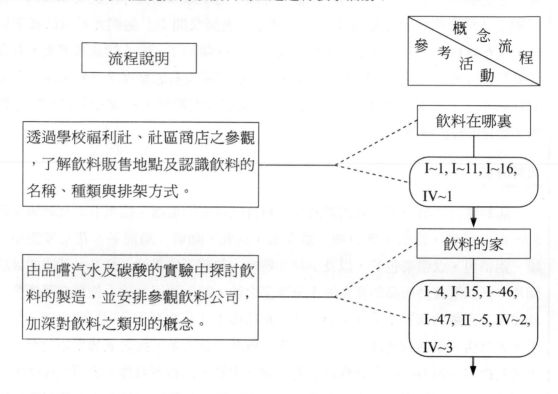

流程說明

概　念　流　程
參　考
活　動

透過學校福利社、社區商店之參觀，了解飲料販售地點及認識飲料的名稱、種類與排架方式。

飲料在哪裏

I~1, I~11, I~16, IV~1

由品嚐汽水及碳酸的實驗中探討飲料的製造，並安排參觀飲料公司，加深對飲料之類別的概念。

飲料的家

I~4, I~15, I~46, I~47, II~5, IV~2, IV~3

□可以如何使用這本資源手冊□

看完前面對這本資源手冊內容的介紹，或許你仍不禁要問，這本書對我有什麼用呢？我可以如何使用這本資源手冊呢？

其一，教學參考資源。就如這本書的書名「幼稚園教學資源手冊」所標示，它可作為你教學上的參考資源。因為這本資源手冊提供了各位十個教學主題的相關知識概念、教師參考用書、幼兒參考用書、社會資源、體能遊戲活動、故事戲劇活動、兒歌律動、美勞活動和活動範例。

其二，資料整理架構。對於手邊一疊疊的教學資料，你都是如何的處理歸納它們

呢？在這本資源手冊中，我們嘗試性的提供了一套資料整理的架構系統。我們利用表格的方式，將許多的教學資料做簡潔有效的檔案整理，以方便教師能在最短的時間內搜尋到教學上的所需。

其三，觀念激盪。誠如前面所言，我們認為教學是多元的，沒有唯一的標準模式。教室是屬於老師和孩子所共有的，故而，教室裡的一切也理應由老師和孩子共同創建之。你同意嗎?!

最後，期盼創意的你我能以此書為起點，共同努力「活化我們的教學，讓我們的教學更活化」。

目　錄

第１章 我

第一節　前言

　　整個社會團體最基本的單位，小至家庭，大至整個國家、地球都是由「我」所組成的，而「我」的主題，也是幼兒最感興趣的。

　　此主題概念分「生理的我」、「心理的我」、「社會的我」三部分來探討，「生理的我」在認識外顯或內在各部位器官，對器官的名稱、功用及保養等，有更深一層的認知，增進自我保護能力；「心理的我」在探討情緒、情感方面，分享幼兒的感受、困擾，協助幼兒自我調適，導正各種偏差行為，增加體恤周遭朋友的情感；「社會的我」在促使幼兒了解個體呈現的自我形象及與社會互動的方式。

　　此主題，我們期盼透過不同的教學活動，帶領幼兒認識別人與自己的相同點及相異點，了解自己、接受自己的獨特性，感受生命在宇宙上的意義，及父母的關愛、家庭的祝福，進而也能接受別人及其獨特性，能珍惜自己、珍惜別人，互敬互重，以「尊重」建立人與人之間的關係。

第二節　主題概念網

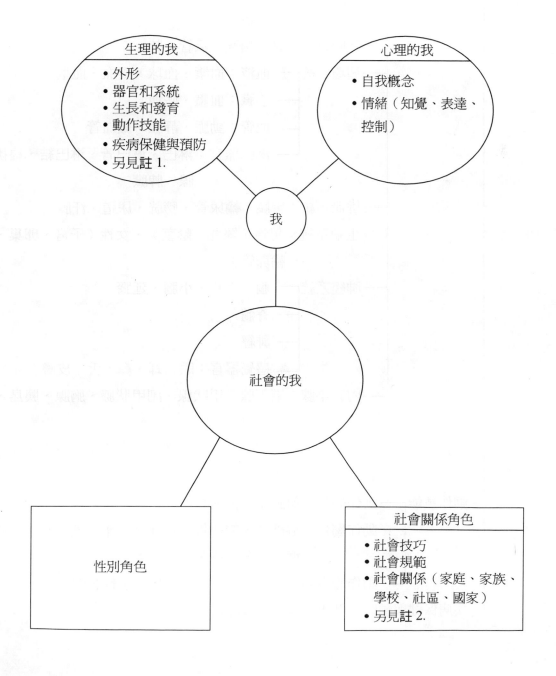

註 1.

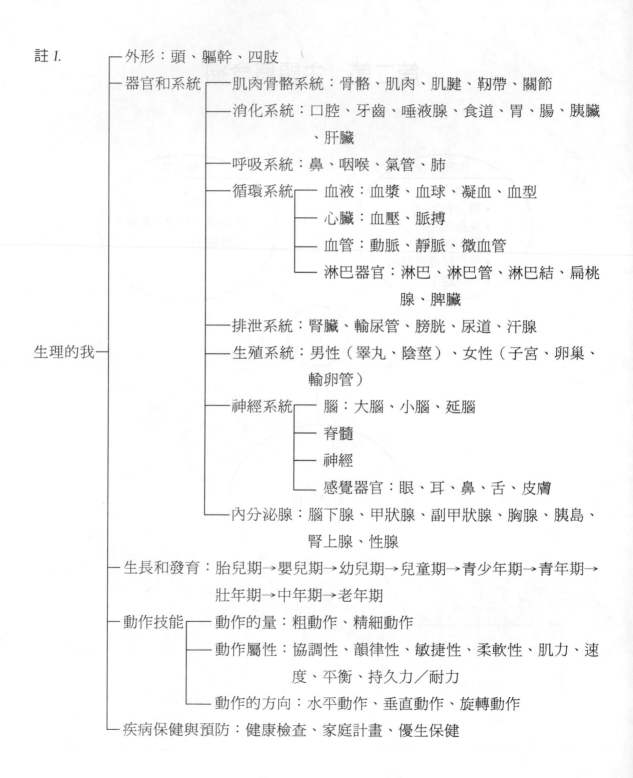

```
                    ┌─ 外形：頭、軀幹、四肢
                    │
                    ├─ 器官和系統 ┬─ 肌肉骨骼系統：骨骼、肌肉、肌腱、靭帶、關節
                    │            │
                    │            ├─ 消化系統：口腔、牙齒、唾液腺、食道、胃、腸、胰臟
                    │            │           、肝臟
                    │            │
                    │            ├─ 呼吸系統：鼻、咽喉、氣管、肺
                    │            │
                    │            ├─ 循環系統 ┬─ 血液：血漿、血球、凝血、血型
                    │            │          │
                    │            │          ├─ 心臟：血壓、脈搏
                    │            │          │
                    │            │          ├─ 血管：動脈、靜脈、微血管
                    │            │          │
                    │            │          └─ 淋巴器官：淋巴、淋巴管、淋巴結、扁桃
                    │            │                      腺、脾臟
                    │            │
                    │            ├─ 排泄系統：腎臟、輸尿管、膀胱、尿道、汗腺
                    │            │
                    │            ├─ 生殖系統：男性（睪丸、陰莖）、女性（子宮、卵巢、
   生理的我 ─┤                    │           輸卵管）
                    │            │
                    │            ├─ 神經系統 ┬─ 腦：大腦、小腦、延腦
                    │            │          │
                    │            │          ├─ 脊髓
                    │            │          │
                    │            │          ├─ 神經
                    │            │          │
                    │            │          └─ 感覺器官：眼、耳、鼻、舌、皮膚
                    │            │
                    │            └─ 內分泌腺：腦下腺、甲狀腺、副甲狀腺、胸腺、胰島、
                    │                        腎上腺、性腺
                    │
                    ├─ 生長和發育：胎兒期→嬰兒期→幼兒期→兒童期→青少年期→青年期→
                    │              壯年期→中年期→老年期
                    │
                    ├─ 動作技能 ┬─ 動作的量：粗動作、精細動作
                    │          │
                    │          ├─ 動作屬性：協調性、韻律性、敏捷性、柔軟性、肌力、速
                    │          │           度、平衡、持久力／耐力
                    │          │
                    │          └─ 動作的方向：水平動作、垂直動作、旋轉動作
                    │
                    └─ 疾病保健與預防：健康檢查、家庭計畫、優生保健
```

註 2.

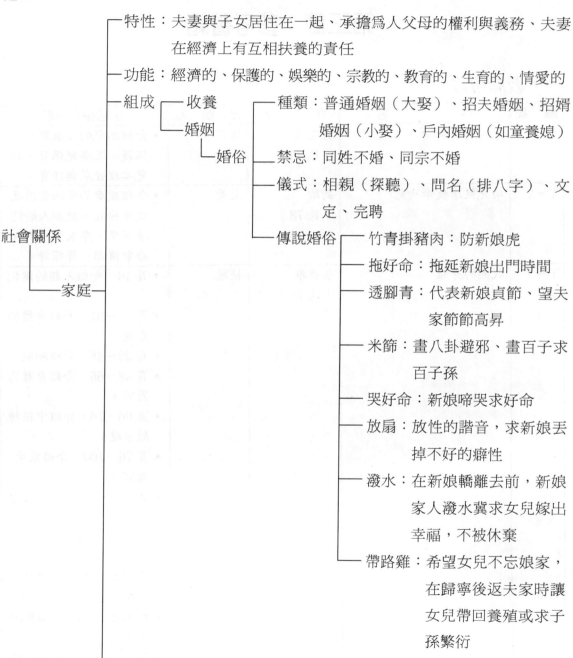

社會關係
　├─家庭
　│　├─特性：夫妻與子女居住在一起、承擔爲人父母的權利與義務、夫妻
　│　│　　　在經濟上有互相扶養的責任
　│　├─功能：經濟的、保護的、娛樂的、宗教的、教育的、生育的、情愛的
　│　├─組成─┬─收養
　│　│　　　└─婚姻
　│　│　　　　└─婚俗─┬─種類：普通婚姻（大娶）、招夫婚姻、招婿
　│　│　　　　　　　　│　　　婚姻（小娶）、戶內婚姻（如童養媳）
　│　│　　　　　　　　├─禁忌：同姓不婚、同宗不婚
　│　│　　　　　　　　├─儀式：相親（探聽）、問名（排八字）、文
　│　│　　　　　　　　│　　　定、完聘
　│　│　　　　　　　　└─傳說婚俗─┬─竹青掛豬肉：防新娘虎
　│　│　　　　　　　　　　　　　　├─拖好命：拖延新娘出門時間
　│　│　　　　　　　　　　　　　　├─透腳青：代表新娘貞節、望夫
　│　│　　　　　　　　　　　　　　│　　　家節節高昇
　│　│　　　　　　　　　　　　　　├─米篩：畫八卦避邪、畫百子求
　│　│　　　　　　　　　　　　　　│　　　百子孫
　│　│　　　　　　　　　　　　　　├─哭好命：新娘啼哭求好命
　│　│　　　　　　　　　　　　　　├─放扇：放性的諧音，求新娘丟
　│　│　　　　　　　　　　　　　　│　　　掉不好的癖性
　│　│　　　　　　　　　　　　　　├─潑水：在新娘轎離去前，新娘
　│　│　　　　　　　　　　　　　　│　　　家人潑水冀求女兒嫁出
　│　│　　　　　　　　　　　　　　│　　　幸福，不被休棄
　│　│　　　　　　　　　　　　　　└─帶路雞：希望女兒不忘娘家，
　│　│　　　　　　　　　　　　　　　　　　在歸寧後返夫家時讓
　│　│　　　　　　　　　　　　　　　　　　女兒帶回養殖或求子
　│　│　　　　　　　　　　　　　　　　　　孫繁衍
　　　└─成員：稱謂、關係

第三節　參考書籍

一、教師用書

編　號	書　　　名	作　　者	出版社	主題相關資料
T～1	幼兒保育概論	黃志成（民84）	揚智	• 介紹胎兒的發展與如何保護，及嬰兒保育、幼兒心理發展與保育。
T～2	幼兒健康教學研究	劉穎（民78）	文景	• 介紹健康的生活習慣及健康檢查，把個人的清潔習慣、穿衣習慣及收拾習慣都一併探討。
T～3	我們的身體	余哲雄（民78）	桂冠	• 頁16　介紹人類的演化。 • 頁26～31　介紹身體的系統。 • 頁32～48　介紹細胞。 • 頁48～66　介紹身體的器官。 • 頁66～76　介紹中樞神經系統。 • 頁76～100　介紹感覺器官。 • 頁100～116　介紹內分泌腺。 • 頁128～154　介紹消化系統。 • 頁154～170　介紹循環系統。 • 頁170～180　介紹排泄系統。 • 頁180～192　介紹生殖系統。 • 頁192　介紹遺傳。

T～4	我們的身體	綠地球 （民81）	綠地球科技文化	• 介紹肌肉骨骼系統、消化系統、呼吸系統、循環系統、排泄系統、生殖系統、神經系統及內分泌系統。
T～5	快樂成長媽媽手冊 （牙齒與健康）	蕭淑美 （民80）	錦繡文化	• 介紹齲齒發生的原因及幼兒牙齒保健的方法，並針對不同年齡層，指導幼兒刷牙的方法並做一一的示範。
T～6	創造性肢體活動	Katrina Uan Tassel Millie Greimmann 原著 （民75）	信誼	• 介紹肢體的各種律動教學。
T～7	幼兒性教育	江麗莉編著 （民88）	幼教資訊第98期	• 頁2～7　探討幼兒性教育的社會層面和生物層面，並舉例回答幼兒常提出的性問題。
T～8	臺灣民俗大觀 第一冊	凌志四 （民74）	同威	• 頁88～114　介紹懷孕至出生的禮俗有：坐月子、三朝之禮、滿月剃頭、四月收涎、周歲抓周、拜床母等。 • 頁116　介紹同姓不婚的理由。 • 頁126～139　介紹台灣婚俗、禮儀。 • 頁119　介紹婚俗種類，如：普通婚姻、招夫婚姻、招婿婚姻、戶內婚姻等。
T～9	進用殘障員工義務機關（構）手冊	伊甸殘障福利基金會編	伊甸殘障福利基金會	• 說明殘障者就業狀況及如何雇用的情形，並舉出各項殘障者就業實例及各地輔導就業一覽表。

二、幼兒用書

編　號	書　　　　名	作　者	出　版　社	內容簡介
C～1	人體大奇航	齊眉編譯（民84）	國際學社	• 此套書共分十二冊介紹人體器官，並有十卷錄影帶，配合書籍呈現。書籍內容如下： 1.2.生命的起源(A)(B) 3.4.人類的生殖 5.保衛身體的防禦系統 6.製造血球的工廠——骨髓 7.生命之水——血液 8.搶修工程隊——血小板 9.人體的啟動馬達——心臟 10.在不知不覺中進行的呼吸作用 11.指揮管制中樞——腦 12.味覺、嗅覺 （以上書籍1、2及3、4冊內容各合併在同一卷錄影帶中，其餘每一冊各一卷錄影帶）。
C～2	大家來大便	五味太郎（民76）	漢聲	• 介紹每一種動物都有自己的大便，而且大便有不同的形狀、顏色和各種味道，並強調如廁後的清潔衛生。
C～3	小飛先進門	文·圖／雪莉休斯（民74）	漢聲	• 小飛喜歡當第一。有一天他跟媽媽去市場，回程時小飛總是跑在第一個，而且他還幫媽媽提菜籃先進了門，結果，砰！門關住了，小飛一

				個人被鎖在屋裡，外面的人急著教小飛各種方法，小飛卻哭了，但哭完後，小飛想著媽媽說的方法，自己嘗試，果然他開了門，大家都稱讚小飛實在是太棒了。
C～4	小黑魚	Leo Lionni（民78）	上誼	• 小黑魚和大海中的小魚一起分享海洋的景色，但為避免海中大魚的威脅，他們決定合作想一個辦法，就是把身體聚在一起變成一隻大魚，並由小黑魚當眼睛，結果成功的嚇退了大魚。
C～5	手和手指頭	文‧圖／堀內誠一（民74）	漢聲	• 介紹手和手指頭的形狀、大小、功用。
C～6	五官的故事	華一（民78）	華一	• 介紹五官，包括：眼睛的護衛——「眉毛」；小小照相機——「眼睛」；臉上的小山——「鼻子」；會說會唱又會吃的——「嘴巴」；可愛的小喇叭——「耳朵」等。
C～7	手的遊戲	光復（民82）	光復	• 介紹可以用手玩的遊戲。
C～8	方眼男孩	文‧圖／茱麗葉和查理斯‧史乃普（民80）	漢聲	• 有一個小男孩不會分配自己的時間做一些有益的事，就只會看電視，結果得了一個「方眼」的怪病。經醫師指導後，他知道自己可以多看書、玩玩具以及運動，

			而不一定只能看電視，終於讓方眼變圓眼了。
C～9	牙齒的故事	加古里子（民79）	漢聲	• 藉由一個小孩的牙痛故事來說明牙齒的重要性、名稱及功能。
C～10	生命的誕生	華一（民78）	華一	• 介紹生命的誕生，共分五部分：溫暖的小房間、身體上的密碼、身體裏的鋼架、最神奇的皮衣、最奇妙的生命。
C～11	外公的家	文／海倫·葛利費斯圖／詹姆斯·史帝文生（民80）	上誼	• 描述小女孩初到外公家不習慣的感覺，後來經過不斷地調適，才漸漸習慣外公家的生活方式。
C～12	先左腳，再右腳	文·圖／湯米德包羅（民73）	漢聲	• 有一個小男孩，小時候爺爺教他走路，爺爺對他說先左腳，再右腳。後來爺爺中風了，住醫院時，爸爸媽媽不讓他去看爺爺，等爺爺出院後，爺爺卻不會走路，所以他讓爺爺扶在他身上教爺爺走路，他也對爺爺說「先左腳，再右腳」。
C～13	早安	文·圖／奧莫羅得（民74）	漢聲	• 以圖片方式介紹早上起床後，學習如何自己穿衣、洗臉、準備上學等事情。
C～14	安安——和白血病作戰的男孩	文·圖／艾麗沙白特·羅依特（民80）	漢聲	• 小男孩安安得了小兒白血病，勇敢的他在爸爸媽媽和醫生的幫助下，成功地戰勝了白血病。

C～15	朱家的故事	文・圖／ 安東尼・布朗 （民80）	漢聲	• 朱家的爸爸及男孩，每天做什麼事都不會自己處理，只會喊「媽～媽！」有一天朱媽媽受不了，留了一張「你們是豬」的紙條，便離家出走了。朱家過了一段時間，真的變成了「豬」家，家中亂七八糟，後來媽媽回來了，他們才知道什麼叫「體諒」和「分工合作」，並且從此學習自己處理事情。
C～16	忙碌寶寶回家了	文・圖／ 湯瑪士・史文生 （民84）	翰輝	• 從描述寶寶剛出生時只會吃和睡，到寶寶長更大時要學走路。介紹家裡的人如何照顧寶寶的過程。
C～17	好棒的頭腦	文／Páola Panizon 圖／Nicoletta Costa （民79）	智茂	• 透過洞洞書分層的方式，來介紹頭腦中管制的各項器官，並講述頭腦對於四肢運動、感官、想像、創造的關係。
C～18	忙碌的寶寶	圖／湯瑪士・史文生 （民82）	三暉	• 介紹寶寶在母親肚子裏的狀況，並透過哥哥的想法，想像寶寶的情形。
C～19	忙碌的週末	圖／愛麗絲爾德華尼門 （民75）	漢聲	• 有一家人他們趁著週末的假期，全家一同幫忙打掃房子，從早忙到晚，他們認為這真是個「忙碌的週末」。
C～20	老鼠娶新娘	文／張玲玲 圖／劉宗慧 （民81）	遠流	• 描述大年初三夜晚，老鼠娶新娘，內容不僅繪圖細緻，更配上童謠，生動有趣。

C~21	我希望我也生病	文／法蘭斯布蘭登堡 圖／阿麗奇 （民74）	漢聲	• 咪咪看到哥哥生病，爸爸媽媽及親戚們都好關心哥哥，所以她希望自己也可以生病。有一天，咪咪生病了，爸爸、媽媽、哥哥及親戚們都好關心她，但她都不能出去做想做的事，因而咪咪才知道生病不好，有健康的身體才能做很多事。
C~22	我和小凱絕交了	文／麥嬌莉韋曼莎梅特 圖／東尼第魯納 （民74）	漢聲	• 作者和小凱原本是好朋友，因為吵架而絕交，可是他好想小凱。後來他打了一通電話給小凱，兩人又成好朋友。
C~23	你看我有什麼？	文・圖／ 安東尼布朗 （民74）	漢聲	• 說明不要隨便羨慕人家有什麼，就認為自己一定要擁有，其實懂得滿足的人才是最快樂的。
C~24	我們是好朋友	圖／阿麗奇 （民73）	漢聲	• 阿德搬家了，康康好難過，因此他對生活、遊戲都提不起勁，直到阿德寫了一封信，告訴康康說他又找到好朋友了，康康才決定改變想法，又去結交新朋友。
C~25	我能做什麼	文・圖／ 高橋宏幸 文婉譯 （民81）	台英	• 透過一隻大象尋求工作的過程，介紹大象的長處，及牠適合的工作。
C~26	我從哪裏來？	文／彼得・梅爾 圖／亞瑟・羅賓斯 （民79）	遠流	• 介紹性別、受精卵、出生等的概念，傳達父母培育生命的辛勞，圖文並茂，活潑有趣。

C～27	認識自己的身體	文/Melanie Chris Rice 李愛卿譯 （民85）	上誼	• 以透明片介紹骨骼、心臟等內部構造，並以照片、圖片輔助介紹身體的外部器官及胎兒在母親子宮內的成長情形。
C～28	我想睡覺了	藤川堯 （民76）	信誼	• 介紹睡覺前應準備的工作，有洗澡、刷牙等。
C～29	快樂的貓頭鷹	Celestino Piatti （民78）	上誼	• 在農舍中有兩隻快樂的貓頭鷹能夠和睦地相處，但農舍裏，成天只會吵鬧的家禽卻百般不解，為何貓頭鷹們不會爭吵，當貓頭鷹敘說，他們是因為滿足而不爭吵，家禽們竟然都不相信，仍然繼續過著爭吵的日子。
C～30	身體裏的器官	華一 （民78）	華一	• 介紹身體的器官，共有五個部分：氣體的交換站、心兒怦怦跳、食物的旅行、快去小便、男孩和女孩。
C～31	阿立會穿褲子了	文/神澤利子 圖/西卷茅子 嶺月譯 （民82）	台英	• 透過阿立會自己穿褲子，來傳達阿立長大了，自己解決事情的能力也增強了。
C～32	青蛙和蟾蜍	文/Annold Lobel 黨英台譯 （民79）	上誼	• 內容共分四冊書籍，敘述一些與心理相關的小故事： 1.好伙伴 2.好朋友 3.快樂年年 4.快樂時光
C～33	兒童性科學	光復 （民82）	光復	• 以科學觀點及態度介紹兒童性知識： 1.我和家族

				2.男孩和女孩 3.嬰兒誕生了 4.心靈的成長 5.我長大了
C~34	彼得的椅子	Ezra Jack Keats（民77）	上誼	• 彼得討厭剛出生的妹妹，因為他的東西都變成妹妹的了，就連他心愛的椅子都要被漆成粉紅色，彼得看到還未被漆成粉紅色的椅子時，決心帶著椅子離家出走。
C~35	長頸龍和霹靂龍	文／海倫比爾斯 圖／邁克福曼（民73）	漢聲	• 長頸龍遇見了霹靂龍，彼此都認為對方要傷害自己，幸好有一個小意外，使他們可以互相解釋，而成了朋友。
C~36	祖母的妙法	文／瑪格瑞特庫貝卡 圖／漢斯帕貝爾（民74）	漢聲	• 阿力不喜歡自己那麼膽小，所以請祖母幫忙。祖母教阿力一個咒語，阿力利用咒語增加自己的自信心，終於體會到勇敢的另一個世界。
C~37	神奇變身水	Jack Kent（民78）	上誼	• 有一隻老鼠，不喜歡自己是老鼠，所以到巫師那兒拿了一瓶不知名的神奇變身水，但未開瓶之前，他幻想自己變成蝴蝶、烏龜……，後來他決定做一隻肯定自己的老鼠。
C~38	骨頭	文・圖／堀內誠一（民73）	漢聲	• 介紹骨頭的功用。
C~39	第一次上街買東西	文／筒井賴子	漢聲	• 描述小惠第一次上街買

	圖／林明子（民73）		東西的心情及感覺，並提醒小朋友上街應注意的事情。
C～40	晚安	文・圖／珍奧莫羅得（民75）	漢聲	• 以圖片方式介紹晚上上床前，學習如何自己更衣、刷牙、上床等事情。
C～41	這是我的	Leo Lionni（民78）	上誼	• 三隻青蛙，隨時隨地在爭吵「這是我的」，直到一場大暴風雨後，才使三隻自私的青蛙，體會到友情及何謂合作！
C～42	健康的身體	文／Mario Gomboli 圖／Carlo A. Michelini（民76）	智茂	• 透過洞洞書分層的方式，來介紹身體內的消化系統、心臟、血液、呼吸、骨骼、性器官、感官等。
C～43	健康檢查	文／七尾純 圖／福田岩緒 嶺月譯（民82）	台英	• 介紹健康檢查的目的及方式，解除幼兒對健康檢查的恐懼。
C～44	情緒・心情・感覺	文・圖／阿麗奇（民80）	漢聲	• 透過漫畫式的方格圖片，來表現各種場合的情緒、心情和感覺，圖片清晰易懂，不需文字配合，一看就懂。
C～45	排灣族的婚禮	劉思源（民78）	遠流	• 描述排灣族婚禮的儀式及過程。
C～46	最奇妙的蛋	Helme Heine（民78）	上誼	• 三隻母雞老是爭吵說自己最漂亮，後來她們決定找國王評論，但國王卻說：「你們會做什麼，比你們長得好不好看還重要。」於是三隻母雞展開了一場「生最奇妙的蛋」的大賽。
C～47	生命是什麼（畫說性1）	文／山本直英	宏觀文化	• 介紹人的一生：誕生、

		圖／木原千春 （民81）		養育、學習、夢想、煩 惱、成為女人、成為男 人、自立、愛、接觸、 一起生活、生產、奮鬥 、離別、邁入老年。
C～48	大人為什麼要做這種事？ （畫說性4）	文／高柳美知 子 圖／木原千春 （民81）	宏觀文化	• 透過小孩子心中對大人 的一些疑問，說明為什 麼大人結婚、不結婚、 離婚、再婚等問題。
C～49	頑皮公主不出嫁	文・圖／ 巴貝柯爾 （民83）	麥田	• 史瑪蒂公主不想出嫁， 希望做一個單身貴族， 但無奈有太多王子求婚 ，只好出問題考他們， 其中有一位王子完成了 所有考題，公主給了他 一個吻，結果王子竟變 成了癩蛤蟆。
C～50	腳丫子的故事	文・圖／ 柳生弦一郎 （民74）	漢聲	• 介紹腳丫子的大小和功 用。
C～51	鼻孔的故事	柳生弦一郎 （民74）	漢聲	• 介紹每個人的鼻孔形狀 大小，及其功用。
C～52	像新的一樣好	文／芭芭拉 道格拉斯 圖／佩心絲 布魯斯特 （民73）	漢聲	• 小松的小表弟把小松的 熊娃娃弄壞了，而爺爺 以慈愛和耐心修復了小 松的熊娃娃！小松好感 謝爺爺，不但學會了爺 爺珍惜物品的心，也更 愛爺爺！
C～53	誰要我幫忙？	文・圖／ 喬賴斯克 （民74）	漢聲	• 一個小男孩一大早起床 ，希望能幫助家裡的人 做事，但都幫不上忙， 於是他決定要跑得遠遠 的！到了外面，他果然 幫助很多希望他幫忙的 人，而且得了不少的回

			饋。
C~54	箭靶小牛	文／王淑均、張允雄 圖／張哲銘（民84）	財團法人羅慧夫顱顏基金會	• 介紹一隻頭上有個箭靶標誌的小牛，常被嘲諷，但小牛的家人給小牛支持，促使小牛以他的長處肯定自己。
C~55	親朋自遠方來	文／辛茜亞·勞倫特 圖／史蒂芬·格梅爾（民81）	遠流	• 描述親朋自遠方來的心情及相聚的感覺。
C~56	臉的遊戲	光復（民82）	光復	• 介紹可以用臉玩的遊戲。
C~57	糟糕的一天	文／派翠西亞賴利吉輔 圖／蘇珊娜內蒂（民75）	漢聲	• 一個小男孩從上學到放學，做什麼都不順利，所以老師寫了一張紙條告訴男孩，說：「明天會是快樂的一天。」因為明天是她的生日。小男孩覺得太棒了，而且老師寫的字，他都會看了，小男孩決定送老師一個新盆栽，心中確定明天將是快樂的日子。
C~58	禮貌	文·圖／阿麗奇（民80）	漢聲	• 以圖片的方式呈現有關禮貌的態度。
C~59	鱷魚放假了	文·圖／詹姆士史蒂芬生（民73）	漢聲	• 一隻鱷魚義務為他的朋友當司機，運送他們過河上學，可是他的朋友卻常指揮他，而且嫌東嫌西，於是鱷魚自動「放假」，他的朋友才知道他們太不知足了，等鱷魚回來後，他們才更懂得感恩。

C～60	寶寶——我是怎麼來？	文・圖／瑪麗安娜里斯沙子芳譯（民83）	台英	• 透過孩子的畫作中，展示寶寶從受孕至出生的過程。
C～61	血液的本事	華一（民78）	華一	• 介紹血液的基本觀念，血液內紅血球、白血球、血小板的功用，以及換血和血型介紹。
C～62	我就是我	文・圖／梅拉・羅伯林芳萍譯（民86）	三暉	• 敘述一隻小動物在逛花園時，因不知自己的名字而屢次被其他動物嘲笑、諷刺；但後來他肯定自己就是自己，所以很高興的介紹自己給別的動物說：「我的名字就是我。」

三、錄影帶

編 號	名 稱	出 版 社	主 題 相 關 資 料
V～1	小朋友時間	財團法人廣播電視事業發展基金會	● 第 19 集　我愛我家
V～2	自然科學輔助教學錄影帶	光國視聽文教	● 一年級上學期㈠我怎樣知道──學習使用您的感官
V～3	我從哪裡來？	地球	● 片長以二十八分鐘介紹生命的起源
V～4	兒童牙齒保健	忻智文化	● 共二集
V～5	圖畫書視聽之旅	上誼	● 1.彼得的椅子 4.神奇變身水，最奇妙的蛋 6.這是我的
V～6	寶寶成長園	台視文化	● 1.我自己做，請、謝謝、對不起 2.看誰在生氣，生病的時候 3.看看是誰得第一，遇見陌生人 4.什麼是危險，合作與分享 15.我的家 16.媽媽的小幫手，相親相愛 23.認識五官

第四節　社會資源

名　　稱	資源內容	備　註
幼兒家長	• 提供教學資源，如：幼兒姓名命名原由、結婚照片、幼兒照片、主題相關圖書、圖片、影片等	
醫院	• 提供生病預防、診療、出生嬰兒等資訊	
衛生局（所）	• 提供推廣的衛生保健手冊、說明等資訊	
鹿港民俗文物館	• 館內提供古式婚禮迎親隊伍圖片，新郎、新娘蠟像，新房及育嬰房和搖籃等	彰化鹿港
台灣民俗村	• 遊樂區內有真人模擬古式婚禮所進行的活動	彰化花壇
台北市立兒童育樂中心——昨日世界	• 人文區內展示古代婚禮進行的景象（蠟像）及轎子、新房等	
台中國立自然科學博物館	• 生命科學廳有巨型的內臟消化系統模型及簡介	台中
伊甸殘障福利基金會	• 基金會可提供各種殘障問題諮詢	

第五節　參考活動

Ⅰ.體能與遊戲

編號：Ⅰ～1

✽**名稱**：姓名節奏

✽**遊戲說明**：

1. 幼兒圍一圓圈坐下。

2. 老師示範說明，遊戲進行方向是順時針方向或逆時針方向，每一位幼兒輪到自己時，要唸自己的名字，並配合不同動作，如唸「黃愛愛」時可以配上拍手一次，拍腿兩次，其他幼兒跟著做。

3. 輪完一次，可請最後一位幼兒站起來，一邊走一邊唸自己的名字，其他幼兒隨著他唸，並重複他的動作。

4. 此位幼兒需要找到下一位幼兒人選，並站在他的面前，伸出手與對方握手並說出對方名字，並接著由此位幼兒帶領遊戲。

5. 鼓勵不同的動作展現，並可搭配輕柔背景音樂。

✽**延伸活動**：

1. 也可將活動的姓名節奏改換成父母或家人的名字。

2. 了解姓名也可運用自我介紹的方法達成。

編號：Ⅰ～2

✽**名稱**：姓名由來

✽**遊戲說明**：

1. 請幼兒回家和父母討論自己姓名的由來，並帶回和同學們分享。

2. 發一張通知單，請父母配合。

3. 通知單內容範例如下，老師可依上課需求，自行擬定。

> 親愛的家長您好：
>
> 　　本班這星期進行命名的概念，我們相信每位幼兒的名字一定都有特別的用意，但從幼兒探討中得知他們幾乎對自己的名字沒有任何感覺耶！而且姓和名也比較不清楚，爲了讓幼兒可以知道父母對自己名字的用心，更加尊重自己的名字因而肯定自我，所以我們很希望家長把當時爲幼兒命名的情況説給幼兒聽，並且以錄音、錄影等方式與我們分享，如果您真的很忙，也可講述給幼兒聽完後以紙條記錄，請幼兒帶來學校，不要放棄與我們分享的權利哦！

❀延伸活動：

　　也可將姓名運用在家人姓名由來的了解。

編號：Ⅰ～3

❀名稱：身體樂器

❀準備工作：唱機、錄音機或風琴現場彈奏。

❀遊戲說明：

1. 幼兒坐在地板上。

2. 由幼兒發表身體可以發出聲音的部位。

3. 彈奏或播放各種不同的曲子，讓幼兒依發表的部位發出各種聲音，並配合曲子。

4. 老師也可將幼兒分組，來段身體樂器合奏。

5. 選擇節奏清晰的曲子。

編號：Ⅰ～4

❀名稱：比一比

❀準備工作：神秘箱、表情卡。

❀遊戲說明：

1. 兩人一組，一人抽出神秘箱中的表情卡（不可讓對方看到），再依圖示做出喜怒

哀樂的表情。

2. 讓對方猜，猜中則給予「OH！YA！」的歡呼，不中者給予「OH！NO!」的聲音。

3. 也可分為兩組，輪流出來表演，並計分統計，哪一組分數高就獲勝。

※**延伸活動：**

身體的遊戲有很多，除表情外也有很多的比法，在此將其他活動列舉於下：

1. 比腰力。

2. 比腕力。

3. 比掌力。

4. 比定力。

5. 比賽跑。

6. 比平衡感。

7. 比臂力。

編號：Ⅰ～5

※**名稱**：矇眼摸路

※**準備工作**：手鼓、鐘琴（或可替代之樂器）、棒子、眼罩與標的物。

※**遊戲說明：**

1. 讓幼兒感受手鼓、鐘琴敲出來的聲音感受。

2. 手鼓——緊張（代表危險），鐘琴——柔和（代表安全）。

3. 三人一組，由操作手鼓、鐘琴的幼兒以聲音來指引矇眼的幼兒，走標的物佈置的障礙路。

編號：Ⅰ～6

※**名稱**：用聲音找人

※**準備工作**：眼罩或大手帕。

※**遊戲說明：**

1. 幼兒全部圍成一個大圓圈，選一位幼兒當猜聲音的人，並把眼睛矇起來站在圓圈

中間當鬼。

2. 圍圓圈的幼兒手拉手，一邊轉圓圈，一邊唸「小貓！小貓！猜猜誰在你後面？」此時正好站在鬼後面的幼兒則說：「猜猜我是誰？」矇眼的幼兒則依聲音猜，如果猜錯，全體幼兒要說：「不對！不對！再猜一次！」鬼可以有三次猜聲音的機會，但不管有沒有猜出來，都要再換正背後的幼兒當鬼，繼續遊戲。

❋延伸活動：

「找首領」也是一種可以運用聲音大小及動作變化的控制來玩耳聰目明的遊戲。

編號：Ⅰ～7

❋名稱：量體溫

❋準備工作：手錶或鬧鐘（附秒針）、電子體溫計、記錄表格。

❋遊戲說明：

1. 小組遊戲，幼兒輪流幫其他幼兒量體溫，另外的幼兒注意秒針走三圈，量好後由另一個記錄在每個幼兒的照片表格下，或名條表格下。

2. 最好採用有電子體溫數字的顯示器，幼兒可直接記錄體溫計的數字。

3. 可以指導幼兒記錄自己一週的體溫並繪製個人體溫高低圖表，觀察自己體溫的高低狀況。

4. 也可以請幼兒在一天內每隔一小時量一次自己的體溫，做下紀錄。

編號：Ⅰ～8

❋名稱：我的家人

❋準備工作：各種裝扮衣物道具四組、標的物。

❋遊戲說明：

1. 請每組一位幼兒坐在標的物旁扮演爸爸的角色。

2. 將幼兒分四組，老師當主持人說：「你們不認識我爸爸，但是我可以告訴你，我爸爸他帶著一頂帽子，留鬍子……」把道具內的名稱都說完。

3. 哨聲開始！幼兒依序幫爸爸打扮，先打扮好的那一組獲勝。

4. 若為大班幼兒，可讓幼兒依不同道具打扮完後，再介紹自己的爸爸。

5. 遊戲結束後，每位幼兒對自己的爸爸說：「爸爸我愛你。」

Ⅱ. 故事與戲劇

編號：Ⅱ～1

❋**名稱**：小熊凌凌的耳朵

❋**內容**：

　　凌凌是個頑皮活潑又不聽話的小熊，每次熊爸爸交代凌凌做功課，凌凌總是把他的大耳朵搗起來，嘴巴喊：「不聽！不聽！我不想聽！」媽媽叫凌凌幫忙照顧弟弟妹妹時，凌凌一樣是搗著耳朵說：「不聽！不聽！我不想聽！」就連老師上野外求生課時，告訴每隻小熊：「如果看見有乾草鋪在一起，而且上面有好吃的東西時要特別小心，可能草的下面有獵人挖好要抓你們的洞。」凌凌也是把耳朵搗起來說：「不聽！不聽！我不想聽！」

　　有一天凌凌肚子餓得咕嚕咕嚕叫，他跑到森林去找食物，因為外面有好多好吃的果子，忽然一陣水果香味傳來，凌凌摸摸頭想：「好香好濃的味道喔！啊！是我最愛吃的水果味道耶！」於是凌凌朝著香氣傳來的方向跑去，好多水果被放在一堆乾草上面，凌凌不知道那就是老師說的危險，心中還高興想：「真好！不用自己去找果子，就有那麼多好吃的水果擺在一堆乾草上，一定是哪個好心的人放的。」於是一步、一步慢慢地走了過去，這時候吹來一陣微風，風中飄著水果的味道，凌凌的口水都快流下來了，所以就大膽用力一跳，「啪！」「哎呀呀！好痛呀！怎麼有個這麼深的洞啊？好痛呀！好痛呀！」凌凌看自己掉到這麼深的洞中出不去好害怕，大聲喊：「救命呀！救命呀！」這時候剛好凌凌的朋友大雄、小剛聽到，趕緊跑過來，還找了一條好長的繩子把凌凌救出來，凌凌直向他們說謝謝。大雄問：「凌凌，你怎麼會掉到洞裡呀？」凌凌不好意思地抓抓頭說：「因為我看到乾草上面有好多水果，才要靠過去拿，就掉進去了！」小剛說：「啊！凌凌你上課一定不認真，老師上課有說過要小心乾草上的食物，你沒有聽到嗎？還好老師還有教我們如何幫助掉到洞裏的人，不然我們都不知道怎麼救你呢！」凌凌說：「真的呀！謝謝你們！」凌凌知道耳朵這麼重要，以後再也不敢搗著耳朵，不聽聲音了！

編號：Ⅱ～2

❀**名稱**：青竹和八卦

❀**內容**：

　　今天是蘇家姑娘出嫁的大日子，整條街敲鑼打鼓的好熱鬧呀！迎親的行列中，走在前頭的是一個扛著一枝連根帶葉的竹子的人，後頭又跟著媒人、新娘和新郎的弟弟、儐相的轎子、嫁粧……最後是蘇姐姐的花轎。小雪和奶奶都在街旁看熱鬧，小雪問奶奶說：「奶奶，為什麼蘇姐姐的隊伍裡，要有人拿著青竹子，還要在青竹子上綁一塊大豬肉呢？而且花轎上面為什麼還放一個畫八卦的米篩？」奶奶看著小雪說：「小雪，這是有一個傳說的故事的。」「那麼奶奶！奶奶！您趕快說給我聽嘛！」小雪很急地搖著奶奶的手，奶奶微笑著說：「好！好！別急，奶奶現在就開始說，妳要注意聽哦！」小雪點點頭！

　　「好早好早以前有一個叫彭鏗的孝子，他在耕田時，遇到了專門幫人算命的周公，彭鏗怕把周公的衣服弄髒，所以就停下手中的工作，周公很感動，所以免費地幫彭鏗算命，結果周公告訴彭鏗說，彭鏗只能活到今年，就是只能活到二十歲。彭鏗好傷心，走路做事都垂頭喪氣，結果被一個叫桃花女的女孩看見，桃花女問了彭鏗後，知道周公告訴彭鏗他只能活二十歲；桃花女是個更厲害的算命人，她告訴彭鏗說，如果彭鏗想活命，就只剩下一個方法了，那就是在八月八日那天，準備八仙喜歡吃的甜飯和酒去請求他們給自己添壽，果然彭鏗見到了八仙，八仙看彭鏗是個孝子，所以大家都給彭鏗添一百歲的壽命，結果彭鏗可以活到八百二十歲。

　　過年時，周公在路上碰見彭鏗活得好好的，一算才知道是桃花女讓自己算命算不準，周公好生氣，決定要好好處罰桃花女，所以請自己的女兒打扮成男孩子娶桃花女。周公找了一個很不吉利的日子，想讓專吃新娘的惡鬼把桃花女吃掉，可是桃花女早就算出來周公心裡想什麼，所以在花轎上放了一個八卦米篩，讓惡鬼不敢吃桃花女，只好吃掉青竹上面的豬肉後趕緊跑掉，等花轎到了周公家，惡鬼又想趁新娘子桃花女出花轎時吃掉她，可是桃花女用八卦米篩遮住頭頂，惡鬼眼看吃不到新娘子，只好走了，桃花女還和周公的女兒變成好姐妹呢！所以現在新娘子的出嫁行列才會有青竹掛豬肉，花轎上放八卦米篩的情形呀！」

奶奶把傳說說完時，小雪拍手說：「蘇姐姐的出嫁行列也有放八卦米篩和青竹豬肉，一定可以像桃花女一樣，平平安安的。」奶奶說：「對呀！讓我們祝福蘇姐姐嫁出去後，幸福快樂！」

Ⅲ. 兒歌與律動

編號：Ⅲ～1

❋**名稱**：手指謠

❋**遊戲說明**：

1. 教唸手指謠，內容為：

    五隻小魚水中游，

    稱讚烏龜縮頭功，

    烏龜來了！烏龜來了！

    喀嗞！喀嗞！喀嗞！

    帶走一隻去練功。

    四隻小魚……（唸至 0 隻）

2. 配合動作：

    (1)「五隻小魚水中游」，伸出手做魚兒游泳狀。

    (2)「稱讚烏龜」，比出大姆指，做稱讚狀。

    (3)「縮頭功」，兩手分開，掌心向外，連同脖子一起縮。

    (4)「烏龜來了！烏龜來了！」動作同上。

    (5)「喀嗞！喀嗞！喀嗞！」純粹唸出來。

    (6)「帶走一隻去練功」，屈起一根手指。

編號：Ⅲ～2

❋**名稱**：我的臉

❋**內容**：

    我的臉上七個小洞洞，

各個都有大功用，

兩個看風景兒，

兩個聽好聲兒，

兩個聞香味兒，

一個說好話兒，

眼耳鼻和口，

都是我的好朋友，

好朋友幫助我，

天天神氣又快活。

編號：Ⅲ～3

※**名稱**：投手大哥哥

※**內容**：

我的大哥哥，

從小到大喜歡打棒球，

是個標準好投手，

每次比賽的時候，

全家到場喊加油！

一個球，兩個球，三個球，

簡簡單單三振對方，

爸爸笑，媽媽叫，我也跳，

對方直搖頭，

我們直拍手。

※**延伸活動**：

也可將大哥哥的角色改成小弟弟、大姊姊等。

編號：Ⅲ～4

※**名稱**：我的小弟弟

❈內容：

我的小弟弟，

聰明淘氣又頑皮，

每天爬高又爬低，

滿頭滿臉沾滿泥！

自己對著鏡子照，

抱著肚子哈哈笑，

大家叫他去洗澡，

誰知！

他對大家扮扮鬼臉，

ㄆㄆㄆㄆ
ㄧㄧㄚㄚ 又跑掉。

❈延伸活動：

也可將小弟弟的角色改為小妹妹。

編號：Ⅲ～5

❈名稱：剪指甲

❈內容：

指甲長，藏污垢，

細菌長得快又多，

吃點心，拿果果，

細菌趁機肚裏躲，

寶寶肚子不好過，

ㄐㄅㄍㄉ，ㄐㄅㄍㄉ，
ㄧㄧㄨㄨ　　ㄧㄧㄨㄨ

急急忙忙跑廁所。

好寶寶，護身體，

指甲勤修剪，

做事不礙手。

編號：Ⅲ～6

❋名稱：相親相愛一家人

❋內容：

這是我的好媽媽，

這是我的好爸爸，

我的爸爸愛媽媽，

我的媽媽疼爸爸，

生下可愛小娃娃，

爸爸媽媽抱娃娃，

娃娃親爸爸，

娃娃親媽媽，

相親相愛笑哈哈。

編號：Ⅲ～7

❋名稱：生病了

❋內容：

哈～啾！一聲流鼻涕，

發燒頭暈沒力氣，

醫生趕緊給建議，

吃藥休息多喝水，

身體漸漸會痊癒，

飲食均衡多運動，

強身健康好主意。

編號：Ⅲ～8

❋名稱：到保庇（傳統台語童謠）

❋內容：

一二三四，一二三四，

囝仔驚到沒歹誌，

（脫衣）

土地公來保庇，

保庇我子好腰飼。

編號：Ⅲ～9

❈名稱：新娘（傳統台語童謠）

❈內容：

一、一、一二一，（國語）

吃茇仔，放槍籽，

猴囝仔，轉大人，

娶新娘，上歡喜，

新娘新娘知道理，

晚晚去睡早早起，

入灶腳，洗碗箸，

入大廳，拭桌椅，

大家歐樂親家親母好教示。

編號：Ⅲ～10

❈名稱：感冒

❈內容：

C 2/4

| 3 2 3 1 | 2 6 | 3 2 3 1 | 2 6 |

傷風感冒　頭痛　傷風感冒　頭痛

| 2 1 6 5 | 1 2 | 3 1 2 1 | 6 6 :||

全身感到　無力　快快告訴　媽媽

| 2 2 1 2 | 3 1 5 | 2 2 1 2 | 3 1 5 |

媽媽帶我　上醫院　醫生說我　好寶寶

| 2 1 6 5 | 1 2 | 3 1 2 1 | 6 6 :‖

打針吃藥　休息　感冒就會　快好

編號：Ⅲ～11

※名稱：牙菌魔

※內容：

C 2/4

| 3 3 | 2 1 | 2 3 | 4 - |

牙菌　喜愛　住口　中

| 2·2 | 3 4 | 5 3 | 5 - |

寶寶　清除　牙菌　魔

| 1 6 | 4 6 | 5 3 | 1 - |

少吃　糖果　常漱　口

| 2·2 | 3 2 | 1 1 | 1 - |

飯後　刷牙　趕它　走

| 1 1 1 | 4 4 4 | 2 2 2 2 | 5 5 5 5 |

ㄒ　ㄕㄨㄚ　ㄒ　ㄕㄨㄚ　ㄒ　　ㄕㄨㄚ

| 3 3 2 2 | 1 1 7 7 | 1 1 1 1 | 0 —— |

ㄍㄚㄍㄚ　ㄍㄚㄍㄚ　ㄍㄚㄍㄚ　呸（吐出）

| 3 3 | 2 1 | 2 3 | 4 - |

可怕　小小　牙菌　魔

| 2·2 | 3 4 | 5 - | 7 - | 1 - ‖

嚇得　全身　直　　發　抖

Ⅳ. 工作

編號：Ⅳ～1

❀**名稱**：自畫像

❀**材料**：彩色筆、蠟筆、圖畫紙、鏡子、自己的相片。

❀**作法說明**：依照相片或照鏡子畫自己的樣子。

❀**延伸活動**：

1. 所畫的人物，也可改成家人等之不同對象。

2. 焦點式的畫法，如畫眼睛、耳朵、鼻子等等，也可畫身體部位。

3. 用不同的方式，表示自己的身體部位，如手印、唇印、指印等等。

4. 畫別人眼中的自己，如家人或朋友等人眼中的自己，也可運用其他的物體形象來表現，如父母覺得我像麻雀，奶奶覺得我像隻可愛的小綿羊，或阿公說我像石頭等。

5. 畫出情緒變化的我，如生氣、高興、快樂。

6. 最後可收集照片或圖畫，剪貼或釘成冊，就可製成「我的書」，書中也可展現出過去的我、現在的我、未來的我。

編號：Ⅳ～2

❀**名稱**：我的名字

❀**材料**：圖畫紙、白膠、各色砂子（也可用米、豆類、直徑 0.5cm 的棉線來做）。

❀**作法說明**：

1. 老師可以電腦或手畫方式，繪出幼兒名字。

2. 請幼兒沿著自己的名字，塗上白膠（白膠需上厚一點）。

3. 將砂子灑在白膠上，再拿另一張紙，置於步驟 2 的紙上，稍加壓。

4. 將多餘的砂子倒出，即完成名字砂畫。

編號：IV～3

※名稱：你畫我，我畫你

※材料：圖畫紙、彩色筆、蠟筆。

※作法說明：

1. 請幼兒找到一個好朋友，互畫對方。

2. 比較兩人有何不同。

3. 分享畫別人時，發現別人和自己的不同點有哪些。

4. 也可畫局部部位，或運用撕貼方式、毛線黏貼方式來表現。

5. 也可作成大型的紙板，如招牌小姐一般，並加上手印、足印、唇印，套上真實的衣服，表現出對方的特色。

※成品簡圖：

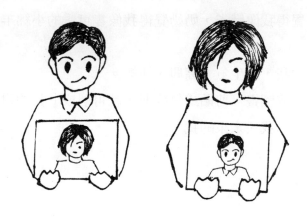

編號：IV～4

※名稱：千變萬化的我

※材料：油性筆、水性投影筆、透明片（或透明塑膠袋）、幼兒照片。

※作法說明：

1. 拿出幼兒的照片，並放上透明片（或透明塑膠袋），以水性投影筆或油性筆，替自己改裝。

2. 也可用水性投影筆，在已護貝好的照片上改裝。

3. 請幼兒介紹改裝後的自己（可放於實物投影機上介紹，會更為清楚）。

4. 介紹後若採用的是水性投影筆，則可用清水洗去彩繪的部分，透明片即可重複使用。

❀成品簡圖：

編號：Ⅳ～5

❀名稱：量身高

❀材料：全開壁報紙、彩色筆、剪刀。

❀作法說明：

1. 幼兒先平躺在全開壁報紙上，用筆描出身體外形，剪下張貼。

2. 另外用筆描出自己的腳丫剪下。

3. 可用腳丫印量自己身體外形圖有幾個腳丫長（也可以用很多腳丫貼在身體外形圖上）。

4. 也可改變測量的工具，如用手掌量、用尺量、用玩具量等。

5. 除身高外，更可量量手部、腳部、脖子等不同部位的長度。

❋**成品簡圖：**

編號：Ⅳ～6

❋**名稱：** 家庭樹

❋**材料：** 家中所有成員的相片或名字、大張壁報紙、彩色筆、蠟筆、各色蠟光紙。

❋**作法說明：**

1. 先討論家中有哪些成員（曾祖母、曾祖父、爺爺、奶奶、父母、姑姑、叔叔……）。

2. 將家中成員按照輩分高低排列下來，用相片貼或用彩色筆畫下來，成一棵樹的樣子。

3. 並搜集成員的特色物品，黏貼於周圍，如頭髮、口紅印、腳印、手印、指印等。

4. 可請幼兒找出適合的稱謂名稱，黏貼於家庭樹旁（可從報章雜誌中找，也可由老師先列出來，影印後由幼兒剪貼）。

5. 以畫畫或剪貼等不同方式，加註家人喜愛的物品，如喜愛的食物、喜愛的動物、喜愛的人、喜愛的書、喜歡做的事、喜歡說的話、喜歡的運動或最討厭的東西，來豐富家庭樹，讓幼兒對家人做深入的了解。

※成品簡圖：

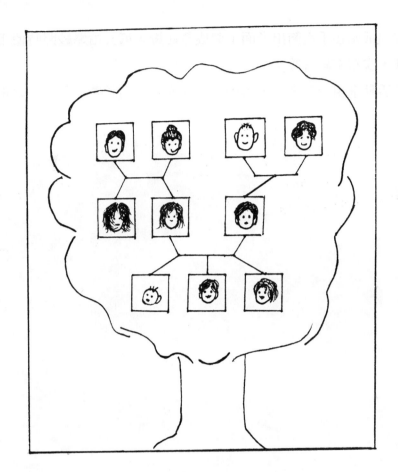

編號：Ⅳ～7

※名稱：婚姻廣場

※材料：大積木、箱子、布、紙、縐紋紙、玻璃紙、色紙（創造用之多元材料）等。

※作法說明：

1. 以大紅紙剪囍字，並用紙板繪製小囍字讓幼兒剪。

2. 用縐紋紙黏在繩上當門簾。

3. 拿紙盒包上紅紙，加以裝飾當新娘燈。

4. 利用布、塑膠袋、垃圾袋、報紙、廣告紙、玻璃紙、色紙、金銀紙等各式材料製
   作禮服。

5. 用大紙箱創作禮車，或請幼兒帶家中的大型玩具汽車或腳踏車到園中，加以佈

置。

6. 利用彩色玻璃紙貼在手電筒出光面上製成霓虹燈，可於拍婚紗照時使用。

7. 用大壁報紙，或布來做喜幛。

8. 也可將上述活動全組合起來，做婚姻百貨部或自己創設禮服公司等來扮演。

第六節　活動範例

範例一：我

活動流程	相關參考活動資料	生活剪影
(一)命名由來　　透過「姓名由來」（Ⅰ～2）請幼兒回家和父母討論幼兒名字的意義，並來園分享。相關活動請見右邊的參考活動資料。	Ⅰ～1，Ⅰ～2 Ⅳ～2	• 當老師問幼兒的姓名由來時，他們大多只能說：「我爸爸姓陳，所以我叫陳××。」為了使活動概念可以推展，所以發了一張小通知單（Ⅰ～2），請父母和寶寶一起做遊戲，並把自己姓名的由來帶來幼稚園和幼兒們分享，果然家長都能踴躍參與，有的還自錄有背景的姓名錄音帶。
(二)我的長相　　透過鏡子觀察自己，透過「自畫像」（Ⅳ～1）或「你畫我，我畫你」（Ⅳ～3）活動，找出自己長相和別人不同的地方。	C～6，C～37，C～54，C～56 V～2，V～5，V～6 Ⅰ～4 Ⅳ～1，Ⅳ～3，Ⅳ～4，Ⅳ～5	• 透過互相觀察，比較不同的特徵，有愈來愈多的幼兒在進入活動的第三、四天，更能以自畫像掌握自己的特色：成成以線條畫出自己尖尖的小下巴，芙芙則在自畫像中，畫出自己只有一個酒窩的特色，而凌凌畫出與當天穿著一模一樣的衣服，自畫像中

		的孩子不用貼上名條，都可以知道那個人就是凌凌。庭庭則畫出了右眼下一顆小小的痣。藉由這些畫的作品展示，凌凌有所感地告訴我一個秘密：「現在我把秘密告訴你，你別告訴別人喔！我的弟弟跟我不一樣的地方，是他的屁股有一個痣，我沒有！」
(三)我愛我的樣子 　　透過「神奇變身水」的故事（C～37）或錄影帶「神奇變身水」（V～5）欣賞，更肯定自己的容貌。	C～6，C～37，C～44，C～54 C～62 V～2，V～5，V～6 Ⅳ～4	
(四)我的長處 　　透過故事「箭靶小牛」（C～54）和幼兒一起探討自己的能力、長處在哪裡，並讓幼兒思考自己的長處是否透過五官好幫手的幫忙，而引入認識外形概念。	C～25，C～46，C～54，C～57 V～5，V～6 Ⅰ～4	
(五)小眼睛的妙用 　　透過遊戲「矇眼摸路」（Ⅰ～5）後，發表眼睛看不見的感覺，並發表眼睛的功用。	T～2，T～3，T～4，T～6 C～6，C～8 V～2，V～6 Ⅰ～5	●隨著幼兒的成長，有更多請他們自己分組的機會，我看到了他們很快的因「矇眼摸路」（Ⅰ～5）而

		能自己分配誰是摸路的人，誰是打危險訊號的鼓手，誰敲安全訊號的鐘琴，而且也可以三人小組配合得很好。在此活動進行前，我們讓幼兒去聆聽鐘琴聲音的感覺，東東說：「好像是小天使（人自動地比手劃腳走到討論的中心），躺在好舒服好舒服的雲裡（眼睛和臉上表情讓我真正感受到雲的柔軟），好柔軟喔！」還因為他的介紹，我們全班玩了一趟想像自己是天使的感覺遊戲呢！
㈥小眼睛的保護 　　透過故事「方眼男孩」（C～8）中因愛看電視而得方眼的病症，引導幼兒要如何保護自己的眼睛。	T～3，T～4，T～9 C～6，C～8 V～2，V～6	
㈦牙齒和牙菌 　　透過布偶或紙偶演出故事「牙齒的故事」（C～9），從牙菌喜歡的環境，去預防蛀牙，談牙齒保健。	T～2，T～3，T～4，T～5 C～6，C～9 Ⅲ～11	
㈧耳朵的妙用 　　透過遊戲「用聲音找人	T～2，T～3，T～4，T～9	

」（Ⅰ～6）之後，發表耳朵的功用有哪些。	C～6 V～2，V～6 Ⅰ～6 Ⅱ～1	
(九)鼻子的功能和保護 　　透過影片「我怎樣知道——學習使用您的感官」（V～2），了解鼻子的功用和保護的方法。	T～2，T～3，T～4 C～6，C～51 V～2，V～6	
(十)手和腳 　　運用故事「手的遊戲」（C～7）玩手的遊戲，並以手和腳的活動引入骨頭等內在器官。	T～3，T～4，T～6 C～5，C～7，C～50 Ⅰ～3，Ⅰ～4 Ⅲ～1	
(土)骨頭 　　透過故事「骨頭」（C～38）來介紹骨頭的功用。	T～3，T～4，T～6 C～38，C～41	• 我們邊講邊模仿「骨頭」故事圖片的動作，如：人的舉手、半蹲……等等動作，還有不同動物的動作。此外，我們亦模仿像章魚一樣，沒有骨頭、軟趴趴的動作。 　　活動中老師想看看幼兒對於未曾看過的動物的模仿，誰知當老師說：「變火雞。」時，幼兒並沒

		有像大人一樣，不敢抗辯，他們先是一楞，一會兒馬上說：「老師我們又沒有看過火雞，我們不會變。」夠坦率吧！
(圭)心臟 　　透過影片「人體大奇航」第一輯9「人體的啟動馬達——心臟」（C～1）所附之錄影帶，以卡通動畫的方式來介紹心臟。	T～3，T～4 C～1，C～30，C～42	
(圭)腦袋 　　透過故事「好棒的頭腦（洞洞書）」（C～17）分層的介紹腦袋中各個管制區及功用。	T～3，T～4 C～1，C～17，C～42	
(古)血液和血小板 　　透過影片「人體大奇航」第一輯7「生命之水——血液」和第一輯8「搶修工程隊——血小板」（C～1）所附之錄影帶，介紹血液的要素、功用、血小板保健常識等，並介紹一些有關血液的疾病，並由教室擺設一些醫生服裝、用具等，引起動機，帶入生病預防和保健。	T～3，T～4 C～1，C～14，C～33，C～42	• 透過情境改變，幼兒很主動的就會扮演起醫生的角色，還分配給別人一個病人的角色。活動中我們採分組進行，所以整個教室就變成醫院了，很多的概念，如：生病怎麼辦、醫院的掛號……都在活動中同時進行著。

(固)生病了怎麼辦 　　透過兒歌「生病了」（Ⅲ～7）唸唱後和幼兒探討生病時的處理方法。	Ⅰ～7 Ⅲ～5，Ⅲ～7，Ⅲ～10	
(共)我不想生病 　　透過故事「健康檢查」（C～43）傳遞藉由健康檢查可以達到預防重於治療的目的，並且說明健康檢查方式應避免幼兒恐懼，並討論生病時照顧的人是誰，繼而引入家庭的主題。	C～2，C～43 Ⅰ～7 Ⅲ～5，Ⅲ～7，Ⅲ～10	● 這個活動也是邀請醫生、藥師、護士等專業人員來學校的好時機，當老師把會場佈置起來時（也可至各校的保健室），有體重計、身高架、幼兒身體狀況紀錄表等，幼兒的感受就很深刻，不但加深了故事裏的印象，也能從做中學，而且還免費的做了一次身體檢查呢！會後還不停地提出問題問醫生，整個會場的探索氣氛非常濃郁。
(出)家裡的人 　　透過兒歌「相親相愛一家人」（Ⅲ～6）分享，來討論介紹自己的家人，並以工作「家庭樹」（Ⅳ～6）搜集家中所有人的相片或稱謂，作出自己家庭成員的家庭樹。	C～10，C～11，C～12，C～15 C～16，C～52，C～53，C～55 Ⅴ～1，Ⅴ～6 Ⅰ～1，Ⅰ～2，Ⅰ～8 Ⅲ～3，Ⅲ～4，Ⅲ～6 Ⅳ～6	

(六)快樂家庭 　　透過故事「我希望我也生病」（C～21）和幼兒討論家人照顧自己的功用及其他有關家庭的功用。	C～10，C～11，C～12，C～21 Ⅰ～8 Ⅲ～8	
(七)我最喜歡…… 　　透過故事「像新的一樣好」（C～52），請幼兒發表他最喜歡的家人，並藉由故事「親朋自遠方來」（C～55），描述家裡的人和親朋好友的關係及感覺，並綜合討論家庭怎麼來的，以進入結婚主題。	C～12，C～52，C～55 V～6	
(八)結婚 　　請見活動範例二「花田囍事」之介紹。	T～8 C～20，C～45，C～49 Ⅱ～2 Ⅲ～9 Ⅳ～7	
(九)baby哪裡來？ 　　透過影片「我從哪裡來」（V～3）請幼兒發表自己的看法，藉此共同討論出baby出生的正確概念和生日概念。	T～7 C～10，C～18，C～26，C～27 C～30，C～33，C～47，C～48 C～60 V～3	

(世)大家愛baby 　　透過故事「忙碌的寶寶」(C~18)介紹寶寶的需求和感覺，每個baby都是父母的心肝寶貝。	T~1，T~7 C~10，C~18，C~34，C~60 V~3	
(世)我當哥哥（姊姊）了 　　透過影片「彼得的椅子」(V~5)討論當哥哥或姊姊後，父母對自己和以前有什麼不同，並藉由父母期待幼兒長大引入長大真好等相關主題。	C~10，C~18，C~19，C~34 V~3，V~5	
(世)我會自己做 　　透過故事「早安」(C~13)，只有圖沒有文字的欣賞，請幼兒發表他們自己會做什麼。	C~13，C~15，C~19，C~28 C~31，C~39，C~40，C~53	
(世)我怎麼辦？ 　　透過故事「小飛先進門」(C~3)，老師提出問題，請幼兒發表自己解決的方式及可行性，並由日常生活中培養幼兒思考解決問題的方法。	C~3，C~4，C~36，C~39 C~52，C~53	
(世)我的朋友 　　透過影片「這是我的」	C~22，C~23，C~24，C~29	

（V～5）討論自己和朋友的相處情形，並藉由故事「我們是好朋友」（C～24）發表自己的好朋友是誰和相處情形。	C～32，C～41，C～44，C～58 C～59 V～5 Ⅳ～3	

範例二：花田囍事

思想起，在娃娃家裡。

龍之指著小潔說：「你當新娘，我當新郎，還有小鈞當小 baby……」

小華嘟著嘴巴不滿的說：「我也要當新娘，爲什麼只有小潔可以當新娘？」

從孩子的對話中，我們赫然驚覺孩子對於新郎、新娘角色的憧憬，

此時一個絕妙的 idea 浮上心頭，悄悄的敲定下個主題——古式婚禮。

　　在進行主題之前，如果希望教學內容更豐富確實，資料的搜集非常重要。從資料搜集中獲知現代婚俗是承襲古老傳統習俗，所以為了主題的深入性，我們決定以古式婚禮來探討進行。活動前，無意間在有線電視台發現介紹古式婚禮的影片，所以輾轉詢問借到影片，做為資料之一。除了影片之外，我們還向菊淡主任商借她的訂婚及結婚旗袍，芷芸、月容老師的結婚照，及日宜老師赴大陸拍攝到的花轎照片。除此之外還有相關的月曆、影片及家長帶來的各式相關書籍、相簿、物品等等，文獻資料和教材搜集告一段落，好戲也即將展開。

一個大囍字

　　事前的活動情境，不僅能讓孩子快速進入主題，更可讓孩子一股腦兒地投入佈置的行列。所以我們先在教室裏，放置一個大「囍」字，還將花轎的照片放大到醒目的尺寸，更請搭班的芷芸老師剪了好多囍字，張貼於教室四周，並將月曆、書籍、相簿、錄音帶等資源補充到各學習角。本來我和芷芸老師討論，要將主任的旗袍穿在身上，當成活動式情境佈置，怎奈主任年輕時的身材，竟如此婀娜多姿，令我們只能望衣興嘆，只好把衣服以衣架撐起，以垂掛方式佈置。

比聖戰士還大的震撼

　　活動前情境佈置的伏筆，果然造成了比「聖戰士」還要大的震撼！第一天孩子一走進教室，便東走走、西瞧瞧，爾後便開始一連串的追問，「老師！老師！我看到一

個人家結婚用的字吧！在那邊。」「老師，我也看到！」「老師！我看到花轎呢！你趕快來看。」「老師……」「老師……」，有的抓著我的手不放，有的在遠處呼喚，聲音此起彼落，好不熱鬧呀！更有孩子傻住了，愣在原地的樣子古錐極了。

老師們故做神秘，不解答孩子的困惑和問題，也不想用口述的方式介紹婚俗，而以影片欣賞的方式，做為活動引導，一方面，讓孩子了解影片和教室佈置的關聯；另一方面，充實孩子在婚俗上的認知和經驗。

回到教室後，我們才開始活動探討及分組活動，我們問：「要娶新娘時，房子要怎麼佈置？」孩子回答：「要貼很多結婚的字呀！」（手還比著老師自製的大囍字），老師：「那個字唸囍。」孩子們若有所悟地跟著唸：「囍！」孩子又舉手發言：「還可以貼很多漂亮的花呀！像新年剪的那個。」「喔！你說我們上過新年剪的窗花嗎？」「對呀！那也可以佈置。」老師：「很好的辦法吧！你們自己都知道如何佈置教室呢！」所以分組時，孩子從剪窗花、囍字、看相簿……等開始了這次婚姻之旅。小婷說：「你看！我剪了好多個囍字，我要貼在風琴上，還有椅子上！」小蒨說：「我要貼在門上面！」從整個教室的氣氛裏，可以感受到孩子的心已在沸騰，再來便是拭目以待。

操縱權在孩子手中

透過影片、照片欣賞，故事分享及探討，孩子對於佈置新房頗有概念。

活動進入第四天，孩子開始商討用大積木搭建新房，並運用教室原有紅毯、囍字，也以皺紋紙做為新房的垂簾，將整間新房佈置得美侖美奐。在過程中孩子邊做邊躺在新房的床上，有七、八個孩子主動跑來告訴老師：「老師！等一下我們要留在教室玩，不要出去，可以嗎？」我們驚訝於他們對活動的投入，連平日最受歡迎的遊戲場也吸引不了他們。

活動進入第八天，孩子浸沐在其中，享受他們佈置的環境，在新房開始扮演新郎、新娘。扮演中小佩突然說：「房間裡面沒有電話，要怎麼接電話呀？」老師一聽，馬上說：「嗯！對呀！如果沒有電話，那別人打電話來就很不方便。還有，電話要放哪裡？那也很重要喔！」他們馬上將娃娃家的電話機搬到積木角的新房。此時其他孩子開始說：「我們還可以做電視。」「還有沙發。」老師問：「那要怎麼做？」

小盈：「可以用箱子呀！還可以用工作角的色紙摺花，再貼……」小潔：「也可以用積木當電視，再用圖畫紙畫畫貼上去呀！」老師點點頭，並鼓勵他們著手試試看。

於是兩三個小朋友互相討論，並共同完成一架有畫面（雖然畫面是靜止的）、有按鈕的電視，外形花俏美觀。他們將電視機置放於角落，每個在新房的小朋友都坐在床上觀看電視，還有人說要轉台，有小朋友說：「我們用這個當遙控器好不好（小的積木）？」然後開始自己製作音效「ㄅ一ㄥ！ㄅ一ㄥ！轉台！」每個都看得目不轉睛說：「好好看喔！對不對！」「對呀！對呀！」不輸給真的電視機呢！

新房的佈置，就在不停重複擺置和不斷補充新內容中，繼續地發展、延續，活動內容及計畫的操縱權在他們的手中，新房的佈置也在他們的發揮下，變得五彩繽紛！

心血結晶——花轎

活動進入第七天時，老師問：「結婚時，新娘要怎麼到新郎家呢？」小孩說：「坐花轎呀！」老師接著又問：「可是我們沒有花轎吧！」孩子急忙的回答：「我們可以做呀！」「那要怎麼做呢？」孩子踴躍地提供了好多材料，後來決定用大箱子，因為在探討中，孩子說：「人要坐在裡面的。」

花轎的工作開始進行，孩子問：「老師！老師！箱子的下面會分開，我們黏好久都黏不起來。」原來孩子使用小膠帶和白膠做黏箱底的工作，所以老師建議孩子用大膠帶試試看，並著手共同製作，給予協助。糊好了之後，孩子說：「老師，這邊要挖一個洞，才可以進去坐呀！」老師問：「要挖在哪裏？要挖多大呢？」老師便依照孩子的指示將箱子割了一個洞。

有孩子好興奮地坐了進去，結果箱底會凹陷，我們共同討論：「怎麼辦？」孩子說：「用硬硬的東西放在裡面就不會凹下去呀！」老師問：「那什麼東西是硬硬的呀！」「老師，可以用木板呀！」可是幼稚園內沒有這麼大的木板，所以我們只好找阿財叔叔幫忙。想不到阿財叔叔不但裁了一塊尺寸相符的厚板子，還加贈了兩隻大紅棍呢！花轎完成了，孩子們勇敢地坐在轎內，試轎典禮果然成功，師生們都拍手叫好，此時嫁粧也大致備妥，迎娶即將開始。

• 別小看我們自製的花轎，
　它可真的既堅固又耐用喔！

• 轎子和聘禮都準備好了。

新郎、新娘是誰？

　　人物分配的確不簡單，每位孩子對於新郎、新娘等主要角色都很在乎。我們討論出以選舉方式來決定人選，女生方面，小婷的人緣很好，所以選舉時雖有些許反對聲音，但討論的問題較單純，小婷也不負眾望地當選新娘的角色。

　　男生方面的選情可就讓老師大開眼界，小易說：「我要選小洋，因為他上課很認真。」小竣接著說：「可是小洋上課會聊天，而且有時候會打人。」小堯發言：「我選小易，因為小易是我的好朋友。」小龍說：「可是小易會咬人。」小易憤慨地說：「那是小班的時候，我現在又不會，你小時候也會咬人呀……」

　　就這樣一來一往中，選情白熱化，一直過了兩個多小時才敲定了所有人物的安排，當活動告一段落，我們才驚覺，孩子的語言天賦何時變得這麼好！此次孩子的探

討，破了團討最長時間的記錄。

竹青後掛豬肉

迎娶當天，鞭炮響、鑼鼓敲，新郎已興致勃勃地要娶新娘回家。怎知孩子們在檢查花轎的竹青、米篩等必備物品時，突然發現竹青沒有掛豬肉，「老師！我們的竹子沒有掛豬肉，要是新娘被新娘虎吃掉了怎麼辦？」老師緊張地問：「可是我們忘記買豬肉了怎麼辦？」孩子說：「我們可以用色紙做呀！這樣新娘就不會被吃掉了！」於是用色紙捲成長條狀，企圖瞞過新娘虎。

一波未平一波又來，新郎說：「老師，我怎麼沒有馬可以騎？」老師：「真的吔！那怎麼辦呢？」孩子們啞口無言。好在玉玲老師挺身協助，以瓦楞紙板及精巧神速的手藝，為我們做了一隻可愛又花俏的馬，才能使活動進行得更圓滿。

起轎了！新郎、轎夫及迎親隊伍熱熱鬧鬧地往新娘家去。到了新娘家，新娘出來侍奉甜茶，此時孩子們幾乎忘了自己的角色，回到孩子的本性，對於喜糖、甜茶特別喜愛，有的還喝了好幾杯茶呢！

「新娘上轎了！」新娘羞答答地坐在轎內，轎夫們同數「一、二、三」抬起了花轎，準備做校園巡禮。此時娘家潑水的禮儀（代表女兒是撥出去的水不再回來），也是不能少的。新娘也在花轎前進數公尺後丟扇（扇的閩南語發音與個性相似，丟扇意指新娘丟掉自己的個性）。

風風光光的迎娶，場面非常盛大。抬空轎時，轎夫每個就像大力水手般，但新娘上了轎後，就大相逕庭了。抬了十多分鐘後，轎夫們個個已欲振乏力，咿咿唉唉的直喊：「老師！我快抬不動了！」新娘子的個兒雖不大，卻 very strong，肌肉結實得很，令我們也開始為此事擔心了起來。

叮叮噹噹，國小下課了，圍觀人潮愈來愈多，大哥哥看到轎夫上氣不接下氣的情形，也主動協助，轎子才得以順利返回夫家。

新郎狠狠踢了轎門一腳，把新娘嚇一跳（使新娘以後聽從新郎），圍觀者哄堂大笑，前俯後仰笑破了肚皮，活動就在熱鬧的祝福，兼帶些許感動中完成。

▶註：此文曾刊載於〈新幼教〉（84 年 6 月）。新竹師範學院。

• 古式婚禮出轎行。

• 讓我用力來踢轎，肯定新娘嚇一跳，
　柔柔順順跟著我，相敬如賓否恭躁。

第 ② 章　多元文化

第一節 前言

近年隨著經濟、科技、交通等等多種因素的影響，我國積極著手規劃成立「亞太營運中心」。在此同時，地球變成一個地球村，不再是以一個國家為單位，除了需要國家民族意識觀念外，更要有以一個地球村為單位的觀念。

當亞太營運中心成立後，我們在台灣地區就能接觸到其他不同國家、不同文化的人；既然發展成以一個地球村為單位，我們就必須在認識自己國家、自己文化的同時，也試著去認識那些不同國家、不同文化的人。從整體的地球村觀點來看，其中每一部分的每一個人的權利、義務是對等的。談到對等，首先要去認識他們，而且彼此間站在平等的立足點上，進而就能去「尊重別人、尊重自己」，達到多元文化的最終目標。由此可見，亞太營運中心的成立，突顯出我們整個教育、整個課程必須去強調多元文化，邁向多元文化教育的腳步就要更加迅速了。

在安排多元文化課程時，可由「我」、「家庭」、「社會」、「國家」、「世界（地球村）」五個不同的角度去探索，無論以哪一個角度為出發點，都可從多元文化的成因、內涵、態度、型態、社會資源以及如何實施多元文化等問題去探討。如以「社會」為出發點時，必須先探討其形成多元文化的成因（種族的不同……），其本身的內涵及態度，其呈現在社會中的多元文化型態，以及蒐集能提供資訊的社會資源，最後，如何將多元文化在社會的範疇裡付諸實現（實施）。

最後提供了兩個範例，礙於資料與筆者的思緒有限，似乎只是強調其中某個文化而已，至今仍未計畫出一份能統整整體課程觀念，進而達到世界觀的範例，實感缺憾，期待有心人的開發與分享。

第二節　主題概念網

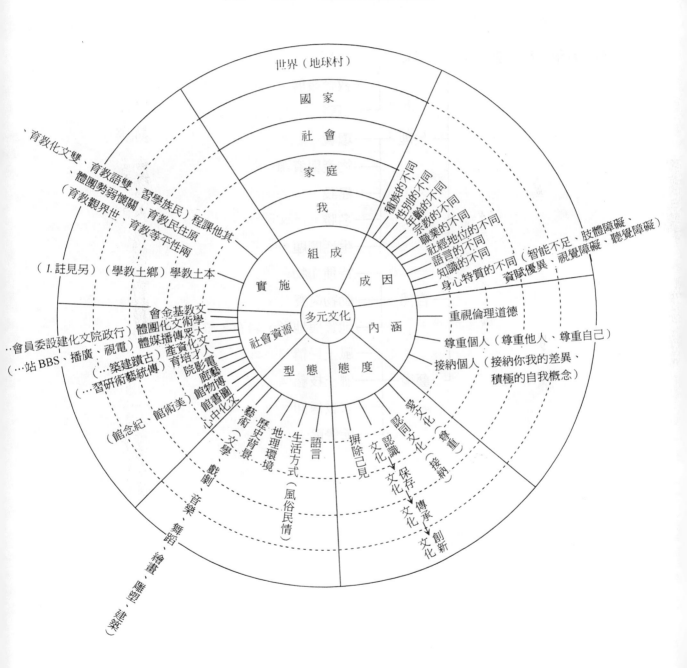

註 1.

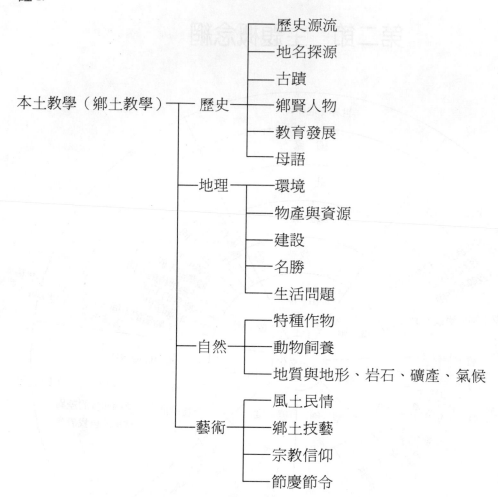

本土教學（鄉土教學）

歷史
- 歷史源流
- 地名探源
- 古蹟
- 鄉賢人物
- 教育發展
- 母語

地理
- 環境
- 物產與資源
- 建設
- 名勝
- 生活問題

自然
- 特種作物
- 動物飼養
- 地質與地形、岩石、礦產、氣候

藝術
- 風土民情
- 鄉土技藝
- 宗教信仰
- 節慶節令

第三節　參考書籍

一、教師用書

編號	書　名	作　者	出　版　社	主題相關資料
T～1	一生懸命——竹塹耆老講古	陳騰芳、潘國正、陳愛珠（民84）	新竹市立文化中心	• 提供許多文史資訊，經由訪問地方耆老，紀錄許多珍貴生活歷史，令人可以深度了解「從竹塹到新竹」的演變及地方社區文化的豐富性。
T～2	一年仔悾悾 臺灣話和國語	蕭淑美主編（民82）	圖文	• 介紹臺灣的由來，臺語的尋根及臺灣國語。
T～3	文化融合與區域發展	葉國興主編（民84）	國立政治大學國際關係研究中心	• 論述中華民國在台灣正以積極的態度和開創性的作法，推動「南向政策」，除了推展互惠的經貿關係外，並希望在亞太地區發展的大趨勢中，扮演建設性的角色。中華文化、日本文化和其他文化都具特色，我們希望經由相互學習，吸取各文化的長處，以為亞太地區開創更美好的遠景，同時也為世界和平奠定更紮實的基礎。
T～4	文化變遷與教育發展	中國教育學會、國立中正大學成人教育中心主編（民82）	國立中正大學成人教育中心	• 頁1～16　闡述二十一世紀我國文化與教育發展的展望（郭為藩）。 • 頁287～328　闡述台灣地區環境變遷與學校教育（楊冠政）。

			• 頁329~344　闡述環境教育與國民小學學校教育（柯華葳）。
T～5	中華民族服飾文化	韋榮慧主編（民81）	紡織工業	• 以中英文與圖片配合的方式介紹中華各民族的服飾文化。
T～6	中國人的生命禮俗（嘉禮篇）	阮昌銳、辛意雲撰稿馬以工主編（民81）	十竹書屋	• 以圖文並茂的形式介紹中國人的結合之禮（婚俗）與過渡之禮（生子、作壽）。
T～7	中國人傳承的歲時	馬以工主編（民80）	十竹書屋	• 書中分七大部分：第一為「歲時曆」；第二由各古老文獻資料彙整，敘述中國獨特的天文曆法；第三為正月初一到十五的年俗（新正）；第四至第七依序分別為春、夏、秋、冬四時，以二十四節氣為基礎，間夾了這一個季節的民俗節慶，及最特殊的自然變化，但並未包括明清以後盛行的神誕日。
T～8	中國少數民族節日風情	胡起望、項美珍（民83）	台灣商務	• 記載中國少數民族喜慶的新年節日、豐收的生產節日、歡樂的青年節日、崇敬的紀念節日、多采的習俗節日、傳統的宗教節日等。
T～9	中國古代服飾研究	沈從文編著（民77）	南天	• 探討中國歷史上不同時代、不同階層服飾制度的發展、沿革，以及它和當時社會物質生活、意識型態的種種關聯。並提供大量的文物圖像資料。

T～10	中國民俗兒歌（北方篇、南方篇、趣味篇）	林劍青、李垣、朱賜麟（民 73）	愛智	• 共三冊，載錄許多簡易的中國民俗兒歌。
T～11	中國的民俗	莊伯和（民 80）	台灣省政府教育廳	• 介紹中國各民俗的由來與習俗。
T～12	中國的花神與節氣	殷登國（民 76）	聯經	• 介紹代表中國的十二個月的花神以及二十四節氣的特色。
T～13	中國神話與民間傳說	李勉民主編（民 76）	讀者文摘	• 記載一百九十則中國神話與民間傳說故事。
T～14	中國地方歌謠集成 1～65	舒蘭編著（民 78）	渤海堂	• 共計六十五冊：1～10 冊為理論研究；11～18 冊為台灣兒歌、民歌、情歌；19～65 冊則為中國各省歌謠。
T～15	台中縣民間文學集 1～19	陳瓊芬、傅素花、陳素主主編（民 82～84）	台中縣立文化中心	• 載錄石岡鄉、沙鹿鎮、東勢鎮、大甲鎮、和平鄉泰雅族的閩南語、客語歌謠及故事集，共計十九冊。
T～16	台北市國民小學鄉土教學活動之意見調查	台北市國語實驗國民小學（民 84）	國立教育資料館	• 頁 7～30 介紹鄉土教育的理論基礎及我國鄉土教學的演進和現況。
T～17	皮影戲館籌建專輯	石光生編著（民 83）	高雄縣立文化中心	• 頁 21～26 介紹皮影戲館的功能。 • 頁 47～56 簡介台灣皮影戲。
T～18	北港朝天宮志	蔡相煇編撰（民 78）	財團法人北港朝天宮董事會	• 記載北港朝天宮的起源、建廟過程、祀典、文物以及人事系統。
T～19	民國八十二年文化統計	行政院文化建設委員會（民 83）	行政院文化建設委員會	• 藉由簡明的統計表式，將抽象的文化活動予以量化，供各界於擬定相關政策或規劃文化活動之參考，並輔以簡要文字說明，裨利各界對國內文化事務有一概括性

			的了解。
T〜20	世界民族大觀	日本學習研究社 （民70）	自然科學文化事業公司	• 共計八冊，以圖文並茂的方式介紹世界各民族文化（大洋洲、東南亞、印度與希馬拉雅、北亞與西亞、歐洲、非洲、北美洲、南美洲）。
T〜21	世界遺蹟大觀1〜12	陳秀蓮主編 （民77）	華園	• 共十二冊，介紹世界的遺蹟，除文字記載外，更有圖片為證。 1—史前時代的世界 2—尼羅河畔的皇陵與神殿 3—地中海沿岸的西亞古都 4—美索不達米亞與波斯 5—愛琴海與希臘的文明 6—羅馬帝國的榮光 7—落日餘暉照絲路 8—印度的聖地 9—中國五千年的文化遺產 10—日本、古朝鮮文化的精華 11—吾哥與波羅浮屠 12—馬雅與印加
T〜22	台灣客家人新論	台灣客家公共事務協會編著 （民82）	臺原	• 記載客家人的奮鬥史及源流。
T〜23	台灣客家生活記事	黃秋芳 （民82）	臺原	• 記載客家文化、歌謠、風情。
T〜24	台灣的民間信仰	姜義鎮編著 （民83）	武陵	• 介紹台灣奉祀神明文物的精神，及廟宇古蹟的盛況。

T〜25	台灣的拜壺民族	石萬壽 （民 79）	臺原	• 闡述平埔族的移民、遷徙、分佈、發展及該族獨特的文化和祭禮。平埔族，前清及日據時期稱為「熟番」。在台灣西部沿海平原、台地，北起噶瑪蘭，南至屏東枋寮地區，住有為數甚多，保存原有習俗最少，甚至否認自己種族，以冒籍、改姓等方法消除種族上自卑的民族。
T〜26	臺灣民俗大觀	凌志四主編 （民 74）	同威	• 共計五冊：第一冊介紹台灣民間最熱鬧的迎神賽會和各種傳統戲曲的精華，龍、獅、宋江陣、歌仔戲、布袋戲、傀儡戲、皮影戲，以及南北管等。第二冊介紹俗信與歲時節令。第三冊前半介紹古老的民間手工藝，如彩繡、鼓藝、木雕等。第三冊後半及第四冊敘述民間信仰的神明。第五冊則展現昔日或至今尚存的食、衣、住、行的習慣，與靜態有形的民俗文物，如小吃、衣飾、民房造形、交通工具、放風箏、打干樂、捏麵人等。
T〜27	台灣童帽藝術	簡榮聰編著 （民 81）	台灣省文獻委員會	• 介紹台灣童帽的造形、種類考源，及其圖案意義、製作程序。
T〜28	台灣民間藝術	席德進 （民 82）	雄獅	• 作者對即將消失的台灣民間藝術，實地觀察採集，以現代觀點作一新

				的詮釋。其中包括皮影戲、神像、陶器、版印……。
T～29	台灣特產名產全集	張幼雯主編（民79）	戶外生活	• 介紹台灣各地區的特產、名牌食品、工藝名產、茗茶名產、水果名產以及花蔬名產。
T～30	台灣歲時小百科（上、下）	劉還月（民83）	臺原	• 收錄台灣地區人民慣行的歲時節俗及重要、特殊的寺廟神誕。
T～31	台灣點、線、面	鮑昕昀（民83）	台灣省政府新聞處	• 介紹台灣二十一縣市各地的歷史背景、地理環境及未來發展的展望。
T～32	台灣歷史閱覽	李筱峰、劉峰松（民83）	自立晚報	• 頁 5～12 遙遠的老台灣。 • 頁 13～30 台灣早期的主人——原住民。 • 頁31～34 海盜與台灣。 • 頁35～50 安平追想曲——荷蘭殖民台灣38年。 • 頁51～54 三貂角上的鬥牛士——西班牙殖民北台灣16年。 • 頁55～72 東寧建國——鄭氏三代治台21年。 • 頁 73～110 清國奴的辮子——滿清領臺212年。 • 頁111～120 藍地起黃虎——台灣民主國與乙未抗日。 • 頁121～154 武士刀下的蕃薯——日本殖民台灣50年。 • 頁155～192 在強人陰影下——蔣氏二代治台

			43 年。 • 頁193~206　蛻變中的島國。
T～33	台灣農民的生活節俗	文/梶原通好 李文祺譯 （民 79）	臺原	• 探討台灣農民如何營生及由來為何。包含祭祀、宗教、歲時節俗、家族制度、食物及住宅。
T～34	台灣戲劇館專輯	宜蘭縣立文化中心 （民 82）	宜蘭縣立文化中心	• 頁15~21　簡介台灣戲劇館。 • 頁22~63　介紹台灣的歌仔戲。 • 頁64~88　介紹宜蘭的傀儡戲。
T～35	台灣旅遊觀光	周宇廷 （民 85）	大興	• 介紹全省著名古蹟遊覽地。 • 頁374~377　「台灣全省重要民俗祭典・廟會」一覽表。 • 頁378~381　「台閩地區著名古蹟遊覽地」一覽表。 • 頁382~383　「台灣各縣市特產、名食介紹」一覽表。
T～36	台灣深度旅遊手冊1：三峽	莊展鵬主編 （民 84）	遠流	• 介紹三峽的歷史、祖師廟、老街及自然景觀。
T～37	台灣深度旅遊手冊2：淡水	莊展鵬主編 （民 84）	遠流	• 介紹淡水的歷史、紅毛城、鄞山寺及自然景觀。
T～38	台灣深度旅遊手冊3：台北歷史散步	莊展鵬主編 （民 84）	遠流	• 介紹以前的台北——艋舺、大稻埕。
T～39	台灣深度旅遊手冊4：台北地質之旅	莊展鵬主編 （民 84）	遠流	• 介紹台北的老地層、大屯火山群、觀音山及台北盆地。
T～40	台灣深度旅遊手冊5：台北古城之旅	莊展鵬主編 （民 84）	遠流	• 介紹台北古城門、老街及近代建築。
T～41	台灣深度旅遊手冊6：北部海濱之旅	黃盛璘主編 （民 84）	遠流	• 介紹台灣的北海岸及東北角。

T～42	台灣深度旅遊手冊7：鹿港	莊展鵬主編（民84）	遠流	• 介紹鹿港的歷史、老街、民俗及龍山寺。
T～43	台灣深度旅遊手冊8：宜蘭	黃盛璘主編（民84）	遠流	• 介紹宜蘭的歷史、鄉鎮、民俗及自然景觀。
T～44	台灣深度旅遊手冊9：台南歷史散步（上）	黃靜宜、王明雪主編（民84）	遠流	• 介紹台南的歷史、古蹟、寺廟及民俗。
T～45	台灣深度旅遊手冊10：台南歷史散步（下）	黃靜宜、王明雪主編（民84）	遠流	• 介紹台南的老街、砲台、自然景觀及近代建築。
T～46	多元文化課程	黃政傑主譯（民83）	師大書苑	• 頁1～18　多元文化教育：背景及其例證（白亦方）。 • 頁19～56　教師與多元文化教育（劉蔚之）。 • 頁57～90　多元文化課程的架構（黃政傑）。 • 頁91～112　社區與多元文化學校(周淑卿)。 • 頁113～134　多元文化課程發展之資源綜觀（劉約蘭）。 • 頁135～148　多元文化課程：一些行動指南（趙曉維）。
T～47	多元文化教育	中國教育學會主編（民82）	台灣書店	• 介紹多元文化的理論與發展及多元文化的政策與實施。
T～48	安平文化資源巡禮	鄭道聰編著（民84）	台南市立文化中心	• 介紹安平史略、地理環境、政教遺蹟、宗教信仰、人文風俗、民宅建築、產業沿革、歷史遺蹟。
T～49	老街風情	王淑宜（民84）	台北縣立文化中心	• 以圖文並茂的方式，介紹三峽老街。
T～50	在民族之鄉旅行	滕明道（民79）	圖文	• 敘述中國五十五個少數民族聚居的地理概況、

			豐富的自然資源，和各民族悠久的歷史、燦爛的文化、特殊的風俗習慣，以及對整個中華民族政治、經濟、文化、藝術等各方面的重要貢獻。全書內容以遊記故事方式呈現。
T～51	竹師實小校外教學導覽活動設計	新竹師範學院附設實驗小學（民84）	新竹師範學院附設實驗小學	• 頁27　香格里拉樂園之「有趣的客家庄」。 • 頁29～33　小人國之「民俗表演」、「迷你台灣」、「迷你中國」、「迷你王國」、「世界樂園」。 • 頁41～45、66～70　台灣民俗村之「技藝之旅」、「建築之旅」、「農村生活之旅」、「歡樂之旅」、「古城之旅」。
T～52	´95竹塹玻璃接力展㈠、㈡	新竹市立文化中心（民84）	新竹市立文化中心	• ㈠為許金烺玻藝創作專輯，㈡為李國陽玻藝創作專輯，收錄許多玻璃作品的照片。
T～53	竹塹思想起	魏秀娟、張惠真撰稿（民83）	新竹市立文化中心	• 為中華民國八十三年度全國文藝季新竹市活動成果專輯，以圖文並茂的形式呈現竹塹文化資產。
T～54	竹塹思想起——老照片說故事第一輯	張德南、陳騰芳、潘國正主編（民84）	新竹市立文化中心	• 記載許多照片和故事，從中可獲得新竹地方豐富的文史演變歷程。
T～55	竹塹思想起——老照片說故事第二輯	潘國正著（民84）	新竹市立文化中心	• 記載許多照片和故事，從中可獲得新竹地方豐富的文史演變歷程。

T～56	我國台灣地區四十年來國民小學重要教學法專輯（駝鈴集5）	台灣省教育廳國民教育輔導團（民82）	台灣省教育廳國民教育輔導團	• 頁1～7 二十一世紀我們培養怎樣的國民：論述為迎接二十一世紀，教育要更制度化與專業化，並為擴大國民的世界觀，需加強文化課程及環球意識的培養，尊重本土文化，尊重並欣賞他人文化(陳英豪)。
T～57	苗栗縣客家傳統民俗器物之研究	苗栗縣政府（民84）	苗栗縣政府	• 以圖文並茂的形式呈現客籍的地理與人文背景，以及概述客家民俗、傳統民俗器物。
T～58	客家童謠大家唸	馮輝岳（民80）	武陵	• 載錄一百首客家童謠與賞析。
T～59	洄瀾鄉土教材	林靜子編輯（民84）	國立花蓮師範學院	• 以圖文並茂的形式呈現花蓮的文化資產，並提供實際的教學活動。
T～60	臺灣生活日記	徐仁修、劉還月（民84）	東華	• 共分四冊，分別介紹台灣一～三月，四～六月，七～九月，十～十二月的生活日記。從節氣到習俗，從農事到廟會，從山川到野生動植物等，皆以日記的形式，用照片和文字說明呈現自然生動的生活經驗。
T～61	教育發展與文化建設	臺灣省政府新聞處（民79）	臺灣省政府新聞處	• 頁131～146 介紹四十五年來的現代文學發展。 • 頁335～350 介紹社會教育中的文化活動及特殊教育。 • 頁367～412 介紹文化資產的維護。
T～62	國小兒童閩南語教學型態實驗研究	台北市立師範學院	國立教育資料館	• 頁11～13 介紹語言、雙語與多語教學。

		（民84）		• 頁13~15 介紹雙語教育的目的與模式。 • 頁15~19 介紹閩南語（母語）教學與材料。 • 頁19~24 探討母語教學面臨的問題。
T~63	國民小學社會科教師手冊第四冊	國立編譯館主編 （民84）	國立編譯館	• 頁16~55 提供單元教學活動設計參考「我們的習俗」，探討本地的重要習俗（喜慶、祭典、民俗活動……），增進了解習俗及對習俗建立應有的態度。
T~64	國民小學社會科教師手冊第六冊	國立編譯館主編 （民84）	國立編譯館	• 頁14~38 提供單元教學活動設計參考「認識我們的家鄉」，探討家鄉的位置、家鄉的環境與生活的關係，進而培養愛家鄉的情操。 • 頁41~45 中華民國臺閩地區各縣市名勝古蹟和特產舉隅一覽表。 • 頁89~92 環境教育資料庫單位之地址與電話一覽表。
T~65	國民小學社會科教師手冊第八冊	國立編譯館主編 （民83）	國立編譯館	• 頁78~98 提供單元教學活動設計參考「民俗與生活」，探討從傳統戲劇、民間信仰和節令禮俗等民俗活動的介紹中，了解民俗與生活的關係，養成對民俗應有的態度。
T~66	國民小學社會科教師手冊第九冊	國立編譯館主編 （民83）	國立編譯館	• 頁88~95 介紹中國少數民族的風俗習慣和年節。

T～67	國民中小學鄉土輔助教材大綱專案研究報告	教育部教育研究委員會（民84）	教育部	• 頁6～16 探討現行國民中小學課程中之鄉土教材分析。 • 頁17～21 探討各縣市鄉土輔助教材分析。 • 頁49～205 介紹鄉土輔助教材大綱，分為歷史篇、地理篇、自然篇、藝術篇。
T～68	小學生古蹟之旅	黃墩嚴編輯（民82）	愛智	• 共分八冊，包含台灣本島及金門、澎湖等地區的第一級到第三級重要古蹟。全書配以精美彩色照片，對古蹟的歷史背景與特色作一詳實介紹。
T～69	國民禮儀範例	鍾福山等編輯（民83）	內政部	• 詳載我國國民禮儀範例各條文，並有圖片搭配參考。
T～70	國際禮節	歐陽璜主編（民80）	幼獅文化	• 說明國際禮節的意義與重要、區分與趨勢；並分章節介紹食、衣、住、行、育、樂各方面的禮節。
T～71	鄉土教材教法	鄭英敏等編輯（民82）	台北市教師研習中心	• 頁1～136 鄉土教材篇：分述「落實鄉土教學」（林昭賢）、「敞開心懷愛台北」（貴馨儀）、「鄉土語言」（姚榮松）、「鄉土文學」（陳萬益）、「鄉土史地」（溫振華）、「鄉土建築」（李乾朗）、「鄉土藝術」（施翠峰）、「台灣的傳統音樂」（許常惠）、「台灣的歌仔戲音樂」（張炫

			文)、「台灣的歲時節俗」(劉還月)、「台灣的民間信仰」(阮昌銳)。 • 頁137～232　鄉土教法篇：介紹教學方法及教學設備。 • 頁233～249　附錄：記載「文化資產保存法摘錄」、「文化資產保存法施行細則摘錄」、「台閩地區第一級古蹟一覽表」、「台北市古蹟一覽表」、「台閩地區古蹟統計表」。
T～72	鄉土母語──屏東縣河洛語母語教材參考手冊	方南強 (民83)	屏東縣立文化中心	• 記載十二篇傳統唸謠及有關的趣味故事、國台語詞對譯、俗諺謎語……。
T～73	博覽中國1～10	黃台香主編 (民77)	中國百科	• 共十冊，記載中國的人文史地、名勝古蹟、生活與文化。 1－北平　　2－華北 3－江南　　4－華中 5－華南　　6－西南 7－西北　　8－東北 　　　　　　蒙古 9－臺灣　10－地圖專題索引
T～74	思想起──幼兒多元文化課程 (第6期)	黃瑞琴 (民84)	新幼教 第6期	• 頁24～26　透過生活經驗和社會觀察論述如何讓多元文化落實到幼兒的生活教育和課程設計中。
T～75	新竹地區鄉土教材之研究	陳鸞鳳、余作輝	國立新竹師範學院	• 簡介新竹縣各鄉鎮縣市，包含地理位置、歷史

		（民81）		沿革、自治與人口、教育文化、交通狀況、經濟活動、名勝古蹟、民情風俗、居民及環境、觀光資源、近年來與未來重要建設等。
T～76	話我家鄉	蔡東源等編輯（民84）	屏東縣立文化中心	• 介紹屏東縣的自然環境、農牧漁業、交通、教育、客家風情、原住民魯凱族及縣內的名勝古蹟。
T～77	邁向二十一世紀的教育政策與改革	中國國民黨中央委員會政策研究工作會（民84）	中國國民黨中央委員會政策研究工作會	• 頁123～136 我國多元文化高等教育應採之原則與措施：列述一些著名學者對多元文化教育目標的看法，及介紹國內高等教育在實施多元文化教育方面所採的一些措施及其新發展（黃炳煌）。
T～78	彰化縣民間文學集1～8	賴萬發、羅楷冠、葉翠華、陳素主 主編（民83～84）	彰化縣立文化中心	• 載錄彰化縣的歌謠、故事、諺語，共計八冊。
T～79	圖說生活文明史——服飾博覽	招貝華譯 賴惠鳳主編 文／Jacqveline Morley 版面構成／David Salari-ya（民83）	東方	• 以圖文並茂的方式，介紹最早的服飾至現代服飾的發展過程，以及服飾的特色及功用。
T～80	認識我們的家鄉——古蹟篇	楊錫滼、陳秋月、邱淑靜主編（民83）	新竹市政府	• 以圖文並茂的方式介紹新竹市的十三處古蹟。 • 頁14～15 新竹市古蹟一覽表。

T～81	認識我們的家鄉——地理篇	陳秀景、陳秋月、陳麗雲主編（民83）	新竹市政府	• 以簡易的對話方式加上圖表，介紹新竹市的環境。
T～82	認識我們的家鄉——歷史篇 談古說今話竹塹	劉秀美、張淑玲、王瑞霞主編（民83）	新竹市政府	• 從「回首往昔」中了解竹塹從原住民、漢人、日本至政府遷台後所呈現的歷史。並以「竹塹講古」的短文讓人體會先民移墾以及開拓的辛勞。
T～83	認識我們的家鄉——民俗藝術篇	馬錦鸞、呂淑如、劉敏珍主編（民83）	新竹市政府	• 介紹新竹的民俗藝術，包括——新竹香粉、蓪草紙、燈籠、民俗彩繡、鈔票摺疊藝術、風箏、玻璃藝術。
T～84	原住民教育法規彙編	高淑芳、卓嘉玲、高志榮編輯（民84）	國立新竹師範學院原住民教育研究中心	• 頁93～94　原住民教育之相關機構一覽表。

二、幼兒用書

編　號	書　　名	作　　者	出　版　社	內容簡介
C～1	人	文・圖／ 彼得・史彼爾 漢聲雜誌譯 （民80）	漢聲	• 介紹世界的每一獨特個體，有相同的地方，也有不同的地方；如體型、眼睛、文字、喜好……，是個美妙的世界。
C～2	小駝背	文・圖／ 黃春明 （民82）	皇冠	• 小駝背很小時爸媽就去世，鎮上的人都笑他駝背，欺侮他，久而久之，他都忘了自己的名字。後來有個名字叫高看看的小男孩為他打抱不平而被打……倆人成了好朋友……故事繼續地發生著……。
C～3	世界人權宣言	國際特赦組織 日本分部編 漢聲雜誌譯 （民80）	漢聲	• 圖文配合介紹卅條世界人權宣言，期望每一個不同的人都享受合理、有尊嚴的生活。
C～4	世界的一天	安野光雅編 漢聲雜誌譯 （民80）	漢聲	• 圖文配合介紹住在地球各地的人的各種生活經歷，提供學習更開闊的視野和胸襟，以友善的態度去對待世界上每一個不同的人。
C～5	世界親子圖書館14 ：歡慶佳節	馬景賢譯 （民77）	台英	• 頁6～21　家庭慶典：全世界的人都慶祝生日、婚禮和家庭裏重要的日子。 • 頁22～69　普天同慶：有的時候一群人、一個社區，甚至全國的人，共同慶祝一些特殊事件。 • 頁70～129 飲宴、齋戒和節慶活動：許多慶典是宗教性的。 • 頁130～151　一年四季：慶祝季節的變化和新的一年的開始。 • 頁152 各國節慶假日一覽表。

C～6	台北三百年	文／劉思源 圖／彭大維 （民79）	遠流	• 以圖文配合的方式介紹三百年前至今的台北，它的發展過程與故事。
C～7	台南府城	文／張玲玲 圖／楊翠玉 （民79）	遠流	• 以圖文配合的方式介紹台南的名勝古蹟與度小月擔仔麵。
C～8	台灣民宅	文／劉思源 圖／彭大維 （民78）	遠流	• 以圖文配合的方式介紹台灣民宅的材料、建築造形與特色，至現代高樓大廈的民宅建築變化。
C～9	台灣童謠	林武憲編選 圖／劉宗慧 （民78）	遠流	• 以圖文配合的方式介紹十七首台灣童謠，在每個國字上標有羅馬拼音，當做注音符號。
C～10	亦宛然布袋戲	文／劉思源 圖／王家珠 （民78）	遠流	• 亦宛然布袋戲團是李天祿在公元1936年創立的，為台灣最轟動的戲班。李爺爺在書中以圖文配合的方式介紹布袋戲的演出與製作，並加上配樂。
C～11	快樂的瓜瓜族	文／小野 圖／小野和家人 （民80）	皇冠	• 瓜瓜族的人快樂地生活著，因為他們知足常樂，他們與大自然和諧相處，和其他島上的人以物易物，和燈怪溝通了解，之間沒有階級，沒有貴賤……。
C～12	阿沙與草莓園	文／小野 圖／小野、李近和家人 （民80）	皇冠	• 描寫人類有許多悲劇的發生都是來自於族群和族群之間相互的不信任和不了解。故事描述在一個叫做草莓谷的地方，住著一個長得有點像草莓，叫做阿沙的小精靈，他喜歡種植不同顏色的阿沙莓，阿沙是非常寂寞的……。
C～13	阿美族豐年祭	文／張子媛 圖／林朱音 （民78）	遠流	• 以圖文配合的方式介紹阿美族豐年祭的盛況及特殊意義。
C～14	東港王船祭	文／張玲玲 圖／王家珠 （民79）	遠流	• 以圖文配合的方式介紹東港王船祭的由來與過程。

C～15	芬妮沒殘廢	文/Stephen Cosgrove 圖/Robin James	鹿橋	• 芬妮是一隻只有三隻腳的貓，農場的動物都認為「和她說話只會使她感到不自在，而且她自己也沒什麼話好說」。有一隻小狗露比和她做了好朋友，每天在一起說好多話……看到這樣，小牛、小羊也和他們成了最要好的朋友。事實上，芬妮並沒有「殘廢」，只是農場上的其他動物們認為她殘障罷了。
C～16	板橋三娘子	文/王宣一 圖/張世明 （民83）	遠流	• 板橋三娘子是個會法術的客棧女老板，她輕輕吹口氣就能把小木偶變成勤奮的小農夫，幫她耕田……這是一則發生在中國河南省的民間故事。其插畫源自敦煌壁畫，能充分表現民族風格。
C～17	現代原始人	文/遠藤一夫 圖/佐藤守 黃郁文譯 （民81）	台英	• 由王先生一家人嘗試原始人的生活中，了解人類生存的條件到底需要什麼？量又是多少？如何才能維持生命？也認識原始人的生活和與現在生活作比較。
C～18	鹿港百工圖	文/張玲玲 圖/劉宗慧 （民78）	遠流	• 以圖文配合的方式介紹鹿港街上老店舖展售的手工藝品：拜拜的香、扇子、雕刻、錫器、蒸籠、紙傘、燈籠、捏麵人以及天后宮。
C～19	鹿港龍山寺	文/劉思源 圖/彭大維 （民78）	遠流	• 以圖文配合的方式介紹清代建造龍山寺的方式及起源、特色與現代的龍山寺模樣。
C～20	排灣族婚禮	文/劉思源 圖/唐壽南 （民78）	遠流	• 以圖文配合的方式介紹台灣南部的排灣族婚禮習俗的特色。
C～21	給孩子們的傳說系列1～14	陳慧敏總編輯 （民81）	永銓	• 介紹中國各民族的傳說故事，於各本書後還附註了該民族的服飾，共十四本。

				1—納西族（白塔與丹桂的故事／七星披肩的來歷）
				2—哈薩克族（好妻子／冬不拉的第一支歌）
				3—傣族(召樹屯和蘭吾羅娜)
				4—回族(白兔姑娘／插龍牌)
				5—維吾爾族（英雄艾里·庫爾班／阿凡提的故事）
				6—苗族（白鳥羽龍袍／宰妖奇遇）
				7—傜族（五彩帶／隆斯與三公主）
				8—白族(蝴蝶泉／騎牛配親)
				9—彝族（九兄弟、淌來兒）
				10—蒙古族（獵人傳）
				11—傈僳族(孤兒與小人國／阿波的故事)
				12—高山族(濁水溪／日月潭)
				13—朝鮮族（百日紅／紅松與人參）
				14—黎族（寶筒）
C～22	愛的小小百科1	漢聲（民78）	漢聲	• 頁21～24　墾丁尋寶記——認識台灣：藉由尋寶遊戲認識墾丁的地理景觀。 • 頁27～28　各國的「早安」怎麼說：一邊唸兒歌，一邊可以認識多個國家的國旗。 • 頁61～76　年俗：介紹中國年俗的食物、用品、故事及吉祥話。
C～23	愛的小小百科2	漢聲（民78）	漢聲	• 頁25～33　介紹中國年俗中花燈製作方法以及元宵猜燈謎。 • 頁43～44　介紹各國國花。
C～24	愛的小小百科3	漢聲（民78）	漢聲	• 頁13～14　各國「我愛你」怎麼說：一邊練習說我愛你，一邊欣賞各國的服飾。

				• 頁23~26　溪頭尋寶記——認識台灣：溪頭是台大實驗林區之一，內為植物的寶藏區。 • 頁67~68　沒有聲音的語言：介紹手語「你好」、「謝謝」、「我愛你」。
C~25	愛的小小百科4	漢聲 （民78）	漢聲	• 頁17~18　各國「男孩、女孩」怎麼說：一邊練習說，一邊欣賞各國的服飾，其中包含了阿美族、客家人、蒙古人、日本人……。 • 頁21~22　尿尿的小孩：透過小故事可欣賞到幾個國家的傳統服飾。
C~26	愛的小小百科5	漢聲 （民78）	漢聲	• 頁33~34　各國「媽媽」怎麼說：一邊練習一邊欣賞各國媽媽的造形。 • 頁45~48　日月潭尋寶記——認識台灣：日月潭裡有邵族所住的德化社，內有他們的習俗、文化、服飾。 • 頁73~74　介紹端午節的傳統習俗。
C~27	愛的小小百科6	漢聲 （民78）	漢聲	• 頁45~48　雨缸的故事：介紹一則流傳在美洲印第安部落的古老傳說。由圖片可以認識印第安人的服飾特色。
C~28	愛的小小百科7	漢聲 （民78）	漢聲	• 頁11~14　誰戴錯了帽子：藉由有趣的翻頁遊戲認識各行各業以及各國的服飾，尤其是帽子。 • 頁39~42　請女王吃飯——認識台灣：介紹野柳的奇岩怪石
C~29	愛的小小百科8	漢聲 （民78）	漢聲	• 頁11~12　他們住在哪裡：介紹世界各地特殊的家。

				• 頁19~20　各國「爸爸」怎麼說：一邊練習說，一邊欣賞各國爸爸的造形。
C~30	愛的小小百科 9	漢聲 （民 78）	漢聲	• 頁17~20　請鬼來做客：介紹中元普渡的習俗。 • 頁63~64　世界一家：介紹七個國家的家庭，一家人常在一起所做的事，而認識自己的家和外國人的相同相異。
C~31	愛的小小百科 10	漢聲 （民 78）	漢聲	• 頁23~24　慶祝雙十國慶：介紹慶祝會上的盛況。
C~32	愛的小小百科 12	漢聲 （民 78）	漢聲	• 頁13~16　合歡山尋寶——認識台灣：介紹台灣的賞雪勝地——合歡山。 • 頁53~54　冬至：介紹台灣客家的習俗。
C~33	愛的小小百科 14	漢聲 （民 78）	漢聲	• 頁31~32　用身體說「你好」：介紹世界各地用肢體語言作「問候」的方式。
C~34	愛的小小百科 17	漢聲 （民 78）	漢聲	• 頁67~68　誰為我們服務：介紹幾種服務工作。
C~35	愛的小小百科 19	漢聲 （民 78）	漢聲	• 頁15~16　各國「謝謝」怎麼說：一邊練習說，一邊欣賞各國服裝。
C~36	愛的小小百科 21	漢聲 （民 78）	漢聲	• 頁1~4　美麗的台灣：整體呈現台灣全貌，可觀察台灣的山川地理與人文現象。 • 頁5~14　思想起：介紹先民由唐山渡海來台墾荒的經過、被日本占據……到現在的台灣歷史。 • 頁41~42　寶島有什麼寶：藉由陸官圖的遊戲，認識台灣各地名產。 • 頁67~68　圓山的故事：呈現原始人的生活復原圖，來介紹台灣重要的史前文化——圓山文化。

C～37	愛的小小百科22	漢聲 （民78）	漢聲	• 頁1～4 盤古和女媧：中國神話的起始。 • 頁5～12 介紹中國的輪廓、景觀、城市以及各地的地理特徵。並且透過拼圖遊戲和迷宮遊戲呈現中國的珍貴資產。 • 頁13～14 各省「你好」怎麼說：介紹中國各地方言「你好」的說法及服飾特色。 • 頁71～72 中國的偉人：配合陞官圖遊戲，介紹中國各朝代中有特殊貢獻的歷史人物。 • 頁73～74 參觀博物館：介紹故宮豐富的收藏品。
C～38	愛的小小百科23	漢聲 （民78）	漢聲	• 頁35～36 去小人國玩：藉由遊歷小人國，認識中國建築。 • 頁69～70 各國「國名」怎麼說：一邊練習說，一邊欣賞各國的地形輪廓及服飾。 • 頁71～72 巴黎的孩子：介紹巴黎的風俗民情。 • 頁73～74 環遊世界：藉由陞官圖遊戲，瀏覽各國特殊景觀和建築。
C～39	愛的小小百科24	漢聲 （民78）	漢聲	• 頁65～66 各國「再見」怎麼說：一邊練習說，一邊欣賞各國的傳統服飾。
C～40	媽祖回娘家	文／張玲玲 圖／王家珠 （民78）	遠流	• 以圖文配合的方式介紹媽祖的傳說故事及進香過程。
C～41	鹽水蜂炮	文／張玲玲 圖／唐壽南 （民78）	遠流	• 以圖文配合的方式介紹台南縣鹽水鎮歡渡元宵節的特殊活動。
C～42	獨頭娃娃	文／林淑慎 圖／姜巍 （民82）	遠流	• 獨頭娃娃是雲南拉祜族的故事。獨頭娃娃會種田、會打仗，他打敗了天神，跟地神的女兒

			結婚，最後變成了正常人。圖畫裡表現出拉祜族穿的、住的、用的等特色。
C～43	鴕鳥小高	文／珍妮・蓓克蒙庫爾 圖／琳達・郝里葛及丹安・斯波德 （民81）	國巨	• 鴕鳥小高好想有個朋友，可是森林裡的動物有的嫌它不會飛，有的嫌它眼太大，有的嫌它很醜……後來由於它腳很長、脖子很長，看到了草叢裡有隻獅子準備吃動物們，它一叫大家快跑，就救了所有的動物，以後大家就和小高做朋友了。
C～44	龍牙變星星	文／莊展鵬 圖／阿興 （民82）	遠流	• 是一則苗族版補天的故事。故事描述補天的阿山和三位分別掌管綠地、清水及新鮮空氣的姑娘是如何的與傳說裡的吐火紅龍和吐煙黑龍對抗。為一則具有環境保護意識的故事。
C～45	顧米亞	文／劉思源 圖／王炳炎 （民81）	遠流	• 顧米亞是雲南布朗族開創新世界和人類的神，故事描述了這個巨人的神勇和對人類的關愛。除了有寫實的民族服飾和造形之外，還有童話的幻境。

三、錄影帶

編　號	名　　稱	出　版　社	主題相關資料
V～1	山地快樂兒童	中華民國廣電基金（台北）	• 介紹有關山地兒童的生活及山地風俗。內容有： 我們的祖先、成年禮、新白揚傳說、採檳榔、幫爸爸揹魚簍、百步蛇、石板烤肉記、小勇士、上山打獵、金洋童謠、郊遊、小米穗、山谷跫音。
V～2	小鄉土大世界	中華民國廣電基金（台北）	• 以小朋友親身經歷，接觸這個土地上成長的文化，再透過小朋友美術創作時的觀察與表現，來重新認識以往被忽略的本土文化： 1.天生的藝術家——魯凱族 2.蘭陽落地掃——歌仔戲 3.金城的故鄉——九份 4.掌中乾坤——布袋戲 5.客家之音——茶、山歌、三腳採茶 6.老鎮歲月的痕跡——鹿港、老街、廟宇 7.熟悉的音樂‧陌生的名字——南管 8.熟悉的音樂‧陌生的名字——北管 9.海水與汗水的結晶——鹽分地帶 10.平埔夜祭 11.台灣陣頭——邯鄲爺與八家將 12.六堆、美濃、客家情 13.恆春民謠 14.蘭嶼雅美族——飛魚大餐 15.澎湖
V～3	古月照今塵	中華民國廣電基金（台北）	• 介紹古蹟，將隱藏在古蹟本體背後的歷史意義再彰顯，也喚起大眾對古蹟實體維修及復建成果的重視。其古蹟包括：天后宮、城隍廟、武廟、龍山寺、孔廟、書院、大厝、林本源園邸、城池篇、關塞篇、燈塔、墓廟、牌坊、英國領事館、天主堂。

V～4	青山春曉	中華民國廣電基金（台北）	• 一系列介紹存在本省的九大原住民族，詳細說明每一族本身的文化項目及背景，讓觀眾對九族文化及原住民有更明確的認識：
			1.生生流形　　　　　2.矮靈的祭典
			3.獵人的合唱　　　　4.卑南收穫祭
			5.卑南摔角　　　　　6.鄒族凱旋祭
			7.魯凱豐年祭　　　　8.雅美之歌
			9.邵族與日月潭　　　10.舞之晏
			11.大武山的子民　　　12.石敢當
			13.卑南成年式　　　　14.古樓五年祭
			15.口簧之舞　　　　　16.古壺之美
			17.古蹟聖石——孤巴察爾
			18.排灣傳統婚禮
			19.壺之祭典　　　　　20.石板屋
			21.鄒族豐年祭　　　　22.琉璃珠之謎
			23.馬蘭古謠　　　　　24.杵之樂
			25.木雕之美　　　　　26.卑南知本收穫祭
V～5	高山之旅	中華民國廣電基金（台北）	• 探討散居本省各地的原住民部落，以他們純樸的民風，與世無爭的恬淡生活，呈現在觀眾眼前，藉著他們傳統文化及民俗風情，更了解高山同胞的生活：
			1.藍色宜灣　　　　　2.七佳春暖
			3.高台部落　　　　　4.古樓翦影
			5.雲霧縹緲來義　　　6.山地編織
			7.蘭嶼海濤聲　　　　8.魚舟祭典
			9.粟之祭典　　　　　10.高山織女
			11.筏灣舊部落　　　　12.秀姑巒溪魚訊
			13.山谷銀鈴聲　　　　14.雅美漁舟（上）
			15.雅美漁舟（下）　　16.雅美族陶藝
			17.飛魚來的季節　　　18.雅美族織布
			19.泰武春秋（一）　　20.泰武春秋（二）
			21.木雕之美　　　　　22.山谷中燈火
			23.神山部落　　　　　24.最後的獵人

			25.晶瑩多納村 26.布農勇士 27.南溪浣紗 28.原野之舞 29.玉山長嘯聲 30.牡丹之春 31.集采山下 32.古山之旅 33.彪馬老家 34.祖靈歸來（上） 35.祖靈歸來（下） 36.懷念藤之鄉 37.悠悠古道（上） 38.悠悠古道（中） 39.悠悠古道（下）
V～6	畫我家鄉	中華民國廣電 基金（台北）	● 介紹我們最著名的鄉鎮： 1.大溪 2.布袋 3.淡水 4.埔里 5.美濃 6.台南 7.卓蘭 8.鹿港 9.鶯歌 10.富里 11.六龜 12.茂林 13.西螺 14.仁愛 15.瑞芳 16.東港 17.恆春 18.墾丁 19.蘭嶼 20.綠島 21.大埔 22.竹崎 23.吳鳳 24.佳冬 25.萬巒 26.礁溪 27.新港 28.澎湖（一） 29.澎湖（二） 30.三義 31.大甲 32.鹿谷 33.竹山 34.和平鄉 35.魚池鄉 36.信義 37.復興鄉 38.瑞穗 39.秀林 40.東勢 41.貢寮 42.關廟 43.霧峰 44.麻豆 45.三峽 46.官田 47.岡山 48.成功 49.北埔 50.長濱 51.古坑（草嶺） 52.大同（太平山） 53.羅東 54.田寮 55.北門 56.頭份 57.嘉義 58.白河 59.尖石 60.苑裡 61.新竹 62.梅山 63.大湖 64.烏來 65.八斗子 66.豐原 67.龍潭 68.鹽水 69.大樹 70.關西 71.旗山 72.員林

			73.三地鄉　　74.學甲　　75.知本 76.北港　　77.海瑞　　78.玉里
V~7	說唱藝術	中華民國廣電基金（台北）	• 介紹我國民間各地的民俗技藝，有相聲、說書、大鼓等，可以讓我們更了解我國藝術領域之偉大及淵博。 1.什麼是說唱藝術 2.八角鼓 3.靠山調與京韻大鼓 4.彈詞（一） 5.彈詞（二） 6.梅花大鼓 7.相聲 8.說書 9.西河、樂亭、梨鋼、奉天大鼓 10.河南墜子 11.蓮花落暨雜藝 12.台灣地區的說唱藝術 13.說唱藝術的繼往開來
V~8	躍動的民族	中華民國廣電基金（台北）	• 「民族舞蹈」能代表一個民族特色，反應民族的思想、信仰、生活理想和審美要求，於是以我國各民族舞蹈來表現歷史悠久、幅野遼闊，在此節目中，作一系列的介紹（新疆之舞、蒙古之舞、藏族之舞、朝鮮族──仙鶴之舞、漢族之舞、山地之舞）。

註：V~1──V~8摘自中華民國廣電基金節目錄影帶目錄 1998 年秋季版，尚有許多相關錄影帶資訊無法在此詳列，有需求者可向「忻智文化公司」索取目錄。

（忻智文化公司，台北市南港區忠孝東路七段 620 號 2 樓，TEL: (02)2652-1611）

四、錄音帶

編　號	名　　　稱	製　作	發　行	備　　註
TA～1	朱宗慶陪你過新年	朱宗慶 （民78）	福茂唱片	• 以打擊樂的風貌呈現中國的新年旋律歌曲，並收錄廣西的「傜族舞曲」。
TA～2	民間傳統八音2	楊耿明	南星唱片	• 八音是中國音樂中的一種藝音，它代表著中華民族五千年的藝術歷史，不僅是迎神廟會拜拜、結婚、喜慶所必須的一種音樂，且是西方音樂一直無法表達的一種音樂；它讓人感受到喜悅和祝福，相同的可使人產生無比的懷念與追思。
TA～3	客家童謠——伯公、伯婆·阿丑琢	涂敏恆	漢興傳播有限公司	• 內錄製十四首趣味性的客家童謠，由小朋友演唱。

五、電射唱片

編 號	名 稱	製 作	發 行	備 註
CD〜1	布農族之歌	音樂中國出版社 風潮有聲出版有限公司 （民 81）	玉山國家公園出版社	• 卡帶同步發行
CD〜2	卑南族之歌	音樂中國出版社 （民 82）	風潮有聲出版有限公司	• 卡帶同步發行
CD〜3	泰雅族之歌	音樂中國出版社 （民 83）	風潮有聲出版有限公司	• 卡帶同步發行
CD〜4	魯凱族的音樂	風潮有聲出版有限公司 （民 84）	風潮有聲出版有限公司	• 卡帶同步發行
CD〜5	排灣族的音樂	音樂中國出版社 （民 84）	風潮有聲出版有限公司	• 卡帶同步發行

第四節　社會資源

名　　　稱	相關資料	備　　註
• 布農文化展示館	• 整個展示館以布農族傳統生命禮俗為展出主軸，透過豐富的文字、圖片、模型、標本，呈現布農族的生活軌跡	• 位於高雄縣桃源鄉梅山村玉山國家公園之梅山遊客中心
• 各縣市文化中心	• 文化中心內可提供文藝訊息，出版有關文化之刊物如：文化資產叢書、辦理文化民俗活動……另外，因各縣市的目標不同，各設有不同的特色館。如：台北縣的現代陶瓷博物館；宜蘭縣的台灣戲劇館；苗栗縣的木雕博物館；南投縣的竹藝博物館；高雄縣的皮影戲劇館；台東縣的山地文物陳列館；新竹市的玻璃工房；台中市的台灣民俗文物館等	• 新竹市立文化中心設有竹塹文獻室，蒐集新竹地區文史資料及提供市民研究閱覽
• 香格里拉樂園	• 園內設有一客家庄，陳設客家文物，並有定時的客家歌舞表演，為一提供客家文化的樂園	• 位於苗栗縣造橋鄉
• 小人國	• 小人國裡的每一座景觀都是以1：25的縮小比例呈現，內有民俗表演廣場及迷你台灣、迷你中國、美洲、歐洲、東方至世界的景觀區。每一景觀除了建築的欣賞外，更有它的特色、歷史和故事呢！	• 位於桃園縣龍潭鄉
• 台灣民俗村	• 區內以台灣三百年建築為主題，搭配民俗工藝的表演活動和特產小吃的現場製作，多元化呈現台灣歷史文化和特色	• 位於彰化縣花壇鄉
• 兒童育樂中心	• 中心內之昨日世界，有早期人類的房子建築、中國古式建築、婚禮情景、文物、童玩……的陳設，及定時的布袋戲、皮影戲、傀儡戲的演出	• 位於台北市圓山
• 民俗公園	• 園內為一中國式的建築，所有的設計建構出一座美麗的民俗公園	• 位於台中市旅順路

• 鹿港民俗文物館	• 館舍為一模仿文藝復興式樣的磚造樓屋。展示先民食衣住行育樂等各方面生活的歷史文物及有關彰化縣的各種文獻資料、書畫、先賢遺墨	• 位於彰化縣鹿港鎮
• 九族文化村	• 村內以台灣九族原住民（雅美、阿美、泰雅、賽夏、鄒、布農、卑南、魯凱、排灣）傳統的部落建築、文物、民俗為主體	• 位於南投縣魚池鄉
• 泰雅渡假村	• 村內設有泰雅文物館，保有泰雅文化的文物展示	• 位於南投縣國姓鄉
• 台南歷史文物館	• 館內蒐集許多歷史文物，包含明清民俗古物、明清服飾用品、明清陶瓷器物、先史遺址出土和各種地圖、圖表資料	• 位於台南縣學甲鎮
• 台灣山地文化園區	• 展示九族的傳統建築和聚落型態，及生活型態、文物的陳列等	• 位於屏東縣瑪家鄉
• 人	• 藉著訪問鄉老、地方熱心人士或專家，了解社區中史蹟文物，甚至邀請他們現身說法	

第五節　參考活動

Ⅰ. 體能與遊戲

編號：Ⅰ～1

❀**名稱**：神射手

❀**準備工作**：

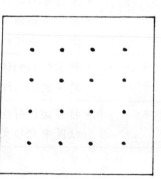

1. 在三塊 50cm 寬的正方形板上分別每隔 10cm 釘一枝鐵釘（如右圖）。

2. 將三十個小氣球分別裝水製成小水球。

❀**遊戲說明**：

1. 幼兒十人一組，共三組，各持水球一粒。

2. 幼兒在距離木板前 1.5m 處輪流擲出，水球碰到鐵釘而破掉的人得一分。

3. 統計各組擲水球的情形，得分最多者即為神射手隊。

❀**注意事項**：

1. 木板的釘製，由老師負責較安全，並在遊戲前說明勿用手去接觸木板。

2. 亦可在牆壁上畫目標點進行投擲遊戲，建議此時需將距離縮為 1m，幼兒較易施力得分。

編號：Ⅰ～2

❀**名稱**：環遊世界

❀**準備工作**：

1. 園遊券。

2. 地圖小站：世界地圖、中國地圖、台灣地圖、各縣市鄉鎮地圖、地球儀。

3. 故事小站：收集各種有關世界各地的故事書、圖片、影片、照片……。

4. 建築小站：建構、繪製各座世界建築代表。

5. 電腦小站：書寫與世界各地相關問題的紙卡，如新竹市名產有哪些？亦可用畫的、剪貼的，進行配對。

6. 服飾小站：展示各地具代表的服飾，如：原住民服飾、日本和服。

7. 點心小站：展示各地名產，如：貢丸湯、新竹米粉、綠豆糕。

❀遊戲說明：

1. 參加園遊會的人，領取一張園遊券，上面寫明各站名稱；每完成一站，即在該站蓋個代表印章。

2. 當到達 2～6 站時，每人要回答一個問題並提問一個問題，方可蓋章過關。

3. 完成 2～6 站後，即可持蓋滿印章的園遊券，至點心小站品嚐一種名產。

❀注意事項：

環遊世界亦可縮小範圍至環遊台灣、環遊新竹……，先認識生長的點才慢慢地擴展至生活的線和面。

編號：Ⅰ～3

❀名稱：頂上行功

❀準備工作：故事書、標的物。

❀遊戲說明：

1. 將幼兒分成 A、B、C 三組。

2. 在距起點處 3m 的地方各置放一個標的物。

3. 三組幼兒，分別輪流出發；輪到的幼兒將故事書頂放在頭頂上（手不能扶持），走至標的物再折回，直至全數幼兒輪流結束，即可。

編號：Ⅰ～4

❀名稱：大風吹呀吹！

❀準備工作：小椅子九張（幼兒十人）。

❀遊戲說明：

1. 九位幼兒分坐在九張小椅子上，一位幼兒站在他們的前方為發口令的人。

2. 當發口令的幼兒說：「大風吹呀吹！」其他幼兒答：「怎麼吹？」發口令的幼兒說：「吹所有的人換位置。」此時所有幼兒都得換位置（含發口令的幼兒），最後沒椅子坐的人就當發口令的人。

3. 口令可以隨意更改，如「新竹風，吹呀吹！」「吹有穿襪子的人。」……。

4. 椅子也可更改為地上的圈圈或是其他目標物，甚至變成：「風把兩個人吹在一起。」……。

❀延伸活動：

大風是新竹的特色，若地處其他地方，則可改成與之有關的口令，如：「基隆雨，淋呀淋！」「淋到穿紅衣服的人。」……遊戲方式相同。

編號：Ⅰ～5

❀名稱：東西南北恰北北

❀準備工作：

1. 在地面上標示東西南北四個方位的標的物。

2. 幼兒確認東西南北四個方位。

❀遊戲說明：

1. 老師發口令，幼兒做動作，如：向東兔子跳三下，向南小狗爬二步……方位錯誤的幼兒就地做一造形靜止，即被淘汰。

2. 最後仍未被淘汰的人，即為勝利者，成為下一位發口令的小老師。

3. 遊戲反覆之。

編號：Ⅰ～6

❀名稱：走步遊戲——家鄉一日遊

❀準備工作：自製遊戲單、骰子一個、釦子數個（依參加人數定）。

❀遊戲說明：

1. 每人選定一個釦子當遊戲的棋子。

2. 輪到的人，擲骰子決定走步的格數。

3. 最後看誰先到達終點，即為勝利者。

4. 此紙面上的遊戲，亦可改變成大型的地面遊戲，將遊戲單畫在地上。

5. 以新竹為例，進行新竹古蹟、名產一日遊。

※**注意事項：**

　遊戲圖亦可用實際照片代替。

編號：Ⅰ～7

※**名稱：**雅美族人捕魚去

※**準備工作：**呼拉圈五個、雅美族音樂〔或搭配Ⅲ～4(4)〕。

※**遊戲說明：**

1. 幼兒兩人一組，共五組，身體套在呼拉圈裡，當捕魚的人；其他幼兒當魚。

2. 遊戲開始之前，先確認魚兒游的範圍及被捕魚兒休息的地方。

3. 音樂一開始，捕魚的幼兒即開始捕魚，被捕到的魚（幼兒）即在一旁休息。

4. 音樂結束，漁夫帶著他們捕到的魚（搭火車）繞場一週，彼此欣賞捕到的魚。

編號：Ⅰ～8

❋**名稱**：參觀記

❋**準備工作**：

1. 擬定活動地點。

2. 擬定活動計畫（參觀目的）。

3. 印發通知單，徵求人力支援。

4. 預勘路線。

5. 安排車輛，辦理平安保險。

6. 發函予參觀單位。

7. 行前叮嚀：常規、禮儀、參觀目的。

8. 醫藥箱。

❋**遊戲說明**：

1. 此參觀記以「古蹟」為主（或以名產為主或其他主題），活動單的設計很重要，幼兒由事先的部分了解，到實地觀察、比較、測量，以及參觀後的分享討論（口述、繪畫、攝影），將有較多而詳實的認知。

2. 欣賞古蹟之餘，愛護與保護亦為重要的態度，故行前叮嚀十分重要，如：不用手碰。

❋**延伸活動**：

1. 參觀後，可將看到的「古蹟」搬到教室裡。

　(1)利用各式積木、組合式玩具、紙箱等可建造材料，建造各座古蹟，開個古蹟展覽會。

　(2)在展覽會中，除了立體的建構外，亦可搭配照片、圖片、繪畫，甚至是幼兒心中最喜愛的古蹟票選排行榜。

　(3)師生共同佈置，如此古蹟就大搬家，搬到教室裡來了。

2. 若參觀主題為名產,則可安排烹飪活動;若為其他主題,亦可安排其他相關活動,以豐富在此主題上的經驗。

編號:Ⅰ～9

❋**名稱:**幫忙視障朋友

❋**準備工作:**打擊樂器、眼罩或手帕。

❋**遊戲說明:**

1. 老師手持一打擊樂器,幼兒矇住眼睛。

2. 老師敲打樂器,引導幼兒利用耳朵辨別聲音的方向而前進。

3. 幼兒熟悉遊戲後,可由一幼兒擔任引導的人,輪流之。

4. 此遊戲可讓幼兒體會視障的困難;遊戲後,討論並分享其感想。

❋**注意事項:**

為確保衛生,每一位幼兒的眼罩裡最好墊上乾淨的衛生紙。

編號:Ⅰ～10

❋**名稱:**中國彩帶舞

❋**準備工作:**彩色布條、彩色縐紋紙、絲巾、錄音機、中國古典音樂。

❋**遊戲說明:**

1. 每一幼兒選擇一種跳舞用的手具,在布條、縐紋紙、絲巾上綁棒子,或用鬆緊帶綁在手上。

2. 配合著中國古典音樂的優美旋律,即興地舞動手具、擺動身體來跳舞。

3. 中國古典音樂亦可更改為少數民族的音樂,做不同的即興舞蹈。

編號:Ⅰ～11

❋**名稱:**水晶玻璃

❋**準備工作:**錄音機或鈴鼓。

❋**遊戲說明:**

1. 放一段音樂或持續搖動鈴鼓,幼兒想像自己是正在被雕塑的水晶玻璃作品,做出

肢體變化的動作。

2. 音樂停止或敲一聲鈴鼓，幼兒即靜止，呈現一種水晶玻璃作品，做展示狀。

3. 老師或一幼兒從 1 數到 5，數的時候，哪個幼兒動了，即出局，在旁欣賞。

4. 繼續1.的步驟，最後尚未出局的幼兒即為最穩固的作品了。

❈延伸活動：

1. 玻璃是新竹的特產，本活動亦可依各地的特色作更改，如地處嘉義，則將玻璃改成交趾陶。

2. 除了聽口令，幼兒自行做肢體創作外，亦可由老師或一名幼兒來負責塑造各種造形。

編號：Ⅰ～12

❈名稱：原住民朋友到此一遊

❈準備工作：

1. 連絡來訪的對象。

2. 安排接待事宜。

❈遊戲說明：

1. 邀請原住民的朋友到班上。

2. 和他們彼此以自己的方式問候，然後模仿。

3. 除了語言上，還可以從服裝、舞蹈、食物上……做彼此的分享與學習，以了解彼此的相同點與不同點。

❈注意事項：

1. 在活動結束後，建議小朋友繼續以各種方式與他們保持連絡，如寫信、拍照、繪畫……。

2. 若不方便安排小朋友間的聯誼活動，亦可邀請他們的酋長或長者來訪。

3. 來訪的對象選擇可參考台灣山胞分佈圖（右圖）〔鄭英敏等編輯（民82）：鄉土教材教法。台北市教師研習中心〕。

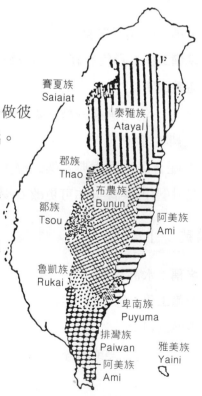

賽夏族 Saiaiat
泰雅族 Atayal
邵族 Thao
鄒族 Tsou
布農族 Bunun
阿美族 Ami
魯凱族 Rukai
卑南族 Puyuma
排灣族 Paiwan
雅美族 Yaini
阿美族 Ami

Ⅱ. 故事與戲劇

註：資料搜集、創作中，請與我們分享你的點子。

Ⅲ. 兒歌與律動

編號：Ⅲ～1

❀名稱：城隍爺

❀內容：

　城隍爺坐殿內，
　文武判官立兩旁。
　文判官主生死，
　武判官主善惡，
　陰陽司審壞人，
　風調雨順護民安。

編號：Ⅲ～2

❀名稱：龍柱

❀內容：

　龍兒龍兒真頑皮，
　爬到柱上下不來，
　鐵欄一關出不去，
　只見龍頭向外伸，
　看到我們叫救命。

編號：Ⅲ～3

❀名稱：世界一家

❀內容：

台灣住了好多人，客家、外省、閩南人，
還有山上原住民，後來再加外國人，
歡歡喜喜在一起，我們都是一家人。

編號：Ⅲ～4

❊**其他相關兒歌有：**

⑴十大建設，收錄於劉作揖編著（民 77）：幼兒唱遊教材。頁 72。台北：文化圖書。

⑵山地春秋舞，收錄於張統星編著（民 80）：101 種基本伴奏法。頁 36。台北：樂韻。

⑶ㄌㄚ ㄙㄚ ㄙㄚ ㄧㄤ ㄏㄟ（泰國民歌），收錄於張統星編著(民 80)：101 種基本伴奏法。頁 56。台北：樂韻。

⑷捕魚歌（台東阿眉族民歌），收錄於張統星編著（民 80）：101 種基本伴奏法。頁 66。台北：樂韻。

⑸Ma Lu Lu（印尼民歌），收錄於張統星編著（民 80）：101 種基本伴奏法。頁 168。台北：樂韻。

⑹O Yeppo（紐西蘭民歌），收錄於張統星編著（民 80）：101 種基本伴奏法。頁 198。台北：樂韻。

⑺豐年之歌，收錄於張子媛（民 78）：阿美族豐年祭。台北：遠流。

⑻歡樂歌（台東阿美族民謠），收錄於劉英淑編著（民 84）：兒童的歌唱遊戲。頁 85。板橋：台灣省國民學校教師研習會。

⑼豐年祭（阿美族民謠），收錄於劉英淑編著（民 84）：兒童的歌唱遊戲。頁 86。板橋：台灣省國民學校教師研習會。

⑽Alcirton（西班牙兒歌），收錄於劉英淑編著（民 84）：兒童的歌唱遊戲。頁 62。板橋：台灣省國民學校教師研習會。

⑾Obwisana（非洲民謠），收錄於劉英淑編著（民 84）：兒童的歌唱遊戲。頁 61。板橋：台灣省國民學校教師研習會。

Ⅳ.工作

編號：Ⅳ～1

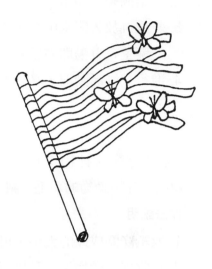

✽名稱：蝴蝶飛！

✽材料：報紙、縐紋紙或其他軟質紙材、剪刀、膠帶。

✽作法說明：

1. 將五張報紙一起捲成棒狀，用膠帶固定。

2. 在紙棒的上端貼上細長的縐紋紙或其他軟質紙材。

3. 在縐紋紙上剪貼幾隻蝴蝶或蜜蜂……。

4. 選擇有風的日子，帶著蝴蝶棒迎著風奔馳。

✽成品簡圖：（見右圖）

編號：Ⅳ～2

✽名稱：自製家鄉地圖拼圖

✽材料：厚紙板、地圖樣本、剪刀、白膠、彩色筆。

✽作法說明：

1. 將地圖樣本貼在厚紙板上。

2. 沿地圖邊緣剪下。

3. 將地圖剪成數片（與年齡成正比，年齡愈大，
　 片數愈多）。

4. 自製的家鄉地圖拼圖即完成。

✽成品簡圖：（見右圖）

編號：Ⅳ～3

✽名稱：紫菜貢丸湯

✽材料：貢丸、芹菜、紫菜、鍋具、調味料、水果刀、砧板。

✽作法說明：

1. 貢丸、芹菜洗淨切丁，備用。

2. 紫菜撕碎，備用。

3. 將貢丸放入開水中煮，待浮起，加入調味料適量，放入紫菜、芹菜，色香味俱全的紫菜貢丸湯即完成。

4. 進行烹飪活動前，必須提醒用刀安全及用火（電）的安全。

編號：IV～4

✳**名稱**：漂亮的羽毛帽

✳**材料**：各類動物的羽毛（雞、鴨……）、紙條、彩色筆、膠帶。

✳**作法說明**：

1. 取紙條圍成頭的大小，用膠帶固定成一頭環。

2. 將收集的動物羽毛黏於頭環的周圍。

3. 將頭環加以彩繪各種顏色，即完成。

✳**成品簡圖**：（見右圖）

編號：IV～5

✳**名稱**：舂米喲！

✳**材料**：小研磨數個、糯米、塑膠盤、花生粉、糖。

✳**作法說明**：

1. 幼兒利用小研磨將糯米搗碎成粉。

2. 收集所有被搗成的糯米粉於塑膠盤中。

3. 將2.及花生粉加入水中，待完全溶解後，加入少許的糖，即為可口的米漿了。

4. 活動中，提醒幼兒使用研磨器皿的安全及食物的衛生。

編號：IV～6

✳**名稱**：理想中的城市

✳**材料**：

1. 各式可供建造、組合的玩具、積木。

2.地域規劃圖。

❋作法說明：

1.師生共同設計、討論理想中的城市。如道路規劃、車站、機場、漁港的建造……
並考慮實用性與功能性後概略畫下。

2.完成地域規劃圖後，依圖分組做建造的工作。

3.完成建造工作，邀請別班的小朋友、老師或家長參觀，予以批評指教。

❋延伸活動：

亦可安排一親子活動，請家長與幼兒在家共同設計理想中的城市，如：我最喜歡的
新竹市，透過繪畫、建構等不同的方法來完成，再帶到學校與大家分享；甚至舉辦
理想城市大展及排行榜票選活動。

編號：Ⅳ～7

❋**名稱**：彩色杯墊

❋**材料**：彩色西卡紙紙條（約寬 1cm ）、膠帶。

❋**作法說明**：

1.選擇喜歡的紙條顏色數條。

2.將紙條呈井字型擺放，以一上一下的方式進行編織。

3.將編好的井字型作品剪成喜愛的形狀，再用膠帶固定周邊，即完成彩色杯墊了。

❋**延伸活動**：

1.若幼兒的能力許可，可將材料改為紙卷。先將紙張（如：廣告紙）捲成長棒狀，
將其壓扁，再進行編織。

2.亦可將紙條或紙卷的寬度加大，如約 5cm 寬，幾人合作，共同編織桌墊、盆栽
墊……等。

❋**成品簡圖**：

第六節　活動範例

範例一：我的家鄉——新竹市

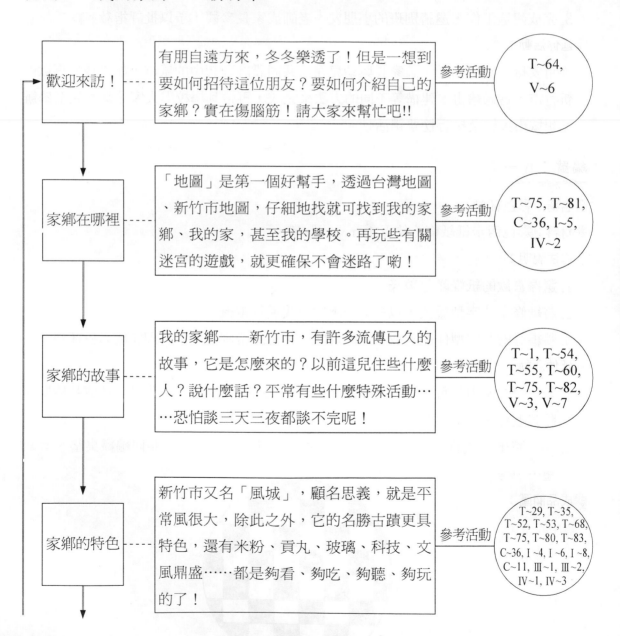

歡迎來訪！ ┈┈ 有朋自遠方來，多多樂透了！但是一想到要如何招待這位朋友？要如何介紹自己的家鄉？實在傷腦筋！請大家來幫忙吧!!　參考活動　T~64, V~6

家鄉在哪裡 ┈┈ 「地圖」是第一個好幫手，透過台灣地圖、新竹市地圖，仔細地找就可找到我的家鄉、我的家，甚至我的學校。再玩些有關迷宮的遊戲，就更確保不會迷路了嘞！　參考活動　T~75, T~81, C~36, I~5, IV~2

家鄉的故事 ┈┈ 我的家鄉——新竹市，有許多流傳已久的故事，它是怎麼來的？以前這兒住些什麼人？說什麼話？平常有些什麼特殊活動……恐怕談三天三夜都談不完呢！　參考活動　T~1, T~54, T~55, T~60, T~75, T~82, V~3, V~7

家鄉的特色 ┈┈ 新竹市又名「風城」，顧名思義，就是平常風很大，除此之外，它的名勝古蹟更具特色，還有米粉、貢丸、玻璃、科技、文風鼎盛……都是夠看、夠吃、夠聽、夠玩的了！　參考活動　T~29, T~35, T~52, T~53, T~68, T~75, T~80, T~83, C~36, I~4, I~6, I~8, C~11, III~1, III~2, IV~1, IV~3

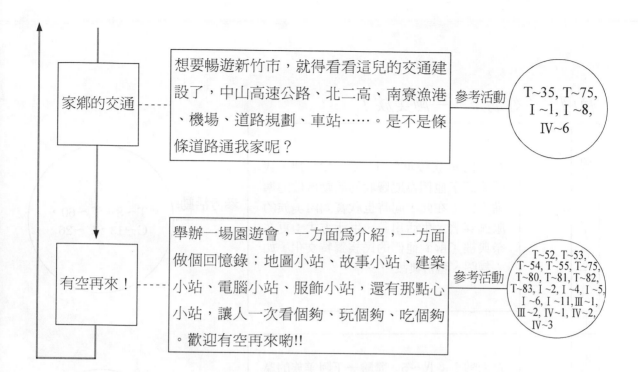

想要暢遊新竹市，就得看看這兒的交通建設了，中山高速公路、北二高、南寮漁港、機場、道路規劃、車站⋯⋯。是不是條條道路通我家呢？

家鄉的交通

參考活動　T~35, T~75, I ~1, I ~8, IV~6

舉辦一場園遊會，一方面爲介紹，一方面做個回憶錄；地圖小站、故事小站、建築小站、電腦小站、服飾小站，還有那點心小站，讓人一次看個夠、玩個夠、吃個夠。歡迎有空再來喲!!

有空再來！

參考活動　T~52, T~53, T~54, T~55, T~75, T~80, T~81, T~82, T~83, I ~2, I ~4, I ~5, I ~6, I ~11,Ⅲ~1, Ⅲ~2, IV~1, IV~2, IV~3

範例二：好朋友——阿美族！

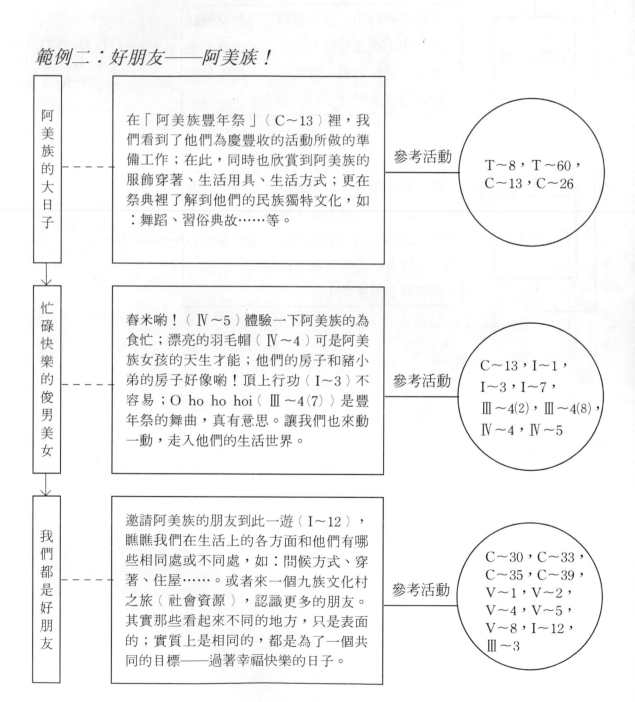

阿美族的大日子

在「阿美族豐年祭」（C～13）裡，我們看到了他們為慶豐收的活動所做的準備工作；在此，同時也欣賞到阿美族的服飾穿著、生活用具、生活方式；更在祭典裡了解到他們的民族獨特文化，如：舞蹈、習俗典故……等。

參考活動

T～8，T～60，C～13，C～26

忙碌快樂的俊男美女

舂米喲！（Ⅳ～5）體驗一下阿美族的為食忙；漂亮的羽毛帽（Ⅳ～4）可是阿美族女孩的天生才能；他們的房子和豬小弟的房子好像喲！頂上行功（Ⅰ～3）不容易；O ho ho hoi（Ⅲ～4(7)）是豐年祭的舞曲，真有意思。讓我們也來動一動，走入他們的生活世界。

參考活動

C～13，Ⅰ～1，Ⅰ～3，Ⅰ～7，Ⅲ～4(2)，Ⅲ～4(8)，Ⅳ～4，Ⅳ～5

我們都是好朋友

邀請阿美族的朋友到此一遊（Ⅰ～12），瞧瞧我們在生活上的各方面和他們有哪些相同處或不同處，如：問候方式、穿著、住屋……。或者來一個九族文化村之旅（社會資源），認識更多的朋友。其實那些看起來不同的地方，只是表面的；實質上是相同的，都是為了一個共同的目標——過著幸福快樂的日子。

參考活動

C～30，C～33，C～35，C～39，V～1，V～2，V～4，V～5，V～8，Ⅰ～12，Ⅲ～3

第

3

章

童玩

第一節　前言

「點仔點水缸，啥人放屁爛屁股」，還記得阿媽、阿公、爸爸、媽媽，以及自己小時候玩過的遊戲嗎？

這些遊戲都是隨著興致而來的，而材料的取得都是在日常生活中及大自然裏隨手可得（無需花半毛錢），遊戲的內容也充滿童趣和智慧，簡單而生活化，很容易就能記住而廣為流傳。

還有一些團體性的遊戲可促進孩子們的人際關係，通常可以發現點子多、手腳俐落、反應快的人多為孩子王。在遊戲的過程中也強調集體的合作和服從，及規範的社會化行為，這些也是現在幼兒園中需加強幼兒們學習遵守的團體生活規範。

在設計童玩這個主題動機也是基於上述的原因，希望透過這個主題能喚起「古早時」的遊戲記憶，並鼓勵幼兒們能自己動腦、動手，就地取材利用生活資源創作玩具和遊戲。

童玩遊戲多為即興的、單一的，因地、因時取材的，較無系統和連貫性，在這主題裏就依蒐集的資料和適合幼兒的遊戲做簡單的材料性質分類，並加些延伸性的活動，最希望的是師生、親子間的腦力激盪能做更有趣、更深入的探討。

因社會的變遷，整個自然環境也改變了，而這些童玩也不再那麼的普遍，大約只可在節慶、民俗活動才可見一二，若能讓這些好玩又有趣的童玩「活起來」，那更有意思！

第二節　主題概念網

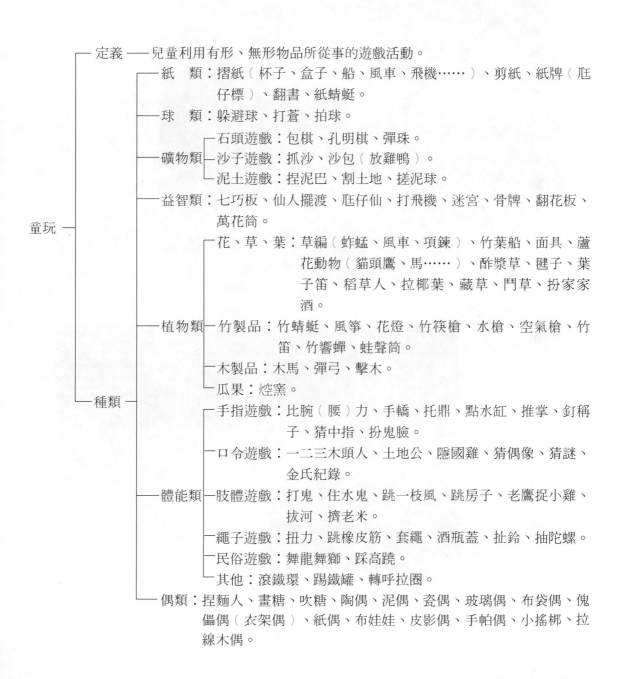

童玩
├─ 定義 ── 兒童利用有形、無形物品所從事的遊戲活動。
└─ 種類
　　├─ 紙　　類：摺紙（杯子、盒子、船、風車、飛機……）、剪紙、紙牌（尪仔標）、翻書、紙蜻蜓。
　　├─ 球　　類：躲避球、打蒼、拍球。
　　├─ 礦物類
　　│　　├─ 石頭遊戲：包棋、孔明棋、彈珠。
　　│　　├─ 沙子遊戲：抓沙、沙包（放雞鴨）。
　　│　　└─ 泥土遊戲：捏泥巴、割土地、搓泥球。
　　├─ 益智類：七巧板、仙人擺渡、尪仔仙、打飛機、迷宮、骨牌、翻花板、萬花筒。
　　├─ 植物類
　　│　　├─ 花、草、葉：草編（蚱蜢、風車、項鍊）、竹葉船、面具、蘆花動物（貓頭鷹、馬……）、酢漿草、毽子、葉子笛、稻草人、拉椰葉、藏草、鬥草、扮家家酒。
　　│　　├─ 竹製品：竹蜻蜓、風箏、花燈、竹筷槍、水槍、空氣槍、竹笛、竹響蟬、蛙聲筒。
　　│　　├─ 木製品：木馬、彈弓、擊木。
　　│　　└─ 瓜果：焢窯。
　　├─ 體能類
　　│　　├─ 手指遊戲：比腕（腰）力、手轎、托鼎、點水缸、推掌、釘稱子、猜中指、扮鬼臉。
　　│　　├─ 口令遊戲：一二三木頭人、土地公、隱國雞、猜偶像、猜謎、金氏紀錄。
　　│　　├─ 肢體遊戲：打鬼、住水鬼、跳一枝風、跳房子、老鷹捉小雞、拔河、擠老米。
　　│　　├─ 繩子遊戲：扭力、跳橡皮筋、套繩、酒瓶蓋、扯鈴、抽陀螺。
　　│　　├─ 民俗遊戲：舞龍舞獅、踩高蹺。
　　│　　└─ 其他：滾鐵環、踢鐵罐、轉呼拉圈。
　　└─ 偶類：捏麵人、畫糖、吹糖、陶偶、泥偶、瓷偶、玻璃偶、布袋偶、傀儡偶（衣架偶）、紙偶、布娃娃、皮影偶、手帕偶、小搖梆、拉線木偶。

紙類——

摺紙

剪紙

礦物類——

抓沙

沙包

益智類——

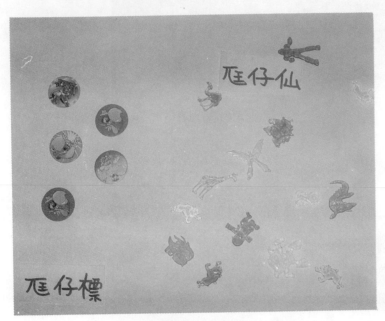

尪仔仙、尪仔標

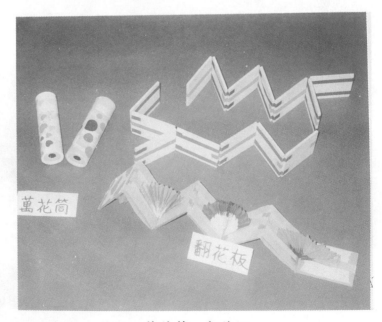

萬花筒、翻花板

植物類——

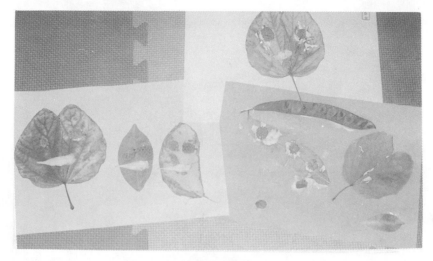

樹葉拼貼畫

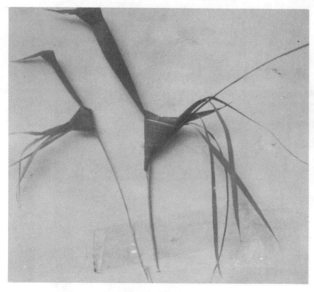

草編竹葉公雞

竹葉船

面具

拉椰葉

蘆花動物

扮家家酒

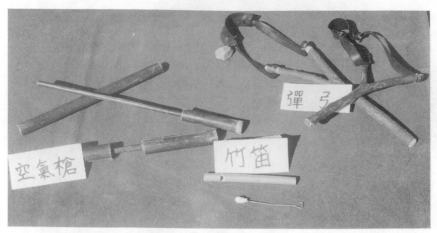

空氣槍、竹笛、彈弓

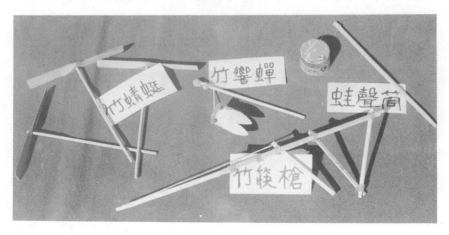

竹蜻蜓、竹響蟬、竹筷槍、蛙聲筒

體能類——

推掌

套繩

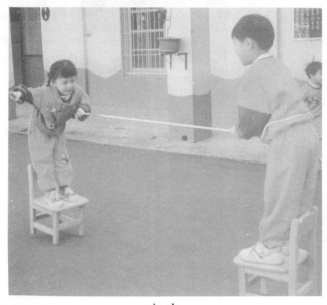

扭力

跳橡皮筋

踩高蹺

陀螺

抽陀螺

扯鈴

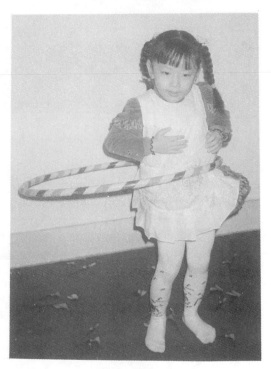

轉呼拉圈

滾鐵環

偶類——

畫糖

捏麵人

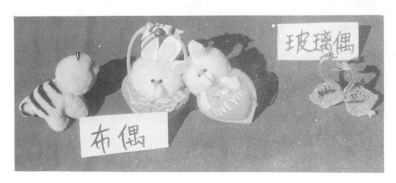

布偶、玻璃偶

119

布袋偶

紙黏土、瓷偶、陶偶

傀儡偶

泥偶

衣架偶

人偶

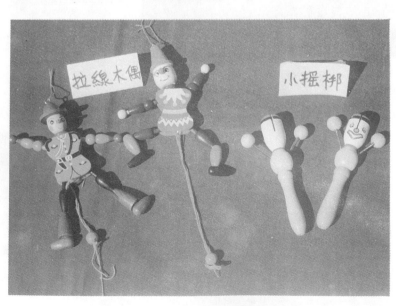

拉線木偶、小搖梆

第三節　參考書籍

一、教師用書

編　　號	書　　　　　名	作　　　者	出　版　社	主題相關資料
T～1	中國工藝美術辭典	雄獅 （民80）	雄獅	• 頁734～735　說明玩具的定義、功能及民間玩具、古代玩具、現代科學玩具、科教玩具、體育運動玩具、智力玩具、工具型玩具、變體玩具。 • 頁736～737　介紹各種民間玩具，包括扳不倒兒、泥哨、盤中泥人、盤中戲、泥瓜果、撲滿、摩睺羅、白木雕刻玩具、空竹、空鐘、扯鈴、陀螺、地轉、騎馬跳欄、響轉輪、小搖梆、雙人轉猴滾梯、竹龍、竹馬、竹響蟬、拉轉筒、辟暑籠、布老虎。 • 頁738～739　介紹粽球、鈕織、長毛絨玩具、翻花板、花紙球變紙花、雙人摔跤、搖珠盒、風車萬花筒、九連環、搖頭象、猴子爬竿、飛鶴、套圈、響笛轉球、小鼓吹球、小轉鼓、鬃人、毛猴、棕編玩具、毽子、花蛇、西洋鏡等玩具。

				• 頁740　介紹對色捻轉兒、轉燕兒、貓咪頭、倒披氣、飛燕兒、活動鳥、響葫蘆、彈弓等玩具。 • 頁742　介紹七巧板。 • 頁744～745　介紹象棋、圍棋、水槍。 • 頁746～747　介紹竹蜻蜓、硬紙工玩具、折紙、紙製燈籠、風動紙車、樹葉貼、火柴盒等玩具。 • 頁748～749　介紹跳繩、鐵環、沙袋、玻璃彈珠、娃娃玩具。
T～2	中國童玩	吳美雲編 （民79）	漢聲	• 介紹中國各種童玩，包括古代的童戲、地方性的童玩、大自然的童玩、小小空間遊藝等。
T～3	中華傳統民俗辭典	谷光宇 （民80）	黎明	• 頁333～350　說明各種遊戲玩法，包括吹木葉、放風箏、玩空竹、玩風車、玩燈籠、捕蝴蝶、舞獅、踩高蹺、六子聯芳、打鬼、打瓦、吊龍尾、抓子、折紙、玩積木拉大鋸、拉地黃牛、軋牆壁、拼七巧板、拼益智圖、捉迷藏、貓捉鼠、跳房子、跳繩、跳橡皮筋、撞鐘、踢毽子、瞧萬花筒、鬥草、下五道、下象棋、圍棋、跳棋、撲克牌（馬弔牌）等。

T～4	民俗臺灣第二輯	林川夫 （民 79）	武陵	• 頁84～94　介紹臺灣兒童的玩具，包括林投葉作成的玩具類，管草莖的玩具類，黃麻幹、竹葉、柚子皮、粘土做的泥娃，香腳、芒果種子、稻草、嫩竹做的玩具，並有圖解說明作法。
T～5	竹和竹玩具	曹惠貞 （民 74）	臺灣省政府 教育廳	• 頁46～57　竹玩具製作及圖解，包括錢筒、風鈴、竹偶、竹彈弓、水槍、竹葉船、竹哨子、鴕鳥等。
T～6	自製玩具 100 種	孫一之編譯 （民 82）	星光	• 介紹四季的小裝飾與遊戲、紙做的玩具、家裏用不完的材料、自己動手做各種玩具、摺紙與摺手帕等。
T～7	抽陀螺	李秉彝 （民 77）	臺灣省政府 教育廳	• 介紹陀螺的起源、種類、玩法和抽陀螺比賽，以及全國一代陀螺王杯競技大會。
T～8	放風箏	陳武鎮 （民 73）	臺灣省政府 教育廳	• 談風箏的傳奇，及風箏在各國的代表意義，和風箏的功用、風箏的設計和原理、製作方法。
T～9	花、草、童年	陳玉珠 （民 74）	臺灣省政府 教育廳	• 利用照片介紹鄉間花草及製作的遊戲。
T～10	客家童謠大家唸	馮輝岳 （民 85）	武陵	• 客家童謠賞析，分敍事抒情、逗趣遊戲，包括天皇皇、莫叫莫叫、唔好叫……排排坐、唱山歌等百首。
T～11	紙真好玩	趙國宗編繪 （民 72）	信誼	• 介紹紙的撕、貼、摺、剪技巧及各種造形的作法、玩法。

| T～12 | 臺灣民俗 | 吳瀛濤
（民79） | 眾文圖書 | • 頁253～269 介紹兒童的遊戲，包括：噴田蛤仔、伊厓仔標、踢錢仔、打干樂、跳草繩子、跳年、伊里仔、拾郜、放雞鴨、躂熊、圍虎陷遵窟仔、掩咯雞、剖獅、出戰、點仔點官兵、掠博局警察、出境、掠猴、變虎貓、煎白魚、放到、騎馬、打佛轎、割草、老鼠偷食油、精魚、牽羊、掀採茶、釘秤仔、跳一枝風、摸痕、包軍、打鐵哥、述土地、比紙鉸刀、石頭、放放個、指仔指水缸、躂紙球、日圍箍落雷公、食魚、雞孵蛋、隱土地公疊尖山、猜物、住水鬼、打蒼、比好膽、托鼎、相拖、轉李仔、轉李仔頭、搖骰仔、考三皇帝、辦公伙仔，及體育遊戲、賭吃遊戲、棋戲、放風箏等。
• 頁282～285 猜謎（水果類蔬菜）。
• 頁303 猜謎（弄獅）。 |
| T～13 | 台灣民俗大觀第一冊 | 凌志四
（民74） | 同威圖書 | • 頁32～45 介紹舞龍舞獅的歷史源流及舞弄方法。
• 頁58～69 介紹布袋戲的源流、傳說及布袋偶的各種角色和表演方法、道具。 |

			• 頁70～81　介紹傀儡戲的歷史源流及各種傀儡偶表演方法。 • 頁82～93　說明皮影戲的歷史源流及製作、操作方法、道具。
T～14	臺灣民俗大觀第五冊	凌志四 （民74）	同威圖書	• 頁138～145　說明捏麵的製作、方法、造形及過程。 • 頁192～195　介紹踢毽子的歷史源流、製作方法、遊戲規則。 • 頁196～201　介紹打干樂的歷史源流、製作過程及玩法。 • 頁202～207　介紹放風箏的歷史源流、製作方法及「放」風箏的技巧。
T～15	臺灣民謠	簡上仁 （民79）	眾文圖書	• 頁177～181　臺灣兒童遊戲歌。 • 頁182～188　臺灣兒童幻想歌。 • 頁189～192　臺灣兒童趣味歌。 • 頁192～196　臺灣兒童敍述歌。 • 頁197～201　臺灣兒童猜謎歌。 • 頁202～202　臺灣搖籃歌。 • 頁204～216　臺灣童謠選輯。
T～16	臺灣的囝仔歌第一集	文／簡上仁 圖／劉伯樂 （民81）	自立晚報	• 以圖畫、歌曲、歌譜介紹台灣流傳的囝仔歌，及流傳背景。收錄的有笨惰仙、秀才騎馬弄弄

				來、羞羞羞、大頭旺仔一粒珠、一年仔悾悾、一二三四、十二生肖歌、一隻猴跋落溝、和尚撞破鼓、猴和狗、人插花伊插草、掠毛蟹、落大雨、點仔膠、台灣是寶島、月娘月光光、台灣小吃、阿婆跋一倒等十八首。
T～17	臺灣的囝仔歌第二集	文／簡上仁 圖／林鴻堯 （民81）	自立晚報	• 介紹臺灣囝仔歌，內容有 ABC 狗咬豬、阿財天頂跋落來、大塊呆、新娘仔、嬰仔乖、給你臆不著、臆臺灣的地名、臆水底的物件、放雞鴨、打鐵哥、挨呀挨呼呼、一的炒米香、搖囝仔歌、搖莣搖嬰仔你勿啼等十五首。
T～18	臺灣的囝仔歌第三集	文／簡上仁 圖／吳知娟	自立晚報	• 介紹台灣的囝仔歌，內容有雞呀雞、火金姑、土地公伯、西北雨直直落、嬰仔睭、搖籃歌、搖仔賢大漢、育女歌、白鷺鷥、草蜢仔公、月娘勿生氣、點仔點水缸、欲吃清欲吃濁、賣什細、掩咯雞等十五首。
T～19	臺灣囝仔歌的故事	文／康原 詞曲／施福珍 繪圖／王灝 （民85）	玉山社	• 圖文介紹臺灣流傳的囝仔歌和說明歌詞中的含意，並附有歌譜包括火燒山、海龍王、阿爸瘦比巴……一二三與一四七等六十六首。

T～20	編草	林信雄 （民83）	北星圖書	• 利用棕櫚葉、林投葉、蘆葦花桿、月桃及其他草葉編織成動物造形、玩具並說明作法。
T～21	舞龍	李秉彝 （民81）	臺灣省政府 教育廳	• 談龍和舞龍的特點、工具製作及舞龍的方法、舞龍鑼鼓敲打法、舞龍的服裝。
T～22	踢毽子	李秉彝 （民77）	臺灣省政府 教育廳	• 介紹踢毽子的起源、特點、種類、製法以及毽子的拿法、準備姿勢、注意事項、踢法及學習要領過程、特技動作，並描述毽子的遊戲和比賽規則。

二、幼兒用書

編　號	書　　　名	作　　　者	出版社	內容簡介
C～1	女人島	文／張子媛 圖／李漢文 （民78）	遠流	• 在很久以前，阿美族有一位最棒的漁夫瑪賽其，在一次出海捕魚時遇上了一隻怪魚捕食小鯨魚，他救了小鯨魚，也因體力透支而昏迷，之後漂流到女人島，成為女人島的國王，從此過著快樂的日子。但在島上過了一年的生活後，他非常想家，於是到海邊，趁機跳入海中，遇見了鯨魚，鯨魚教他造獨木舟，並送他回家，卻發現已經過了六十年……。
C～2	手的遊戲	光復 （民83）	光復	• 手的遊戲玩法介紹，包括是平的，還是翹起來的呢？用手指玩捉迷藏，哪一個是中指？手指頭醫生、抓老鼠、用手做水槍、怪手做水槍……用手搭成的轎子等。
C～3	水鬼城隍	文／李昂 圖／簫草 （民78）	遠流	• 從前有個員外出外收租被轎夫謀害而成為水鬼。在岸邊有位孝順的漁夫，二人因故結拜成為好兄弟。幾次水鬼有投胎轉世的機會都被漁夫破壞。有次水鬼因不忍少年成為他投胎轉世的替身，而感動閻羅王，水鬼被派任城隍，漁夫也因祭新城隍而致富供養母親。
C～4	仙奶泉	文／嚴斐琨 圖／李漢文 （民78）	遠流	• 敍述有位名叫布魯的排灣族青年，為治母親的疾病，經由阿鳳姑娘的協助，向太陽神借金鎖以鎖住看管「仙奶泉」的雙頭蛇。由於村民的要求，布魯和阿鳳違背歸還金鎖的約定而受到太陽神的懲罰，變成鳳梨（阿鳳）與泥土（布魯）。

C～5	白賊七	文／郝廣才 圖／王家珠 （民 78）	遠流	• 從前臺灣有個白賊七，從小就頑皮，長大也喜歡惡作劇、花錢，到處欠帳，但家裏卻很窮困，於是到許財主家偷雞又騙錢，許財主被白賊七騙得團團轉，最後許財主誤信白賊七的「寶棍」而打死人被捉進衙門，但白賊七早已逃逸無蹤……。
C～6	亦宛然布袋戲	文／劉思源 圖／王家珠 （民 78）	遠流	• 介紹布袋戲起源，亦宛然布袋戲團的人偶、各式的帽子、武器、道具、人偶的製作、操作、文武場（樂器）配樂演出。
C～7	好鼻師	文／郝廣才 圖／王金泰 （民 78）	遠流	• 從前有個怕老婆又愛賭的阿發，有次被老婆打腫了鼻子，便利用他的大鼻子騙吃、騙喝，卻因而聲名大噪。正巧遇到皇上失去玉璽，他要求皇上用蝦鬚變天梯，結果好鼻師上了天庭，被派為跟隨龍王雷公電母去降雨，可是他弄巧成拙便想逃走，卻從天梯上摔了下來……。
C～8	李田螺	文／陳怡真 圖／楊翠玉 （民 78）	遠流	• 很久以前苗栗附近住了一位有錢的彭員外，他有三個女兒，老大和老二驕寵，而老三乖巧勤快且孝順臥病的母親。不久員外夫人死了，彭員外將三個女兒配婚，老三不願意嫁給有錢的花花公子，彭員外一生氣就將她嫁給窮困的李田螺，他們夫婦倆辛勤地工作，三妹又好心為長膿瘡的老乞丐擠爛瘡，因好心有好報而得到一段奇遇致富的傳奇。
C～9	花草遊戲	光復 （民 83）	光復	• 說明花草遊戲所用的材料並非一成不變，可用巧思把一些不起眼的植物，像三葉草、木賊、松針、葉子、芒花等做成可愛的造形和遊戲。

C～10	虎姑婆	文／關關 圖／李漢文 （民78）	遠流	• 有隻千變萬化的老虎精最愛吃小孩。有次牠餓得發慌，下山尋找食物，連續吃了兩個小孩卻不過癮，正在尋找小孩時，巧遇母親出門的阿香和阿旺，結果阿旺被老虎精吃掉，阿香用智慧將老虎精制服。
C～11	金子與猴子	文／林清玄 圖／吳正義 （民82）	信誼	• 在喜馬拉雅山下的小村落裏有一天突然來了一個煉金師，村民們用全部的金錢向老人買煉金術，老人騙走全村的錢，並告訴村人「在煉金時絕不可想到樹上的猴子，不然就煉不成金子」。結果全村沒有一個人能煉成金，他們的生活卻比以前窮困，也依然一代一代傳著、叮嚀著……。
C～12	怎麼做才對？	文·圖／ 五味太郎 （民83）	台英	• 頁18 介紹怎麼放風箏：以趣味的口語說明放風箏的樂趣。 • 頁26 介紹採集昆蟲的方法。 • 頁43 開心的賞鳥。 • 頁50 介紹堆雪人的方法。
C～13	指甲花	文／王金選 圖／洪義男 （民83）	信誼	• 以台語發音的囝仔歌，圖文配合充滿童趣的兒歌，包括指甲花、見笑草、心適歌、茭白筍、名名名、呷西瓜、講笑詼、種楊桃、茼蒿、番薯、挽芭樂、拼檨仔、扛冬瓜、大西瓜、菜瓜、甘蔗、吃鹹糜、鹹酸甜、攪土豆、大舅賣蚵仔等等。
C～14	紅龜粿	文／王金選 圖／曹俊彥 （民80）	信誼	• 運用圖文介紹具民俗、童趣的台語發音的囝仔歌共二十首。
C～15	風箏遊戲	光復 （民83）	光復	• 介紹數種不同形式的風箏，並就風箏各部分的名稱詳加說明。包括蛋形風箏、瓢蟲風箏、老鷹風箏……等。

C～16	神鳥西雷克	文／劉思源 圖／劉宗慧 （民 78 ）	遠流	• 在很久以前天地混沌，只有長出一棵怪樹，被閃電擊中而分化出人、獸、爬蟲類的祖先，且動物繼續相生，卻為爭奪食物而相互殘殺，姆賽便約定一個尋找食物的法則。姆賽和其他人尋找食物時救了神鳥西雷克，牠送他們三樣寶物，但貪心的姆賽毀了寶物而變成自食其力，並在行事前須聽神鳥西雷克的指示直到今日……。
C～17	紙的動物園	光復 （民 83 ）	光復	• 運用圖文介紹各種紙製動物的立體造形偶。
C～18	紙黏土遊戲	光復 （民 83 ）	光復	• 介紹黏土塑形的基本製作方法，用它來塑造許多有趣的作品；進而培養啟發創造力與對稱、平衡、重量……等概念。
C～19	能高山	文／莊展鵬 圖／李純真 （民 78 ）	遠流	• 有位名叫「能」的布農族青年，幫助其族人重建家園，並且在他撕開烏雲讓村民重見天日後，變成一座山──能高山；與一位因悲傷而幻化為瀑布及石柱的少女塔琳，相互輝映。
C～20	起床啦！皇帝	文／郝廣才 圖／李漢文 （民 77 ）	信誼	• 敍述小皇帝和賣梨郎王小二成為好朋友，並約定每天一早一起踢球，一直到很久很久以後……。
C～21	剪紙遊戲	光復 （民 83 ）	光復	• 運用圖文介紹各式各樣的剪紙造形。
C～22	瓶瓶罐罐變玩具	光復 （民 83 ）	光復	• 介紹生活上一些不起眼的小東西，例如：火柴盒、紙板、寶特瓶……等，經由想像力把不同材質、特性的東西結合在一起後，化腐朽為神奇，進而了解各種物品的物理現象，並享受各種發明的樂趣。

C～23	最後的銅鑼聲	文／林清玄 圖／周偉釗 （民82）	信誼	• 同村的兩個年輕人，阿喜與阿憂，相約到遠方大城市奮鬥，當衣錦還鄉，快到村子口的時候，有一老人手拿「催命銅鑼」並告知他們只有三天可活，待下次聽到鑼聲時，也是他們生命結束的時候。結果阿憂因憂鬱而死在自己的錢堆上；而阿喜因為樂善好施而躲過一劫。
C～24	帽子王國	光復 （民83）	光復	• 運用圖文介紹用報紙摺成的各式各樣的帽子造形。
C～25	結繩遊戲	光復 （民83）	光復	• 介紹數種繩結的打法及其應用，包括：魔繩、接繩結、活結、雙套結……等。
C～26	圓仔山	曹俊彥作 潘人木改寫 （民82）	台英	• 敘述臺灣南部半屏山的由來。
C～27	腳的遊戲	光復 （民83）	光復	• 運用圖文介紹腳的遊戲玩法，包括：猜腳拳、用腳拿帽子、踩高蹺、踩影子、踢罐子、跳房子、藏鞋子等。
C～28	摺紙遊戲(2)交通工具	光復 （民83）	光復	• 運用圖文說明交通工具的摺紙造形方法，包括：太空船、帆船、汽船、噴射機、雪橇、火車、卡車、飛盤……等。
C～29	臺灣童謠	文／林武憲 圖／劉宗慧 （民78）	遠流	• 以臺語發音並標出羅馬拼音當做注音符號的臺灣童謠精選，包括：天烏烏、西北雨、火金姑、搖嬰仔、搖籃歌、黑面祖師公、白翎鷥、羞羞羞、騎馬過南塘、丟丟銅仔、大塊呆、點仔膠、安童哥買菜、正月調、落大雨、掠毛蟹等。
C～30	賣香屁	文／張玲玲 圖／李漢文 （民78）	遠流	• 從前有兩兄弟共用一頭牛，哥哥和嫂子將牛騙為自己的，又三番兩次騙弟弟的黃狗，破壞竹叢，

				弟弟將竹子當柴燒煮豆子吃，居然放出香屁，而去街上賣香屁，縣太爺便賞了銀子給弟弟。貪心的哥哥嫂子也如法炮製，結果放出很臭很臭的臭屁和大便，夫婦二人差點被大便淹死。
C～31	龍抬頭	文／劉霆華 圖／田黎明 （民82）	台英	• 玉皇大帝為懲罰人間的戰爭，命令龍王三年之內不准降雨，而龍王不忍心，飛至天河吸飽天水，灑下人間，龍王卻被壓在山下。「龍王飛天日，金豆開花時」，在二月初二，老太婆、小孩、家家戶戶爆玉米並大喊「金豆開花」，龍王得救飛天。
C～32	臉的遊戲	光復 （民83）	光復	• 運用圖文介紹玩法，包括：用臉猜拳、扮鬼臉、臉的表情、眼睛體操、動物園、摸五官、管弦樂團、嘴巴接力賽等。
C～33	黏土遊戲	光復 （民83）	光復	• 介紹黏土的基本做法及各種造形與應用。
C～34	懶人變猴子	文／李昂 圖／王家珠 （民78）	遠流	• 從前賽夏族有個年輕人非常懶惰，不喜歡鋤地。有一天連續弄斷了三隻鋤頭，被生氣的老人將鋤柄插入屁股，鋤柄變成了尾巴，懶人變成了猴子，並且被蚊子嘲笑，而想找大神主持公道。

三、錄音帶

編　號	名　　稱	製　　作	出版／發行公司	備　註
TA～1	臺灣的囝仔歌1～3集	作曲、演唱／簡上仁 編曲、指揮／李泰祥	飛碟唱片	
TA～2	紅龜粿	作曲、編曲／廖曉玲、 　　　　　　林炳興 作詞／王金選 演唱／甘雅嵐、洪君儀	信誼	台語創作兒歌
TA～3	客家童謠	製作、詞曲／涂敏恆 編曲／柯銅牆 主唱／林怡萍、林怡涵	漢興傳播	
TA～4	中國音樂新銓鑼鼓篇	製作／李國強 編曲／黃石	四海唱片	
TA～5	指甲花	作詞／王金選 作曲／林炳興 編曲／林炳興、洪筠惠 演唱／沈君儀、黃婕、 　　　　謝惠璘	信誼	台語創作兒歌

第四節　社會資源

名　　稱	資源內容	備　　註
野外、公園、幼兒園	• 隨手可得的各種植物、礦物、昆蟲……等	
阿公、阿媽	• 阿公阿媽會製作小時候的各種玩具及提供遊戲、兒歌謎語……等	• 可邀請阿公阿媽到園內示範或向他們蒐集有關童玩的資料
鹿港謠林街、天后宮	• 附近的小販販售各種小童玩、泥偶、民俗文物	
台北市立兒童育樂中心	• 開放參觀和展售各種中國童玩，並不定期示範童玩的製作方法及玩法	• 位於台北市圓山
牛耳石雕公園	• 開放童玩區，有滾鐵環、踩高蹺……等，自由使用	• 位於南投縣埔里鎮
社團、基金會	• 有關的劇團（偶戲）或偶之博物館，可提供欣賞與參觀	

第五節　參考活動

Ｉ. 體能與遊戲

編號：Ｉ～1

❋**名稱**：翻書

❋**準備工作**：圖畫書。

❋**遊戲說明**：

1. 找一本有人或動物的圖畫書。

2. 猜拳決定先後順序，輪流翻書。

3. 每次翻書都數圖畫書中的人物或動物。

4. 若翻到人物或動物數量較多的人就贏了。

❋**注意事項**：

1. 先討論決定要以圖畫書中的哪一種造形當主角（人、動物、花、草、昆蟲……　）。

2. 也可以做記錄以累計的方式來比賽。

❋**延伸活動**：

卡通（在每一頁書角逐頁畫上連續動作，快速翻頁時就出現動態的畫面）。

編號：Ｉ～2

❋**名稱**：躲避球

❋**準備工作**：皮球、畫有長方形框　　的寬敞場地。

❋**遊戲說明**：

1. 先將幼兒分成兩隊，並猜拳決定哪一隊先攻或先守。

2. 先攻擊的幼兒站在框線的四周外，先守的幼兒則留在框內。

3. 當哨音響後，攻擊的幼兒將皮球向框裏的幼兒丟擲，場內幼兒則躲球，被未落地的皮球碰到的幼兒則出局。

4. 攻擊的幼兒須將框內的幼兒全部丟擲出局後，才交換攻擊繼續遊戲。

❋**注意事項：**

1. 攻擊對方的幼兒身體時，球丟擲的範圍只限於腳部。

2. 被丟擲出局的幼兒在球場邊「加油」。

3. 另一種玩法是：被丟擲出局的幼兒亦可站在場外參與攻擊，丟中一人即進入場中躲球。

4. 亦可以在場內分成甲乙二隊交叉攻擊（如下圖所示）。

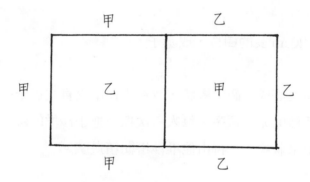

編號：Ⅰ～3

❋**名稱：**孔明棋

❋**準備工作：**三十二～三十三個棋子、十字棋盤。

❋**遊戲說明：**

1. 畫一十字棋盤，縱橫各三條線，四端各加二條線（如右圖），並在各個交叉點及頂端放棋子，但中心點不放棋子。

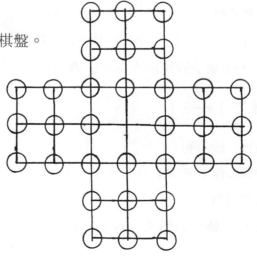

2. 一次一個人走，用間隔跳的方式走，被跳過的棋子就被吃掉，一直走到無

子可吃為止。

3. 輪流跳棋，吃最多棋子者則為贏家。

❈**注意事項：**

亦可以擺放三十三個棋子，從中取一個棋開始玩。

❈**延伸活動：**

跳棋陣：在地上畫出與孔明棋陣相同的棋陣（每一條線相距 20cm），四位幼兒分別站在四端，每位間隔跳，若碰到人則猜拳（或自行轉彎），猜輸的出局，剩下的最後一位就是勝利者。

編號：Ⅰ～4

❈**名稱：**抓沙

❈**準備工作：**竹筷或 20cm 長的樹枝，或葉子。

❈**遊戲說明：**

1. 在沙坑裏，把沙堆高成一個尖塔狀，並在尖頂中央直立插上一支竹筷。

2. 猜拳決定輪流抓沙的先後順序，每人一次抓一把小沙堆的沙。

3. 誰把竹筷弄倒下來就輸了，再由他堆沙塔繼續遊戲。

❈**注意事項：**

1. 濕的和乾的沙子，堆塑效果和遊戲結果有不同的樂趣。

2. 當沙堆越來越小時，要小心的去抓，才不會把筷子弄倒。

❈**延伸活動：**

切蛋糕：把沙子堆塑成圓柱狀，頂端直立插上一片葉子，每個人輪流用食指去切蛋糕，把葉子弄倒的人就請他再塑一個蛋糕繼續遊戲。

編號：Ⅰ～5

❈**名稱：**放雞鴨

❈**準備工作：**三個小石頭或沙包。

❈**遊戲說明：**

1. 用三個小石頭或沙包，其中的一個小石頭要在唸「放雞鴨」的兒歌裏反覆往上丟

擲。

2. 幼兒邊唸兒歌邊做動作即：一放雞（放下一個小石頭），二放鴨（再放下一個小石頭相疊在第一個上面），三分開（把二個相疊的小石頭分開），四相疊（把小石頭再疊起來），五搭胸（用手輕拍胸部），六拍手（拍雙手），七紡紗（在左胸前轉動雙手作紡紗的動作），八摸鼻（用手摸鼻子），九咬耳（用手拉耳朵），十拾起（撿起小石頭）。

❋**注意事項：**

1. 每往上丟時即照著兒歌做動作，接起往上丟而落下的小石頭時動作要快、準。

2. 沒接住往上丟的小石頭或沙包則要重新開始。

編號：Ⅰ～6

❋**名稱：**鬥片（尪仔仙）

❋**準備工作：**尪仔仙數十個。

❋**遊戲說明：**

1. 兩個人分別出一個尪仔仙，猜拳決定由誰先彈尪仔仙。

2. 先彈的人用食指將自己的尪仔仙輕彈到對方的尪仔仙，一人每回只能彈一次，再輪對方彈。

3. 雙方輪流玩，看誰的尪仔仙能壓在對方的尪仔仙上面就贏得對方的尪仔仙，雙方再出尪仔仙繼續遊戲。

4. 亦可以在地上劃一直線用尪仔仙擲遠，投擲較遠者先玩。

❋**注意事項：**

1. 選擇較平、較薄的尪仔仙較易壓到他人的尪仔仙。

2. 事先討論遊戲規則，避免紛爭。

❋**延伸活動：**

打瓦：在空地上劃一直線，在線前方約 2～3m 處豎立綁一個標，然後站在線上擲標，擲中為贏者。

編號：Ⅰ～7

❀名稱：打飛機

❀準備工作：白報紙（電腦廢紙）、鉛筆或原子筆
（紅、藍、黑）。

❀遊戲說明：

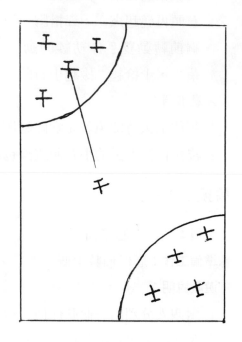

1. 在紙上的對角，各畫相同數目的飛機。

2. 猜拳由勝者先攻擊（用手指壓住筆頭向對方
飛機射），再依次輪流攻擊，打中的飛機畫
×（下次須將筆放在射出的線尾端，繼續發
射）。

3. 先把對方飛機打光的人，就算贏了。

❀注意事項：

1. 雙方比賽時用不同顏色的筆較易辨認。

2. 要先看準對方的飛機才發射，超出紙外算失
事陣亡。

編號：Ⅰ～8

❀名稱：鬥草

❀準備工作：酢漿草、牛筋草。

❀遊戲說明：

1. 選兩根莖比較粗的酢漿草，將它們連根拔起。

2. 將拔起的酢漿草，保留莖到根部⅓，再將其他部分莖上的皮輕輕的剝掉，讓莖裏
的細絲連著葉子。

3. 一人拿著草莖的尾端，將葉子朝下轉圈，勾住對方的葉子，然後用力拉，莖沒有
被拉斷的人就贏了。

4. 也可以用兩根牛筋草對摺，然後用力拉，沒有斷的人就贏了。

※**注意事項：**

1. 剝酢漿草莖皮時，須小心地輕剝，不可以將葉子弄斷。

2. 鬥草遊戲的材料可找其他莖比較長的植物玩。

※**延伸活動：**

酢漿草球（將許多剝皮後的酢漿草集成一束，將莖合在一起打結成球，玩踢、丟、
投……遊戲）。

編號：Ⅰ～9

※**名稱：**藏草

※**準備工作：**酢漿草球或隨手撿拾的草、樹葉、樹枝。

※**遊戲說明：**

1. 先約定一個大家都知道的一根草，當做大家要找尋的目標。

2. 猜拳決定由誰來藏草，藏草的人要在其他幼兒閉目數 1～30 之內把它藏起來。

3. 數數完畢後幼兒眾口問：「藏好了沒？」若是還沒藏好就再數一次，藏好了就回
答：「好了！」其他幼兒分頭去找草。

4. 找到藏草的人就由他來藏草，繼續遊戲。

※**注意事項：**

1. 在藏草的時候，其他的幼兒圍坐成圈，閉目數數或唸兒歌。

2. 也可以由藏草的人決定要藏什麼植物。

3. 藏草的範圍事先約定。

※**延伸活動：**

1. 藏鞋子：參加的每個人都將自己一隻鞋拿去藏起來，讓鬼去找鞋子，先被找到的
鞋子主人則當下一次的鬼。

2. 尋寶遊戲。

編號：Ⅰ～10

※**名稱：**焢蕃薯

※**準備工作：**地瓜、鏟子（或鋤頭）、泥塊、木柴、錫箔紙。

❀遊戲說明：

　1. 堆土窯，用柴火將土窯燒熱、燒紅。

　2. 丟蕃薯入窯。

　3. 敲碎燒燙的土窯，燜約三十～四十五分鐘。

　4. 挖出蕃薯即可食用。

❀注意事項：

　1. 事先找空地（土質較黏的泥土）和可以找到木柴、柴火的地方。

　2. 堆土窯底基由大泥塊再慢慢縮小洞口，並用較小的泥塊往上堆，底部通風口可用
　　 石頭磚塊架起。

　3. 燒泥塊至紅色時才將蕃薯丟入土窯。

　4. 注意燒柴火時的用火安全。

　5. 敲碎燒燙土窯時要服服貼貼地埋蓋，並在上加上些新土，防止熱散失，燜薯至熟
　　 約需半小時至一小時（亦可用蕃薯葉放至熱土堆上，蕃薯葉疲軟即可）。

編號：Ⅰ～11

❀名稱：比腕力

❀準備工作：桌子、椅子和小椅墊。

❀遊戲說明：

　1. 找一張桌子，桌面擺放一個小椅墊，並在桌子兩旁各擺放一張椅子。

　2. 比賽的二位選手分別坐在桌子兩旁的椅子上。

　3. 選手們各將一隻手肘放在椅墊上，另一隻手放腿上。

　4. 當哨音開始時，握拳用力將對方的手扳倒。

　5. 將對方的手扳倒平放在椅墊上者則為贏家。

❀注意事項：

　用力時以手肘的力量為限。

❀延伸活動：

　扭力比賽（二人用一根繩子繫在腰間，雙方並排站在小台子上，用腰力將對方拉倒
　下台者為贏家）。

編號：Ⅰ～12

❀名稱：手轎

❀遊戲說明：

二人伸出雙手相疊成井字，然後一人跨上去坐手搭起來的轎子。

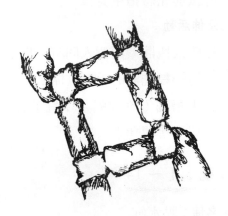

❀注意事項：

1. 若有轎夫抬不動時即立刻喊停。

2. 坐在手轎上的人雙手可抱著轎夫的脖子。

❀延伸活動：

翻烙餅：二人牽手，搖擺雙手並隨兒歌轉身。

〔兒歌〕：翻餅、烙餅、油炸芝麻餅，嘰哩咕嚕又一個，嘰哩咕嚕又一個，嘰哩咕嚕又一個（唸到嘰哩咕嚕又一個時，二人手拉緊，一起翻身）。

編號：Ⅰ～13

❀名稱：托鼎

❀遊戲說明：

1. 幼兒隨意分組（三～六人），先猜拳決定一人當鬼。

2. 當鬼的人手掌向下，做鍋子的樣子（見右圖），其他的幼兒則用食指放在鍋底，挑弄鬼的掌心（稱為洗鼎）。

3. 鬼則要出其不意突然握掌，捉住洗鼎的幼兒，而洗鼎的人要趕緊逃開。

4. 被捉住指頭的幼兒則當鬼，繼續遊戲。

5. 邊玩邊唸台語兒歌：「烏鵲！烏鵲！嘎嘎啾，赤肉沾豆油，豆油捧著走，烏鵲罵罵嚎」。

✳注意事項：

　遊戲前先將指甲剪短。

✳延伸活動：

1. 雙人托鼎（兩個人同時一隻手做鍋子，另一隻手洗鼎，相互抓對方的手且要顧及另一隻洗鼎的手要逃開）。

2. 手指謠（唸或唱）：釘子釘鉤，小貓、小狗，一把抓住哪一個，嘿嘿嘿！嘿嘿嘿！嘿嘿嘿！

編號：Ⅰ～14

✳名稱：點水缸

✳遊戲說明：

1. 三～五位幼兒圍坐，將雙手握拳當水缸（如下圖示）（食指、拇指圍成的水缸朝上，並擺在地上或桌上）。

2. 猜拳決定由一人當鬼。當鬼的人，一手握拳，一手用食指點每一個人的水缸，口中並唸台語兒歌：「指（點）仔指水缸，什人放屁爛腳倉（屁股）」，唸一字點一個水缸，被點到最後一個字的人，大家一同笑「你的屁股爛了」，並將點到的水缸收起來，繼續邊唸邊玩。

3. 再由最後被點到水缸的人當鬼，重複點水缸遊戲。

✳注意事項：

　遊戲前先剪短指甲。

✳延伸活動：

1. 鬼捉水缸：當鬼點完水缸時，其他的幼兒要跑開，鬼則去捉人，被捉的人當鬼繼續遊戲。

2. 臭雞蛋：由一人當鬼伸出一手握拳，另一隻手以食指點雞蛋，其他幼兒雙手握拳當雞蛋，一起唸兒歌：「雞蛋、雞蛋、臭雞蛋，看誰買到臭雞蛋」，被鬼點到最後一個蛋的拳頭就離開，一直玩到剩最後一個沒被點到的人勝利。

編號：Ⅰ～15

❀**名稱**：推掌

❀**準備工作**：地上畫兩個圈或準備兩張小椅子、海棉墊。

❀**遊戲說明**：

1. 先把兩張椅子相對擺放，距離 30～40cm。

2. 兩名選手站在椅子上，相互伸出雙手、雙掌。

3. 開始時雙方用手掌向前推，設法將對方推倒（因重心不穩而跌下椅子），被推下椅子者就輸了。

❀**注意事項**：

1. 年紀較小、平衡感較差的幼兒改在地上畫圈推掌。

2. 在椅子四周舖上墊子或選擇柔軟的地板遊戲。

❀**延伸活動**：

1. 角力比賽：地上畫一圓圈，雙方面對面站著相互用雙手使力推，將對方推出圈外者為勝。

2. 坐式角力：地上畫一圓圈，雙方面相對坐在圓圈裏，使力將對方推出圈外。

編號：Ⅰ～16

❀**名稱**：釘稱子

❀**遊戲說明**：

1. 四～五位幼兒，分別伸出雙手，先由一人伸出手，再由第二位伸出手，輕輕的捏第一位的手背皮。

2. 其他幼兒接著依序放在前一位的手背上方輕捏，最後一位的手背由第一位幼兒來捏。

3. 遊戲反覆循環。

4. 邊捏邊反覆唸台語兒歌：「猴子摘仙桃，要吃不怕無。」

❋注意事項：

　遊戲前先將指甲剪短。

❋延伸活動：

　1.釘稱疊高：相互捏手背，輪流往上捏，看誰捏疊到最高處。

　2.腳疊高：兩個幼兒坐在地板上，相互用腳丫子往上疊高。

編號：Ⅰ～17

❋名稱：猜中指

❋遊戲說明：

　1.二～三位幼兒，猜拳決定誰先當鬼。

　2.當鬼的人用一隻手掌將另一隻手的五個指頭捏在一起。

　3.其他的幼兒則去猜哪一個手指頭是中指。

　4.猜對的人則當鬼繼續遊戲。

　5.邊猜邊唸兒歌：「猜中指，打十五，拿篾來穿老鼠，老鼠穿得吱吱叫，養得兒子
　　戴搭帽，搭帽戴了幾十年，怎麼不還錢？」

❋注意事項：

　手指頭捏得越緊及變換指頭的排列，則越不容易猜。

❋延伸活動：

　猜手指：二人遊戲，一人將手指在另一人背部或頭部輕點一下，讓他猜是哪一隻手
　指頭。

編號：Ⅰ～18

❋名稱：扮鬼臉大賽

❋準備工作：鏡子、相機（軟片）。

❋遊戲說明：

　1.請幼兒用臉部做一表情，再利用手在臉部捏出表情。

　2.比較兩種表情的不同（鏡子）。

　3.利用表情說一個故事。

4. 請每位幼兒表演一次，並選出最有特色的一位幼兒。

❀**注意事項：**

1. 請每位幼兒將雙手洗乾淨。

2. 對較怯生的幼兒鼓勵他表演，不願意者不勉強。

3. 準備相機將每位幼兒的「鬼臉」拍下，並張貼出來。

❀**延伸活動：**

1. 逗人笑：二人一組，一人扮鬼臉逗對方笑。

2. 即興表演：在信封中畫各種表情，抽到什麼表情就做表演。

3. 鏡子遊戲：由一人扮各種表情，其他的幼兒則模仿表演。

編號：Ⅰ～19

❀**名稱：**一、二、三木頭人

❀**準備工作：**鈴鼓或手鼓。

❀**遊戲說明：**

1. 推選一人當鬼，搗臉說一、二、三木頭人，其他人則隨意走步（或用鈴鼓敲「咚咚咚」三下，再「咚咚咚」三下，說出一、二、三不能動）。

2. 當聽到「木頭人」時，停止走步，保持靜止姿勢。

3. 當鬼繼續唸口令時可以隨意走步，靠近鬼時，拍他的身體，被鬼發現「動」（走步）者，就被鬼叫出來和鬼牽手。

4. 其他人可想辦法救「人」，走近鬼旁，用手切斷和鬼牽手的地方，鬼被切斷牽手時要快喊1……10，其他人跑開，喊至10時全部停止，鬼先目測用多少步可以捉到某一人，被鬼捉到的就當下一次的鬼。

❀**注意事項：**

1. 選擇場地較廣闊的地方。

2. 可以將此活動變化，由戶外帶回室內。

❀**延伸活動：**

一、二、三！變！變！變！：鬼發口令「變小鳥」，變化各種動作，其他的幼兒則跟隨口令做動作。

編號：Ⅰ～20

❀名稱：土地公

❀準備工作：寬敞的場地，並將幼兒分成兩組進行。

❀遊戲說明：

1. 先請兩名幼兒充當鬼來「捉人」。

2. 由鬼數 1～10 後開始捉人，其他幼兒則跑開。

3. 若即將被鬼捉到時喊「土地公」則停止追逐，站在原地等待支援被解救。

4. 沒被鬼捉到的人繼續跑，並設法解救站著的人；以手碰到站立不動的人身體時，喊「救」，不能動的人即可繼續玩。

5. 被鬼追到或捉到的人（即沒來得及喊土地公的人），則換當新鬼。

❀注意事項：

1. 若人數過多時，可分成兩組在較寬的地方分組進行，避免人多擁擠時的碰撞。

2. 事先討論可奔跑的範圍與安全事項（小心奔跑，避免與人追撞、跌倒……）。

3. 土地公可改換行進的方式，用跳、走、橫走、倒退走……等來進行。

編號：Ⅰ～21

❀名稱：擠老米

❀準備工作：無障礙物的牆面。

❀遊戲說明：

1. 幼兒們靠在牆邊站立成一排。

2. 幼兒們邊唸兒歌「擠呀擠，擠老米，擠出汗來熱昏你，擠呀擠，擠老米，擠出油來淹死你，擠呀擠，擠老米，擠出屁來臭死你！」邊向中間移動和用身體去擠人。

3. 被人擠出來或擠倒的人則出局，其他的幼兒則繼續遊戲，直到玩累、喊累了才停止。

❀注意事項：

1. 擠老米時，只能用整個身體去擠，避免用手推或腳踩的動作而受傷。

2. 選擇的場地要寬敞，避免有障礙物或在牆角處。

3. 有人跌倒時即立刻停止，扶起跌倒的幼兒，再重頭開始。

❁延伸活動：

碰屁股：在地上畫一個直徑一公尺的圓圈，在圓圈裏站三～五位幼兒，每位幼兒用自己的屁股去碰撞他人的屁股，被碰撞出圓圈的人則出局，到最後剩下的幼兒為勝利。

編號：Ⅰ～22

❁名稱：猜偶像

❁準備工作：卡紙兩張（分別畫上歡喜、哀傷的牌子）、音樂。

❁遊戲說明：

1. 請一位主持人描述他心中決定的幼兒（偶像）外觀、衣著（當時之穿著外觀）。

2. 其他的人則猜出其名字，答錯舉哀傷牌，答對舉歡喜牌。

3. 被猜中的偶像要被抬起來繞場一圈（或親，或搔癢，或⋯⋯）。

4. 換另一主持人描述新的偶像重新再猜。

❁注意事項：

1. 活動前可將方法說明清楚。

2. 被猜中的偶像在歡呼時注意人身安全。

編號：Ⅰ～23

❁名稱：記憶遊戲（金氏紀錄）

❁準備工作：壁報紙、筆、尺、紙、膠水、玩具⋯⋯

❁遊戲說明：

1. 先準備五～七件物品，並將物品貼在壁報紙上。

2. 請幼兒觀察二十秒，並提示記住物品的名稱和位置。

3. 將物品收起，再問幼兒看到哪些物品？答不完整則再給一次機會觀察（但時間更短）。

4. 都答對時可換另外一些物品觀察，再回答出物品的名稱。

❋**注意事項：**

1. 老師也可以將自己當範例，讓幼兒答出身上特徵。
2. 也可玩傳話遊戲。

編號：Ⅰ～24

❋**名稱：**打鬼

❋**準備工作：**在地上畫一個大圓圈。

❋**遊戲說明：**

1. 猜拳決定一人當鬼，站在圓圈中間，其他的幼兒站在圓圈外。
2. 其他幼兒跳進圓圈內打鬼，然後趕緊跑出圓圈。
3. 當幼兒打鬼時，不小心被鬼捉住或摸到身體的人就換他當鬼。

❋**注意事項：**

拍鬼時只能用一隻手掌輕拍鬼的肩、背等部位。

❋**延伸活動：**

人鬼大戰：在地上畫一個同心圓圈，鬼站在小圓圈，其他幼兒站在大圓圈內，人和鬼可以相互到對方的圓圈內拍人，若不小心被鬼拍到的幼兒則當鬼。

編號：Ⅰ～25

❋**名稱：**老鷹捉小雞

❋**準備工作：**老鷹、母雞頭套。

❋**遊戲說明：**

1. 先推選或自願一人當老鷹，一人當母雞，其他的幼兒當小雞。
2. 母雞當排頭，小雞們一個接一個排成一直線，每個人都抓住前面人的後衣襬。
3. 老鷹站在母雞、小雞的前面，老鷹要想辦法去捉母雞身後的小雞。
4. 母雞要張開雙臂去阻攔老鷹的捕捉，小雞們要跟著母雞閃躲。
5. 小雞們若閃躲不及，跟不上母雞時則要逃命。
6. 被老鷹捉到的小雞則要留在老鷹窩休息，直到全部的小雞被捉光為止。

❀**注意事項：**

此遊戲為一群幼兒的追逐、閃躲活動，須注意安全，避免碰撞跌倒。

❀**延伸活動：**

查戶口：選一人當鬼，並選三～五位幼兒當戶長，其他幼兒則當隊員在戶長後面排隊，鬼到每一家去問：「請問你家有多少人？」戶長可隨意回答：「兩個人。」則在戶長後面只能有兩人，其他幼兒需趕緊跑開到別戶去，鬼可趁機捉人，被鬼捉到的人繼續當鬼。

編號：Ⅰ～26

❀**名稱：**拔河

❀**準備工作：**粉筆或劃線的工具。

❀**遊戲說明：**

1. 在地上劃相距 50cm 的三條線，以中間線條當中心線，其餘二條當界線。
2. 將幼兒分成二組，分別站在界線後排隊。
3. 二組幼兒都用手去抱住前一位的腰部，第一位幼兒則用一隻手握住對方的手。
4. 當開始時雙方用力拉，設法將對方拉到中心線和自己這邊的界線則算勝利。
5. 也可以在柔軟的草地或地板上，坐著用雙手握手拔，或是用繩子拔。

❀**注意事項：**

徒手拔河時，注意避免用力過大而受傷，故組員人數不超過三人。

❀**延伸活動：**

1. 拔蘿蔔：選一幼兒當蘿蔔，其他幼兒坐地上，排成一列抱腰，合力拔蘿蔔。
2. 繩子拔河。

編號：Ⅰ～27

❀**名稱：**跳橡皮筋

❀**準備工作：**成串的橡皮筋約 3m～5m 長。

❀**遊戲說明：**

1. 由兩位幼兒拉開橡皮筋成一直線，先調整到膝蓋的高度，其他幼兒則依序從上面

跳過去。

2. 再調整高度至大腿、腰、胸、肩、耳、頭……，沒有跳過的人則要拉橡皮筋。

❋注意事項：

1. 跳橡皮筋的場地要選擇較柔軟的地面。

2. 在遊戲前先做腳部的柔軟操。

❋延伸活動：

1. 跳高。

2. 凌波舞：由二人拉一直線調整高度，其他人向後仰挺腰通過。

3. 跳繩。

編號：Ⅰ～28

❋名稱：踢鐵罐

❋準備工作：空奶粉罐。

❋遊戲說明：

1. 找一個寬敞的空間，在地上劃一個直徑 1m 的圓圈。

2. 猜拳決定一人當鬼，站在圓圈外，這時一位幼兒出其不意地把罐子踢得遠遠的。

3. 鬼就要將罐子追回圓圈內，然後拿罐子敲地面數二十下。

4. 其他的人趁鬼追罐子的時候，趁機躲起來，鬼則四處找人。

5. 當鬼找到人時說一聲：「某某，ㄅㄚˇ」，被鬼找到的人則站在圈外等待其他人救援。

6. 鬼又出去找人時，其他的人則趁機再踢罐子且去救被鬼抓到的人。

7. 被救的人又復活，繼續遊戲，直到鬼都找到人，再由第一個先被找到的人當鬼。

❋注意事項：

1. 踢罐時注意勿用力過猛而受傷。

2. 踢罐時其他人要閃避罐子避免受傷。

Ⅱ. 故事與戲劇

註：資料搜集、創作中，請與我們分享你的點子。

Ⅲ.兒歌與律動

編號：Ⅲ～1

❀名稱：小皮球

❀內容：

小皮球，香蕉油，滿地開花二十一，二五六，二五七，二八二九三十一，三五六，
三五七，三八三九四十一，四五六，四五七，四八四九五十一……

編號：Ⅲ～2

❀名稱：生龍生鳳

❀內容：

龍生龍，鳳生鳳，老鼠的兒子會打洞。

編號：Ⅲ～3

❀名稱：小姐別生氣

❀內容：

小姐小姐別生氣，明天帶你去看戲。

看什麼戲？看你爸爸流鼻涕，

剃、剃、剃光頭，頭、頭、投大海，

海、海、海龍王，王、王、王先生，

生、生、生孩子，子、子、子，你是我的乖兒子。

編號：Ⅲ～4

❀名稱：一的炒米香

❀內容：

一的炒米香，二的炒韮菜，

三的強強滾，四的炒米粉，

五的五將軍，六的六子孫，
七的分一半，八的走來看，
九的九嬸婆，十的弄大鑼。

編號：Ⅲ～5

❋名稱：火筒腳
❋作者：流傳的客家歌謠
❋內容：

鴨母蹄，硈蹦蹬。
（ㄚㄇㄞ˙，ㄅㄅㄅㄟˋ）
火筒腳，好做種。
（ㄏㄜ˙ㄊㄨㄍㄨ，ㄏㄜ˙ㄗㄨˇㄗㄨˋ）

編號：Ⅲ～6

❋名稱：阿啾箭
❋作者：流傳的客家歌謠
❋內容：

阿啾箭，阿啾唧。
上屋阿婆做生日，
不知要請我抑不請我，
害我打扮兩三日。

編號：Ⅲ～7

❋名稱：伯公、伯婆
❋作者：客家古謠
❋內容：

伯公、伯婆、無刣雞無刣鴨，刣隻鴨仔像蚯蚓，豬肉料像楊桃，愛吃你（伊）就吃，不吃噯呀無法度，請伊吃酒崩田螺，酒撒沒擨到，轉去擨佐得摸。

編號：Ⅲ～8

❀**其他相關兒歌有：**

(1)嘴嘟嘟，收錄於馮輝岳（民 85）：客家童謠大家唸。頁 145。台北：武陵。

(2)放風箏，收錄於漢聲（民 77）：愛的小小百科 16。頁 33。台北：漢聲。

(3)鬼與龜，收錄於漢聲（民 77）：愛的小小百科 9。頁 23。台北：漢聲。

(4)禾畢仔，收錄於馮輝岳（民 85）：客家童謠大家唸。頁 124。台北：武陵。

(5)公雞和小船，收錄於漢聲（民 77）：愛的小小百科 7。頁 19。台北：漢聲。

(6)顛倒顛，上石橋，收錄於漢聲（民 77）：愛的小小百科 22。頁 39。台北：漢聲。

(7)玩具，收錄於張翠娥編（民 73）：大家來唸兒歌。頁 172。台北：大洋。

(8)秀才騎馬弄弄來，收錄於簡上仁（民 79）：台灣民謠。頁 211。台北：眾文。

(9)羞羞羞，收錄於簡上仁（民 79）：台灣民謠。頁 210。台北：眾文。

(10)大胖呆，收錄於簡上仁（民 79）：台灣民謠。頁 209。台北：眾文。

(11)白鷺鷥，收錄於簡上仁（民 79）：台灣民謠。頁 208。台北：眾文。

(12)落大雨，收錄於簡上仁（民 81）：台灣的囝仔歌 1。台北：自立晚報。

(13)剪拳布，收錄於錦標（民 72）：童話列車科學奧祕 5，媽媽手冊。頁 49。台北：錦標。

(14)老鷹抓小雞，收錄於劉作揖編（民 74）：幼兒唱遊教材。頁 66。台北：文化。

(15)來猜拳，收錄於劉作揖編（民 74）：幼兒唱遊教材。頁 126。台北：文化。

(16)玩具歌，收錄於劉作揖編（民 74）：幼兒唱遊教材。頁 39。台北：文化。

(17)新娘水當當，收錄於康原、施福珍（民 85）：台灣囝仔歌的故事。頁 31。台北：玉山社。

(18)不驚風，收錄於康原、施福珍（民 85）：台灣囝仔歌的故事。頁 33。台北：玉山社。

(19)近視猴，收錄於康原、施福珍（民 85）：台灣囝仔歌的故事。頁 63。台北：玉山社。

(20)一二三，收錄於康原、施福珍（民 85）：台灣囝仔歌的故事。頁 147。台北：玉

山社。

IV.工作

編號：IV～1

❀**名稱：**紙蜻蜓

❀**材料：**圖畫紙或書面紙、白膠、剪刀。

❀**作法說明：**

1.將十六開的書面紙剪成 L 形。（圖一）

2.把較長的一邊捲成圓筒狀並用白膠黏貼。（圖二）

3.捲成圓筒狀後用剪刀對稱的剪成十字狀並留⅓當底部，向外翻四片即完成。（圖三）

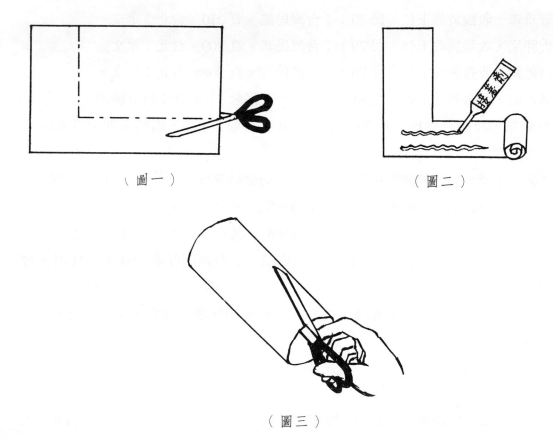

（圖一）　　　　　　　　　　　（圖二）

（圖三）

❀**成品簡圖：**

編號：Ⅳ～2

❀**名稱：**紙蜻蜓

❀**材料：**卡紙、彈珠。

❀**作法說明：**

1. 將卡紙切成 3～4cm 寬的帶狀，
中間放入小彈珠。

2. 把小彈珠包紮著成羽毛狀。

3. 一放手即旋轉掉落下去。

❀**成品簡圖：**（見右圖）

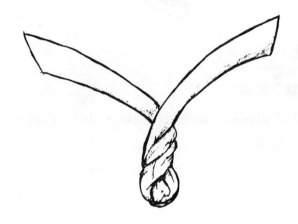

編號：Ⅳ～3

❀**名稱：**毽子

❀**材料：**廢布、瓶蓋、公雞毛、厚絨布、軟皮、硬幣、厚紙板、剪刀、針、線。

❀**作法說明：**

1. 將雞毛管頭尾剪去，留中間中空部分約 4cm 長。

2. 將 4cm 長的雞毛管用剪刀剪破成四等分，但長度不超過½。

3. 將硬幣（或瓶蓋）一枚，夾在厚絨布（或軟皮、廢布）內（上下各二層），沿邊緣用線縫。

4. 再將剪好的雞毛管，縫在硬幣中央的布上。

5. 剪去邊緣的布。

6. 插上公雞毛即成。

❋成品簡圖：

編號：Ⅳ～4

❋名稱：風箏

❋材料：書面紙、圖畫紙、棉線、車線、色紙。

❋作法說明：

1. 將書面紙對摺，畫一對稱的圖形。

2. 用剪刀將圖形剪下，但尾部剪條狀時不剪斷。

3. 剪一長方形小紙片，對摺黏貼（對齊中心線）於圖形上方。

4. 將棉線黏貼或綁於小紙片上即可。

❋成品簡圖：（見右圖）

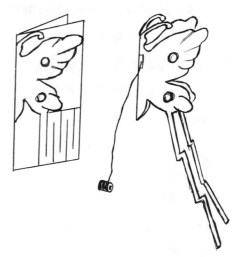

編號：Ⅳ～5

❋名稱：小風箏

❀**材料**：色紙（色卡紙）、剪刀、線、膠帶。

❀**作法說明**：

1. 將紙剪成與明信片一樣大的長方形，
再摺出兩條平分線。

2. 將長方形剪開並將紙之兩端塗膠黏貼。

3. 用線將其一端用膠帶貼牢即完成。

❀**成品簡圖**：（見右圖）

編號：Ⅳ～6

❀**名稱**：吸管風箏

❀**材料**：吸管、塑膠袋、細毛線、剪刀、膠帶、奇異筆。

❀**作法說明**：

1. 把塑膠袋剪開成四邊形。

2. 用兩根吸管垂直相疊成十字，再用膠帶
固定黏貼在塑膠袋上。

3. 再用奇異筆順著十字形吸管的四個頂點
畫出一個四邊形，並把它剪下來。

4. 在十字形吸管的頭尾兩端綁上毛線當風
箏的提線，再利用一條長的毛線綁在提
線和風箏垂直的地方。

5. 再利用剪下來的塑膠袋，剪成兩條長條
狀，黏貼在風箏的尾部即完成。

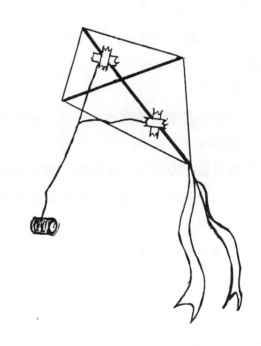

❀**成品簡圖**：（見右圖）

編號：Ⅳ～7

❀**名稱**：草葉遊戲──稻草人

❀**材料**：稻草桿、吸管、筆。

❀**作法說明：**

1. 找粗細不同的稻草桿兩支，粗的稻草桿在⅓的地方，兩側各挖一個小孔。
2. 細的稻草桿從中央剖開約¼的長度。
3. 把細的稻草桿放在粗的稻草裏，並將剖開的細稻草桿從挖小孔的地方分別穿出來。
4. 用筆在粗的稻草桿上畫出眼睛、嘴巴即完成。

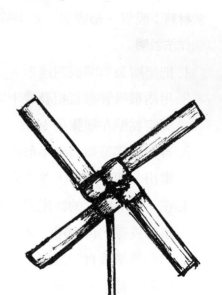

❀**成品簡圖：**（見右圖）

❀**延伸活動：**

做體操：配合兒歌做操，即「早上起來做早操吧！做早操。」

編號：Ⅳ～8

❀**名稱：**草編——風車
❀**材料：**椰子葉或林投葉。
❀**作法說明：**

1. 將椰子葉順著葉脈撕成兩片，再撕一椰葉，共需四片。
2. 再將椰子葉裁成四片等長、等寬的葉片。
3. 四片等寬等長的葉子各對摺後拼編在一起，如成品簡圖。
4. 再用葉脈穿進風車的中心，固定一個轉軸及把手即完成。

❀**成品簡圖：**（見右圖）

編號：Ⅳ～9

❀**名稱：**草編——項鍊
❀**材料：**椰子葉、芒草葉、棕櫚葉。

❋**作法說明：**

1. 將椰子葉沿著葉脈把葉子撕成兩片。
2. 撕下來的葉子一端順著長條狀摺成項
   鍊墜的穿孔。
3. 再將椰葉順著項鍊孔往下繞成塔狀。
4. 繞到葉子的尾端打結固定。
5. 再把葉脈穿入項鍊墜打結即完成。

❋**成品簡圖：**（見右圖）

編號：Ⅳ～10

❋**名稱：**竹葉船

❋**材料：**竹葉、牙籤、竹枝。

❋**作法說明：**

1. 把細長的竹葉頭尾兩端向中間內折。
2. 把主葉脈兩端撕開交互穿插。
3. 兩端撕開交叉後，把主葉脈拉平即可。

❋**成品簡圖：**

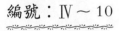

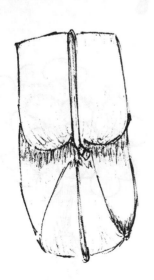

編號：Ⅳ～11

❀**名稱**：草葉遊戲──面具

❀**材料**：各式各樣的大葉子（橡膠葉、姑婆芋、麵包樹、月桃……）。

❀**作法說明**：

　1.將橡膠葉洗乾淨擦乾。

　2.利用手將橡膠葉撕出眼睛、嘴巴等造形。

　3.再加上細長的樹葉或樹枝裝飾成眉毛、鬍子即完成。

❀**成品簡圖**：

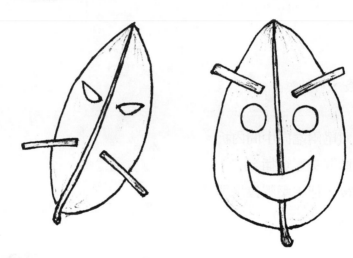

編號：Ⅳ～12

❀**名稱**：草毽子

❀**材料**：車前草、酢漿草。

❀**作法說明**：

　1.拔莖較長之車前草和酢漿草。

　2.在葉片下端輕輕折斷除掉硬梗，剩下細絲莖線。

　3.將十片以上折斷硬梗的車前草或酢漿草綁在一起
　　即完成。

❀**成品簡圖**：（見右圖）

編號：Ⅳ～13

❋名稱：草葉遊戲——葉子笛

❋材料：榕樹葉、菩提葉、玫瑰葉。

❋作法說明：

1. 將葉子光滑面朝上，由葉尖處輕輕向內捲，但葉尖不可以摺到。

2. 把葉子捲成扁圓形並將其中一端壓扁當吹氣口。

3. 把吹氣口含在嘴裏輕輕吹氣，就可以吹出聲音。

4. 也可以找其他葉面平滑，葉形不要太大太厚的葉子吹出聲音。

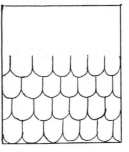

❋成品簡圖：（見右圖）

❋延伸活動：

小小吹奏表演：將葉子笛當樂器表演獨奏或伴奏。

編號：Ⅳ～14

❋名稱：花燈

❋材料：月曆紙、書面紙、壁報紙、圖畫紙、縐紋紙、玻璃紙、剪刀。

❋作法說明：

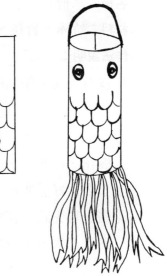

1. 取一方型的紙，上面剪出半圓形（三角形或其他形狀）的鏤空，並將鏤空處貼上各色玻璃紙。

2. 將黏貼好玻璃紙的方形紙，捲成圓筒狀黏貼固定。

3. 在圓筒狀的兩端分別貼上長方形紙片當提把和魚尾巴即完成。

❋成品簡圖：（見右圖）

編號：Ⅳ～15

❀名稱：木馬、竹馬

❀材料：長木棒或長竹竿、厚紙板、彩色筆、剪刀、細鐵絲或針、線。

❀作法說明：

1. 將長木棒取100～120cm長，並將木棒外表磨光滑。

2. 利用厚紙板畫一個雙面的馬頭形狀，並著上顏色。

3. 再將木棒的一頭劈開一個口，將馬頸插入，再用細鐵絲固定即可。

4. 亦可以直接用一根長木棒或長竹竿作馬。

❀**活動實景分享：**（見右圖）

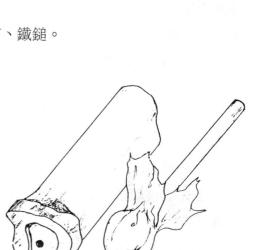

編號：Ⅳ～16

❀名稱：水槍

❀材料：竹棒、竹筷、棉花、碎布、棉線、鐵釘、鐵鎚。

❀作法說明：

1. 找有一端有帶節的竹棒，並在竹節的中心鑽一個小孔當噴嘴。

2. 再找一支比竹棒略長的竹筷，在一端用棉花、碎布包裹後用棉線紮成鼓槌狀，大小正好能塞進竹棒裏。

3. 在玩時先將竹筷布糰塞進竹棒底端，噴嘴浸在水裏，竹棒向後拉吸水，竹棒裏就充滿水，再往前推壓就會噴出水。

❀**成品簡圖：**（如右圖）

編號：Ⅳ～ 17

✿**名稱：**陀螺

✿**材料：**冰淇淋蓋、火柴棒、牙籤、奶瓶蓋、蘿蔔、卡紙、彩色筆。

✿**作法說明：**

　1. 將材料修成一個圓，並找出圓心，插上牙籤。

　2. 在紙盒蓋上畫上圖形，即可。

✿**成品簡圖：**

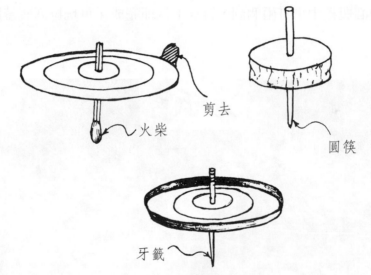

剪去

火柴

圓筷

牙籤

編號：Ⅳ～ 18

✿**名稱：**紙陀螺

✿**材料：**瓦楞紙、牙籤、火柴棒、白膠或強力膠、
　　　　短鉛筆。

✿**作法說明：**

　1. 將瓦楞紙剪成三角形長條狀▱，或長方
　　　形長條狀 ▭ 。

　2. 紙帶前塗上接著劑。

　3. 黏上短鉛筆（牙籤、火柴棒）一圈圈繞。

　4. 不夠長還可以再連接，末端用接著劑粘住。

　5. 完成後在周圍塗上顏色。

167

❋**成品簡圖：**（如上頁右圖）

編號：Ⅳ～19

❋**名稱：**敲酒瓶蓋

❋**材料：**酒瓶蓋、鐵槌、鐵釘、粗棉線。

❋**作法說明：**

1. 將酒瓶蓋沿著凸起的圓圈敲平，可當擲子兒或尪仔仙玩具。

2. 在敲平的酒瓶蓋中央打兩個洞，再穿上線即完成，可玩拉酒瓶蓋遊戲。

❋**成品簡圖：**

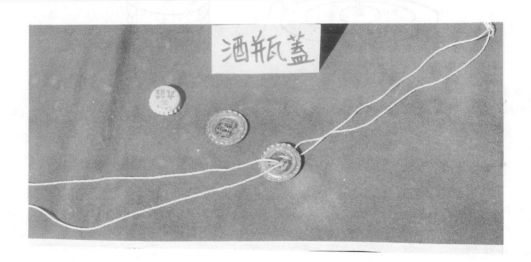

編號：Ⅳ～20

❋**名稱：**高蹺

❋**材料：**空奶粉罐、塑膠繩、鐵釘、鐵槌。

❋**作法說明：**

1. 將兩個空的奶粉罐罐底中徑各⅓處打兩個洞。

2. 將塑膠繩穿在打洞處打結固定即完成，可玩
踩高蹺遊戲。

❋**成品簡圖：**（見右圖）

編號：IV～21

❋名稱：布袋偶

❋材料：塑膠袋、空紙杯、養樂多瓶、
　　　　香皂盒、色紙、橡皮筋。

❋作法說明：

　1. 將紙杯或空盒套入塑膠袋中。

　2. 用橡皮筋將盒子和塑膠袋紮緊。

　3. 將塑膠袋裝飾即可表演。

　4. 材料多樣化可做不同的變化和裝飾。

　5. 亦可利用大型塑膠袋，剪個洞讓頭
　　　伸出後，整個人為大人偶玩遊戲。

❋成品簡圖：（如右圖）

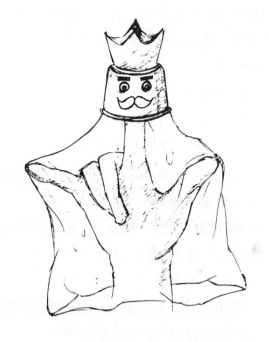

編號：IV～22

❋名稱：搓泥球

❋材料：黏土、麵糰或紙黏土。

❋作法說明：

　1. 將一大塊黏土切成許多塊小黏土，或隨意抓一小塊土。

　2. 將小塊黏土凸出角壓平。

　3. 將黏土放在掌心，兩手將其搓成圓形。

　4. 若以紙黏土搓圓球，可用牙籤將圓球於中心戳洞，
　　　等乾硬後上色，用線串起成項鍊手環。

　5. 黏土未乾時可以與其他的竹棒、牙籤併用做立體雕塑。

❋成品簡圖：（如右圖）

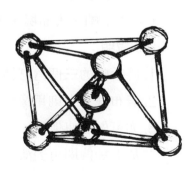

編號：IV～23

❋名稱：傀儡戲偶

❊**材料：**

紙黏土或彩色紙黏土、棉線、鐵絲（細）、廣
告顏料、衣架子、報紙、花布或碎布塊。

❊**作法說明：**

1. 用報紙揉成一球狀，外包紙黏土成一頭形狀，
　 或是用手指外包紙黏土做一頭的造形。

2. 用黏土捏手、腳四肢的造形。

3. 用長 15cm 的細鐵絲折成圓形孔插入頭頂、手
　 腳，預留綁線用。

4. 將布和頭、手腳四肢接合（用線或鐵絲固定）。

5. 紙黏土乾後上顏色。紙黏土須待二～三日才全
　 乾，屆時再上色。

6. 將偶用線固定至衣架上，即可演傀儡戲。

7. 也可以加以變化做成布袋戲偶。

❊**成品簡圖：**（如右圖）

編號：Ⅳ～24

❊**名稱：**手帕偶

❊**材料：**手帕、大布塊、毛巾、橡皮筋、竹筷、毛線。

❊**作法說明：**

1. 將手帕的三個角打結，當成一個人形。

2. 若布塊太小則用橡皮筋固定。

3. 亦可做成傀儡偶，加上毛線吊起三個「角」後，
　 加上裝飾即可表演。

❊**成品簡圖：**（見右圖）

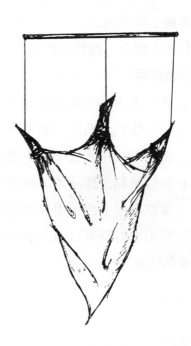

編號：Ⅳ～25

❊**名稱：**捏麵糰

❋材料：

　中筋麵粉一斤、鹽少許、沙拉油一碗、水一碗、各色廣告顏料、黏土板、防腐劑、
　竹籤。

❋作法說明：

　1.把麵粉加水、鹽、沙拉油揉成麵糰。

　2.揉好的麵糰再加上各色的廣告顏料，把顏色揉均勻。

　3.利用各種顏色的麵糰捏、揉、搓、壓做出圓球、條狀……等不同造形。

　4.鼓勵幼兒創作平面或立體的各種造形。

❋活動實景分享：

第4章 文房四寶

第一節　前言

　　福爾特說：「簡單地說，文化是由學習得來的解決問題的方式所構成。」（韋政通，民 80：中國文化根論）祖先們解決書寫問題，發明紙、墨、筆、硯即是中國特有的文化之一。但因時代變遷，工商社會需要更實用、便捷的書寫用具，後人承襲古代解決問題及創作理念，以新科技製成更多的替代品，如：原子筆、打字機……等，漸漸取代毛筆、墨條使用頻率。

　　在活動設計呈現之中，我們深深體會傳承文化的不易，且書寫工具問題的解決歷程只是整個中國文化的一小環節，所以我們不期盼透過文房四寶達到傳承文化的大目標，只希望能與幼兒分享古人解決問題的精神，並能在幼兒的心海中，播下一顆傳承文化的小種子。

第二節　主題概念網

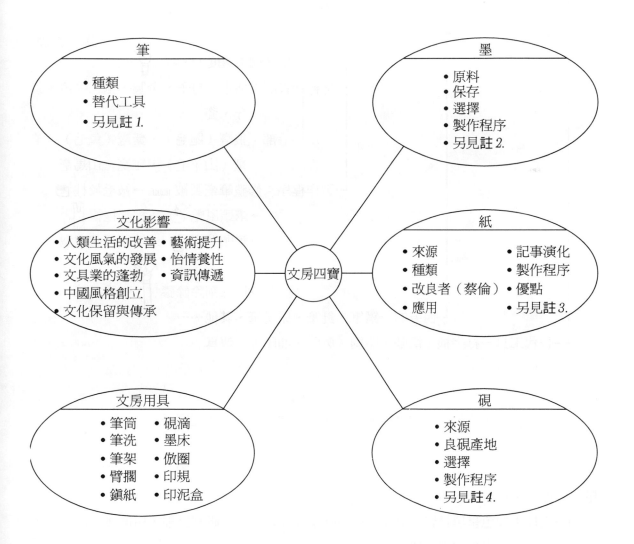

註 1.

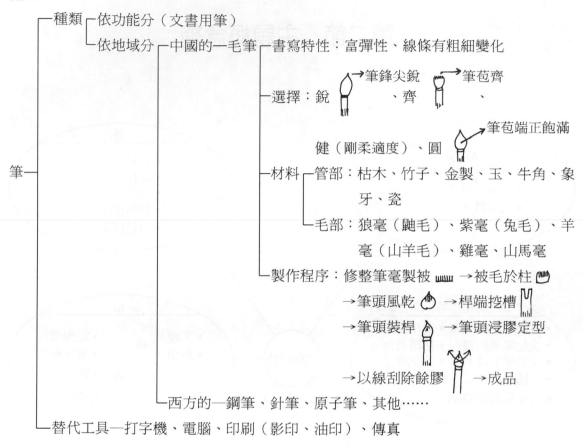

筆 ── 種類 ── 依功能分（文書用筆）
　　　　　└─ 依地域分 ── 中國的 ── 毛筆 ── 書寫特性：富彈性、線條有粗細變化
　　　　　　　　　　　　　　　　　　　├─ 選擇：銳（筆鋒尖銳）、齊（筆苞齊）、
　　　　　　　　　　　　　　　　　　　│　　　　健（剛柔適度）、圓（筆苞端正飽滿）
　　　　　　　　　　　　　　　　　　　├─ 材料 ── 管部：枯木、竹子、金製、玉、牛角、象
　　　　　　　　　　　　　　　　　　　│　　　　　　　牙、瓷
　　　　　　　　　　　　　　　　　　　│　　　　└─ 毛部：狼毫（鼬毛）、紫毫（兔毛）、羊
　　　　　　　　　　　　　　　　　　　│　　　　　　　毫（山羊毛）、雞毫、山馬毫
　　　　　　　　　　　　　　　　　　　└─ 製作程序：修整筆毫製被 → 被毛於柱
　　　　　　　　　　　　　　　　　　　　　　　→ 筆頭風乾 → 桿端挖槽
　　　　　　　　　　　　　　　　　　　　　　　→ 筆頭裝桿 → 筆頭浸膠定型
　　　　　　　　　　　　　　　　　　　　　　　→ 以線刮除餘膠 → 成品
　　　　　　　　　　　　　└─ 西方的 ── 鋼筆、針筆、原子筆、其他……
　　　　└─ 替代工具 ── 打字機、電腦、印刷（影印、油印）、傳真

註 2.

墨 ── 原料 ── 主要成份：動物性膠加上老松、桐油、蘇子油或亞麻子油
　　　　　└─ 添加物 ── 物品名：珠粉、犀角粉、麝香、蘇木或蛋白
　　　　　　　　　　　└─ 作用：防腐、增強硬度、增加光澤、添加香氣、保存作品
　　　├─ 保存：以帛紙包裹，放置在通風處，平放
　　　├─ 選擇：顏色呈黑帶紫為最佳；手指彈墨條聲如金石，研磨聲細，研磨後不碎，以手
　　　│　　　　秤之較重者為佳
　　　└─ 製作程序 ── 鎔膠（動物性膠）→ 用藥（助色、增光、取香、耐久）→ 淨煙（篩煙）
　　　　　　　　　　　→ 煙入膠液 → 以手搜勻 → 猛火蒸劑 → 乘熱扞搗（搗成餅狀）→ 秤劑（分
　　　　　　　　　　　塊）→ 鎚鍊 → 丸擀 → 樣製（壓花）→ 入灰（入稻草灰）→ 刷淨 → 乾透 →
　　　　　　　　　　　蘸臘刷光 → 風乾 → 成品

註 3.

紙
├ 意義：傳統上，「紙」指植物纖維原料經人工機械化學作用，製作純度較大的分散
│　　　纖維與水配成漿液後，經漏水模具濾水，使纖維在模具上交織成濕模，再經
│　　　乾燥脫水形成有一定強度的纖維交結的平滑薄片，作書寫、印刷及包裝等材
│　　　料
├ 來源：木材（楮、雁皮、三椏、桑樹、青檀）、稻草、竹子、龍鬚草、麻
├ 種類 ┬ 工業紙
│　　　├ 文化紙 ┬ 書法用紙─選擇 ┬ 顏色精潔清瑩
│　　　│　　　　├ 繪畫用紙　　　 ├ 感觸緊密柔潤
│　　　│　　　　├ 箋函用紙　　　 ├ 厚薄合宜
│　　　│　　　　├ 揚拓用紙　　　 ├ 表面光澤
│　　　│　　　　├ 裱褙用紙　　　 ├ 書寫流暢、不滑、不澀
│　　　│　　　　├ 木版用紙　　　 ├ 耐久、耐蟲蛀
│　　　│　　　　│　　　　　　　　 └ 捲紙後，不損墨跡
│　　　│　　　　└ 紙藝用紙：紙編、摺紙、紙塑（紙黏土）、紙雕、剪紙、撕紙
│　　　│　　　　　　　　　　、捲紙、紙面具、紙衣
│　　　├ 家庭用紙：衛生紙、壁紙……
│　　　└ 敬神紙
├ 改良者：蔡倫
├ 應用：書寫（記錄）、畫圖、印刷、包裝、有價證券
├ 記事演化：結繩、甲骨文（殷商）、刻鑄於銅器、玉石（商周～春秋戰國）、絲織
│　　　　　物、縑帛、竹簡、木牘、微縮片、光碟、磁片（條）、膠卡（信用卡）
│　　　　　、電腦網路
├ 製作程序 ┬ 機器製作
│　　　　　└ 手工製作─蒸煮→原料漂白→挑除雜質→打漿→配料→抄造→堆疊→壓
│　　　　　　　搾→揭離→乾燥→上膠染色→成品
└ 優點：輕盈、容量大、方便攜帶、可舒捲、體積小、工費少、耐摺、表面光滑、潔
　　　　白受墨、用途廣

註 4.

硯
├ 來源：陶、天然石材、瓦
├ 良硯產地：廣東（端溪硯）、安徽（歙硯）、東北（松花硯）、洮河
├ 選擇：易發墨、不壞筆、硬度適中、糙滑適中
└ 製作程序：切石→修整→挖槽→磨光→刻字劃→成品

第三節　參考書籍

一、教師用書

編　號	書　　名	作　　者	出版社	主題相關資料
T～1	文房四寶	索予明 （民75）	行政院文化 建設委員會	• 介紹筆墨紙硯的來源、特色及製作方法。
T～2	中華文化百科全書(7)	中華文化基金會 （民76）	中華文化基金會	• 頁878～880　介紹造紙術與造紙術的變遷及製作。
T～3	中國文房趣玩	張豐榮編著 （民84）	冠倫	• 透過圖片呈現各種文房趣玩，並賞析它的特別賞玩之處。
T～4	中國古代四大發明	莊葳編著 （民79）	謙謙	• 介紹中國造紙術的發現、蔡倫的貢獻及造紙術的西傳。（青少年的叢書）
T～5	中國的文房四寶	齊儆 （民82）	台灣商務	• 介紹筆墨紙硯的來源、特色及製造方法。
T～6	中國造紙史話	潘吉星 （民83）	台灣商務	• 依據最新考古發現，論證造紙術起源及在中國各期發展的概況，並導正坊間各種不實傳說。
T～7	中國造紙史話	造紙史話編寫組（民74）	明文	• 介紹紙的發明、來源、技術、印刷及重要性。
T～8	幼兒的紙工藝	何瑪莉譯 夏勳審稿 （民76）	世界	• 介紹紙的玩法、用途，以及各種有關紙的教學活動。
T～9	古硯指南	唐秉鈞原著 熊寥譯著 （民84）	藝術圖書	• 圖文介紹古硯開採、使用及保管、審美等，讓人對中國古硯的來龍去脈有清晰全面的了解。
T～10	幼稚園繪畫工作教學	林哲誠 （民82）	五南	• 介紹繪畫工作教學的重點、活動示例，提供教

			師在教學點的突破。
T〜11	可愛摺紙貼畫	鄒紀萬 （民 77）	美勞教育	• 透過彩色摺紙照片及彩色繪圖，介紹各式物品、動物的摺法。
T〜12	品埒端歙： 松花石硯特展	國立故宮博物院編輯委員會 （民 82）	國立故宮博物院	• 透過精美彩色印刷來呈現各種石硯在材質上及雕刻藝術上的美。
T〜13	紙印刷設計紙樣大全	中國美術設計協會 （民 68）	設計家文化	• 介紹各式各樣不同的紙。
T〜14	書法	周鳳五 （民 74）	幼獅文化	• 介紹書法的萌芽、蘊釀及範例，並說明書法基本工具的相關知識。
T〜15	現代美國紙藝展	台北市立美術館	台北市立美術館	• 介紹紙的發展及在中西文化的重要，並說明紙的製作方法和展示不同的手工紙作品。
T〜16	造紙工程與印刷用紙	林啟昌 （民 72）	五洲	• 頁1〜12 介紹紙的定義、起源、發展及紙工業興起等。
T〜17	國民小學國語	國立編譯館	國立編譯館	• 第五冊第十三課「蔡倫造紙」（民 84 改編本第五版）。 • 第十二冊第八課「筆的功用」。
T〜18	筆下飛彩虹	戎林 （民 83）	正中	• 介紹筆墨紙硯的故事，包括：筆七則、墨六則、紙六則、硯七則，共二十六則小故事。
T〜19	圖書——華夏之美	張美月 （民 80）	幼獅	• 介紹圖書的由來、製作及重要影響。
T〜20	環保小尖兵	陳龍安主編 （民83）	漢禾文化	• 介紹如何將家中要丟棄的物品加以整理，做成好玩的玩具。 • 書中有各種紙、膠管的廢物利用，可提供教師在創作方面的資料。

二、幼兒用書

編　號	書　　　名	作　　者	出　版　社	內容簡介
C～1	兒童水墨畫初階 3 飛禽篇	趙陽 （民 81）	台灣珠海	• 透過簡單的彩色線條呈現中國的筆墨之美。
C～2	紙真好玩	趙國宗編繪 （民 72）	信誼	• 介紹各種以紙完成的工作之作法及成品簡圖、照片、圖片等。
C～3	第二屆中國兒童水墨畫專輯	國風 （民 81）	國風	• 透過兒童水墨展，來表達兒童也可畫水墨畫的意念，並以彩色印刷展示各種水墨作品，幼兒可透過此書欣賞參展作品。
C～4	遊戲摺紙	王或華 （民 81）	美勞教育	• 以彩繪手繪來說明摺紙過程，內容簡易有趣。
C～5	撕呀！撕呀！	文／謝武彰 圖／林鴻堯 （民 79）	光復	• 透過撕紙畫與文字配合來描述故事內容。運用撕紙方式呈現的圖，風格不同於繪畫或照片。
C～6	趣味造形紙雕	鄒紀萬 （民 77）	美勞教育	• 透過範例、作法介紹，導入實際紙雕操作。

三、錄影帶

編　號	名　　　稱	出 版 社	主 題 相 關 資 料
V～1	骨董乾坤	中華民國廣電基金	• 介紹文房清玩。
V～2	台灣民俗手藝	中華民國廣電基金	• 介紹台灣民俗手藝，每卷影片內容都有一個主要介紹內容。 10.竹筆、14.製墨、16.糊紙、21.篩宣紙、39.版畫。
V～3	藝術之旅	中華民國廣電基金	• 介紹繪畫工具應用及彩繪。 16.17.水彩、18.19.水墨。
V～4	圖畫書視聽之旅 1	上誼	• 由幾個短篇故事組成，內容中有一相關內容——阿羅有枝彩色筆。
V～5	手工藝	忻智文化	• 介紹傳統手工藝，內容如下： 2.結紙、9.雕紙、22.製筆、26.製硯、32.製墨、45.篩宣紙。
V～6	文化長廊	中華民國廣電基金	• 介紹文房四寶及文房用具。 30.文房四寶、31.文房用具。
V～7	靈巧的手	中華民國廣電基金	• 介紹傳統手工藝，內容如下： 2.結繩的手、12.雕紙的手、33.剪貼的手、35.製筆的手、37.造紙的手、38.剪紙的手、42.製硯的手、51.製墨的手。
V～8	民族藝術薪傳錄	中華民國廣電基金	• 介紹民族藝術薪傳，內容如下： 24.龍煙古墨香、31.螺溪古石磨新硯、60.并刀剪紙傳神韻。

第四節 社會資源

名　　稱	資源內容	備　　註
台北市立兒童育樂中心 ——昨日世界	• 陳列紙、筆製作程序的圖片及說明，並標示筆架、筆山、硯滴、墨、紙、筆、硯等	• 位於台北市圓山
樹火紀念紙博物館	• 介紹各式紙的作品、作法，製紙工具及紙的創作	• 位於台北市
國立故宮博物院	• 參觀中國文房用具及作品	• 位於台北市至善路
台灣省市立博物館	• 參觀文房四寶及相關事物	• 位於台北市
鹿港民俗文物館	• 陳列各式書畫、古物等，可參觀文房四寶及用具	• 位於彰化縣鹿港鎮
螺溪石硯	• 在二水復興鄉附近濁水溪流域，因有質地精良的黑心石，故製硯之人非常多，店面也多	
紙廠	• 參觀紙的製作、原料處理等	
筆莊	• 參觀胎毛筆製作及認識筆、墨、紙、硯	
畫廊、裱褙行	• 參觀畫作及裱褙程序	
紙黏土工坊	• 參觀紙黏土工藝、材料、工具及製作方法	
美術專業人士	• 邀請學校美術老師或美術專業人士來指導幼兒水彩或毛筆使用的技巧及欣賞	
台灣省立美術館	• 欣賞水墨畫、水彩畫等，並邀請美術專業人士講解、賞析	• 位於台中市

台北市立美術館	• 欣賞水墨畫、水彩畫等，並邀請美術專業人士講解、賞析	• 位於台北市圓山
台灣民俗村	• 製紙間介紹紙的材料、製作方式及程序	• 位於彰化花壇

第五節　參考活動

Ⅰ.體能與遊戲

編號：Ⅰ～1

✤名稱：各種不同的筆

✤準備工作：五張全開紙黏合成長條紙、各式的筆、塑膠布（透明片）。

✤遊戲說明：

1.美麗的線條從哪裡來？

　　(1)老師將長紙條平舖於地上，並放置各式的筆。

　　(2)老師可以自編故事，帶領遊戲，如：「你現在是一隻好大的蝸牛。」讓幼兒選擇他心中認為適合代表蝸牛的筆。

　　(3)幼兒聽老師敘述後，畫出自己感覺的線條，「這一隻蝸牛是快速蝸牛，他走得好快，好快，可是他走得太快，身體好累，所以邊走邊停……」，在敘述中，幼兒依故事中口述去繪畫「──　－－」。

　　(4)事後討論各式筆畫出來的感覺。

　　(5)幼兒熟悉後，可以換幼兒自己訂定昆蟲名稱，及講述繪畫內容。

　　(6)紙張愈大，幼兒愈覺得刺激，甚至可以脫下鞋子，站在紙上繪畫。

　　(7)繪畫後的線條畫面，可以依需要以空心的框框，框選漂亮圖案做書籤。

2.塑膠布上的圖：

　　(1)請幼兒運用不同的筆，在塑膠布上或透明片上做畫。

　　(2)觀察水性筆與油性筆的差異。

　　(3)也可再請幼兒以相同的筆在不同的畫面，如紙、石頭上繪畫，探討使用不同材質時，各種筆的反應。

3.老師可在呈現各種不同的筆，或在不同材質上表現出來的特性之過程中讓幼兒體

會筆的外形、稱謂及特性。

編號：I～2

❀**名稱**：我是一塊紙黏土

❀**準備工作**：一塊紙黏土。

❀**遊戲說明**：

1. 老師與幼兒討論紙黏土的特性：可塑形、拉長、變形等特性。

2. 老師拿出紙黏土，對著紙黏土和幼兒說：「我有一雙手，這一雙手是會魔術的手，我要將你們變成一塊紙黏土，我數到 3 你們就變成我手上的紙黏土，1、2、3，變！」。

3. 老師可以用揉搓方式改變紙黏土造形，可先搓成長條、壓扁……等，請幼兒模仿紙黏土，透過遊戲，老師將紙黏土特性融入遊戲中。

4. 紙黏土除了可拉長、挖洞、壓扁外，老師也可當場加水讓紙黏土變軟，吹乾水份讓紙黏土變硬。

5. 鼓勵動作奇特大方的幼兒出場表演。

6. 也可做分組玩造形遊戲。

編號：I～3

❀**名稱**：紙在哪裡？

❀**準備工作**：

1. 紙的傳統定義及特性討論，特性：會吸水、可塑性、為植物纖維交結。

2. 各式紙：玻璃紙、衛生紙、縐紋紙……。

❀**遊戲說明**：

1. 老師和幼兒討論紙是什麼。

2. 藉由幼兒討論出來的紙去實驗教室內的紙是否和紙的傳統定義及特性相符。

3. 實驗玻璃紙、衛生紙、縐紋紙是否會吸水。

4. 實驗各式取得的紙，泡水後是否散為纖維狀態。

5. 實驗各式取得的紙是否可摺、可製成紙漿，或可塑形。

6. 將幼兒分組利用科學的方法，嘗試找出教室中符合傳統定義及特性的紙在哪裡。

7. 找出最多不一樣紙的種類的小組獲勝。

編號：Ⅰ～4

❋**名稱**：沒有紙與筆的世界

❋**遊戲說明**：

1. 老師告訴幼兒，「我們坐小叮噹的時光機，來到一個沒有紙的世界（又可分有帶筆或沒帶筆等不同情形），你想畫一個自己喜歡的圖案時，你要怎麼辦？」

2. 與幼兒討論可以找到的替代品（筆的替代品如：泥土塊、紅磚；紙的替代品如：竹板、牆壁、地板……等）。

3. 自由到戶外找替代品，並畫上圖案。

4. 與幼兒討論替代品與紙或筆有何異同點？

5. 探討筆與紙的優點。

編號：Ⅰ～5

❋**名稱**：好玩的紙棒遊戲

❋**準備工作**：各式幼兒自製紙棒、節奏鮮明輕快的律動音樂、錄音機。

❋**遊戲說明**：

1. 將紙棒以平行方式，讓幼兒擺放在地上，玩雙腳跳、單腳跳、蛇形穿越、大象走路、雙腳跨開大步走……等。

2. 在地上畫一條線，每位幼兒站在線上比賽射飛標，看誰投擲得最遠。

3. 玩接紙棒：將幼兒分兩組，依序接傳紙棒，比賽哪一組接得最快即獲勝。

4. 將幼兒分兩組，一組是白羊，一組是黑羊，中間有一分隔線，中間兩側，各再畫一條安全線：
   ·········· 白羊安全線

   ——— 分隔線

   ·········· 黑羊安全線

兩組往中間走，當老師說白羊時，白羊可以拿棒子打黑羊，黑羊把棒子放頭上跑回安全線，白羊即不可再追，並應回到自己的安全線之後。

編號：Ⅰ～6

❀**名稱**：筆墨紙硯展示會

❀**準備工作**：

宣傳海報、邀請卡、筆、墨、紙、硯、文鎮、文房用具、幼兒相關文房四寶作品、音樂帶。

❀**遊戲說明**：

1. 與幼兒討論如何開一個筆墨紙硯展示會。

2. 共同研究如何吸引大家來觀看及製作海報、邀請卡。

3. 請幼兒提出可以標示的相關文房四寶作品有哪些？

4. 作品如何呈現出來？

5. 會場如何佈置？如何營造氣氛？如何安排解說員等。

6. 設計參觀日邀請大家來觀賞。

Ⅱ. 故事與戲劇

編號：Ⅱ～1

❀**名稱**：大火龍與小水龍的妙計

❀**內容**：

　　大火龍與小水龍是很要好的朋友，可是他們的世界裡沒有字可以把他們一起做過的偉大事情給記下來，譬如有一次他們兩個一起在山洞中抓到一隻很可怕、很恐佈、很討厭的～老鼠，這麼努力合作才有如此的收穫，使他們兩個懊惱沒有可以留住這風光事蹟的工具。

　　有一次大火龍和小水龍在山中採到好多的玉米，他們兩個人吃不完，所以想把東西偷偷藏起來，大火龍：「我們把它藏在大樹下！」小水龍：「好呀！可是我們會忘記呢！這該怎麼辦？」他們兩人想呀想，決定唸聰明歌，「大火龍、小水龍，腦袋想，腦袋轉，1、2、3，ㄋㄧㄠˋ、ㄎㄨㄞˋ，變！」一唸完，他們真的想到一個好辦法！他們挖了一個洞，把玉米放進洞裡，然後在洞的上面放一個大石頭提醒自己

在石頭的下面藏著他們的東西，「這個方法太好了！」小水龍說。所以以後他們只要有東西放在某一個地方，就在那個地方的上面放一個大石頭，過了好久，他們放的東西愈來愈多，大火龍：「小水龍，我們放了多少個大石頭了呀？」小水龍摸摸頭：「我也不知道吧！」大火龍：「我想，我們一定要想個可以記住放了多少大石頭的方法才行，不然我們只要沒有經過放大石頭的地方，還是會忘記。」他們兩人想呀想，決定再唸聰明歌：「大火龍、小水龍，腦袋想，腦袋轉，1、2、3，ㄅㄌㄧ、ㄆㄨㄤ，變！」一唸完，他們真的又想到一個好辦法，「我們拿一條繩子，每放一次東西就打一個結，而且繩子可以放在身上，這樣，繩子的結就會提醒我們去記住還有多少大石頭壓住的東西，我們還沒有去拿出來，如果拿回東西，就把結解掉，就不會忘記了。」「這個方法太好了！」小水龍說。因為他們這樣聰明、努力的想辦法和解決問題，所以大火龍和小水龍的孩子，也和他們一樣會想很多的妙計，雖然事情愈來愈多，愈來愈複雜，也愈來愈難記，但他們總是會想出好方法。他們還想出來可以用粗繩子打一個結當做同一種東西，小繩子綁在粗繩子打的結旁邊當做這個東西的數量，或用不同顏色的繩子代表不同的事，如白色繩子當做錢，黃色繩子代表黃金，紅色繩子當做戰爭的意思，大火龍和小水龍的孩子的孩子，也是和他們的爸爸和爺爺一樣，會想很多的妙點子，雖然事情愈來愈多，愈來愈複雜，也愈來愈難記，但他們總是會想出好的方法，如刻字在石頭上、陶土上、烏龜殼上，而他們的孩子的孩子的孩子的孩子……還想出用筆寫在竹片上、紙上，這樣就可以知道有什麼東西放在什麼地方，真是一個聰明的龍之家族。

編號：II～2

❀名稱：機器熊小偉與婷婷的時光之旅
❀內容：

　　機器熊小偉有個小背包，背包裡什麼都有，如時光穿梭機、大小伸縮棒……等，有一天，小偉手上拿著一塊方方的塑膠片，婷婷：「小偉！你手上拿什麼？一定又是什麼好玩的東西，借我嘛！好不好？」小偉：「不可以，我把我所有的寶貝，都用電腦寫在裡面了。」婷婷好高興地說：「真的呀！那麼多的東西，只要用這一張薄薄的……什麼？」小偉：「磁碟片。」「對呀！磁碟片就可以了，真好，

不必像我每天都背這麼多的書，重死了，真想把它丟了！」小偉：「婷婷！妳不可以這樣說，紙也是好不容易才發明出來的。以前的人用的書，不是用紙做的，更重呢！」婷婷不信的說：「我才不信。」小偉摸摸背包，拿出時光穿梭機：「不信嘛！我帶妳去以前的中國看看。」婷婷：「為什麼要到中國？」小偉：「因為紙是中國古代的發明呀！」於是他們兩人來到最古老的中國，婷婷看到有人在烏龜殼上和牛羊的骨頭上刻東西，好奇的問：「小偉，他們在做什麼呀？」小偉：「他們在刻字呀！因為他們發明了文字，可是沒有發明紙和筆，只好把字刻在上面了。」婷婷不敢相信的瞪大眼睛說：「真辛苦。」小偉他們又坐時光穿梭機往回頭的時間走，這時候有好多人用刀子在竹片上刻東西，婷婷變得聰明的告訴小偉：「他們現在一定是把字刻在竹片上，對不對？」小偉拍拍手說：「婷婷，妳變聰明了。」婷婷趕快拍拍胸說：「還好，我不是活在這時候，不然每天都要背那麼多用竹子片或木片刻的書，一定會被壓得長不高了。」小偉這時候想到一件事，嘻嘻哈哈大笑了起來：「長不高還不要緊，那麼多的木片，妳一定會弄得亂七八糟，天天被老師打屁股。」婷婷不服氣說：「你笑我，要是換成你，不是也一樣。」小偉：「我才不會，因為我會學古代祖先，先將木片挖洞，再把竹片穿起來，就不會亂掉了。」「所以他們才會把書的單位一『冊』的『冊』字寫成這樣，像不像用繩子串起來？」婷婷好佩服：「中國祖先真聰明，不過，竹片那麼多，還是好重呀！」小偉：「走！我們再往回頭的時間去看看。」

　　小偉：「看！祖先們又發明了，用植物的纖維做成大紙片，這下子就變輕了，可惜太粗糙不能用，後來慢慢改良，才能變成可以用筆寫的紙呢！」婷婷拍拍手：「好棒呀！」小偉：「把紙改良成較好寫，而且製作容易、材料便宜、每個人都用得起的人，是蔡倫，怎麼樣，很了不起吧！」婷婷猛點頭：「謝謝小偉，讓我知道中國人的祖先這麼聰明，而且紙這麼寶貴，我以後一定更愛惜紙！」小偉拍手鼓勵：「對呀！紙的材料要用好多的樹木來做，所以我現在才用電腦把很多資料記在磁片中，下次我也可以教妳用電腦。」婷婷好高興：「這樣就可以讓我的書本變得更輕，而且也不會浪費太多的紙了，太帥了！磁碟片就像更進步的紙，對不對！那現在我們趕快回去吧！你教我用電腦，我就可以教我最喜歡的男生阿晉了，嘻！嘻！」小偉被婷婷推著走。小偉：「好啦！好啦！我知道了，坐好了。」咻——。

Ⅲ. 兒歌與律動

編號：Ⅲ～1

❈名稱：各式各樣的筆

❈內容：

　　左一筆，右一筆，妹妹塗鴉彩色筆，

　　寫一筆，擦一筆，弟弟練字用鉛筆，

　　揮一筆，塗一筆，爸爸畫畫用毛筆，

　　還有一種神奇魔術筆，

　　哇噻！

　　只用滑鼠、鍵盤、列表機。

編號：Ⅲ～2

❈名稱：筆和硯墨

❈內容：

　　磨呀磨！磨呀磨！

　　硯台加石墨，天生好朋友，

　　每天和（ ㄏㄨㄟˋ ）水膩一起，

　　用來寫字畫水墨。

編號：Ⅲ～3

❈名稱：筆、墨、紙、硯

❈內容：

　　　　G2/4

　　　5 5 1 1 ｜ 2·2 3 ｜ 2 2 1 3 ｜ 2·2 1 ｜

　　　我們一同　來畫畫兒　毛筆提起　畫國畫

<u>5 4 3 1</u>｜<u>4 3 2 1</u>｜<u>5 4 3 2</u>｜<u>4 3 2 1</u>｜
拿個墨條　磨磨硯台　鋪張宣紙　隨意揮灑
<u>5 5 1 1</u>｜<u>2·2 3</u>｜<u>2 2 1 3</u>｜<u>2 2 1</u>｜
老師見了　很歡喜　掛在牆上　互欣賞

Ⅳ.工作

編號：Ⅳ～1

❋**名稱**：我是小蔡倫

❋**材料**：

各式各色的廢紙、衛生紙、報紙、果汁機、平面篩網（150 目）、寬面塑膠盆、大塊吸水布。

❋**作法說明**：

1. 將紙撕成小塊，放入果汁機加水打成紙漿。

2. 將紙漿放入寬面塑膠盆，加水後以手稍加攪拌。

3. 用平面篩網（150 目的網子，可至手工藝店購買，因漏水速度合宜，成功率高），在紙漿中來回搖晃，使紙漿平均分佈在篩網上，無溝槽的平滑面置於上方。

4. 將篩網提起，並把製好的紙放在吸水布上吸乾水份後取出即成美麗的再生紙。

5. 在再生紙未乾前，可撕棉紙裝飾在上面，即成為有圖案的再生紙。

❋**成品簡圖**：

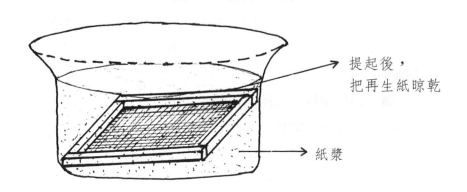

提起後，
把再生紙晾乾

紙漿

編號：Ⅳ～2

❋**名稱**：好玩有趣的紙製品

❋**材料**：

衛生紙、樹脂、塑膠盆、線、毛根、簽字筆、半根吸管、雙面膠、竹簽、色紙等。

❋**作法說明**：

1. 紙可再製成再生紙外，也可再製成紙黏土。

   (1)將衛生紙撕成條狀。

   (2)將樹脂加水，稀釋。

   (3)如做麵糰一般，將撕成條狀的衛生紙放在塑膠盒內，加稀釋的樹脂水，用手搥打，調成泥糰狀，即成紙黏土。

   (4)紙黏土加上廣告顏料，可以調成各種顏色的紙黏土，可用紙黏土做出各種不同造形。

2. 衛生紙玩具

   (1)毛毛蟲（蠶）

   ①拿半張衛生紙。

   ②拿一隻竹簽，將衛生紙捲起，捲至末端處，以白膠黏住，並將衛生紙兩端往竹簽中心擠壓，使衛生紙呈皺摺狀，表現出毛毛蟲皺皺的皮膚。

   ③將衛生紙條從竹簽抽出，並拿黑色簽字筆彩繪上眼睛、紋路等。

   ④將做好的衛生紙毛毛蟲，頭尾各貼上一小塊雙面膠。

   ⑤撕下頭部的雙面膠，貼在竹簽前端。

   ⑥竹簽尾端穿過吸管，撕下毛毛蟲尾部雙面膠，貼在吸管上。

   ⑦一手握住吸管，一手抽動竹簽，毛毛蟲就動起來了。

   (2)蝴蝶

   ①將一張衛生紙張開後，選兩端往中心對摺。

   ②用毛根從中間綁起，並摺出觸鬚。

   ③畫兩張橢圓形身體，貼在毛根上即完成蝴蝶。

   (3)也可用不同的紙玩滴臘畫。

(4)也可用不同的紙（如書面紙），以漂白水做畫，玩魔術畫畫。

(5)也可用厚紙板做簡易版畫。

(6)也可用廢紙做撕貼畫。

(7)也可完成編紙、捲紙、紙面具、紙陀螺等活動。

(8)以上活動，均可讓幼兒嘗試以不同材質的紙來完成。

編號：Ⅳ～3

❈ **名稱**：畫國畫

❈ **材料**：宣紙、毛筆、硯台、墨條（墨汁）、小水桶、報紙、廣告原料。

❈ **作法說明**：

1. 將報紙舖在桌上。

2. 示範墨汁加水，可使墨色有深淺不同的效果。

3. 試驗先以筆沾淡墨，再以筆尖沾濃墨後畫在紙上的效果。

4. 自由在宣紙上創作圖案。

5. 也可在紙上先以毛筆用墨色畫出輪廓後，再以水彩彩繪，效果很好。

6. 也可以相同的紙，不同的筆繪畫，或以相同的筆，不同的紙繪畫，並比較其中的
不同點。

編號：Ⅳ～4

❈ **名稱**：雨中即景

❈ **材料**：畫架、水彩筆、報紙、宣紙、水桶、廣告原料。

❈ **作法說明**：

1. 透過圖片或實地欣賞雨中情景，請幼兒發表雨中所看到的東西和太陽公公在的時
候看到的東西有何不同？

2. 請幼兒放一張報紙在畫板上，再放宣紙在報紙上。

3. 先將宣紙以水彩筆沾水塗濕，表示到處都是濕濕的。

4. 最後請幼兒以廣告原料畫上雨中所看到的東西，如：木棉樹、小鳥……等。

5. 可藉由渲染的感覺，來引入水墨畫。

編號：Ⅳ～5

❀**名稱**：水墨畫的世界

❀**材料**：毛筆、宣紙、墨汁、廣告原料、報紙、水桶。

❀**作法說明**：

1. 老師拿出國畫圖片（兒童國畫）與幼兒共同欣賞。

2. 在桌上舖上報紙。

3. 將宣紙放在桌上，請幼兒拿毛筆蘸墨汁，在紙上重複畫，再沾水，再畫，讓幼兒感受一下墨色由深至淺的變化。

4. 毛筆先沾水後，筆尖再蘸墨，在宣紙上畫線條，讓幼兒感受一下，同一線條內墨色上下分層的變化。

5. 讓幼兒以毛筆及墨汁畫畫。

6. 墨汁只有單色，變化較少，可以廣告原料調色，畫出較有色彩的國畫。

7. 老師也可以與孩子討論，如海底世界、下雨天的日子、有霧的山上……等，較能以水墨畫表現得淋漓盡致之繪畫題目。

編號：Ⅳ～6

❀**名稱**：自製筆

❀**材料**：毛線、牙籤、膠帶台、竹筷、羽毛等可作成筆的材料。

❀**作法說明**：

1. 將牙籤黏在竹筷上，做成鉛筆的樣子，即可沾墨寫字。

2. 將毛線剪成相同長短，毛線中間部分貼在竹筷上，再將毛線對摺後，以彩色膠帶貼上，即可，若在筆的另一端做個小掛環，則可掛在筆架上。

3. 由幼兒自由創作各種不同的筆，可用的、可看的、可玩的，例如羽毛筆、創意筆等。

❋成品簡圖：

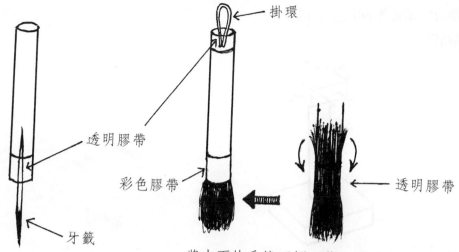

將上面的毛線頭摺下後，再貼上彩色膠帶

編號：Ⅳ～7

❋名稱：文房用具

❋材料：油漆筆、石頭、木頭、鐵釘、木條……等。

❋作法說明：

1. 筆架

　①將正方形木塊每邊各釘上兩支短鐵釘，當掛毛筆的勾子。

　②老師協助幼兒，將兩塊正方形木塊以長鐵釘固定在圓柱木條或長條兩邊，即完成可掛八隻筆的筆架。

　③鼓勵幼兒自由創作與互相合作。（參見下頁成品簡圖）

2. 文鎮

　①請幼兒撿尋自己喜歡的石頭。

　②將石頭洗淨，晾乾或用吹風機吹乾。

　③用油漆筆在石頭上作畫，畫完即可得到獨一無二的文鎮；畫圖時可壓在紙上，避免紙張（宣紙）捲起。

3. 還可以製作筆筒、筆洗、印泥盒……等。

4. 文房用具都是在文房四寶使用後，有其需求而製作出來的，所以大多由實用到裝

195

飾後的觀賞用，老師讓幼兒認識文房用具，可從文房四寶的活動中去引導，並鼓
勵幼兒創造不同的文房用具。

※成品簡圖：

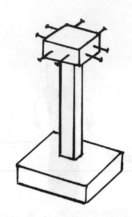

第六節　活動範例

範例一：筆

活　　　動　　　流　　　程	相　關　參　考　資　料
沒有筆的世界 • 透過「大火龍與小水龍」的故事（II~1）討論沒有筆的世界是怎麼樣的。	T~1 I~4 II~1
各種筆的名字 • 透過「各種不同的筆」（I~1），認識筆的名稱，及筆的應用。	T~18 I~1, I~4 III~1
中國的毛筆 • 透過「手工藝22—製筆」（V~5）介紹毛筆的製作與應用。	T~1, T~5, T~9, T~14, T~18 II~2 III~2 IV~3 V~5, V~7
毛筆種類及選擇 • 透過參觀社會資源「筆莊」了解毛筆種類及選擇。	T~14, T~18 I~1 IV~5 V~3
創作筆 • 透過探討筆的製作鼓勵幼兒大膽設計不同的筆（IV~6）。	T~18 I~4 IV~6 V~2, V~5, V~7
毛筆畫水墨畫 • 透過「兒童水墨畫專輯」（C~3）介紹水墨畫。	T~1, T~5, T~9, T~14 C~1, C~3 II~2 III~3 IV~3, IV~4, IV~5 V~4
水彩筆 • 透過社會資源「美術老師」介紹水彩的用法。	C~1, C~3 II~2
筆的好朋友 • 透過與幼兒討論，還有沒有其他的好朋友，可以做和筆相同的事，如複印、電腦滑鼠、鍵盤、列表機、光筆……等。	T~17 II~2 III~1

範例二：文房四寶——筆墨紙硯

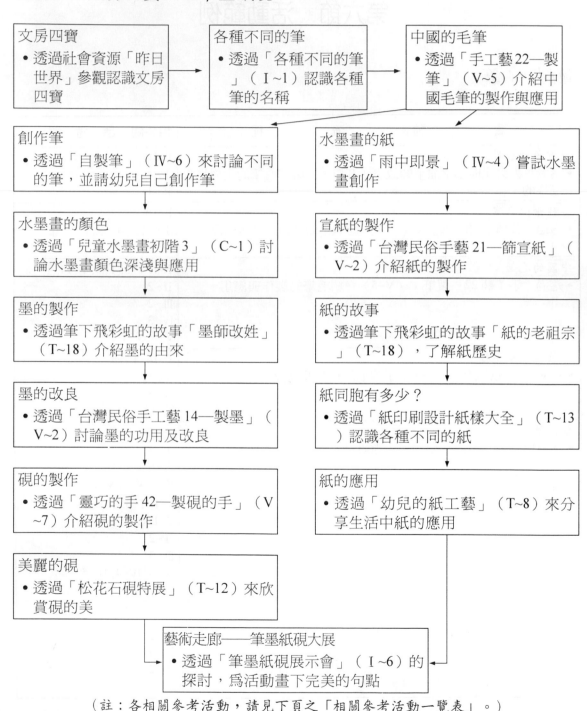

文房四寶
- 透過社會資源「昨日世界」參觀認識文房四寶

各種不同的筆
- 透過「各種不同的筆」（Ⅰ～1）認識各種筆的名稱

中國的毛筆
- 透過「手工藝22—製筆」（Ⅴ～5）介紹中國毛筆的製作與應用

創作筆
- 透過「自製筆」（Ⅳ～6）來討論不同的筆，並請幼兒自己創作筆

水墨畫的紙
- 透過「雨中即景」（Ⅳ～4）嘗試水墨畫創作

水墨畫的顏色
- 透過「兒童水墨畫初階3」（C～1）討論水墨畫顏色深淺與應用

宣紙的製作
- 透過「台灣民俗手藝21—篩宣紙」（Ⅴ～2）介紹紙的製作

墨的製作
- 透過筆下飛彩虹的故事「墨師改姓」（T～18）介紹墨的由來

紙的故事
- 透過筆下飛彩虹的故事「紙的老祖宗」（T～18），了解紙歷史

墨的改良
- 透過「台灣民俗手工藝14—製墨」（Ⅴ～2）討論墨的功用及改良

紙同胞有多少？
- 透過「紙印刷設計紙樣大全」（T～13）認識各種不同的紙

硯的製作
- 透過「靈巧的手42—製硯的手」（Ⅴ～7）介紹硯的製作

紙的應用
- 透過「幼兒的紙工藝」（T～8）來分享生活中紙的應用

美麗的硯
- 透過「松花石硯特展」（T～12）來欣賞硯的美

藝術走廊——筆墨紙硯大展
- 透過「筆墨紙硯展示會」（Ⅰ～6）的探討，為活動畫下完美的句點

（註：各相關參考活動，請見下頁之「相關參考活動一覽表」。）

「相關參考活動一覽表」

活　動　名　稱	相　關　參　考　活　動
文房四寶	T~1, T~5, V~1, V~5, V~6, V~7, V~8
各種不同的筆	T~18, I~1, Ⅲ~1
中國的毛筆	T~1, T~3, T~5, T~14, T~18, Ⅲ~2, Ⅲ~3, Ⅳ~5, Ⅳ~6, V~2, V~5, V~6, V~7
創作筆	T~18, I~1, I~4, Ⅱ~1, Ⅲ~1, Ⅳ~6, Ⅳ~7, V~2, V~4
水墨畫的顏色	C~1, C~3, Ⅲ~2, Ⅳ~3, Ⅳ~4, Ⅳ~5, V~2, V~3
墨的製作	T~1, T~3, T~5, T~18, Ⅲ~2, V~2, V~5, V~6, V~7, V~8
墨的改良	T~18, Ⅲ~2, Ⅲ~3, V~2
硯的製作	T~1, T~5, T~18, Ⅲ~2, Ⅲ~3, V~2, V~5, V~6, V~7, V~8
美麗的硯	T~9, T~12, Ⅲ~3, V~7, V~8
水墨畫的紙	T~1, T~4, T~5, C~1, Ⅳ~3, Ⅳ~4, Ⅳ~5, V~5, V~6, V~7
宣紙的製作	T~2, T~4, T~5, T~6, T~20, C~1, C~3, I~3, Ⅳ~1, V~2, V~3, V~5, V~6, V~7
紙的故事	T~1, T~2, T~5, T~7, T~17, T~18, T~19, I~3, Ⅱ~1, Ⅱ~2
紙同胞有多少	T~8, T~11, T~13, T~15, T~16, T~18, C~2, I~4, Ⅳ~2
紙的應用	T~7, T~8, T~10, T~11, T~15, T~16, T~19, T~20, C~2, C~4 C~5, C~6, I~2, I~4, I~5, Ⅳ~2
藝術走廊—筆墨紙硯大展	T~1, T~3, T~5, T~8, T~12, T~15, C~2, C~4, C~5, C~6, I~6, Ⅳ~6, Ⅳ~7, V~1, V~2, V~5

第

5

章

選舉

第一節　前言

　　民國八十五年三月二十三日是台灣民主政治史上值得紀念的一天，因為台灣第一屆由人民選舉的總統在這一天誕生了，證明民主政治又向前邁進了一大步，同時也是本土化民主政治的一項發展。然而談到民主政治，就不得不提到民主的社會。人民有了民主的素養，社會才會和諧，這是大家都知道的；在民主社會中特別強調的是自由，但是所謂的自由並非沒有規則、可以濫用的自由，而是必須建立在法治之上的自由，人人守法，那麼自由才得以發展。因此透過「選舉」的活動，正可顯示一個國家民主進步的情形，也是民主教育的活教材。

　　主權在民的時代來臨了，人人都可做國家的主人是選舉活動的精神，「選賢與能」、「公平競爭」、「為民服務」、「不接受賄選」等都是常聽的口號，但是如何落實在幼兒園呢？事實上，幼兒在今日的社會中想要成為一個社會人，就必須學會社會中的一些規範，在這個主題裏提供教學範例——「選舉」給大家參考正是這個目的。然而選舉似乎與幼兒的生活經驗距離較遠，不禁令人疑惑，在幼兒園裡要如何安排選舉的課程呢？其實只要將選舉中的精神轉化成幼兒可以理解及參與的活動即可引導幼兒建立民主觀與民主意識。例如：幼兒園中選舉乖寶寶的活動可以說是幼兒民主與法治教育的第一步。

第二節　主題概念網

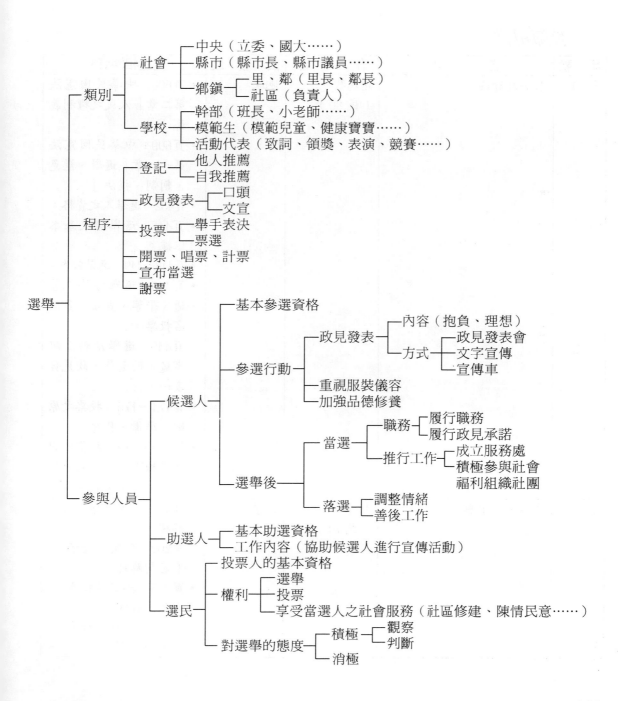

第三節　參考書籍

一、教師用書

編　號	書　　　　名	作　　　者	出　版　社	主題相關資料
T～1	憲法大辭典	謝瑞智 （民80）	地球	• 頁600　中華民國憲法第二章「人民之權利義務」。 • 頁609　中華民國憲法第十二章「選舉、罷免、創制、複決」。 • 頁432　選舉人之資格。 • 頁448　選舉權之基本依據。 • 頁448～449　選舉公告。 • 頁449　選舉方法：普通、平等、直接、無記名投票。 • 頁449　選舉活動：辦事處、助選員、政見發表……。 • 頁174～175　投票之原則、準備、程序。 • 頁178～182　投票所與開票所：設置、人員佈置圖、程序流程……。
T～2	法律政治辭典	劉青峰 （民74）	大學	• 頁58　平等選舉（名詞解釋）。 • 頁202　候選人資格（名詞解釋）。 • 頁205　無記名投票（名詞解釋）。 • 頁366　權利、權力（名詞解釋）。

T～3	幼稚園、托兒所活動設計實例 4 健康	信誼（民 77）	信誼	• 頁74 看看我（活動）：學習欣賞自己，培養觀察力。
T～4	幼稚園、托兒所活動設計實例 3 社會	信誼（民 77）	信誼	• 頁96 投票（活動）：學習在團體生活中實行「少數服從多數的原則」。
T～5	從發現學習邁向統合教學教師手冊	信誼（民 75）	信誼	• 頁33～35 自我概念（活動）：說明唯有健康的「自我」，幼兒才有安全感與自信心，才有「能力」去關心別人，建立良好的人際關係。
T～6	從發現學習邁向統合教學教師手冊	信誼（民 76）	信誼	• 頁50～51 選舉（活動）：利用選舉期間和幼兒討論周圍環境有何不同，進而進行選舉「模範小老師、小桌長」的活動。 • 頁186 選舉模範小老師（活動）：依一般選舉進行方式，模擬選出模範小老師（登記→發表政見→投票→開票、唱票→當選）。
T～7	伊索寓言	（民 76）	華一	• 頁34～37 選舉鳥中之王（故事）：鳥類選舉國王，白鴿提出國王應具備兩個條件——身體健壯而有仁慈之心。孔雀自認羽毛最美麗，最適合做國王；但麻雀認為國王必須在危險時能救大家……最後選了強悍凶猛的大鷹為百鳥之王。

				● 頁47～51 美麗的烏鴉（故事）：秋節慶典上要選鳥王，鳥兒們都盡其所能地打扮自己。黑漆漆的烏鴉是將別人掉落的漂亮羽毛貼在身上……。慶典的日子到了，原本快被選中的烏鴉被識破真面目，難為情地飛走了。
T～8	民主制度設計	林嘉誠等著（民81）	業強	● 介紹政黨、選舉制度、國會運作三項主題的改革方案。
T～9	國民中學公民與道德第三冊	國立編譯館主編（民76）	國立編譯館	● 介紹法律的意義、內容及人民的權利、義務、公民資格。
T～10	選醜大賽	蘇秀絨主編（民84.11.15.十一版）	國語日報	● 故事敘述選醜大賽開始了，台上來了許多自認為很醜的參賽者，但是評審都覺得不夠醜。正當大家奇怪的時候，評審才解釋什麼樣的人才是最醜的。

二、幼兒用書

編號	書名	作者	出版社	內容簡介
C～1	愛的小小百科 15	漢聲 （民 78）	漢聲	• 頁11～14　我的資料（活動）：姓名介紹、自畫像……。 • 頁15～16　大家眼中的我（活動）：別人眼裡的你，都不一樣啊！
C～2	愛的小小百科 16	漢聲 （民 78）	漢聲	• 頁57～58　輸和贏（活動）：介紹孩子在遊戲中遇到輸或贏時的情緒反應。
C～3	世界人權宣言	國際特赦組織日本分部編 漢聲譯 （民 80）	漢聲	• 故事敘述如果居住在地球上的人類都能互相愛護、幫助，大家一定都可以過得更好。「世界人權宣言」的三十條內容，說明了人人都應該享有的基本人權。
C～4	太陽國（22）	漢聲譯 （民 80）	漢聲	• 頁23～28　自我介紹（活動）：引導幼兒介紹自己。
C～5	我	谷串俊太郎著 漢聲譯 （民 82）	漢聲	• 故事介紹男孩看我……是女孩，不認識的人看我……是誰呀？不一樣的人看我是不一樣的我？
C～6	龍龍沒信心	Stephen Cosgrov	鹿橋	• 龍龍是隻矮小圓胖的小恐龍，和其他恐龍不一樣的是……牠不會噴火，所以沒人和牠在一起。後來經過朋友的建議和自己的努力，終於可以噴出美麗的火焰。「有自信心，一定可以把事情做得更好。」
C～7	信信終於成功	Stephen Cosgrov	鹿橋	• 信信是一隻不相信自己的海鷗，因此牠不會飛。老貓頭鷹幫牠想了一個辦法……信信終於會飛了。「有自信，做事容易成功。」

C～8	斑衣吹笛人	Catherine Storr	鹿橋	• 斑衣吹笛人趕走了城裡的老鼠；但是，當市長不付給他原先承諾的酬勞時，吹笛人使用魔法把孩子們帶走。「做不到的，不要答應；答應了，一定要做到。」
C～9	凱西出擊	Lawrence Thayer	鹿橋	• 一位著名的棒球員，在一場比賽的決定性時刻，不幸失敗。「人生有得意、有失意，樂觀奮鬥才是快樂的人生觀」。
C～10	三劍客	Margaret Berrill	鹿橋	• 一位法國的年輕人實現了他的夢想，成為一名保衛國王和王宮的名劍客。「有勇氣、有智慧，做事才能成功。」
C～11	老鼠娶新娘	文／張玲玲 圖／劉宗慧 （民81）	遠流	• 故事敘述老鼠村長挑選強壯女婿的過程。
C～12	我能做什麼事	文・圖／ 高橋宏幸 文婉譯 （民81）	台英	• 故事敘述一隻大象沒事做，到處找工作。最後找到了自信，當了消防隊員。
C～13	佳比真霸道	文／Stephen Cosgrove 圖／Robin James	鹿橋	• 故事敘述佳比是一個霸道的動物，每次玩遊戲都要別人聽他的，最後大家都不和他玩了……。
C～14	我撒了一個謊	漢聲譯 （民74）	漢聲	• 故事敘述小朋友偷吃餅乾，起初不敢承認，而感到不舒服；後來為了擺脫撒謊的不舒服感，而向父母認錯，做一個誠實的孩子。
C～15	最後的銅鑼聲	文／林清玄 圖／周偉釗 （民82）	信誼	• 故事敘述兩兄弟賺了很多錢，想要回故鄉時遇到了一個老人。老人告訴他們說：「三天後就要死了。」結果有一人沒信心，後來真的死了，而另一人很有信心則活得很好。

C～16	元元的發財夢	文／曾陽晴 圖／劉宗慧 （民 83）	信誼	• 故事敍述元元為了發財而用了許多不正當的手段……。

第四節　社會資源

單　　位	資源說明	備　　註
鄰里（村）長家	1.訪問鄰、里（村長）參選時的資格、條件和籌畫準備的工作及競選時的注意事項，以及當選後的服務事務。 2.收集有關選舉的資料。	1.在進行活動前1～2週事先聯絡拜訪對象（並詢問需不需要行公文）。 2.若不方便拜訪，可改換方式進行訪問： (1)邀請拜訪對象到幼稚園。 (2)電話訪問。 (3)事先師生共同討論，擬定訪問問題，由老師代為訪問，並拍攝訪問錄影帶(或訪問錄音帶)。 3.進行拜訪活動時，請求家長義工支援，維護安全。 4.進行拜訪活動前一天辦理幼兒、旅遊平安保險。 5.拜訪活動若需乘車，要事先檢修娃娃車。 6.活動出發前分發一份「拜訪活動」的拜訪注意事項通知單給家長（包括活動時間、前往地點位置圖、注意事項、目的、分組名單……）。 7.活動後寄張謝卡給拜訪對象。
鄉（鎮）公所	1.訪問鄉（鎮）長參選時的資格、條件和如何籌畫、準備與競選時的宣傳工作，以及當選後的職務和履行的承諾……等。 2.收集有關選舉的資料、圖片、海報……等。	
民眾服務社	1.訪問工作人員如何推薦候選人，以及如何推行選舉工作。 2.收集有關選舉的資料、圖片、海報。 3.諮詢有關選舉法令、選務工作事務。	
選民服務處（代表服務處）	1.訪問代表（議員、立委、國代）參選時的條件、資格、準備工作及競選宣傳工作，以及當選後的職務和履行的承諾。 2.收集選舉的資料、圖片、海報、宣傳單……。 3.參觀服務處。	
縣（市）選舉委員會	1.諮詢選舉法令、選務工作事務。	

	2.收集選舉資料。	
家長	1.幼兒園中當代表、議員……的家長。訪問家長參選時準備工作、競選工作、宣傳工作以及當選後的職務和履行承諾。 2.收集選舉資料、圖片、宣傳單、海報……。	

第五節　參考活動

Ⅰ.體能與遊戲

編號：Ⅰ～1

❀**名稱**：誰要選獅王呢？

❀**準備工作**：

木製大積木或現成桌椅、月曆紙、書面紙、彩色筆、幼兒的照片、節奏樂器。

❀**遊戲說明**：

1. 張貼選舉公告，引起幼兒參選獅王的動機。

2. 角落活動：

   (1)積木角：利用木製大積木搭建選舉委員會辦公室。

   (2)工作角：引導幼兒利用鏡子或照片畫自畫像來當照片，或是拿張自己的照片，請老師幫忙影印起來，然後鼓勵他們去積木角參加獅王候選人（見活動實景分享）。

   (3)音樂角：可提供節奏樂器來宣傳訊息。

   (4)語文角：張貼標語活動，若幼兒不會寫字，可以用畫的表示各種意思。如：

   ↓指向辦公室；　　　　　表示歡迎的意思。

❀**活動實景分享**：（見下頁）

編號：Ⅰ～2

✵**名稱**：選能幹寶寶

✵**準備工作**：

1. 師生可以事先討論各種的能幹寶寶檢核項目，例如：輕聲細語的、收拾的、運動的、幫助人的、說故事的⋯⋯各種能幹寶寶。

2. 師生共同製作各種不同的檢核表，如：運動能幹寶寶檢核表、收拾寶寶檢核表等。檢核表內容由幼兒自行設計，設計後的檢核表，也可以選出幼兒認為最好的。檢核表當作能幹寶寶的檢核選票，以自評或評選他人方式實施。（見下頁檢核表）

✵**遊戲說明**：

1. 檢核表的內容要事先與幼兒討論，且由幼兒自行評估是否做得到，並可用印章、勾選、畫圖等方法表示做到或沒做到。

2. 亦可由幼兒自己設計內容，使用活頁的方式累積成一本「書」。

3. 製作好的檢核表可張貼起來讓幼兒票選誰是好寶寶。

運動能幹寶寶檢核表

檢核內容（幼兒設計）	結果
（跳遠）	□ □ □ （三塊大積木長度）
（大力士）	（代表贏三人）
（腰力）	

收拾寶寶檢核表

	檢核內容	達到項目
1.	（收拾積木）	
2.	（掃地）	✓
3.	（收拾圖畫紙）	
4.	（收拾膠水）	✓
5.	（收拾剪刀）	

編號：Ⅰ～3

✽名稱：請投我一票！

✽準備工作：

　　公告日期的海報、積木或椅子、月曆紙、幼兒自製攝影機、警察制服、帽子。

✽遊戲說明：

1.由選委會公告可以拜票及宣傳活動開始引起動機。（日期可以自訂）

2.展開角落活動遊戲：

　(1)工作角：製作宣傳單、肩帶、宣傳旗、大喇叭。

　(2)積木角：利用大積木搭建宣傳車，並可在車上插宣傳旗，手拿喇叭，拜託「請投我一票」。

　(3)娃娃角：利用木製大積木或椅子等搭建小的看台。各候選人可以在一固定的時間依順序輪流發表意見，亦可事前選好主持人，及增加錄影活動或警察維持秩序。

❈活動實景分享：

編號：Ⅰ～4

❈名稱：投票與唱票

❈準備工作：票箱（參考Ⅳ～6）、印章、自製選票、印泥、自製身份證。

❈遊戲說明：

1.選舉活動的高潮是在候選登記及發表政見後所進行的投票活動。

2.利用教室中一個較隱密的地方，或是用桌椅圍成一隱密的投票地方。

3.先準備好幼兒投票的動線，例如：工作人員如何發「票」，發完票後要從哪個方向投票，投完票後要從哪個地方出去。

4.與幼兒事先討論：

　(1)候選人有哪些？

　(2)如何投票才不會錯？

　(3)投票時要帶什麼東西？為什麼？

　(4)為什麼投票時要隱密才比較好？

5.遊戲開始時先檢驗身份證（可用有相片的借書證或是自製身份證），然後領取選票，再走到投票箱前投票。

6.票投完了開始唱票，可在各候選人的名單上每唱到一位候選人就畫「○」，最後統計誰的票最多。

編號：Ⅰ～5

❋**名稱**：謝票

❋**準備工作**：積木製作的小汽車、各種小旗子（自製）、肩帶。

❋**遊戲說明**：

1.師生共同討論：選上的獅子王要做什麼呢？沒選上的候選人怎麼辦？

2.不管幼兒當選或沒有當選，都可以披上肩帶，坐在自組的積木小汽車上遊行，並以揮手、點頭謝票，或是徒步到其他幼兒面前握手說：「謝謝你投我一票。」

3.謝完票後亦可在自己搭建的小舞台上發表當選感言或抱負。落選者，老師也要先透過討論，鼓勵幼兒接受落選的事實且以一種較為積極而開朗的態度來面對。同樣地，也可以發表一些感言，例如：下次再選或是哪方面還可以再改進等。

4.鼓勵當選民的幼兒對落選者給予鼓勵（掌聲），這是非常重要的。

❋**活動實景分享**：

編號：Ⅰ～6

❋**名稱**：我是能幹的獅子王

❀準備工作：大積木或椅子、雨衣、雨靴、不同種類的紙、清潔用具、空罐、棉花。

❀遊戲說明：

1. 當選的獅王發表當選後要如何實現參選的承諾。

2. 角落活動：

　　(1)積木角：利用大積木及椅子組合成馬路，幼兒可利用繩子、體能活動的木梯
　　　　　　　等，或是戴上安全帽、穿雨鞋、拿著鎚子，來玩修路的遊戲。

　　(2)娃娃角：玩服務社區的打掃遊戲，或幫助別人的遊戲。

　　(3)語文角：表演唱歌、說故事、舞蹈、獅子干，可以用工作角的材料來打扮自己
　　　　　　　進行表演。

Ⅱ. 故事與戲劇

編號：Ⅱ～1

❀名稱：去哪裏玩呢？

❀內容：

　　有一天，小青的老師要帶全班的小朋友去動物園玩，可是當老師告訴小朋友這個消息時，班上的程中說：「老師，我爸爸媽媽已經帶我去過動物園五次了，可不可以去別的地方呢？」夢凡接著說：「老師，去看恐龍蛋啦！」思婷搶著說：「老師！到科學博物館。」「老師！去看飛機！」好多意見喲！老師說：「別吵！」「我們來舉手表決，看想去哪個地方的人比較多就去哪個地方，這樣最公平！」於是老師在紙上畫了動物、恐龍蛋、博物館及飛機的圖片，全班小朋友都好奇地看老師怎麼來決定，夢凡說：「老師快點啦！」老師安慰夢凡不要著急，然後說：「每人只有一票，只能舉一次手，所以大家要想清楚才能舉手喲！」這時思婷說：「老師等一下，我不知道怎麼想清楚呢？」剛好開遊覽車的王伯伯到學校來，幫忙整理校園的花木。老師想到王伯伯曾經帶很多人去過這些好玩的地方，可以請他來介紹這些地方，讓大家更認識這些地方後再選，可能比較好。小朋友都鼓掌贊成等隔天王伯伯介紹完以後，再決定自己想要選擇的地點。

　　王伯伯果然依照約定來到了學校。設想周到的王伯伯，同時帶了好幾張照片，

一邊介紹一邊告訴小朋友：有的地方雖然好玩，可是太遠了；也有的地方現在正在整修；或是門票太貴了等等，小朋友聽完了以後，老師問大家是不是比較清楚了呢？小朋友都點頭表示清楚了。老師便請大家舉手決定，結果，要去看恐龍蛋的人數最多，所以老師宣布去看恐龍蛋；大部分的小朋友都很高興，可是老師看到有幾位同學低著頭，於是安慰他們說：「如果下次有機會，而且是不危險的地方，我們可以再去玩呀！」

這時，那幾位同學也開始高興起來了。老師又接著說：「小朋友不要忘記帶水壺喲！還有垃圾也不可以亂丟！」

下課鐘響了，小朋友已經迫不及待地想回家準備出遊的行囊呢！

編號：Ⅱ～2

❋名稱：毛毛選班長

❋內容：

選舉的日子又快到了，毛毛、小花、芬妮都非常高興，因為這次選舉的是班長。毛毛很早就想當班長了，可是一年級的時候，因為跟小朋友吵架，所以班上的同學都不太喜歡他，選班長的時候當然就沒有選上了。現在已經二年級了，要重新選班長，毛毛想：「機會又來了，如果能當上班長，那麼大家都會怕我，多好呀！別人也一定會聽我的話，哼！多威風！多神氣呀！」毛毛越想越得意。

這次班上要出來競選班長的還有青青和強強。青青每天幫忙同學將桌子、椅子擺整齊，還會丟垃圾、擦桌子，講話也是輕聲細語的。而強強呢，會主動幫忙澆花、整理玩具。於是班上的同學都準備投票給青青或強強，根本不打算投票給毛毛，因為毛毛雖然已經不打架了，可是講話總是兇巴巴的，又不做事情，怎麼當班長呢？這個消息讓小花、芬妮知道了以後，她們就趕緊告訴了毛毛，因為毛毛平時都給她們糖果、冰淇淋吃，所以只有小花和芬妮最聽毛毛的話。

當毛毛知道班上的同學不打算投票給自己的時候，也開始著急了，毛毛說：「怎麼辦？後天就要投票了！現在用什麼方法可以讓班上的同學投票給我呢？」芬妮想了一會兒說：「有了！你可以送給班上的同學每人一個書包，再請他們吃漢堡、薯條，他們一定就會投你一票了。」毛毛說：「真的嗎？」「這太簡單了！我

明天就送給每位同學一個書包再請他們吃東西。」毛毛邊說邊得意地笑了。不巧剛好給路過的青青聽到了，就報告老師，老師立刻到教室說：「選舉的時候，候選人是不可以送東西給同學，要求同學投自己一票的，這樣做是犯法的喲！」班上同學都想毛毛活該，要送東西給同學用「賄賂」的方法，難怪會被老師罵！老師又說：「接受東西的同學也是不應該的，也是犯法的喲！」欣欣嚇一跳說：「接受候選人送的東西也犯法呀！還好老師告訴我們，不然大家都成了不守法的人了！」毛毛有點不好意思地把頭低下去。老師接著又告訴全班同學：「選班長要靠平時的努力，替同學服務，幫助同學，不打架、吵架，常常原諒別人，這樣就可能當上班長；但是用送東西或是平時偷懶不做事就想選上班長是不可能的。」毛毛的頭垂得更低了，他不好意思地說：「老師、同學對不起，我以後會聽老師的話，多幫別人的忙，絕對不做犯法的事了！」全班同學拍手表示接受毛毛的道歉。

　　選舉結果，因為毛毛改變了他的壞習慣，同學們都願意給他機會當班長，所以意外地當選了，毛毛好高興，不再兒巴巴地說話，也不懶惰，做一個主動服務大家的班長。

Ⅲ. 兒歌與律動

編號：Ⅲ～1

❋**名稱**：我是一個好國民

❋**內容**：

　　我是一個好國民，
　　投票日子又來到，
　　接受禮物我不要，
　　公平競爭最重要。

編號：Ⅲ～2

❀**名稱**：選水果

❀**內容**：

午餐水果吃什麼？

小朋友來選選看：

香蕉、鳳梨、水蜜桃，

還有蘋果和葡萄，

大家舉手來決定，

民主風度一級棒。

編號：Ⅲ～3

❀**名稱**：選誰最好

❀**內容**：

$$|\ \dot{1}\ \dot{1}\ 6\ 5\ |\ \underline{3\ 5}\ 6\ \underline{1}\ \dot{5}\ |\ 6\ 5\ 6\ \dot{1}\ |\ \underline{5\ 6}\ \underline{5\ 3}\ 2\ -\ |$$

要選 1 號 還是選 2 號 到底選誰 才 算 好

$$|\ 3\ 5\ 6\ 5\ |\ \dot{1}\ \underline{6}\ 5\ -\ |\ \underline{5\ 3}\ \underline{2\ 1}\ 6\ -\ |\ \underline{2\ 1}\ 6\ \underline{5}\ \dot{1}\ -\ \|$$

做事負責 人品好 把票投給他 一定錯不了

編號：Ⅲ～4

❀**名稱**：獅王選舉

❀**內容**：

獅王選舉真熱鬧，

森林動物都來到，

敲鑼打鼓放鞭炮，

發表政見一定要，

看誰說得掌聲多，

拜託拜託投一票。

編號：Ⅲ～5

❀名稱：選舉好寶寶

❀內容：

　　大街小巷旗飄飄，

　　熱鬧滾滾選舉到，

　　小圓小甜都來選，

　　選出能幹好寶寶。

Ⅳ.工作

編號：Ⅳ～1

❀名稱：獅王選舉情境佈置

❀材料：

黃色尼龍繩或毛線、大保麗龍球、雙面膠帶、毛根、大張壁報紙或拆平的紙箱、蠟光紙、蓪草、月曆紙。

❀作法說明：

1. 先將大壁報紙或大紙箱修成圓形當成獅王的臉。

2. 將臉的周圍黏上黃色尼龍繩或毛線，當成獅子的鬃毛。

3. 大保麗龍球切半，做成眼睛，蠟光紙剪嘴巴，用大塊蓪草做鼻子。

4. 身體的部分用月曆紙修飾成橢圓形即可，用毛線或毛根做尾巴，並做一條紅色肩帶貼在身上成為一個「獅王候選人」。

5. 幼兒也可自由創造不同的獅王。

6. 將幼兒自製的獅王圖片，張貼在教室各角落。

❀活動實景分享：（見下頁）

編號：Ⅳ～2

❋**名稱**：肩帶

❋**材料**：壁報紙、縐紋紙、素面布塊。

❋**作法說明**：

1. 將壁報紙或布塊剪成長條形。

2. 另將壁報紙剪成♥型或其他形狀的樣子，
   上面寫上候選人的號碼或姓名。

3. 亦可用縐紋紙在四週裝飾。

4. 如果幼兒不會寫字，可由老師代勞。

❋**成品照片**：（見右圖）

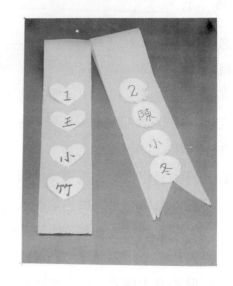

編號：Ⅳ～3

❋**名稱**：宣傳海報

❋**材料**：圖畫紙、全開壁報紙、彩色筆、水彩筆、廣告顏料、相片、色紙、鏡子。

❋**作法說明**：

1. 幼兒可對著鏡子一邊看一邊畫鏡中的自己，用以當做海報的相片。也可以用自己
   的照片來製作。

2. 將畫好的自畫像剪下來，另外貼上一張長方形的紙當成身體，並在上面寫上候選
　　人的號碼及姓名。

3. 幼兒可以畫些美麗的圖案，或是裝上手腳做全身的造形圖案。

4. 幼兒年齡太小或是繪圖技巧還不成熟時，可以自己的照片來代替。直接貼在紙
　　上，稍作修飾，也是非常好的宣傳海報。

5. 幼兒不會寫名字時，可由老師幫忙。

6. 引導幼兒製作海報時，最好是做大一點的尺寸比較容易吸引別人的注意。

❋成品照片：

編號：Ⅳ～4

❋名稱：榮譽帽

❋材料：雙面色卡紙、縐紋紙、亮光膠帶、鬆緊帶。

❋作法說明：

1. 將雙面色卡紙捲成圓錐型。

2. 亮光膠帶可以繞著圓錐型的外面裝飾。

3. 將縐紋紙剪成條狀，貼在帽頂的部分；
　　另外，在帽沿的周圍亦可加以裝飾。

4. 加上鬆緊帶即完成。

5. 也可以用其他的材料，如蓪草，或是漂
　　亮的包裝紙讓幼兒自由裝飾在帽上。

❋**成品照片：**（如上頁右圖）

編號：Ⅳ～5

❋**名稱：**獅子王頭套

❋**材料：**雙面色卡紙、彩色書面紙、蠟光紙。

❋**作法說明：**

1. 將雙面色卡紙，剪成圓形當成獅子的臉。

2. 耳朵的部分也是先剪成圓形再剪開一刀至圓心如圖，將剪開的部分重疊貼即成立體的耳朵。

3. 將耳朵貼在獅頭的上面，並用蠟光紙裝飾眼、嘴巴、鼻子，獅毛用畫的或是用毛線貼上。

4. 做好的獅頭，後面用長條的紙固定，做成頭套。

❋**成品照片：**

編號：Ⅳ～6

❋**名稱：**獅王投票箱

❋**材料：**空紙箱、彩色書面紙、蠟光紙。

❀**作法說明：**

1. 將空紙箱外面用彩色書面紙包裝，
   也可以請幼兒在上面畫些獅子的鬃
   毛。
2. 製作一個獅子的臉譜貼在紙箱上。
3. 在獅子的嘴巴挖一個洞，或是在紙
   箱的頂端挖一個 10cm×5cm 的洞
   口即完成。

❀**成品照片：**（見右圖）

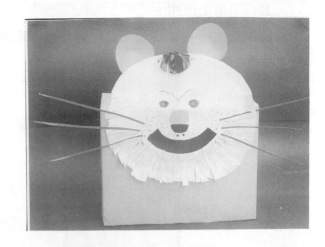

編號：Ⅳ～7

❀**名稱：**空瓶偶、手杖偶

❀**材料：**空養樂多瓶、包裝紙、蠟光紙、竹筷、
　　　　書面紙。

❀**作法說明：**

1. 將空養樂多瓶用包裝紙包裝成偶的身體，
   並畫上臉譜貼在瓶子上，加上雙手便成了
   空瓶偶。
2. 利用書面紙畫出動物的造形，剪下後用竹
   筷在背面黏貼固定成手杖偶。
3. 也可以請幼兒自行創作造形。

❀**成品照片：**（如右圖）

編號：Ⅳ～8

❀**名稱：**手指偶

❀**材料：**厚紙板、相片、報紙、雜誌。

❀**作法說明：**

1. 將候選人的相片剪下來（或報紙雜誌上的人物圖片），後面用厚紙板做成圓圈可

套在手指上使用。

2.圓圈的大小可以讓幼兒自己調整後固定即完成。

✽成品照片：

編號：Ⅳ～9

✽名稱：候選人故事書

✽材料：照片、書面紙、圖書紙。

✽作法說明：

1.候選人將自己的專長、特質、政見用分頁畫圖再裝訂成書。

2.或是利用照片分頁黏貼，並寫上專長、特質等政見後，再裝訂成書。

✽成品照片：

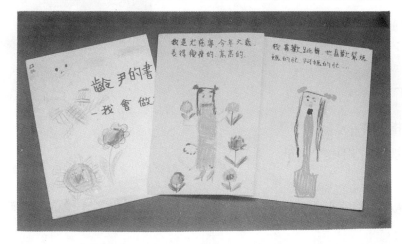

第六節　活動範例

範例：獅王選舉大會

引起動機

由於正是立委與國代的選舉期間，所以特別在這樣的時間裏安排相關的課程。同時，在電視媒體上及幼兒所接觸的環境裏亦充滿了選舉的廣告、標語、旗幟、宣傳看板等，因此以參觀學校附近馬路或是社區的環境來引起動機，讓幼兒們觀察這些環境有哪些變化，然後再回到教室內討論參觀的心得。幼兒經過觀察討論的過程，對「選舉」大致有了初步的印象。

選什麼呢？

「選舉鳥國王」是一篇與選舉有關的短篇故事，師生們事先共同製作了故事中的道具，他們好奇地想知道故事內容，所以當故事敘述鳥國的選民如何選舉鳥國王，為什麼要選鳥國王等問題時，幼兒對「選賢與能」、「為民服務」的觀念有了認識，接下來是大家共同討論要不要玩選舉的遊戲。經過簡單的舉手表決，在「少數服從多數」的原則下，大家決定要玩選舉的遊戲了。

可是選什麼呢？老師鼓勵幼兒們發表意見來提出看法，結果沒有人有意見，可能他們還不是非常清楚，因此就由老師先發表提出選舉「模範生」、「好人好事代表」，幼兒理解了就陸續地跟進說要選「獅子王」、「最會唱歌的人」或是「最會跳舞的人」等。當孩子們一面提出問題，老師則用簡單的畫圖方式立即記錄下來，以方便幼兒觀察比較，值得一提的是，幼兒提名時得附帶說明為什麼？讓大家知道提案的目的是什麼？這樣的過程看來似乎是挺難的，可是如果能常把握重點與時間（不要太長），幼兒們也會開始學習思考問題。

「少數服從多數」、「多數尊重少數」

提名、表決雖然是民主的過程，但對幼兒來說都是新經驗，經由老師的引導，幼兒了解有投票的權利，並且為了簡單起見，大家約定每人一票，用舉手的方式，並強調不能重複舉手，幼兒都能遵守規則，結果票數最高的是「獅子王」當選了。當選舉結果公佈後，就聽到有幾個孩子「啊！」了一聲，表示失望，所以老師趕緊向他們解釋下次還會有機會的，同時也引導幼兒多尊重別人的意見，再有表決的時候，請多考慮別人的想法，這樣大家能彼此尊重，才有快樂的生活。最後在幼兒們彼此握手表示民主風度中結束了表決過程，雖然尊重少數人的意見在這裏表達得不一定貼切，但多少也會給孩子帶來一些新的啟示吧！

情境佈置

為了讓獅王選舉具有吸引力，老師先利用瓦楞紙貼在揭示板上當成獅王的頭，然後再讓幼兒把黃色塑膠繩做的鬃毛裝飾貼在臉的四週。獅王的眼睛是用兩個布丁盒做的，身體是用雷射紙裁製成的，尾巴則用短的跳繩來代替。幼兒紛紛自己找材料搭配組合，不一會兒獅王選舉的主題就出現了，最後，獅王披上紅彩帶就更有氣氛了。此外，家長提供的雷射紙也被裁剪成條狀在教室四週張貼起來，一條條閃著金色的光芒，讓教室內充滿了選舉的感覺，孩子們似乎也滿想快點展開競選活動。

獅王登記開始了！

這是角落活動中進行的活動。首先，老師先引導幼兒搭建選委會辦公室。由於老師手上剛好有國代的選舉公告，就提供給幼兒參考。結果幼兒發現沒有照片，不知要如何製作選舉公告。有孩子建議用自畫像來代替，解決了照片的問題。自動參與扮演工作人員的幼兒在辦公室內準備了紙筆，做為紀錄用，可是等了一會兒似乎沒有人來登記參選，他們想起以前玩買賣遊戲時曾經敲鑼打鼓一番招來很多客人的經驗，所以也如法炮製引起大家注意，並喊著說：「獅王選舉要開始了！」剛好工作角的幼兒也製作好了紅彩帶、相片，他們披好彩帶拿著相片到工作人員面前登記當候選人，老師則在一旁提示工作人員得按照先後順序編號、貼相片，一陣忙碌之後，有六位候選人

申請登記參選獅王，工作人員將名單張貼在牆上最明顯的地方，並宣佈競選活動開始。

拜訪候選人的競選總部

拜訪競選總部是為了讓孩子們了解候選人的總部要怎樣佈置？為什麼要設立競選總部？需要哪些人幫忙及準備哪些東西等。經過聯絡，與離學校最近的陳××總部聯繫好了，並事先說明是純教學用，因此當幼兒到達門口的時候，受到候選人的熱烈歡迎，請小朋友喝飲料並張貼歡迎海報，由於候選人很忙，就另外邀請了國代劉叔叔來替幼兒解說。劉叔叔蹲下來與幼兒面對面談天，非常親切，幼兒趁此機會提出問題，例如選舉結果是同票的時候怎麼辦？當選後要做些什麼事情？怎麼樣替自己宣傳等，劉叔叔驚訝的發現雖然是年紀小的孩子，但提出的問題卻是滿有概念的喲！接下來參觀候選人的文宣品、活動照片，模仿候選人上台介紹自己等活動，讓幼兒深刻感受了候選人競選總部的熱鬧氣氛，幼兒都覺得滿新鮮的，可是要特別小心的是，選擇拜訪的候選人的品德，及事先將目的說明清楚是非常重要的，否則被候選人將教學活動變成政治宣傳就不妙了。

拜託請投我一票！

拜訪活動後，幼兒開始展開角落活動：工作角是利用月曆紙、書面紙來製作宣傳單、彩帶、宣傳旗；而積木角則搭建候選人的宣傳車；娃娃角利用大積木、椅子搭建舞台供候選人發表政見；語文角、益智角變成了各候選人的競選總部（桌子旁邊貼上自製的旗子）。當幼兒準備得差不多時，各組候選人搖旗吶喊開始激烈的競選拜票活動，每個候選人都努力的引起別人注意，「請投我一票」的呼聲由小變大，而錄音帶播出的「要拼才會贏」，更激發幼兒自創宣傳的歌曲。除此之外，還有用月曆紙捲起像喇叭的擴音器，或是敲鑼打鼓以舞龍舞獅的方式增加氣勢，使得競選活動熱鬧非凡，最後各組候選人在搭建的舞台上發表自己的政見；有的說當選後會替大家蓋房子，也有的說會讓大家過著幸福的日子，或者說會替大家擦桌子等，這樣持續了兩天才結束。

由於在選舉活動中很多孩子對當「候選人」沒興趣，可能是候選人需要表現自

己，所以並不適合每位幼兒，這也讓老師思考到「選舉」的主角並非只有「候選人」而已，強調選民的「權利」與「義務」也是教學重點，因此透過表決活動先讓班上的幼兒有一人一票的概念（表決獅王時曾玩過），接著由故事「捉賄選」來引導幼兒了解好的選民應盡的義務。

　　由老師操作動物當候選人，在台上發表競選演講時，每位動物都輪流表達自己的政見，可是輪到四號候選人——猴子出場了，牠向台下的選民說：「拜託拜託投我一票，如果你們把票投給我，我就送給你們很多的錢。」幼兒乍聽之下都非常高興地呼應：「好呀！我投你一票。」這時扮演警察的白兔突然跳出來說：「接受候選人的錢而投他一票就是賄選，是違法的，可以移送法辦喲！」幼兒聽完後都傻眼了，他們沒想到別人送錢給我也是犯法的，有一位反應很快的幼兒趕緊說：「警察，我又沒有真的拿到錢。」警察覺得有理就只好離開了，故事演到這裏結束了，透過偶戲與幼兒互動，似乎幼兒也無形中參與了演出，自然地體會當中的含意。

大家來投票

　　進行了好幾天的選舉活動後，投票的時間終於到了，師生共同討論什麼人可以來投票及投票時要帶的證件（身份證、印章），印章就使用幼兒的姓名章，但身份證就難解決了，還好幼兒想到可利用圖書證來代替（圖書證上面有相片），可以方便工作人員審核而解決了證件的問題。接著是投票，老師先引導幼兒準備選票、票箱、候選人名單、桌子、椅子等。佈置完成後，幼兒排隊，老師扮演驗證的工作人員，核對身份證和本人是否相符，再蓋章領票。孩子拿到票後則到另一個隱密的地方，把心中的候選人的號碼寫在紙上，投入櫃中即完成。大概進行了五位幼兒後，老師就把扮演工作人員的角色轉移給幼兒負責了。在選舉投票的過程中，幼兒都滿有秩序地排隊，有兩位自動扮演警察的幼兒維持秩序，偶有吵鬧，民眾會主動要求找警察。所以投票在輕鬆愉快下完成了。

看看誰當選了

　　投票結束後，師生一同唱票看看誰當選，當櫃中的票是一號候選人時，幼兒就在一號的名字下畫「○」表示得到一票，依此類推，很快地票都唱完了，大家一起統計

結果，由施宇平最高票當選，這時落選的幼兒似乎滿失望的，我們鼓勵落選的幼兒下次再來，並請大家給予鼓勵的掌聲。

當選典禮及謝票

選舉活動的最後高潮是當選典禮及謝票，幼兒不僅自製當選證書、搭建舞台，最後更由老師為最高票的當選人披上當選彩帶並頒發證書。獅王當選人發表當選後要做的事，就開始謝票活動，幼兒坐在玩具小車上，手裏拿著喇叭一面揮手一面說：「謝謝大家投我一票。」

獅王做了哪些事

獅王在角落活動中經過老師的引導開始指揮大家來修橋補路，這是積木角的活動；而工作角是用各種紙材做成美麗的衣服，準備表演給獅子國的人欣賞；娃娃角則是製作各種披薩讓大家免費品嚐，看來獅子國的人似乎滿幸福快樂的，不過最重要的是獅王實現了選舉的承諾，這是老師要協助幼兒完成的。而選舉活動到此也畫下了完美的句點。

第6章 食品

第一節　前言

古語說：「民以食為天」，飲食在生活中占了極重要的地位。在以前，民生物質缺乏，著重溫飽，而現代中國人的飲食生活是科學和藝術的結晶，滿足了人們的視覺、味覺、觸覺、嗅覺，著重物質和精神、科學和藝術。

那麼我們吃些什麼食品呢？可從它的主要種類、來源來探討；要怎麼吃才營養？可從食品的功能、營養成份及均衡飲食來探討；而想了解食品的衛生，就要從它的食品衛生、添加物、保存方法方面來探討。更進一步的，我們還可以從飲食文化和烹調方法來了解吃的文化。

中國人吃東西以表達信仰、理想、追求完美的境界，講究吃的藝術，也常以吃飯來做為人際溝通的方式，到現代吃飯仍舊盛行著；在設計這個主題時也是基於上述的動機，希望藉由幼兒生活中吃的部分來探討各種不同的飲食文化（中國、西方、日本），建立幼兒們「吃的健康概念」和「吃的藝術概念」，強調飲食是一種健康的吃、享受的吃、愉悅的吃，而不著眼在吃了些什麼東西，吃多少東西，比較著重在精神方面的探討。

整個活動設計是從各國的飲食文化，來進行進餐的禮儀和飲食藝術的態度培養；在食品衛生的概念裏，希望在日常生活中用科學的方法，討論食品衛生安全措施和食品的保存方法。

我們希望能透過活動將有關飲食的科學和藝術落實在日常生活中。

第二節　主題概念網

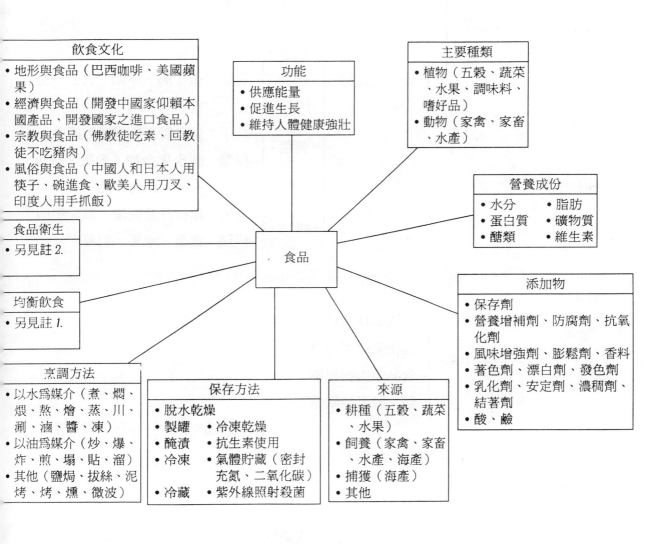

飲食文化
- 地形與食品（巴西咖啡、美國蘋果）
- 經濟與食品（開發中國家仰賴本國產品、開發國家之進口食品）
- 宗教與食品（佛教徒吃素、回教徒不吃豬肉）
- 風俗與食品（中國人和日本人用筷子、碗進食、歐美人用刀叉、印度人用手抓飯）

食品衛生
- 另見註 2.

均衡飲食
- 另見註 1.

功能
- 供應能量
- 促進生長
- 維持人體健康強壯

主要種類
- 植物（五穀、蔬菜、水果、調味料、嗜好品）
- 動物（家禽、家畜、水產）

營養成份
- 水分　　・脂肪
- 蛋白質　・礦物質
- 醣類　　・維生素

添加物
- 保存劑
- 營養增補劑、防腐劑、抗氧化劑
- 風味增強劑、膨鬆劑、香料
- 著色劑、漂白劑、發色劑
- 乳化劑、安定劑、濃稠劑、結著劑
- 酸、鹼

烹調方法
- 以水為媒介（煮、燜、煨、熬、燴、蒸、川、涮、滷、醬、凍）
- 以油為媒介（炒、爆、炸、煎、塌、貼、溜）
- 其他（鹽焗、拔絲、泥烤、烤、燻、微波）

保存方法
- 脫水乾燥
- 製罐　　・冷凍乾燥
- 醃漬　　・抗生素使用
- 冷凍　　・氣體貯藏（密封充氮、二氧化碳）
- 冷藏　　・紫外線照射殺菌

來源
- 耕種（五穀、蔬菜、水果）
- 飼養（家禽、家畜、水產、海產）
- 捕獲（海產）
- 其他

食品

註 1.

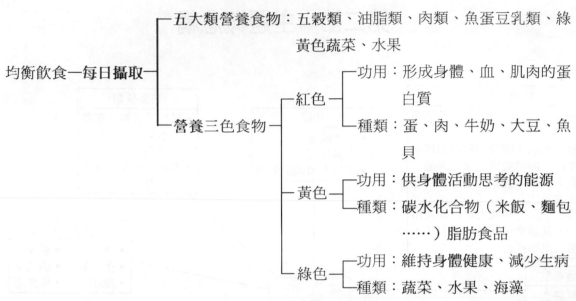

註 2.

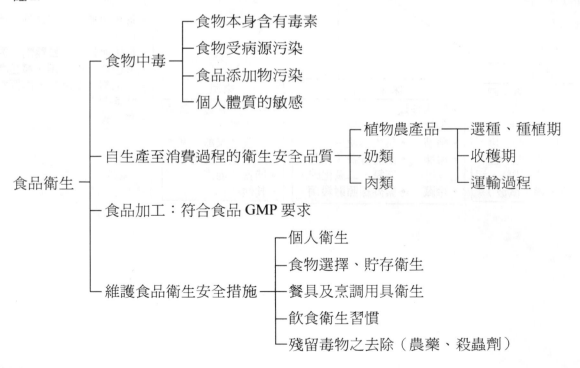

第三節　參考書籍

一、教師用書

編　號	書　　　名	作　者	出　版　社	主題相關資料
T～1	幼兒安全教育手冊	台北市教育局編（民82）	台北市教育局	• 頁116～138 介紹飲食衛生中的飲食調理，包括飲用水的管理、食物的選購與貯存、食物的烹調與供應，及簡易餐飲衛生檢驗。 • 頁139～145 介紹廚房以及餐廳的衛生管理，包括基本設施管理、廚房設備及調理器具的衛生管理、廢棄物處理與疾病防治。 • 頁146～186 介紹工作人員的衛生管理，包括廚工與飲食衛生安全的關係、健康檢查、個人衛生與良好的工作習慣等。
T～2	幼兒健康、安全與營養	L. R. Marotz等著黃惠美等譯（民84）	心理	• 頁315～386 介紹食品與營養教育，包括營養指引、提供熱量的營養素、促進身體成長的營養素、調節身體功能的營養素等。 • 頁433～515 介紹幼兒膳食計畫與供應、食品安全與經濟、營養教育概念與活動。
T～3	幼兒營養點心三明治、小西點、四季皆	黃韶顏（民75）	信誼	• 介紹幼兒點心的重要性、幼兒期的營養需要、

	宜的點心			怎麼樣才是好的幼兒點心、適用於幼兒點心的主要材料、臺灣地區季節性的蔬菜與水果、各類食物的選購原則及食譜範例（各式三明治、小西點、四季皆宜的幼兒點心）。
T～4	幼兒營養點心 春、夏、秋、冬各季的點心	黃韶顏 （民73）	信誼	• 介紹多則適宜春、夏、秋、冬四季的幼兒點心食譜。
T～5	有益身體的食物	文／安藤節子 圖／中川幸子 （民80）	正揚	• 圖文介紹你喜歡吃的食物是什麼？好吃是怎麼一回事兒？進入身體的食物，變成了什麼？身體所喜歡的營養食物是什麼（紅色的食物、黃色的食物、綠色食物）？你的身體最喜歡水，及你的身體最不喜歡果汁；還有食物數量的計算方法。
T～6	肉品選購保存與調理	簡松鈕、 張近強 （民83）	台灣區肉品發展基金會	• 圖文介紹豬肉的選購、保存及烹調，並附有常見的肉品名詞解釋及食譜。
T～7	快樂兒童餐	瑞昇文化 （民84）	瑞昇	• 圖文介紹營養的兒童食譜，包括果汁飲料、餅乾小西點、速食品及家常菜等，共六十四種。
T～8	兒童營養食譜	洪久賢 （民84）	人類文化	• 圖文介紹兒童營養食譜，包括套餐類、點心類、粥品類及說明如何讓孩子喜歡吃飯，讓孩子輕鬆愉快的進食，培養孩子良好的飲食習慣及衛生。

T～9	國民小學社會科教師手冊第二冊	國立編譯館（民 84）	國立編譯館	• 頁62～66　簡述食的安全，包括水果類、蔬菜類、穀類，魚、肉、豆、蛋、乳類，及各大類食物的安全冷藏期限。 • 頁67～70　認識食品GMP認證制度。
T～10	食品知多少？	李錦楓（民 83）	健康世界	• 介紹食品新知、食品與健康及如何保存食品等。
T～11	食品衛生講義㈠	行政院衛生署（民 79）	行政院衛生署	• 介紹食品衛生管理、食品中毒、肉品、罐頭食品、冷凍食品與冷藏食品、乳品、食品添加物、一般食品加工與販賣之衛生管理、衛生宣導、餐飲衛生管理等。
T～12	消費者手冊	方國輝編（民85）	行政院消費者保護委員會	• 頁67　吉園圃GAP。 • 頁68～69　食品GMP。 • 頁70　優良食品CAS。 • 頁85　每日飲食指南。 • 頁86～88　國民飲食指標。 • 頁90～91　蔬果選購及清洗簡易方法。 • 頁92　農藥殘留問答。 • 頁93～97　認識食品中毒。
T～13	國際禮節	歐陽璜（民 80）	幼獅文化	• 頁7～70 介紹食的禮節，包括宴會的策劃、宴會的種類、邀宴的方式、宴會的文書作業、席次的安排、宴會的進行、宴客的藝術、作客的藝術等。 • 頁82～90　介紹餐館宴客的禮節，包括了餐館的選擇、菜色的選擇、

			侍者的小費等。
T～14	微波食譜	蕭義娟 （民 85）	台視文化	• 介紹微波爐和器具的使用及食譜說明，包括雞鴨類、牛豬肉類、麵點類、湯羹類等。
T～15	飲食和營養	光復 （民 84）	光復	• 頁8～19 談飲食的重要，包括飲食與建立正確的健康飲食之道。 • 頁20～55 談飲食與營養，包括食物是什麼？供給能量與成長的食物，維生素、礦物質、消化過程、纖維與水、食品工業技術。 • 頁56～95 談飲食與生活，包括均衡的飲食、飲食不過量、飲食習慣、食物貯存與製備、神話與事實。 • 頁96～117 飲食與體重。 • 頁118 談飲食與疾病，包括維生素與礦物質缺乏、骨質疏鬆症、飲食與癌症、飲食與心臟病、食物過敏與不耐症、食物中毒。
T～16	飲食與生活	黃韶顏、高美丁、李蕙蓉編著 （民 84）	國立空中大學	• 頁1～10 概論。 • 頁11～22 市場及食物選購。 • 頁23～34 食物前處理。 • 頁35～92 食物烹調。 • 頁93～110 菜單設計與餐桌佈置。 • 頁111～138 基礎飲食設計。
T～17	歐洲餐飲指南	曾桂美編譯 （民 82）	精英	• 介紹歐洲餐桌禮節和英國、法國、義大利、德

			國、瑞士、奧地利、西班牙的餐廳種類、餐廳、菜肴菜單、菜單範例，和菜單小字典等。
T～18	**餐桌禮儀**	白川信夫著 廖誠旭譯 （民81）	躍昇文化	• 說明遵守禮節才能快樂進餐，並介紹各種進餐禮節（西餐、日本料理、中國菜），及前往餐廳或參加宴會的注意事項。
T～19	營養小芽	黃慧環 （民83）	豐泰文教	• 頁6～11　介紹食物的分類及營養素和身體的關係。 • 頁14～35　梅花轉轉盤：介紹烹飪食譜。 • 頁3～43　介紹和孩子一起玩的紙卡遊戲、團體遊戲、戲劇活動、其他活動。 • 頁45　介紹與營養有關的參考書籍。
T～20	營養學	高言誠 （民81）	北京體育學院	• 頁1～11　緒論（營養概念、意義）。 • 頁12～99　營養素（蛋白質、脂肪、碳水化合物、維生素、礦物質、水、纖維）。 • 頁100～107　熱能。 • 頁118～126　各種營養素之間的關係及藥物對營養素的影響。 • 頁127～170　食物的營養價值與合理膳食的構成。 • 頁211～215　兒童及青少年營養。

				• 頁261~304　營養與疾病。 • 頁344~359　食品強化及食品添加劑。 • 頁360~394　食品污染與食物中毒。
T～21	營養學精要	黃伯超、 游素芬 （民79）	健康文化	• 介紹營養的特性、脂質、熱量、碳水化合物、蛋白質、特殊時期的營養、社區營養。
T～22	環華百科全書15	環華 （民71）	環華	• 頁171~183　介紹食品和人類的關係，及世界各地的食品工業、食品保存、食品添加物、食品供應等。
T～23	消費者食品資訊第十七期	吳秀蓮 （民81）	食品工業研究所	• 頁2~4　介紹酸乳酪（yoghurt）。 • 頁8　你也可以成為製作酸乳酪的好手。 • 頁9~11　從魔法到高科技──發酵乳品的故事。 • 頁13~14　養生之道──自然進食。 • 頁15~20　食物纖維的真相。 • 頁21　鋅──有益皮膚、骨骼、毛髮。 • 頁22　杜仲葉可減少血清膽固醇及脂肪。 • 頁27~30　天然物質中的機能性物質。 • 頁32　介紹數種綠色有益健康的食品。 • 頁33　科學家們強調不可忽視不可溶纖維的益處。

				• 頁34～35　素食營養須知。
				• 頁38～41　注意廚房的食品安全。
				• 頁42　水產食品安全祕訣。
				• 頁43～44　食品的冷凍和解凍。
				• 頁45～46　微波爐烹飪應注意的營養及安全問題。
				• 頁47～48　認識食品包裝的安全性。
				• 頁53　脂肪攝取攸關健康的認知與偏差。
				• 頁56～57　健康食品是否真的健康。
				• 頁62　兒童成人病。
				• 頁67　做三明治的土司最好先冰過。
				• 頁67～68　菜湯太鹹時加蛋補救。
				• 頁69～70　省產果菜介紹——蘆筍。
				• 頁71～　省產果菜介紹——大西瓜。
T～24	消費者食品資訊第十九期	吳秀蓮（民81）	食品工業研究所	• 頁2　豆腐的故事。
				• 頁3～4　緬懷豆腐文化——9月15日豆腐節深具意義。
				• 頁5～7　傳統豆腐業——向前走。
				• 頁8～9　科技時代的傳統食品。
				• 頁10～11　豆腐——怎麼做？如何食用？

				• 頁13~14　鉀的玄機。
				• 頁15~16　維生素對健康影響的新觀念。
				• 頁17　適度攝取維生素D有益健康。
				• 頁18~21　素食者應注意膳食的均衡營養。
				• 頁22~23　別讓蔬菜的營養流失。
				• 頁24　多吃蔬菜水果、多攝取維生素C有益健康。
				• 頁25　牛乳可以降血壓。
				• 頁25　營養概念是非題。
				• 頁33~38　和您的寶寶玩一個「營養」的遊戲。
				• 頁40~42　青少年朋友，注意啦！關心一下你的胃，談談食物安全。
				• 頁43　小朋友是否宜教導正確使用微波爐的方法？
				• 頁44　消費者如何在家調理食物？
				• 頁46　冷凍蔬菜好處多多。
				• 頁47　食品凍結之一些基本常識。
				• 頁48~50　飛機上的餐點健康嗎？
				• 頁55　植物油與健康。
				• 頁59　綠茶可以殺死導致蛀牙的細菌。
				• 頁60　防止疾病的膳食守則。
				• 頁65~67　茶葉多樣化產品之利用與推廣。

				• 頁69　切塊的蘿蔔皮要給予保留。 • 頁69　選香菇要挑肉厚者。 • 頁69　檸檬的皮要光滑亮麗。 • 頁69　要縮短乾香菇浸泡的時間可加入砂糖。 • 頁71　敏豆。 • 頁72　柿子。
T～25	消費者食品資訊第二十期	吳秀蓮	食品工業研究所	• 頁2～4　認識CAS。 • 頁5～9　CAS優良肉品。 • 頁14～17　CAS鄉間小路果蔬汁，讓您可以安心飲用。 • 頁18～20　認識CAS特級良質米。 • 頁21～23　CAS優良蜜餞標誌制度推動現況及展望。 • 頁24～31　德國人的飲食與天然食品。 • 頁33～34　健康的飲食：1990年代的食品問題。 • 頁35～36　預防性飲食的新紀元。 • 頁39　維生素C可延壽。 • 頁45～46　食品營養專家談維生素的優點。 • 頁51　火災後之食物處理。 • 頁52　地震時之食物處理。 • 頁53　颱風及洪水時之食物處理。

				• 頁54　夏季郊遊食物處理要領。
				• 頁55～56　出外旅行前，別忘了食物安全。
				• 頁57～59　如何分辨腐敗的醱酵食品。
				• 頁60～63　消費者關心的食品安全問題。
				• 頁64～65　處理雞蛋應注意的地方。
				• 頁66　防癌食物。
				• 頁74　維生素C的作用與缺乏病症。
				• 頁79～81　骨質疏鬆症及其預防。
				• 頁82～83　鐵分的缺乏症。
				• 頁85～86　省產果菜介紹──蘿蔔。
				• 頁87　省產果菜介紹──木瓜。

二、幼兒用書

編　號	書　名	作　者	出版社	內　容　簡　介
C～1	14隻老鼠吃早餐	文·圖／岩村和朗 漢聲雜誌譯（民80）	漢聲	• 森林裏老鼠爺爺、媽媽、奶奶、爸爸起床了，小老鼠們也起床了，起床後用冷水洗臉真舒服，小老鼠們去採樹莓，經過了瀑布，大家小心的走獨木橋，啊！看見甲蟲吃早餐，採了三籃的樹莓回家囉！奶奶、爺爺、媽媽在廚房烤麵包，爸爸煮磨菇湯，大家一起準備麵包、湯、樹莓、果汁、果醬，豐富的早餐！
C～2	一起吃早餐	文／陳芳美 圖／劉宗銘（民79）	光復	• 星期天的早餐是小美全家人一星期中最快樂的早上，因為爸爸媽媽不必趕著去上班。到了星期天的早上，小美幫媽媽準備早餐，媽媽煮了爺爺奶奶最喜歡吃的稀飯。小美和弟弟一起去買爸爸、媽媽喜歡吃的燒餅、油條、豆漿。好奇的小美和弟弟在買燒餅油條時注意它們的做法。之後，他們又去買自己喜歡吃的漢堡和三明治，也注意它們的製作過程。回到家，全家人一起用早餐時，弟弟好奇的問：「牛奶和豆漿顏色一樣，為什麼味道不一樣呢？」小美就拿了圖片說明給弟弟聽，一下子全家人都懂了。
C～3	子兒吐吐	文·圖／李瑾倫（民82）	信誼	• 胖臉兒是一隻胖胖豬，他最愛說的一句話就是「吃吧！吃吧！」吃起東西總是又快又多。今天大家一起吃木瓜，胖臉兒是第一隻先吃完的，在他的桌子上竟然沒有半粒吐出來的子兒，其他的豬問：「子兒呢？」胖臉兒覺得就算吞下幾粒子兒也沒關係，可是，大家很緊張，胖臉兒吃了子兒怎麼辦？那，會不會死掉？會長樹？胖臉兒聽了臉色發白，真擔心自己會在頭頂上長樹。胖臉兒想了想其實長樹也不賴，也不必害怕，於是回家後喝了好多水，並躺在床上等待長

			木瓜樹。第二天一早起來他摸了頭好失望：「怎麼沒有？」這時候，肚子咕嚕咕嚕的發脹，便去上廁所，原來他的木瓜子兒都在便便裏，他就狠下心把子兒沖掉了，當然他是不會長樹囉！
C～4	不一樣的野餐	文・圖／芭蕉みどり譽如／譯寫（民84）	人類文化	• 小老鼠迪迪和莎莎跟爸爸、媽媽全家要去小河邊野餐，爸爸準備了一個大的潛艇三明治，媽媽準備了許多小點心，而小老鼠們則準備了洋娃娃存錢筒，準備就緒後便向小河邊出發；當正要享受午餐時突然下大雨，全家人被淋得濕漉漉，很失望的回到家，爸爸和媽媽為了不讓他們失望，便在家裏的客廳舉辦一個不一樣的野餐。
C～5	太陽國6國王和餐廳	漢聲（民80）	漢聲	• 有個愛漂亮的國王，有一天沒有穿衣服就上街遊行，發現被騙後就很不好意思的趕緊回宮，半路上，國王覺得肚子餓，就到路邊一家餐廳吃飯；國王點了一道菜，等了很久很久都還沒上菜，他不耐煩又生氣的回到王宮，便下命令在路邊另外開一家新餐廳，並在新餐廳的門口掛了一塊廣告牌「國王的餐廳，非常乾淨、舒服，菜又上得快」，國王又下命令在另外一家餐廳也掛一塊廣告牌「路邊的餐廳，又髒、又小，菜又上得慢」好讓客人做比較，剛開始到國王餐廳吃飯的客人很多，但是不知道什麼原因，客人卻越來越少，國王很納悶的走出餐廳，看見廣告牌上被加上了「可是」二個字，便走進路邊餐廳，看見裏面坐滿了客人，他也點了一份咖哩飯，心裏想：「這家餐廳還是和以前一樣，又髒又小，菜又上得慢喔！」過了好久好久，國王點的咖哩飯終於送上來了，國王才吃了一口馬上從椅子上跳了起來「太好吃了！」第二天國王的餐廳就停止營業，並在門口掛了一塊新的廣告牌「國

				王的餐廳暫時停業，可是一旦推出好吃的菜，一定會再度開張」。而路邊的餐廳廣告牌寫著「路邊的餐廳又髒、又小、菜又上得慢，可是……太好吃了！」
C～6	太陽國17國王的大餐	漢聲（民80）	漢聲	• 一天，國王帶著侍衛到森林散步，走著走著發現地上長著許多菇，愛吃的國王一看到這些菇，覺得它們很好吃便把它們全部摘回去；國王回到皇宮後，立刻用菇做菜，並貼出佈告請大家來品嚐國王親手烹調的「蘑菇大餐」，皇宮中的皇后、公主、大臣們都很好奇，可是他們發現國王把別的菇認成是蘑菇了，覺得很好笑，結果大家喝了第一道的蘑菇湯後，全部都「哇哈哈哈……」，糟了，國王煮的是「狂笑菇」，吃了後會一直笑不停，最後大家都去看醫生了哩！
C～7	可以吃的植物	文／森谷憲 圖／寺島龍一（民77）	漢聲	• 圖文介紹日常生活中常見蔬果的栽種，包括：甘藍、蔥、茄子、黃瓜、西瓜、豌豆、花生、胡蘿蔔、馬鈴薯、甘薯等。
C～8	古利和古拉遠足記	文／中川李枝子 圖／大村百合子（民76）	信誼	• 小田鼠古利和古拉背著背包、水壺要去遠足，背包裏有午餐，古利、古拉邊走邊唱歌來到一片草地上。他們把東西放下，伸伸懶腰，做個深呼吸，古利想吃午餐，但時間還早哩！於是他們做體操、賽跑，跑啊！跑啊！摔了一跤，原來是被毛線絆倒了，古利和古拉輪流捲毛線往前走，推呀推，走呀走，爬過了一座山坡來到了森林裏，森林裏有一幢房子，走進房子，穿過廚房，原來是熊大哥的毛線背心，熊大哥脫下了背心，和古利、古拉一起賽跑，跑下山坡，跑到草地上剛好12點的午餐時間到了，於是他們一起坐在草地上，吃著遠足帶來的午餐。
C～9	四季的水果	華一（民81）	華一	• 圖文介紹好吃的水果種類、自己種水果及水果的營養和選購。

C～10	生日大餐	文／蘇振明 圖／劉宗銘 （民81）	光復	• 今天是小丁特別興奮的日子，他找了一張大桌子、幾張小椅子，並選了碗盤放餅乾、甜甜圈、芝麻餅、棒棒糖、蜜餞、星星糕，還有新鮮水果、草莓、枇杷、葡萄、西瓜、果汁飲料、咖啡、可樂、鮮奶，以及糖果，還需要夾子、湯匙、刀叉、茶壺、高腳杯、餐巾、紙巾；爸爸買了一個大蛋糕回來，小丁也準備好餐點，大家都祝小丁「生日快樂」，今天的生日大餐，大家都喜歡。
C～11	冰果店的學問	華一 （民81）	華一	• 圖文介紹冰果店裏各式各樣的冰，有透明好吃的愛玉冰、黑亮滑溜的仙草冰、味道特別的杏仁豆腐、酸酸甜甜的酸梅湯、清涼可口的米苔目。
C～12	冰箱裡的食物	文‧圖／ 鄭明進 （民79）	光復	• 冰箱可以貯存好多食物和保持食物的新鮮，冰箱裏有很多小朋友愛吃的食物是媽媽從食品店買回來的，你知道糕餅、甜點、水果、蔬菜、魚蝦、雞肉、牛奶是從哪裏來的嗎？
C～13	好吃的年節食物	華一 （民81）	華一	• 圖文介紹過年過節的特殊食物，包括過年的年糕、南北方元宵、清明節要吃草仔粿、端午節的粽子，及各式各樣的中秋月餅、冬至的鹹湯圓、甜湯圓和臘八粥。
C～14	好吃的東西	藤川境 （民76）	信誼	• 這裏有很多好吃的東西，你喜歡吃什麼？湯？漢堡？蘋果？花生奶油三明治？棒棒糖？熱狗？義大利脆餅？炸雞腿？……你會用筷子吃東西嗎？牛吃草，馬喜歡吃胡蘿蔔，兔子也喜歡，鳥喜歡吃蟲，松鼠、花栗鼠和人都喜歡吃果實，還有飯、甜甜圈、蔥油餅、醃黃瓜；過生日來個漂亮的蛋糕。
C～15	好吃的蔬菜	華一 （民81）	華一	• 圖文介紹蔬菜的種類、蔬菜的學問、蔬菜的營養，及市場上有哪些清潔蔬菜。
C～16	好好吃喔！	文／謝武彰 圖／陳維霖 （民79）	光復	• 一隻大象，二隻水牛，三隻斑馬，四隻山羊，五隻塘鵝，六隻白兔，七隻猩猩，八隻松鼠，九隻猴子，十隻小麻雀帶

				著好吃的東西往前跑，到底要去哪裡呢？原來是慶祝河馬的生日，好吃，好吃，每一樣東西都很好吃，好朋友在一起好快樂喔！
C～17	米的故事	華一（民81）	華一	• 圖文介紹白米飯怎麼來的？播種、插秧、施肥和灌溉、除草和除蟲、稻子收割、曬穀子，及穀子進倉庫。
C～18	我會用筷子	文·圖／小永井道子 嶺月譯（民81）	台英	• 圖文介紹筷子的使用方法和步驟。
C～19	豆子	文·圖／平山和子（民73）	漢聲	• 圖文介紹各種豆類的種子、豆莢、外形、顏色、構造及種植生長過程。
C～20	兩個娃娃	文／華霞菱 圖／陳永勝（民79）	信誼	• 白雪媽媽生兩個娃娃，胖胖和阿花，白雪媽媽每次都準備兩份東西，吃的東西也一樣，有粥、餅乾，還有骨頭。阿花啃骨頭不出聲音，嚼餅乾也不張大嘴巴，雙手端著粥，慢慢喝不亂灑；胖胖啃骨頭聲音很大，嚼餅乾張大嘴巴，吃粥一邊吃一邊灑，胖胖身上黏膩膩的，沒有朋友和他玩，自個兒趴在草地上。突然他的鼻子好癢原來是大螞蟻爬到他的身上想吃餅乾屑，螞蟻打電話引來一群同伴抬餅乾屑和米粒，胖胖癢得叫媽媽，胖胖趕緊回家洗澡，吃晚餐時胖胖就繫上圍兜不掉渣渣兒，不忘記刷牙，也不忘記擦嘴巴。
C～21	怎麼會有大便	文·圖／佐藤守 黃郁文譯（民81）	台英	• 食物在身體裏面是怎麼旅行的？我們從嘴吃下去的食物用舌頭嘗食物的滋味，用牙齒咬、啃食物，同時也用牙齒咬碎、咀嚼，嘴裏也流出口水使食物滑溜溜的不會哽住，在嘴裏咀嚼又細又爛的食物就靠舌頭和喉嚨深處運動送入食物隧道裏去，隧道開頭是食道，把食物送入胃裏，在胃裏食物變成像稀飯一樣黏稠的東西再往小腸和大腸。食物裏的營養

				被吸收，剩下身體不需要的東西，經過細菌再分解，產生了「吲哚」「斯卡哚」二種排泄物的惡臭氣體，久等了！道地的大便就產生了。長途的旅行到了終點，「大便」就排隊等候出場，等大腦發出命令就要上廁所囉！
C～22	星星國13橘子的祕密	漢聲（民80）	漢聲	●圖文介紹橘子的果皮、瓢囊、果肉、果蒂、橘絡功能、味道、營養及遊戲。
C～23	星星國15碗的故事	漢聲（80）	漢聲	●圖文介紹碗的製作過程。
C～24	食物	圖／陳志賢（民80）	信誼	●圖文介紹常吃的食物，如：西瓜、蘋果、香蕉、餅乾、生日蛋糕等。
C～25	食物的故事1慈禧太后逃難戚繼光餅	華一（民77）	華一	●慈禧太后在八國聯軍攻打京城時逃難到鄉下，暫住一農戶家，太后肚子餓便命令農人上菜，忙碌一陣子後便端上煎豆腐配菠菜，餓得前胸貼後背的太后，一口接一口的吃光了，便問太監是什麼菜，太監回說叫「金鑲白玉板，紅嘴綠鸚哥」，回京城後太后便命令御膳房煮這道「金鑲白玉板，紅嘴綠鸚哥」。 ●在明朝中國東南沿海的漁民常受日本海盜的侵擾，當時戚繼光將軍帶領軍隊鎮守沿海便帶兵攻打。戚家軍每天在緊追日本海盜，沒法停下來做飯，士兵們常因飢餓撐不住，戚繼光看了很急便想出一個法子：叫伙頭軍將麵粉做成中間留小圓孔的燒餅用繩子穿起來，掛在士兵身上，餓了便可以充飢，於是戚家軍靠這辦法，終於把日本海盜趕出中國，讓老百姓過著太平日子。
C～26	食物的故事3過橋的米粉諸葛亮做饅頭	華一（民77）	華一	●從前雲南住著一個讀書人，喜歡在家附近的湖邊的小島上唸書，他的太太每天就從家裏走過長橋為他送飯，可是到了冬天飯菜都變冰冷的；有一天中午她燉了一隻肥雞，準備送給丈夫吃，突然一陣頭暈便暈過去，當她醒來發現雞湯還是熱的，驚喜之餘又想出用魚片、米粉

				• 放在雞湯中送給丈夫吃；街坊鄰居流傳開來便稱這道菜為「過橋米粉」。
				• 三國時蜀國的軍師諸葛亮七擒七放蠻王孟獲，在諸葛亮將孟獲護送回朝時，當軍隊走到河邊，突然天黑地暗，雲霧滿天，狂風大起，馬兒嚇得嘶嘶大叫連連退後，諸葛亮問孟獲怎麼回事，原來是河邊的冤魂作怪，需用四十九顆人頭祭拜，諸葛亮聽了很生氣，便用饅頭（蠻頭）掛在岸邊並點了四十九盞燈，設祭台點香祭拜後，就把饅頭丟進河裏，說也奇怪，黑雲黑霧慢慢散去，蜀國兵馬總算安全過了河。南蠻改掉殺人頭的風俗，老百姓也家家戶戶做起饅頭。
C～27	食物的故事4 狗不理的包子 麻婆豆腐的故事	華一 （民77）	華一	• 清朝天津有個小吃舖，舖裏有個小伙計，本名叫高貴有，小名叫狗子，生來聰明靈俐，老闆教他做包子，結果他做得比老闆的還出色，人人叫好，狗子做出名後便自己開了一家包子舖，老顧客來捧場，都覺得他的包子比以前的更鮮美好吃，從此生意興隆，狗子一人當夥計又當老闆實在忙不過來，便想了一個法子：在店門口放了一落粗碗，要多少包子就把錢放在碗裏照錢給包子，一些開玩笑的客人就對他說：「你這叫『狗子賣包子，一概不理。』」，後來傳來傳去就變成了「狗不理」，客人就把「狗不理」當成狗子的店號，他做的包子叫「狗不理包子」。
				• 清朝時候，四川成都有個叫巧巧的姑娘，她長得十分漂亮，雖然臉上有些白麻子，但看起來俏皮可愛。當她十七歲時，嫁給木材行的小老闆，夫妻恩愛甜蜜，但嫉妒的嫂嫂常說他倆的壞話，夫妻受不了便搬出去住，巧巧的丈夫為了養家便到油坊工作，她就在家做針線，生活雖不富裕但十分快樂，過了十年後，

				巧巧的丈夫在渡河時翻了船被河水淹死，巧巧傷心極了。小姑淑華常常鼓勵她並和她一起住，她們合開了一家裁縫店，可是生意清淡，巧巧丈夫的油坊伙伴看她們生活貧困，為了幫助她們便想了一個辦法：他們每天帶米、菜來，請巧巧替他們做中飯，另外再付做飯的工錢。巧巧家隔壁一邊是肉店，一邊是豆腐店，她便常常買了肉和豆腐，放入辣椒，燒成一道熱燙燙辣呼呼的下飯好菜，吃了這道菜的工人都人人稱好，不久後，巧巧在大家的支持鼓勵下，姑嫂開了一家小飯館，由於大家都想吃巧巧做的豆腐，生意非常好，慢慢的這道「辣豆腐」的美名傳遍了成都附近的大城小鎮而成了名菜，巧巧死後，人們為了紀念她，就把她發明的辣豆腐稱為「麻婆豆腐」。
C～28	食物的故事5 和尚煮肉 樂毅賣豆腐	華一 （民77）	華一	• 傳說蘇東坡到蘇州的定慧寺遊玩，見兩個和尚在下棋，蘇東坡看慧生和尚快輸時情急便下了一子，而慧能和尚不高興眼看快贏轉為輸，便向蘇東坡挑戰，才沒多久慧能就輸了，兩個和尚很想向他學棋，蘇東坡要他們每天煮肉給他吃做為交換條件，兩個和尚聽了很為難，但是為了學棋，慧生、慧能只好答應了，第二天兩個和尚照著蘇東坡的方法把肉加上蔥、薑、糖、醬油等調味料放在沙鍋內，然後焐在香爐餘火中慢慢燜熱，於是蘇東坡便教他們下棋，這樣他們天天煮肉，蘇東坡天天教他們下棋，日子久了，鄰居聞到寺裏傳出的肉香，以為是和尚偷吃肉，他們翻牆一看才知道是蘇東坡大嚼香噴噴的燒肉，這故事才被傳出來。 • 戰國時候，樂毅是個孝順的孩子，因爹娘年紀大牙齒都快掉光了，他便想煮些

				好吃又軟的東西給爹娘吃，他用黃豆泡水泡軟磨成濃漿煮熟給爹娘吃，可是裏頭都是豆渣子，一點也不好吃，於是他又想了法子，用紗布把豆渣濾掉再放進鍋子煮熟，這時爹娘才吃得津津有味。有一回樂毅的娘牙齦出血，大夫說：「老太太吃多了性熱的黃豆，火氣上升，吃點降火的藥就行了！」樂毅看藥方中有石膏，心想在黃豆漿中放入石膏，吃再多也不上火，於是在熱豆漿中放入了石膏便成了鮮滑香嫩的東西，他的爹娘吃了連稱讚：「好吃，好吃！」街坊鄰居聽說樂毅發明了好吃的東西都來品嚐，吃過的人都驚喜的誇讚：「滋味鮮美得像肉！」於是大家叫「豆府肉」，樂毅看大家喜歡吃豆府肉便開店賣豆腐，他的爹娘吃豆腐長壽健康，他也希望天下的老人都能多吃豆腐，就到各地傳授做法。後來有人覺得豆府肉不好叫便把府和肉連起來，叫成豆腐。
C～29	食品科技	孫寶年（民73）	圖文	• 圖文介紹食物的變化、保存食品的方法、食品添加物及人造食品。
C～30	做個三明治	華特狄斯耐（民80）	遠流	• 唐尼寶寶肚子餓，他想做花生果醬三明治，首先，拿出兩片麵包，然後把花生醬塗在一片麵包上，接著把果醬塗在另一片麵包上，最後兩片麵包合起來，三明治就做好了。
C～31	野餐	文/Emily Arnold McCully 上誼譯	上誼	• 敍述老鼠一家開車出外野餐，在半途中因路面顛簸有兩隻老鼠掉出車外，而其他的老鼠卻沒有發現，並繼續前往目的地：湖邊。到達湖邊後，大夥都各自玩耍，誰也沒發現少了兩隻老鼠，掉出車外的老鼠，又怕又餓，而一家子的老鼠們則準備豐富的食物要野餐，可憐的兩隻老鼠只能摘野果充飢，正當全家要開動時才發現少了兩隻，大夥便著急的尋找，最後決定回頭尋找牠們，結果在半

				途中找到了牠們，一家才很開心的一起野餐。
C～32	菜呀菜	文／林武憲 圖／許文綺 （民 79）	光復	• 住在鄉下的爺爺教種豆子、抓小蟲，還有認識很多青菜，爺爺說了一個小豬和狐狸種菜的故事，還唱了一些青菜歌。
C～33	媽媽，買綠豆！	文／曾陽晴 圖／萬華國 （民 77）	信誼	• 阿寶喜歡和媽媽去買菜，他每一次都說：「媽媽，買綠豆。」到家以後阿寶要求媽媽煮綠豆，他就自己拿鍋子洗綠豆去，洗好後還要浸大一點才能煮，綠豆變大後就開始煮囉！唉呀！「滿出來嘍！」接著放糖，媽媽把整鍋綠豆湯端到水槽裏泡水冷卻，「不燙了耶！」可以吃綠豆湯了，吃不完的就做綠豆冰，咦！還有一顆綠豆怎麼辦？對了！種在瓶子裏，一天、二天、三天……綠豆發芽囉！母子倆邊吃綠豆冰邊看「綠豆長大了！」。
C～34	廚房	文／Rebecca Heddle 劉宜譯 （民 83）	神燈	• 圖文介紹廚房中的小實驗，包括清潔劑、泡泡、滲透、水不見了、濕和乾、果汁、味道測試、酸的東西、氣泡、麵糰、凍結和融化。
C～35	糖和鹽	華一 （民 81）	華一	• 圖文介紹糖從哪裏來？去看甘蔗田，怎麼做糖？糖果不能吃太多，奇妙的鹽，鹽從哪裏來？鹽吃得太多太少都不好，鹽可以做很多東西。
C～36	餐點遊戲	光復 （民 82）	光復	• 圖文介紹兒童的食譜，有材料及製造過程的圖畫示範，包括烏龜炸肉餅、魚大王漢堡、馬鈴薯做的豬寶寶、紅鬼三明治、松鼠三明治、花園三明治、超級賽車麵包、花鐘午餐、番茄花飯、沙拉船、幽浮甜點等。
C～37	罐頭的秘密	華一 （民 81）	華一	• 圖文介紹罐頭真方便、做罐頭的步驟、怎樣選罐頭及罐頭小常識。

三、錄影帶

編　號	名　　稱	出　版　社	主題相關資料	備　　註
V～1	吃在中國	中華民國廣電基金（台北）	• 介紹有關中國吃的文化及藝術。 1. 嚼不盡的福祉——蒸 2. 鍋杓響動滋味來——炒 3. 膾炙人口——烤 4. 活蹦蹦的美味——搶 5. 不得其醬不食 6. 一家滷味三家香——滷 7. 煙香裊繞風味來——燻 8. 色香味的前奏曲——發 9. 美味中的滋養——燉 10. 滋味的寶庫——醃 11. 妙手生花——涮 12. 色香獨具——糟 13. 熾熱的鄉情——焗 14. 鎖不住的芳香——談炬、煨 15. 層層滿意，片片回味——酥 16. 美食之妝——談食譜 17. 油裡花生——炸 18. 食在丹青旋律中 19. 唱戲的腔，廚子的湯 20. 割不正不食——刀工 21. 甕裡平淡滋味長——粥 22. 食的綿延——藏 23. 甜而不膩 24. 食的絕配——談色、香、味形質 25. 除蕪存菁——談除腥 26. 配菜藝術 27. 綠色的迷題～蔬菜 28. 菜不等客、客等菜～吃	摘自中華民國廣電基金節目錄影帶目錄85年春季版

			魚	
			29.大紅美味盤中落~吃蝦	
			30.名聞海外、香傳千里~ 說鴨	
			31.無竹令人俗，無肉令人 瘦~豬肉	
			32.廚中之鳳~雞	
			33.大塊朵頤~牛肉	
			34.一開一闔，鮮味來~談 貝	
			35.長短寬窄各有味~麵	
			36.吃它千遍，也不厭倦~ 豆腐	
			37.個兒小學問大~蛋	
			38.飯之味在百味之上	
			39.色香味的前鋒~開胃菜	
V~2	吃遍天下	中華民國廣電 基金（台北）	• 介紹英、法、德、義、奧 、荷、瑞士等國的美味。 1.滾滾濃陸話瑞士 2.聯合饗宴話瑞士 3.麵食王國義大利 4.歐風先驅義大利 5.吃風喝雅說法國 6.華麗精緻說法國 7.帝國滋味奧地利 8.糕餅殿堂奧地利 9.蔬菜故鄉話荷蘭 10.懷古念舊話英國 11.閒情雅趣話英國 12.開懷暢飲話德國 13.大塊朵頤話德國	摘自中華民國 廣電基金節目 錄影帶目錄 85 年春季版
V~3	台灣名嘴──食之文化 系列	比丹佛文化 （台北）	• 介紹台灣小吃。 1.永和新世界豆漿、武昌 街鴨肉扁、萬華胡椒餅 、士林夜市小吃、新埔 柿餅	

		2.士林豆乾、黃日香豆干 　、深坑豆腐、老山東牛 　肉麵、三商巧福牛肉麵 3.淡水魚丸、許義魚酥、 　阿婆鐵蛋、阿給、永康 　公園牛肉麵、鄭州街牛 　肉麵、中壢牛家莊 4.台南小吃(一) 5.台南小吃(二) 6.牛肉麵、泡沫紅茶 7.永康街小吃 8.宜蘭小吃(一) 9.新竹小吃(一) 10.新竹小吃(二) 11.士林夜市、永和豆漿 12.基隆廟口 13.宜蘭小吃(二)羅東 14.淡水 15.北港(一) 16.北港(二) 17.北斗、彰化 18.台南小吃 19.嘉義	

第四節　社會資源

名　　　　稱	資　源　內　容	備　　　　註
家長（爸爸、媽媽、阿公、阿媽……）	• 支援烹飪活動及參觀活動	
學校餐點採購人員 廚房工作人員	• 提供參觀餐點的製備過程及服裝	
學校的廚房、餐廳及各地的餐廳	• 提供設備的參觀及指導用餐禮儀	
市場、超級市場	• 採購食物材料及參觀超市中冷藏冷凍食品的製備	
菜園、果園、牧場	• 參觀蔬菜、水果的來源、種植方式及乳品供應、生產的過程	
食品加工廠	• 參觀食品加工的方法（裝罐、冷凍、冷藏……）及過程	
食品工業研究所	• 提供各種資訊：工業服務與訓練、食品產業資訊蒐集、分析與推廣、食品工程與包裝、食品加工與衛生安全、菌種保存及研究等	位於新竹市食品路
農會農業推廣中心及推廣人員	• 提供觀光菜園、果園和農業示範區及有關農產品產銷資訊	各鄉鎮、市農會
大專院校、營養家政系所	• 提供有關食品營養安全衛生的資訊	
各地縣市政府食品衛生局	• 提供食品安全衛生的資料及諮詢	
中國飲食文化基金會圖書館	• 提供中國飲食文化資料（圖書、期刊、錄影帶、論文……）	位於台北市建國北路二段

第五節　參考活動

Ⅰ. 體能與遊戲

編號：Ⅰ～1

❀**名稱**：爸爸媽媽請帶我去！

❀**準備工作**：親子上餐廳通知單（見附註）。

❀**遊戲說明**：

1. 老師分發親子上餐廳通知單，請家長抽空帶幼兒上餐廳用餐。
2. 請家長帶幼兒到餐廳用餐時一起收集菜單、廣告單、名片，觀察餐廳的佈置和擺設或拍照記錄（需事先徵求餐廳老闆的同意）。
3. 親子上餐廳收集的資料，帶回幼兒園內分享。

❀**注意事項**：

1. 老師事先擬一份通知單，請家長按照師生所需的參觀重點和資料收集進行活動。
2. 若家長不易配合，請老師們自行收集各種不同風格餐廳的資料和拍攝錄影帶或幻燈片、照片。

❀**附註**：通知單

親愛的爸爸、媽媽，您們好：

　　在平日您與孩子一起感覺生活，一起經歷生活是一件讓人感到溫馨的事，而孩子們最感得意和驕傲的事，也是和您們一起相處的時光。孩子們最愛說的是「我告訴你喲！我爸爸有帶我去……」，「我媽媽昨天帶我去……」這些都是他們生活中印象最深刻的事哩！

　　在幼兒園中即將進行「美食街」的教學活動，在活動進行的過程裏，由於您們的參與，將能使孩子們更興奮、更雀躍，所以要請爸爸媽媽配合支援的事

項有下列：

1. 請在×月×日前（假日或閒暇時日）帶領您們的孩子到餐廳用餐（中餐館或西餐廳或是日本料理店或是咖啡館……）。

2. 請在上餐廳時隨機指導上餐廳的禮儀（服裝、儀容）及用餐禮儀（認識餐具及使用餐具的方法，和用餐的禮貌）。

3. 請在用餐的過程中指導孩子觀察餐廳的佈置、餐具的擺放、餐桌的佈置、服務生的服裝、服務事務……。

4. 親子共同收集用餐餐廳的廣告單、菜單、名片……等等，一起帶回園內分享。

由於您們和孩子們的參與，能使親子間的關係更親密，孩子們的生活經驗更豐富、更多采多姿，也讓「美食街」活動更生動、更有趣喲！

×× 班

老師　×××

年　月　日

編號：Ⅰ～2

❀**名稱**：美食街

❀**準備工作**：

菜單、海報、廣告招牌、餐巾紙、餐桌布、筷子、碗、湯匙、黃色玻璃紙。

❀**遊戲說明**：

1. 先和幼兒討論美食街有哪些不同風味的餐廳？要賣哪些餐點？要準備哪些東西來佈置？在教室的哪些地方來擺設？餐廳叫什麼名字？

2. 在教室角落進行佈置美食街的各個餐廳：

   (1)中式餐廳——江山樓：圓形餐桌、紅色餐桌布、椅子、碗筷、招牌、菜單、國畫書法吊飾、盆景、旗袍、馬掛。

   (2)西式餐廳——咕咕城：方形餐桌、椅子、刀叉盤子、吸管、紙杯、招牌、菜單海報、圍裙、廚師帽。

   (3)日式餐廳——哇沙米竹村：矮腳方形桌、椅墊、菜單、窗帘布、日本和服、木

屐、榻榻米。

　　(4)咖啡館──海岸咖啡館：方形桌、花桌巾布、椅子、**瓶花**、糖、紙巾。

※ **注意事項：**

1. 師生共同合作佈置餐廳，也請家長支援，**提供材料**（家中**不用或**要丟棄的餐具、桌布……）共同佈置。

2. 教室的燈光（即餐廳的燈光）改用黃色玻璃紙包裝，照在**餐食**上會有溫暖感覺。

編號：Ⅰ～3

※ **名稱**：美食街

※ **準備工作：**

幻燈機、幻燈片（西餐廳、中餐廳、日本料理、速食店……）錄影帶。

※ **遊戲說明：**

1. 老師播放或放映拍攝的各式餐廳錄影帶或幻燈片。

2. 在放映影片或幻燈片時，和幼兒討論問題（老師依序介紹不同風格的餐廳進行討論）：

　　(1)餐廳叫什麼名字？它是什麼樣的餐廳？

　　(2)餐廳裏擺設些什麼東西？餐桌是怎麼佈置的？餐具是怎麼擺放的？在其他的地方還有些什麼佈置（牆面、隔籬、轉角、玄關……）？

　　(3)服務生穿什麼樣的衣服？他們做哪些事？

　　(4)客人穿什麼樣的衣服？吃飯應該有哪些禮貌？要如何點菜或預約用餐？

　　(5)餐廳供應哪些菜？由誰來烹煮？

3. 討論在教室中如何進行美食街的角色扮演？由幼兒自行選擇各種角色。

※ **注意事項：**

老師可透過不同的方式來進行資訊的提供，如照片、錄影帶、幻燈片、參觀餐廳或親子一起上餐廳……等等，來做分項的討論和分享。

編號：Ⅰ～4

※ **名稱**：烹調大師

美食街緊急徵求烹調大師

※**對象**：**親愛的爸爸、媽媽、阿公、阿媽、阿姨……**所有能抽空參加美食街活**動者。**

※**條件**：1. 能在×月×日～×月×日期間到園者。

2. 會烹調食物者。

※**說明**：1. 爲配合「美食街」活動，徵求義工爸爸或義工媽媽、義工阿媽……支援烹飪活動。

2. 每位參與的義工媽媽、義工爸爸、義工阿媽……在活動中將帶領幼兒從事烹飪活動。

3. 爲了方便安排您們能到園的時間和烹飪活動，請您們詳填回條，並由您們的孩子帶回園裏交給老師。

謝謝您們！

回條

_____班　姓名_____

□能支援活動　　能支援的時間：　　　月　　　日

　能支援的人：□媽媽□爸爸□阿媽□阿公□其他

　拿手好菜有_____

□無法參加　因爲_____

❀**準備工作**：徵求義工媽媽啟示（通知單）。

❀**遊戲說明**：

1. 分發通知單（見徵烹調大師啟示）或當面邀請或電話訪問能抽空到幼兒園做烹飪活動的義工媽媽、阿媽、爸爸、阿公……。

2. 安排一位義工媽媽在一個餐廳裏（教室角落），帶領幼兒做烹飪活動（如包餃子、捲壽司、做三明治、沙拉……）。

3. 義工媽媽（烹調大師）要負責該餐廳（角落）的**餐點製備和供應**、清潔收拾整理的工作。

※注意事項：

1. 老師事先擬出徵求義工媽媽啟事，並附上回條**以便作**安排。

2. 烹調用具的種類和使用也需事先準備或請求**支援**。

3. 活動後別忘了請幼兒們致送一張感謝卡。

※附註：通知單——美食街緊急徵求烹調大師（**參見上頁**）。

編號：Ⅰ～5

※名稱：上餐廳囉！

※準備工作：

收集中餐、西餐、日本料理的餐桌禮儀資料（圖片、影片、書籍……）。

※遊戲說明：

1. 幼兒們在上中餐、西餐、日本料理店前分項討論餐桌禮儀：

　(1)中餐（西餐、日本料理）的餐桌擺置和餐具擺放方法是如何？

　(2)要上餐廳時，客人的服裝儀容是如何？

　(3)中餐（西餐、日本料理）的餐具如何使用？

　(4)中餐（西餐、日本料理）的進餐方法有哪些？

　(5)中餐（西餐、日本料理）的進餐禮儀有哪些？

2. 和幼兒們討論完畢後實際的在教室中扮演。

※注意事項：

1. 老師需事先收集資料，再和幼兒們分項多次的討論。

2. 在實際扮演時，注意使用餐具的安全。

編號：Ⅰ～6

※名稱：美食街開張囉！

※準備工作：

邀請卡、海報、廣告單、佈置各餐廳、烹飪材料、餐具、邀請義工媽媽。

❋遊戲說明：

1. 美食街正式開張，在教室各角落進行不同風格的餐廳營業，並實際烹煮食物，讓客人享受美食及落實用餐禮儀。

2. 工作角：製作邀請卡、餐廳開張海報、廣告單、花飾……等

3. 娃娃家：

   (1)中式餐廳：烹煮湯圓、蔥油餅、餛飩湯、餃子、饅頭、皮蛋豆腐……。

   (2)西式餐廳：烹煮三明治、水果沙拉、炸薯條、魚大王、烤雞塊……。

   (3)日式餐廳：烹煮壽司、味噌湯、烤串燒、手卷……。

4. 分發邀請卡給園內的師長、幼兒、家長宣傳美食開張，並蒞臨品嚐。

5. 張貼開張海報、廣告單。

6. 選擇吉時開業。

❋注意事項：

1. 邀請卡於事先分發。

2. 事先安排義工媽媽負責美食街各餐廳的主菜烹調及採買。

3. 從事烹飪活動時，注意用火、用具的使用安全。

編號：Ⅰ～7

❋名稱：開餐廳

❋準備工作：各種名菜的圖卡、餐廳招牌卡三張、錄音帶。

❋遊戲說明：

1. 請每位幼兒手上拿一張名菜圖卡或餐廳的招牌卡。

2. 老師放音樂，幼兒跟著音樂隨意走步或做動作，當音樂停止，老師喊：「開餐廳囉！」幼兒們要拿著自己的名菜圖卡去找餐廳（例：炸薯條找咕咕城，餃子找老江記麵食館，壽司找日本料理店）。

3. 各種名菜要找到屬於自己「風格」的餐廳後一起圍圈蹲下。若找不到或找錯的，就要被淘汰在旁休息，最後看哪家餐廳的名菜越多就勝利了！

❋注意事項：

1. 老師事先介紹三家餐廳的名菜（三家的名菜數要一樣多），並畫在餐廳招牌上讓

　　幼兒去配對。

2. 每段音樂停止，喊「開餐廳」時，每次可要求一個動作如「排隊」、「圍圈」、「蹲下」……等。

3. 請被淘汰休息的幼兒為其他繼續遊戲的幼兒加油！

編號：Ⅰ～8

❋**名稱**：運湯圓

❋**準備工作**：紙黏土湯圓球或圓形珠子、彈珠、報紙、空籃子。

❋**遊戲說明**：

1. 將幼兒分成二～三組，每組排成兩排，兩人一組拿著攤開的報紙。

2. 每組前面各放一個裝滿湯圓的籃子，在距離六公尺處放一個空籃子。

3. 當哨音一響，兩人用攤開的報紙運三粒湯圓到對面的空籃內，倒完後再回到隊伍將報紙傳給下一組繼續運湯圓。

4. 在五分鐘內看哪一組運的湯圓數最多則為勝利。

❋**注意事項**：

1. 在運送過程中，若湯圓掉下來，要在原地撿起來再繼續遊戲。

2. 若報紙扯破了，就利用扯破的報紙，繼續遊戲。

3. 運送的湯圓數可再做調整（做增加或減少）。

❋**延伸活動**：

　　運石頭：改用墊板運石頭比賽。

編號：Ⅰ～9

❋**名稱**：湯圓蹲

❋**準備工作**：兒歌「湯圓蹲」。

❋**遊戲說明**：

1. 將幼兒分成三～四組，每一組取一菜名為組名，例：湯圓組、壽司組或薯條組……等。

2. 猜拳決定哪一組先開始，若最先開始的是湯圓組，全組的人就一起大聲說「湯圓

蹲，湯圓蹲，湯圓蹲完，壽司蹲。」身體並隨兒歌做蹲的動作。

3. 被點名的組別（壽司組）就要繼續接下去大聲說：「壽司蹲，壽司蹲，壽司蹲完……」，直到說錯（亂七八糟，沒有一致時）或接不下去的就被淘汰，由剩下的組別繼續遊戲。

❀**注意事項：**

1. 全組的幼兒要一起隨兒歌節奏做蹲、起立的動作，每組可推選一位幼兒當領袖帶領遊戲。

2. 老師可提示幼兒要愈蹲愈低。

❀**延伸活動：**

炸薯條：將兒歌改成「炸薯條，炸薯條，薯條炸完，炸湯圓（菜名）」動作可用跳、扭、彎……等。

編號：Ⅰ～10

❀**名稱：**炒蠶豆

❀**準備工作：**寬敞的場地、炒蠶豆兒歌：「炒蠶豆，炒豌豆，骨碌骨碌翻跟頭」。

❀**遊戲說明：**

1. 將幼兒分成兩人一組，面對面，雙手拉起來。

2. 幼兒們雙手拉起後，邊唸兒歌：「炒蠶豆，炒豌豆」時雙手向左、右搖擺。

3. 當唸「骨碌骨碌翻跟頭」時，兩人相互向外轉身。

4. 再重複兒歌，繼續遊戲。

❀**注意事項：**

1. 遊戲前，先做暖身操。

2. 在轉身時，避免用力扭傷，兩人可事先協調轉身的方向比較容易轉身。

❀**延伸活動：**

兒歌替換成「翻餅、烙餅、油炸芝麻餅，嘰哩咕嚕又一個，嘰哩咕嚕又一個。」

編號：Ⅰ～11

❀**名稱：**拔蘿蔔

❀準備工作：寬敞乾淨的地板、兒歌「拔蘿蔔」。

❀遊戲說明：

1. 將幼兒分成兩組，排成兩隊面對面的坐下來，兩組前的第一位幼兒手拉手，後面的幼兒則抱腰坐穩，當兩棵大蘿蔔。

2. 猜拳決定哪一組先用力拔，而另一組則全部身體向前傾放鬆，然後再輪流用力或前傾放鬆。

3. 開始時一起唸兒歌：「紅蘿蔔，白蘿蔔，長大了，拔起來。」兩組並輪流的用力或放鬆。

4. 兩組分別先後的一問一答：「有多粗？一丈粗；有多長？兩丈長；拔起來，做什麼？拔起來，熬甜湯。」「甜湯甜，甜湯香；我嚐嚐，我嚐嚐。」「不用挑，不用撿；你一碗，我一碗；甜又香，香又甜。」身體輪流做用力或放鬆的動作。

5. 最後一句兒歌，兩組幼兒一起唸並全部一起用力，當唸完「吃得小肚滾滾圓」時，看哪一組拔倒對方就贏了。

❀延伸活動：

用木魚或手鼓作「說白節奏」。

編號：Ⅰ～12

❀名稱：炒菜

❀準備工作：椅子（比幼兒人數少一張）。

❀遊戲說明：

1. 推選一位幼兒當廚師，其他幼兒圍坐在圓圈的椅子上。

2. 當廚師的幼兒說一個菜名時，就去摸其他的幼兒，被摸頭的幼兒要跟在廚師的後面走。

3. 等到廚師說了很多菜，跟在後面的人數很多時，廚師就可以說：「炒菜了！」大家就搶椅子坐。

4. 沒有坐到椅子的幼兒就請他當下一位廚師，繼續「炒菜」。

❀注意事項：

1. 遊戲前，先說明遊戲的安全規則（避免跑、搶椅子時的碰撞）。

2.遊戲時，儘量將音量放小。

編號：I～13

❀**名稱**：衛生的廚房

❀**準備工作**：謝卡、事先聯繫幼兒園的阿姨安排幼兒參觀的時間。

❀**遊戲說明**：

1. 老師事先和幼兒園的阿姨聯繫，安排幼兒參觀廚房的時間以及邀請阿姨現身說法，介紹解說幼兒點心製備的過程、餐具清潔過程的衛生安全注意事項，以及過剩點心的處理和食物貯存的方法等。

2. 幼兒參觀廚房前先討論：

  (1)幼兒園的點心、午餐在哪裏製備？是怎麼做出來的？

  (2)在點心製作過程中要注意哪些衛生的事？

  (3)幼兒們使用的餐具是怎麼清洗乾淨的？

  (4)幼兒們吃不完的點心怎麼辦？阿姨是怎麼處理的？

  (5)幼兒園裏的食物是怎麼貯存的？

  並鼓勵幼兒在參觀時請教廚房阿姨。

3. 師生討論參觀廚房的注意事項：

  (1)不妨礙正在工作的阿姨。

  (2)不隨意觸摸、玩弄廚房的用具及設備。

4. 參觀結束時，致送謝卡給阿姨，表示謝意。

5. 將參觀過程和各項討論重點記錄下來（用畫訂定成書或拍照、幻燈片……）。

❀**注意事項**：

1. 若無法取得參觀的時間，老師可改以錄影帶或幻燈片、照片方式進行。

2. 參觀的時間最好避開阿姨們「正忙」的顛峰時間。

編號：I～14

❀**名稱**：冰箱裏的食物

❀**準備工作：**

各類食物（魚、肉、雞、鴨、蛋、蔬菜、水果……）模型及空牛奶瓶、飲料瓶……保鮮盒、保鮮膜、碗盤、報廢的冰箱。

❀**遊戲說明：**

1. 利用報廢的冰箱，將各類食物模型分別利用塑膠袋、保鮮盒、保鮮膜，做食物的存放。

2. 也可以利用幼兒園裏的冰箱做實際的食物保存遊戲。

❀**注意事項：**

1. 可開放娃娃家做食物存放冰箱的扮演遊戲。

2. 老師也可以事先繪畫各種食物存放方法（保鮮）的步驟圖張貼，並請幼兒帶食物來園做實際的操作。

編號：Ⅰ～15

❀**名稱：**冰箱的大肚子

❀**準備工作：**

各種食物（魚、肉、蛋、牛奶、汽水、糖果、餅乾、蛋糕、蔬菜、水果、雞、鴨、豆腐、麵包、冰淇淋……）圖案、全開壁報紙、膠帶、膠水、透明塑膠袋、貯存滿食物的冰箱圖案（廣告單）、空的大紙箱、厚紙板、食物模型。

❀**遊戲說明：**

1. 利用全開圖畫紙，畫出冰箱內部的隔層（包括門的置物架、冷藏室、冷凍室……等），準備做填滿食物遊戲。

2. 拿出貯存滿食物的冰箱圖案（廣告單），和幼兒討論食物存放的位置及存放的方法（利用保鮮盒或塑膠袋裝或是……）。

3. 將幼兒分組進行繪畫食物剪貼和填滿在冰箱的內部隔層，且每一種食物都需經過包裝處理〔例如：裝入塑膠袋或裝在保鮮盒，或是經過其他處理（真空、保鮮膜……）〕。

4. 每一組把冰箱裝滿貼滿食物後，提出分享或討論。

5. 也可以利用空的大紙箱製作冰箱，再把食物模型做貯存包裝分項分類存放在紙箱

冰箱裏。

❀**注意事項：**

1. 可以利用冰箱貯存食物圖案，進行對應遊戲，也可以事先在冰箱內部隔層上面加上存放食物的位置說明來進行遊戲。

2. 繪畫剪貼的食物要比冰箱內部隔層小，才可以黏貼。

編號：Ⅰ～16

❀**名稱：**脫水乾燥

❀**準備工作：**小黃瓜、砂糖、大盤子、安全菜刀、砧板、圖畫紙、彩色筆。

❀**遊戲說明：**

1. 小黃瓜洗淨，切成約 1cm 厚的圓片狀，裝在大盤子內。

2. 在小黃瓜上灑些糖，約十分鐘後做觀察。

3. 十分鐘後看小黃瓜有什麼變化？有沒有看到小黃瓜生出水來？（糖會吸水，所以小黃瓜內的水份被糖吸出來了。）

4. 將觀察的過程畫下來做記錄。

5. 也將黃瓜脫水過程中水量增加的變化做記錄。

❀**注意事項：**

1. 小黃瓜洗淨後和盤子一起用紙巾擦乾水份。

2. 遊戲前和幼兒先討論要觀察的事項，和設計觀察記錄的表格。

編號：Ⅰ～17

❀**名稱：**乾燥保存

❀**準備工作：**土司麵包、透明塑膠袋、膠帶、標籤。

❀**遊戲說明：**

1. 把一片土司麵包切成兩半，再將兩片麵包分別裝入透明的塑膠袋中，在其中一片麵包上灑些水。

2. 再把裝麵包的兩個袋口黏起來，並貼上「乾」和「濕」的標籤做辨識。

3. 把兩個裝麵包的塑膠袋放在溫暖有陽光的地方，約放置四天。

4. 四天後看兩片麵包，哪一片麵包上的黴菌比較多？並討論為什麼？（黴菌在潮溼的食物中比較容易生長，乾燥的食物比較不容易長黴菌，這表示它能儲存較長的時間）。

✳ **注意事項：**

1. 塑膠袋要保持封閉的狀態。

2. 實驗完畢後請把塑膠袋丟掉。

3. 亦可以設計觀察過程的記錄圖表。

編號：Ⅰ～18

✳ **名稱**：冰箱裏的食物如何保鮮

✳ **準備工作：**

香蕉兩份、葡萄或西瓜兩份、白菜兩份、豬肉兩份、蛋兩個、米飯兩份、冰箱。

✳ **遊戲說明：**

1. 把冰箱的冷藏溫度調至零度。

2. 分別把香蕉、米飯用保鮮盒裝，白菜用塑膠袋密封並放在冷藏室，豬肉用塑膠袋裝，蛋及葡萄（或西瓜）放在冷凍室約二十四小時，而另一份香蕉、豬肉、蛋、葡萄則放在室溫中做比較。

3. 在二十四小時後，把冷藏室的香蕉、米飯、白菜拿出來看有什麼現象？再把冷凍室裏的豬肉、蛋、葡萄（或西瓜）拿出來解凍，並和沒有冷凍的豬肉、蛋、葡萄做比較，看看有什麼不同？

4. 香蕉、米飯、白菜長期冷藏會變色、變味、腐敗、脫水，而蔬菜、水果、蛋、冷凍解凍後會破壞組織，會變爛，蛋則會蛋白凝固。可以各準備一份，長期觀察食物變化。

5. 把冷藏、冷凍食物的過程用圖畫方式記錄下來。

6. 也可以把香蕉、豬肉、蛋分別放在冰箱的冷凍室、冷藏室及室溫中二～三小時，做觀察和比較！

✳ **注意事項：**

食物在冷藏、冷凍前預留一份做比較和討論。

編號：Ⅰ～19

❀**名稱**：食物保鮮

❀**準備工作**：保鮮膜、保鮮盒、乾淨塑膠袋、報紙、應時青菜、水果、肉片。

❀**遊戲說明**：

1. 討論食物保鮮的方法有哪些？（冷藏法、膜包裝法及其他）注意事項有哪些？（分類貯藏、利用塑膠膜包裝、塑膠袋不重複使用、用報紙包裝、金屬罐裝食物開罐後的換裝）。

2. 利用幼兒園內的冰箱及食物（青菜、水果、肉類或點心）按照保鮮方法做保鮮遊戲。

3. 食物保鮮前預留一份和保鮮後做比較。

4. 將保鮮的過程記錄下來（拍照或繪畫）。

❀**注意事項**：

1. 老師可分發蔬果保鮮資料給家長做參考，做活動的延伸。

2. 老師事先繪製食物保鮮的貯藏方法圖張貼。

編號：Ⅰ～20

❀**名稱**：我家的冰箱

❀**準備工作**：通知單、圖畫紙、彩色筆。

❀**遊戲說明**：

1. 分發圖畫紙（四開），親子共同繪畫家中電冰箱的食物存放方式，並加上文字說明。

2. 也可以拍成錄影帶或照片、幻燈片。

3. 將每個幼兒和父母繪製的圖畫帶回園內分享，並張貼。

❀**注意事項**：

1. 事先分發通知單，請父母協助幼兒繪圖記錄或拍照。

2. 帶回園內分享的冰箱圖片（或照片）可互相做討論（但不可以用批判方式）。

❀**附註**：通知單

親愛的爸爸、媽媽您們好：

　　××寶寶正進行「吃出健康來！」的教學活動，先感謝您們在活動期間的配合與支持，現在還需要請您們和孩子玩一個遊戲，即：

　1. 利用圖畫的方式，將您們家的冰箱存放食物的情形畫下來，和孩子說明貯存的方法，並在圖畫上也註明。

　2. 或是利用拍照、錄影的方式來記錄，並略做說明。

　　希望透過進行這個遊戲、經驗分享與交流，幼兒們能夠了解食物貯存的方法，且建立對食品有衛生健康的概念。

　　也請在完成「我家的冰箱」後，將圖畫由孩子帶回園內做分享！謝謝您們！

　　　　　　　　　　　　　　　　　　　　　　　　　　××班

　　　　　　　　　　　　　　　　　　　　　　　　　　老師×××

　　　　　　　　　　　　　　　　　　　　　　　　　　　年　月　日

編號：Ⅰ～21

❋**名稱：**衛生評量表

❋**準備工作：**通知單、衛生評量表。

❋**遊戲說明：**

　1. 每位幼兒分發一張衛生評量表，老師並略作項目、內容的說明。

　2. 幼兒把衛生評量表帶回家做勾選，勾選完畢後帶回園內做分享。

　3. 衛生評量項目、滿意程度（見附表）一項圈選一格。

　4. 衛生評量的項目內容和滿意程度可依幼兒討論後做約定。

❋**注意事項：**

　1. 衛生表格以分享方式，不帶任何批判。

　2. 老師將衛生評量表保留，繼續做統計圖表。

❋**附註 1：**通知單

親愛的爸爸媽媽，您們好：

　　××寶寶正在進行「吃出健康來！」的教學活動，現正需要您支援的是幫

您的孩子及您的家庭做衛生習慣的簡單查核評量。

　　這張評量表以分享的方式來進行親子經驗的交流，每一項評量的項目和滿意程度是和孩子們做討論後決定的，現就評量的項目內容做說明：

1. 飯前洗手：孩子和家人是否在用餐或吃東西前都記得將雙手洗乾淨！

2. 飯後刷牙：孩子和家人們是否記得在用餐後和吃東西後有刷牙、漱口的習慣，來保護牙齒健康。

3. 用餐定時、定量，不拖延吃東西時間：孩子在用餐時是否注意用餐禮儀、細嚼慢嚥、定時定量、吃東西不拖延，在一定時間內能用餐完畢！

4. 注意食物存放貯存衛生：您們家吃不完的食物和購買回來的食物如何保存？在放入冰箱時是否有經過處理？（保鮮盒、保鮮膜、密封袋……）

5. 注意食物保存期限：您們家的食物是否在一定的保存期限內食用完畢？在購買時是否有特別注意保存期限？您們在貯存食物時是否有加註上保存日期？過期的食物又是如何處理呢？

滿意程度的說明如下：

1. ☺ 極滿意　代表好的不得了！

2. ☺ 很滿意　代表好喲！

3. 😐 滿意　代表不錯吧！

4. ☹ 不滿意　代表再加油！

　　每一項只圈選一格，圈選的符號則由您們親子「動動腦」了！

　　當您們圈選完畢後，請孩子帶回園內做分享和統計，我們也將推選出衛生、健康的家庭喲！

　　再次地向您們說聲謝謝！

××班

老師×××

年　月　日

※附註2：衛生評量表

項目 ＼ 滿意程度	☺	☺	😐	☹

附註：

1. 項目的內容依序是：(1)飯前洗手(2)飯後刷牙、漱口(3)用餐不拖延(4)食物的存放貯存衛生(5)注意食物保存期限。

2. 滿意程度分別是：(1)極滿意／很好(2)很滿意／好(3)滿意／不錯(4)不滿意／再加油。

編號：Ⅰ～22

✿ **名稱**：衛生統計圖表

✿ **準備工作**：衛生家族評量表格、大張壁報紙、各種圖案的貼紙。

✿ **遊戲說明**：

1. 將回收的衛生評量表做全班的衛生統計圖。

2. 分項做統計，其圖表方式為：

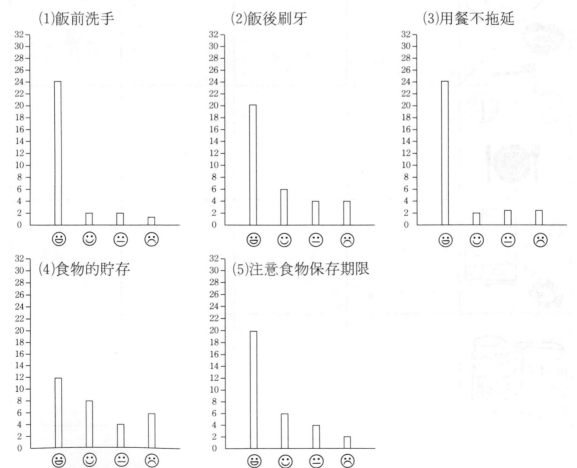

3. 將統計的結果做分析和說明並張貼在教室。

❋**注意事項**：

1. 利用回收評量表做統計。

2. 師生共同設計統計圖表格式。

Ⅱ. 故事與戲劇

註：資料搜集、創作中，請與我們分享你的點子。

Ⅲ. 兒歌與律動

編號：Ⅲ～1

❋**名稱**：快樂的晚餐

❋**內容**：

媽媽炒盤高麗菜，
爸爸熬鍋蘿蔔湯，
哥哥微波牛小排，
姊姊烤碟小香腸，
妹妹幫忙擺碗筷，
全家快樂吃晚餐。

編號：Ⅲ～2

❋**名稱**：我家的冰箱

❋**內容**：

我家有座大冰箱，
可以冷凍和冷藏，
食物分類齊擺放，
吃出衛生好健康。

編號：Ⅲ～3

❊其他相關兒歌有：

(1)大胖子賣油餅，收錄於蘇淑英主編（民77）：說唱童年系列②琅琅上口。晶音。

(2)推磨磨，收錄於蔣風（民78）：中國傳統兒歌選。頁211。台北：富春。

(3)三明治，收錄於張翠娥（民73）：大家來唸兒歌。頁147。台北：大洋。

(4)炸春捲，收錄於張翠娥（民73）：大家來唸兒歌。頁147。台北：大洋。

(5)豆腐，收錄於張翠娥（民73）：大家來唸兒歌。頁145。台北：大洋。

(6)食物，收錄於張翠娥（民73）：大家來唸兒歌。頁142。台北：大洋。

(7)叫瓦斯，收錄於康原、施福珍（民85）：台灣囝仔歌的故事。頁67。台北：玉山社。

(8)阿爸瘦比巴，收錄於康原、施福珍（民85）：台灣囝仔歌的故事。頁19。台北：玉山社。

(9)蔬菜歌，收錄於劉作揖編（民74）：幼兒唱遊教材。頁183。台北：文化。

(10)健康寶寶，收錄於劉作揖編（民74）：幼兒唱遊教材。頁252。台北：文化。

Ⅳ.工作

編號：Ⅳ～1

❊名稱：水果盤

❊材料：各色（紅、黃、綠、橙、紫）黏土、黏土刀。

❊作法說明：

1.利用各種類色的黏土搓、捏、揉成蘋果、香蕉、葡萄、芭樂……等各種水果的造形。

2.再用黏土捏一個盛裝水果的盤子或籃子，裝捏塑完成的水果。

❊成品簡圖：

編號：Ⅳ～2

❀名稱：大家來烤糕餅

❀材料：

生麵糰〔材料（5人份）：麵粉2杯、鹽⅔杯、水¾杯、沙拉油⅛杯〕、各種模子（可壓出各種形狀）、打蛋器、擀麵棍、托盤、刀子（壓克力製品）、圍裙、廚師用白帽子、小型舊烤箱、桌巾、紙巾、紙盤。

❀作法說明：

1. 先由幼兒製作生麵糰或由老師完成。

2. 幼兒將生麵糰作成各種形狀。

3. 老師先預熱烤箱，並在烤盤上塗上少許沙拉油。

4. 將幼兒作成之作品，置於烤箱內實際烤熟。

5. 待烤熟後，可和大家分享。

編號：Ⅳ～3

❀名稱：湯圓

❀材料：紙黏土、黏土刀。

❀作法說明：

1. 利用紙黏土搓成小圓球狀的湯圓。

2. 再用紙黏土捏一個大碗裝湯圓即完成。

編號：Ⅳ～4

❀名稱：冰箱裏的食物

❀材料：冰箱廣告單（各廠牌、各機種）、書面紙、剪刀、膠水、彩色筆。

❀作法說明：

1. 將收集來的各種廠牌冰箱廣告單，剪下冰箱的外形，內部存放食物及各種大小的圖案。

2. 再把剪下來的冰箱圖案分頁貼在書面紙上。

3. 把剪貼好的冰箱圖案旁邊加上文字說明（食物擺放的位置及食物如何置放在冰箱裏保鮮）再釘訂成書。

4. 將釘訂成書的冰箱畫冊加上封面題字（書名、作者、出版社）即完成一本「冰箱裏的食物」書。

編號：Ⅳ～5

❀**名稱**：乾燥金針、木耳

❀**材料**：生金針一斤、生木耳一斤、大米篩二個、陽光。

❀**作法說明**：

1. 將新鮮的金針或木耳，挑去金針的黑色花蕊雜物及木耳蒂，洗淨。

2. 再把洗乾淨的金針、木耳分散放在大米篩上，晾在陽光下曬乾。

3. 把曬乾的金針或木耳，收藏在密封玻璃瓶或密封罐內即可。

4. 也可以用同樣的方法做乾香菇、龍眼乾或其他的蔬菜乾（例：脫水水果如柿乾、無花果乾、李子乾、荔枝乾、葡萄乾；脫水蔬菜如：大頭菜乾、甘藍菜乾、花菜乾……等）。

編號：Ⅳ～6

❀**名稱**：醃芥藍菜

❀**材料**：芥藍菜三斤、食鹽半斤、玻璃瓶。

❀**作法說明**：

1. 將芥藍菜挑揀後洗乾淨、擦乾水份。

2. 再把芥藍菜放在大盆子（盤子）內灑上鹽，用手搓揉變軟，變深綠色，並擠出菜中的水份。

3. 把搓揉變軟的芥藍菜，晾在竹竿上，拿到烈日下曝曬數天。

4. 曬乾變成黃色的芥藍菜，擠壓裝在玻璃瓶內保存。

5. 也可以用同樣的方法醃高麗菜。

編號：Ⅳ～7

❋名稱：糖醋蘿蔔

❋材料：

白蘿蔔一條、黑芝麻一大匙、鹽二小匙、糖二大匙、白醋一大匙、香油一小匙、玻璃瓶（有蓋）。

❋作法說明：

1. 把蘿蔔去皮切小丁加上二小匙鹽抓勻後醃兩小時，再用清水洗三次，擠乾水分。
2. 再用糖、白醋和蘿蔔丁拌勻，醃一天。
3. 黑芝麻用乾鍋炒熟。
4. 把醃一天的蘿蔔加上黑芝麻裝在殺菌後的玻璃瓶內。
5. 開瓶後要儘快吃完或冷藏。

編號：Ⅳ～8

❋名稱：草莓果醬

❋材料：

新鮮的草莓五百公克、細白砂糖四百公克、食鹽十公克、水一百公克、不鏽鋼鍋及炊具、玻璃瓶、玻璃瓶加蓋子。

❋作法說明：

1. 在鍋中加入半鍋水，加入食鹽後煮開，放入草莓用文火煮三分鐘後，加入冷水冷卻並倒掉鍋裏面的水。
2. 草莓繼續在煮鍋中加定量的水並逐次加些砂糖，用文火加熱到果醬成為粘稠狀就熄火（即在鍋中取一～二滴糖，滴在盛有冷水的玻璃杯中，看到沈下的糖沒有馬上被溶解時即可）。
3. 果醬自然冷卻到 84℃ 時，裝入已殺菌的玻璃瓶並封蓋。
4. 封蓋後等果醬自然完成凝膠，不要攪動。
5. 開瓶後要儘快吃完或冷藏。

編號：Ⅳ～9

✼**名稱**：醃肉

✼**材料**：豬肉塊、食鹽、砂糖、黑胡椒、味精、亞硝酸鈉。

✼**作法說明**

1. 將豬肉的毛皮挑揀乾淨，並刮除污垢，用布擦乾水份。

2. 把醃料調勻分兩次使用，第一次塗敷3/5，隔一～二天將剩下的2/5做第二次塗敷，塗敷時須均勻敷在肉上面（醃肉之調味料配合：按肉的重量，稱取鹽4%、糖1.7%、亞硝酸鈉0.15%、味精0.5%、黑（白）胡椒0.07%，充分混合）。

3. 再把塗敷好的肉片穿串繩子懸掛晾曬。

4. 晾曬時要罩紗網，以防蒼蠅及灰塵。

5. 當肉曬乾後用玻璃紙包裝。

編號：Ⅳ～10

✼**名稱**：紫蘇梅

✼**材料**：青梅十二公斤、鹽一公斤、糖四公斤、紫蘇葉0.55斤、廣口玻璃瓶、大米篩、水桶。

✼**作法說明**：

1. 青梅加些鹽，揉搓到稍微軟，再把梅子、鹽倒入水桶內，加些清水（水量蓋過梅子就可以了），泡鹽水二天二夜（若梅子太熟，只要直接泡鹽水，不必搓）。

2. 再把泡二天的梅子放在大米篩上，在陽光下曬約二天（約八分軟）（若遇下雨再加些鹽，以防產膜酵母，如太鹹可先漂水再曬，在裝瓶前先蒸過再加些酒）。

3. 紫蘇葉加十公克鹽揉軟後並搾掉澀汁液。

4. 把玻璃罐洗乾淨，放在大鍋中煮沸消毒、晾乾。

5. 把梅子裝入玻璃罐：一層梅子一層糖（五百公克）。

6. 等糖完全溶為糖水時，將糖水倒掉，再放五百公克糖，反覆二次。

7. 第三次起每次加五百公克糖，等糖溶後繼續加完糖量（不倒掉糖水），再加上醃好的紫蘇浸泡存放即完成。

編號：Ⅳ～11

❀名稱：錦旗

❀材料：彩色書面紙（紅、黃、藍、綠……）、
縐紋紙、彩色筆、毛線或塑膠繩。

❀作法說明：

1. 將八開的書面紙剪成五邊形。

2. 在書面紙上先畫上衛生（或寫字）的圖案，
並蓋上班級章和園章。

3. 利用縐紋紙剪毛邊貼在兩個斜邊裝飾。

4. 再用毛線或繩子黏貼在頂部，即完成。

5. 幼兒們也可以由討論或自由創作方式來決定
錦旗的樣式。

❀成品簡圖：（如右圖）

編號：Ⅳ～12

❀名稱：獎章

❀材料：彩色書面紙、彩色筆、縐紋紙、毛線。

❀作法說明：

1. 將黃色書面紙畫成一個大圓當花蕊。

2. 再用紅色書面紙剪小半圓當花瓣。

3. 將半圓形黏貼在大圓的圓周，貼滿成花的形
狀。

4. 在大圓裏面畫上圖案或書寫「衛生家庭」並
蓋上班級章、園章。

5. 再從花的背面黏貼毛線即完成。

6. 幼兒們可自創或討論決定獎章的樣式。

❀成品簡圖：（參見右圖）

第六節　活動範例

範例一：美食街

活動流程		參考活動	概　念
● 籌劃美食街	透過遊戲「爸爸媽媽請帶我去」（Ⅰ～1）親子共同收集各式餐廳的資料，並分享上餐廳的經驗來探討各地特殊的食物和各種不同形態的餐廳，並利用各種資料、材料在教室角落著手佈置中式、西式、日式⋯⋯風格的美食街。	T～13、T～16、T～17、T～18 Ⅰ～1、Ⅰ～9、Ⅰ～12	• 飲食文化
● 美食街試賣會	從遊戲「美食街」（Ⅰ～2）在教室角落進行美食街的各式餐點烹製，並邀請義工媽媽支援烹飪活動以及加強在各式（中、西、日⋯⋯）餐廳的佈置，營造出它們特殊的風格和氣氛，並再加強用餐禮儀和用餐者的餐桌禮儀實踐，來認識各地特殊食物和食物製備的方法及飲食禮儀。	T～3、T～4、T～7、T～8、T～14 C～13、C～18、C～20、C～25、C～26、C～36 Ⅰ～2、Ⅰ～3、Ⅰ～4、Ⅰ～5、Ⅰ～7、Ⅰ～8、Ⅰ～10、Ⅰ～11、Ⅲ～1 Ⅳ～1、Ⅳ～2、Ⅳ～3	• 飲食文化 • 烹調方法 • 飲食禮儀
● 美食街開張囉！	從遊戲「美食街開張囉！」（Ⅰ～6）製作美食街各家餐廳（中、西、日⋯⋯）的開張廣告、海報，並分發邀請卡邀請園內師長、幼兒及家長共同參加美食街開張，親子、師生做為期數日的美食製備和分享。	C～27、C～28、C～30 Ⅰ～6	• 飲食文化 • 烹調方法 • 飲食禮儀

範例二：吃出健康來！

活動流程		參考活動	概　　念
• 衛生的廚房	透過參觀幼兒園的廚房設備，並請廚房阿姨現身說法幼兒園的點心製備過程，及過剩點心的處理和食物貯存的方法與餐具的清潔過程。	Ⅰ～13	• 食物貯存衛生 • 餐具及烹調衛生
• 冰箱裏的食物	從故事「冰箱裏的食物」（C～12）和遊戲「冰箱的大肚子」（Ⅰ～15）來探討冰箱中食物貯存的方法和衛生；並邀請義工媽媽支援來進行食品脫水、乾燥、醃漬等保存食品的活動。	C～29、C～34、C～37 Ⅰ～14、Ⅰ～15、Ⅰ～16、 Ⅰ～17、Ⅰ～18、Ⅰ～19 Ⅲ～2 Ⅳ～4、Ⅳ～5、Ⅳ～6、 Ⅳ～7、Ⅳ～8、Ⅳ～9、 Ⅳ～10	• 食物貯存衛生 • 食品保存方法 • 個人衛生
• 我家的冰箱	由遊戲「我家的冰箱」（Ⅰ～20）親子共同繪製或拍下家中冰箱食物的貯存及其他食物保存的方法，並設計衛生評量表（Ⅰ～21）做自我的評量，完成後帶回園內分享，再做成衛生統計圖表（Ⅰ～22）並頒發錦旗（Ⅳ～11）、獎章（Ⅳ～12）表揚和鼓勵衛生家庭。	T～10、T～11 Ⅰ～20、Ⅰ～21、Ⅰ～22 Ⅳ～11、Ⅳ～12	• 個人衛生 • 飲食衛生習慣 • 食物貯存衛生 • 食品保存方法

第 **7** 章　交通

第一節 前言

　　過去在我們的經驗裏，編擬交通方面的單元時所涉及的範圍都僅是交通工具、交通號誌及交通安全這些概念而已。事實上，交通的範圍包括交通運輸及資訊傳輸兩大部分。

　　由於高科技時代的來臨，人類的交通發展不斷的演進，結果使交通不再侷限於運輸，卻令資訊傳輸獨受現代人的青睞且佔有無可取代的地位。例如：網際網路、電子郵件、電腦傳真、整體服務數位網路的高傳真影像電話等。我們的幼兒很快的將面臨與接受這些科技的洗禮與考驗，因而不可讓他們一無所悉，心理上毫無所備。為了使他們對未來的生活科技有所了解且能做良好的適應，我們試圖做這項撒種的工作，期盼它能慢慢的滋長繼而生根茁壯。

　　猶記得初編這份單元時，心中十分的憂懼，因為對交通的範圍不甚清楚而資訊傳輸部分幾無概念。因此就從了解「交通」這兩個字的意涵開始。透過親友借到「交通運輸」這本書，使對「交通」有更正確的了解。接著從資訊傳送方面著手，幸運的在學校的圖書資料中找到「走入交通的世界」套書，並由此得知資訊傳輸的演進。於是找到電信這個主題。由於電信科技是項艱深而專業的領域，因此再透過電信局任職的友人、交大資訊工程系任教的家長等協助蒐集資料、提供諮詢等以求建構主題概念網之正確性及完整性。

　　未料試行電信這個主題教學時幼兒們的反應還不錯，令我深具成就感！幼教伙伴們，您也來嘗試玩些新的遊戲吧！

第二節　主題概念網

```
        定　義                        條　件
 ● 在公共的空間裏，人或物      ● 人的意志。
   或資訊，依人的意志而相      ● 具有空間關係的改變或場所的
   互移動或流通。               移動機能。
                             ● 需克服距離之抗阻。
                             ● 需藉體系或機構加以完成。
                             ● 有相互往返的現象。

                  交　通

        功　能                        種　類
 ● 促進歷史文化之形成。        ● 運輸（另見註 1.）
 ● 增進經濟、環境、社會、政治   ● 資訊傳輸（另見註 2.）
   、國防的發展。
```

註 1.

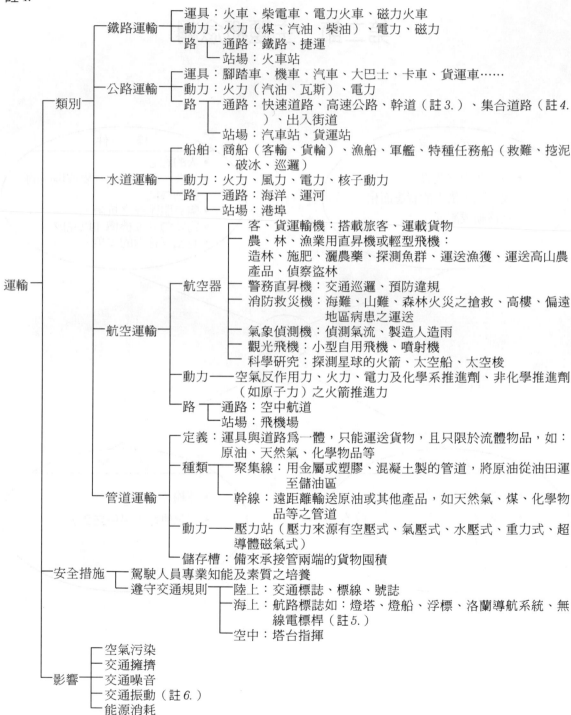

運輸
├─ 類別
│   ├─ 鐵路運輸
│   │   ├─ 運具：火車、柴電車、電力火車、磁力火車
│   │   ├─ 動力：火力（煤、汽油、柴油）、電力、磁力
│   │   └─ 路 ┬ 通路：鐵路、捷運
│   │   └ 站場：火車站
│   ├─ 公路運輸
│   │   ├─ 運具：腳踏車、機車、汽車、大巴士、卡車、貨運車……
│   │   ├─ 動力：火力（汽油、瓦斯）、電力
│   │   └─ 路 ┬ 通路：快速道路、高速公路、幹道（註 3.）、集合道路（註 4.）、出入街道
│   │   └ 站場：汽車站、貨運站
│   ├─ 水道運輸
│   │   ├─ 船舶：商船（客輪、貨輪）、漁船、軍艦、特種任務船（救難、挖泥、破冰、巡邏）
│   │   ├─ 動力：火力、風力、電力、核子動力
│   │   └─ 路 ┬ 通路：海洋、運河
│   │   └ 站場：港埠
│   ├─ 航空運輸
│   │   ├─ 航空器
│   │   │   ├─ 客、貨運輸機：搭載旅客、運載貨物
│   │   │   ├─ 農、林、漁業用直昇機或輕型飛機：造林、施肥、灑農藥、探測魚群、運送漁獲、運送高山農產品、偵察盜林
│   │   │   ├─ 警務直昇機：交通巡邏、預防違規
│   │   │   ├─ 消防救災機：海難、山難、森林火災之搶救、高樓、偏遠地區病患之運送
│   │   │   ├─ 氣象偵測機：偵測氣流、製造人造雨
│   │   │   ├─ 觀光飛機：小型自用飛機、噴射機
│   │   │   └─ 科學研究：探測星球的火箭、太空船、太空梭
│   │   ├─ 動力──空氣反作用力、火力、電力及化學系推進劑、非化學推進劑（如原子力）之火箭推進力
│   │   └─ 路 ┬ 通路：空中航道
│   │   └ 站場：飛機場
│   └─ 管道運輸
│   ├─ 定義：運具與道路為一體，只能運送貨物，且只限於流體物品，如：原油、天然氣、化學物品等
│   ├─ 種類 ┬ 聚集線：用金屬或塑膠、混凝土製的管道，將原油從油田運至儲油區
│   │   └ 幹線：遠距離輸送原油或其他產品，如天然氣、煤、化學物品等之管道
│   ├─ 動力──壓力站（壓力來源有空壓式、氣壓式、水壓式、重力式、超導體磁氣式）
│   └─ 儲存槽：備來承接管兩端的貨物囤積
├─ 安全措施
│   ├─ 駕駛人員專業知能及素質之培養
│   └─ 遵守交通規則
│   ├─ 陸上：交通標誌、標線、號誌
│   ├─ 海上：航路標誌如：燈塔、燈船、浮標、洛蘭導航系統、無線電標桿（註 5.）
│   └─ 空中：塔台指揮
└─ 影響
    ├─ 空氣污染
    ├─ 交通擁擠
    ├─ 交通噪音
    ├─ 交通振動（註 6.）
    └─ 能源消耗

註2.

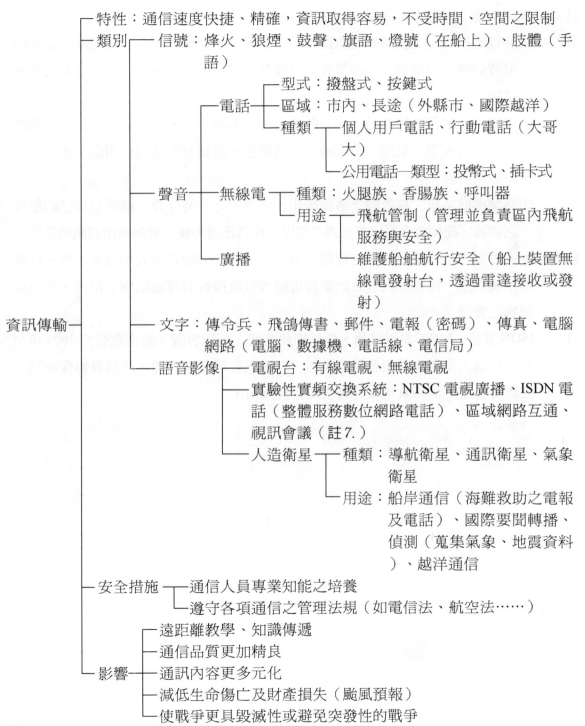

資訊傳輸 ─┬─ 特性：通信速度快捷、精確，資訊取得容易，不受時間、空間之限制
　　　　　├─ 類別 ─┬─ 信號：烽火、狼煙、鼓聲、旗語、燈號（在船上）、肢體（手語）
　　　　　│　　　　├─ 聲音 ─┬─ 電話 ─┬─ 型式：撥盤式、按鍵式
　　　　　│　　　　│　　　　│　　　　├─ 區域：市內、長途（外縣市、國際越洋）
　　　　　│　　　　│　　　　│　　　　└─ 種類 ─┬─ 個人用戶電話、行動電話（大哥大）
　　　　　│　　　　│　　　　│　　　　　　　　　└─ 公用電話─類型：投幣式、插卡式
　　　　　│　　　　│　　　　├─ 無線電 ─┬─ 種類：火腿族、香腸族、呼叫器
　　　　　│　　　　│　　　　│　　　　　└─ 用途 ─┬─ 飛航管制（管理並負責區內飛航服務與安全）
　　　　　│　　　　│　　　　│　　　　　　　　　　└─ 維護船舶航行安全（船上裝置無線電發射台，透過雷達接收或發射）
　　　　　│　　　　│　　　　└─ 廣播
　　　　　│　　　　├─ 文字：傳令兵、飛鴿傳書、郵件、電報（密碼）、傳真、電腦網路（電腦、數據機、電話線、電信局）
　　　　　│　　　　└─ 語音影像 ─┬─ 電視台：有線電視、無線電視
　　　　　│　　　　　　　　　　　├─ 實驗性實頻交換系統：NTSC 電視廣播、ISDN 電話（整體服務數位網路電話）、區域網路互通、視訊會議（註7.）
　　　　　│　　　　　　　　　　　└─ 人造衛星 ─┬─ 種類：導航衛星、通訊衛星、氣象衛星
　　　　　│　　　　　　　　　　　　　　　　　　└─ 用途：船岸通信（海難救助之電報及電話）、國際要聞轉播、偵測（蒐集氣象、地震資料）、越洋通信
　　　　　├─ 安全措施 ─┬─ 通信人員專業知能之培養
　　　　　│　　　　　　　└─ 遵守各項通信之管理法規（如電信法、航空法……）
　　　　　└─ 影響 ─┬─ 遠距離教學、知識傳遞
　　　　　　　　　　├─ 通信品質更加精良
　　　　　　　　　　├─ 通訊內容更多元化
　　　　　　　　　　├─ 減低生命傷亡及財產損失（颱風預報）
　　　　　　　　　　└─ 使戰爭更具毀滅性或避免突發性的戰爭

註3. 幹道：人口集中或商業中心間大量穿越性交通流量使用。

註4. 集合道路：爲市中心內或社區內之道路。

註5. (1)無線電標桿：是指無線電航路標誌。從某一定點的導航台，發射某一定點的
電波信號，由飛機、船舶等收受這種電波作爲航行的指標，以便計算或修正
航線。

(2)浮標：人工設置的岸標，協助船隻航行時能測定船位，其功用在標示危險物
、障礙物或指示航道，白天時可由其顏色、編號及形狀加以辨識，夜間則可
以燈光辨識。

(3)洛蘭導航系統：接收陸上洛蘭發報台所發出之定時呼波，以測定自己的船位
之儀器，此類電台遍佈在大西洋兩岸，極爲正確方便，較無線電測向儀進步。

註6. 交通振動：是運輸所產生的環境污染之一，會伴隨噪音對人類造成干擾。以鐵
路車輛爲主，振動源附近之建築物可能因吸收振動而導致結構之損害，危及建
築物之安全。

註7. ISDN電話、NTSC電視廣播、區域網路互通、視訊會議：是指在公元2000年左
右完成導入寬頻整體服務數位網路，以提供客戶高速數據、高傳真影像電話、
立體聲音響、高傳真電視等電信新科技技術。

第三節　參考書籍

一、教師用書

編號	書　　名	作　　者	出　版　社	主題相關資料
T～1	中西交通史	方豪（民72）	東方	• 依年代先後解說生活文明演進過程，以圖為主，文字為輔，描述車子演進過程。
T～2	中國古代的驛站	臧嶸（民83）	台灣商務	• 介紹中國各朝代驛站通信的發展。
T～3	中國古代的交通	王崇煥（民82）	台灣商務	• 介紹中國自先秦時期到明清年代交通方式之改變。
T～4	中國交通史	自壽彝（民70）	台灣商務	• 介紹中國從先秦時代至現代（民國22年）的交通發展史。
T～5	平安是福──認識交通安全	簡又新主編（民81）	交通部	• 介紹詳盡的行車、行人安全規則。
T～6	行的導師──認識道路交通標誌、標線及號誌	簡又新主編（民81）	交通部	• 介紹道路各項交通標誌、標線與號誌等設施與功能。
T～7	輪子的世界──認識陸上交通建設	簡又新主編圖／黃木村（民81）	交通部	• 介紹陸上的交通工具及相關建設和交通常識，如：高速鐵路、捷運系統工程、六年國建交通建設計畫。
T～8	千里眼與順風耳──介紹電信	簡又新主編（民81）	交通部	• 介紹電信演進過程及工作內容，如：電話業務、電纜裝設。
T～9	忙碌的綠衣天使──認識郵政	簡又新主編圖／黃木村（民81）	交通部	• 介紹古代書信傳遞、現代通信與郵政業務內容及未來自動化的郵局。

T~10	乘風破浪──認識航海	簡又新主編 （民81）	交通部	• 介紹相關的航海事業，如船舶運送業、貨櫃集散站經營業、漁撈作業、海洋探測、航道探測、海洋科學研究等。
T~11	順行千里──認識高速公路	簡又新主編 （民81）	交通部	• 介紹高速公路各項服務設施並提醒人們善用，以改善交通亂象，減少交通事故，降低死亡率
T~12	揭開地球的面紗──認識氣象、海象、地震	簡又新主編 （民81）	交通部	• 介紹氣象、海象、地震等現象對人類之影響及探測所需的儀器設備。
T~13	萬里翱翔──認識民航	簡又新主編 （民81）	交通部	• 介紹民航的業務、飛航安全、客機種類及相關設備。
T~14	飛躍南北的交通巨龍──認識鐵路	簡又新主編 （民81）	交通部	• 介紹國內陸地大眾運輸兩大主幹之一的鐵路建設走向現代化──高速鐵路及都會區鐵路地下化之進行。
T~15	為我們的交通把脈──最常見的交通違規項目	簡又新主編 （民81）	交通部	• 介紹交通安全管制規定和違規處罰的內容及說明民眾最常見、最嚴重違反的項目。
T~16	讀萬卷書行萬里路──認識觀光旅遊	簡又新主編 （民81）	交通部	• 介紹出國觀光及國內旅遊應注意的事項，提升國人觀光素質。
T~17	交通防颱手冊	黃鏞身 （民76）	台灣省政府交通處	• 介紹氣象局透過人造衛星了解颱風來臨及預告人們應做之防颱措施。
T~18	都市大眾運輸──系統與技術	張有恆 （民76）	華泰	• 介紹古今中外公共運輸之發展情況及與都市之關係。
T~19	通訊革命的先驅──貝爾	Micheal Pollard （民81）	牛頓	• 介紹貝爾發明電話的過程以及通訊對人類的影響。

T～20	運輸學概要	張堂賢 （民 79）	淡江大學	• 介紹交通運輸的定義、方式及種類。
T～21	現代航空之父—— 萊特兄弟	Anna Sproule （民 81）	牛頓	• 介紹萊特兄弟發明飛機的經過及其對後人之影響。
T～22	無線電之父—— 馬可尼	Beverley Brich （民 81）	牛頓	• 介紹馬可尼發明無線電的過程以及對後人之影響。
T～23	蒸氣機的發明者—— 瓦特	Anna Sproule （民 81）	牛頓	• 介紹瓦特發明蒸氣機的經過及在火車、船等運輸工具上的應用。
T～24	語言和通訊	尤彥傑譯	鹿橋	• 介紹語言與文字透過印刷、電話、無線電、攝影、電視之傳送原理，及早期信號代碼傳訊方式。
T～25	今日電信	交通部 電信總局 （民 82）	交通部 電信總局	• 介紹電信在今日資訊與通信時代所扮演的角色，及各類通信的大略內容及功能。
T～26	會員進修教材電信法 （21-2）	台灣電信工會 （民 74）	交通部 電信總局	• 介紹受電信法規範所用名詞之定義、電信經營組織、電信建設、電信監理、罰則等內容。
T～27	台灣的火車	文・攝影／ 陳啟淦 （民 79）	台灣省政府 教育廳	• 介紹台灣第一列火車及種類、相關的設施。
T～28	我家有架電視機	黃雲生 （民 75）	台灣省政府 教育廳	• 介紹電視播出的節目種類，使人類變成千里眼和順風耳，天涯若比鄰的夢想實現了。
T～29	簡明大英百科全書	台灣中華 （民 78）	台灣中華	• 解釋航空、航海導航系統之專有名詞。如：洛蘭（Loran）導航系統。

二、幼兒用書

編號	書　　　名	作　　　者	出版社	內容簡介
C～1	力的家庭	湯國光（民81）	華一	• 介紹日常生活中產生力的現象與原理及人類如何利用力來改善生活（如船、汽車、輪胎……等）。
C～2	人造衛星	邱國光（民77）	華一	• 介紹人造衛星製造的構想、種類、運行原理與功能。
C～3	水上旅遊	唐一貞譯	鹿橋	• 介紹人類利用水上運輸達成交流，並從歷史角度探討船隻之演進及運河、導航系統等。
C～4	火車快跑	唐諾·克魯斯（民80）	遠流	• 以圖繪方式描述火車之不同車廂、車櫃功用、經過的路程與勤奮的精神。
C～5	太空站	文／長友信人圖／穗積和文（民83）	台英	• 描述美、日、加、歐洲各國合建的太空站預計在1996年啟用及部分重要實驗與觀測計。
C～6	太空人的一天	邱國光（民77）	華一	• 介紹太空人乘坐太空梭進入太空及在太空艙內生活的情形。
C～7	水陸運輸	唐一貞譯	鹿橋	• 介紹海陸各種交通工具之設計及動力。
C～8	火箭升空	邱國光（民81）	華一	• 介紹火箭之構造、使用燃料及升空原理。
C～9	火箭、探測船、人造衛星	張淑芬、熊淑蘭、曾惠美、陳玫芳、劉恩惠、李桂蓮、黃皓陽、王文娟編	鹿橋	• 介紹繞行於地球軌道上的人造衛星，可以預知氣象以及通訊功能與探測船走訪外星球的情形。
C～10	古代的交通	黃承傳審（民81）	華一	• 介紹中國古代輪子、指南車、驛站的發明。
C～11	外星人來了	邱國光（民77）	華一	• 描述星球探險隊到外太空探險，遇到飛碟及外星人的故事。
C～12	古時候的故事	赫立德、多湖輝、王國和審（民75）	理科	• 介紹東西方古時候發明的車子、飛機、道路……等。

C～13	地底下的寶藏	王鑫審 （民 81）	華一	• 介紹地球裏有許多礦藏，如石油，及挖掘方法。
C～14	交通工具的污染	M. Bright （民 81）	智茂	• 介紹噪音污染等交通問題及解決之道。
C～15	交通與資源	新學友編 （民 79）	新學友	• 介紹人類的交通史——從步行到交通工具之發明、道路設施等。
C～16	交通工具的故事	赫立德、多湖輝、王國和審 （民 75）	理科	• 介紹各種類型的交通工具及其功用。
C～17	汽車	文·圖／ 麥耳肯·塔克& 泰星·博頓 （民 83）	台英	• 介紹車子外形、內部構造、動力原理、行車安全。
C～18	兩列火車	文／吳幸玲 圖／何雲姿 （民 79）	光復	• 描述兩列不同動力的火車（莒光號和柴油車），其車上的設備及行經的車站、山洞、鐵橋等。
C～19	直昇機	文·圖／ 馬克·佛斯特& 泰里·博頓 （民 83）	台英	• 介紹直昇機的種類、構造、動力組件、飛航儀器及用途。
C～20	形形色色的車子	ERYL （民 83）	東方	• 依年代解說生活演進過程，以圖為主，描述車子演進過程。
C～21	孩子們的橋	文／麥克斯·博令格 圖／史提凡·查吾爾 （民 83）	台英	• 描述住在河兩岸之兩戶人家原本相互敵視，後來因孩子在河水變淺時，常踩河床上石塊見面玩耍而成為好朋友，後因雨水期而無法見面失去歡笑，大人們則設法築橋，兩家人於是成為好朋友。
C～22	看不見的電波	黃承傳審 （民 81）	華一	• 介紹電波的被發現、人造電波的發明與在無線電通信上的運用。
C～23	為什麼我不會飛	文·圖／ Kew Brown （民 82）	人類	• 描述鴕鳥因想飛而努力去克服困難，並得到朋友協助的經過。

C～24	飛到天空玩一玩	黃承傳審（民78）	華一	• 介紹飛機發明的經過及對人類的貢獻。
C～25	神速的交通工具	李惠珠主編（民79）	護幼	• 介紹陸海空交通工具的構造、啟動原理及相關設施。
C～26	飛行器與太空火箭	賴君亮審 蔡昭旭譯	鹿橋	• 介紹飛機、太空船之構造，飛行原理及功用。
C～27	飛船	阿法納西夫（民80）	光復	• 描述一笨小弟想與哥哥們一樣達成國王的許諾「把公主嫁給會造飛船的人」，結果因他的誠懇忠厚得到老人協助達成心願。
C～28	飛翔的日子	文・圖／Kew Brown（民82）	人類	• 由一件襯衫在風中自由的飛翔來描述孩子們追求自然、嚮往自由之心靈
C～29	旅行的方式——坐飛機旅行		鹿橋	• 介紹乘坐飛機的經驗及機內的設備、服務等。
C～30	旅行的方式——坐輪船旅行		鹿橋	• 描述坐輪船的感覺，體驗享受海上各種設備及服務。
C～31	旅行的方式——坐火車旅行		鹿橋	• 以生動的圖畫方式描述坐火車旅行的樂趣。
C～32	旅行的方式——坐汽車旅行		鹿橋	• 以圖畫方式介紹坐汽車旅行之事前準備及享受旅行的樂趣。
C～33	陸上交通工具	蔡朝旭譯	鹿橋	• 介紹道路運輸及現代運輸工具、交通管制與未來車的設計。
C～34	挪亞博士的太空船	文・圖／布萊安・懷爾德—史密斯（民83）	台英	• 描述有座森林原本充滿生機，後來失去生氣，動物們決定坐挪亞博士造的太空船去尋找另一個新世界。
C～35	氣象預報員的一天	馮鵬年（民77）	華一	• 透過書中主角小華參觀氣象局來介紹氣象局的設備及工作人員工作情形。
C～36	氣體與飛行	新學友（民79）	新學友	• 介紹氣體與空中交通工具之關係及其應用。
C～37	進入科學世界的圖書——光	尼爾・雅得禮（民81）	上誼	• 介紹光的原理、應用及一些好玩的實驗。
C～38	進入科學世界的圖書——電	尼爾・雅得禮（民81）	上誼	• 介紹電的產生種類及用途。

C～39	進入科學世界的圖畫書——聲音	尼爾·雅得禮（民81）	上誼	● 介紹聲音產生的原理、應用及一些好玩的實驗。
C～40	船的故事	Richard Humble（民83）	東方	● 介紹船的演進、種類及用途。
C～41	船與潛水艇	黃漢邦審	鹿橋	● 介紹現代船隻的種類、構造、功能和現代科技在船隻之應用，及軍艦、艇方面之發展。
C～42	遇難船	亞米契斯（民80）	光復	● 描述小男孩馬利歐於投靠親戚的船旅中遇上小女孩而成為好朋友，最後在遇暴風雨災難中犧牲自己將生存機會讓給小女孩的經過。
C～43	第一次坐火車	文·圖／伊凡·甘喬夫（民83）	台英	● 描述一對兄妹搭乘火車到爺爺奶奶家的經驗與對火車之認識。
C～44	無線電和雷達	林宏宗譯	鹿橋	● 介紹無線電波和人造衛星帶給人類通訊方面的改變及雷達系統指揮國際空中交通的功用，以及對電子革命成就之影響。
C～45	善變的臉孔——陰晴不定的天氣	隆發（民79）	隆發	● 介紹颱風成因、特性及可怕威力與防範。
C～46	語言的故事	赫立德、多湖輝、王國和審（民75）	理科	● 介紹人類從古代到現代所發展出來各種人與人溝通的方式。
C～47	會飛的皮箱	安徒生（民80）	光復	● 描述一富商兒子生性浪費，後來得好友贈會飛的皮箱及憑其聰明得到公主歡心，但最後卻因得意忘形讓皮箱被燒了，於是只好再去流浪。
C～48	電氣與磁力之謎	江丙森、江采梅（民81）	護幼	● 介紹電的產生、輸送、家庭應用及磁鐵種類、製作、磁浮列車和電磁之關係。
C～49	認識能源	竹內均（民82）	彙豪	● 介紹能源的種類、特性、用途及思考能源耗竭的生存問題。
C～50	輪子的本事	黃承傳審（民81）	華一	● 介紹輪子在汽車、火車、自行車之應用及未來車子的形式。

C～51	輪與翼	林紫渝編 （民76）	陳氏圖 書	• 以圖片方式介紹各種交通工具的構造、功能及一些相關的設施。
C～52	暴躁的訪客—— 認識可怕的颱風	隆發 （民79）	隆發	• 以圖片來介紹常見天空景象及了解天氣變化、雲層形態。
C～53	那是什麼車（認識各式各樣的車子）	隆發 （民78）	隆發	• 將日常生活中常見的車子用精緻的插圖來介紹給幼兒。
C～54	坐汽車飛上天（避免馬路上的危險遊戲）	隆發 （民78）	隆發	• 以動物在馬路上玩遊戲的故事來引導幼兒避免危險。
C～55	快樂的遠足去（斑馬線的正確走法）	隆發 （民78）	隆發	• 利用動物插畫的活潑生動，模擬行人在馬路上可能遭遇的狀況，引導幼兒正確過馬路的方法。
C～56	兔寶寶回外婆家 （認識交通標誌）	隆發 （民78）	隆發	• 透過兔寶寶回外婆家時沿途所發現的交通標誌，引導幼兒認識常見的交通標誌。
C～57	紅綠燈的叮嚀（安全的過馬路）	隆發 （民78）	隆發	• 將紅綠燈以擬人化的方式指導孩子在不同情況下安全的過馬路。
C～58	豬小弟和汽車（培養豐富的想像力）	隆發 （民78）	隆發	• 透過豬小弟喜歡將日常事物想像成車子的故事情節來引發幼兒的創造力及想像力。
C～59	潛水艇	文·圖／ 麥可波羅＆ 泰里·博頓	台英	• 介紹潛水艇的構造、航行原理、使用動力及功用。
C～60	鱷魚先生遊巴黎	文／彼得尼科 圖／比內特·施羅德 （民83）	台英	• 描述一隻住在尼羅河畔的鱷魚想到巴黎一家商店看看。鱷魚又是乘汽車，又是搭火車的，終於到達目的地。沒想到，到店裡一看卻都是用自己同伴的身體做成的商品，鱷魚感覺十分地傷心。
C～61	好無聊喔	文·圖／ 彼得史比爾 （民75）	漢聲	• 描述一對兄弟為了解除無聊而興起一個自裝飛機的念頭，利用家中的許多物品經過拆卸組合之後，完成一架可以飛的飛機。

C～62	我會打電話	文／林良 圖／藍采瑛 （民83）	光復	• 故事描述一小女孩在媽媽的引導下學會了打電話。
C～63	現代通訊	黃胤年 （民74）	圖文	• 介紹現代的各項通訊設備如：電話、無線電、衛星等。
C～64	電視與錄放影機	文／麥可・波羅 圖／泰里・博頓 （民83）	台英	• 介紹電視的構造與顯示畫面的原理，以及電視製作節目播出的過程。
C～65	有用的電	湯國光 （民78）	華一	• 介紹用電的器具及在生活上的功能。
C～66	神奇的電視	Giusi Quarenghi （民80）	智茂	• 介紹電視製播工作、其負責工程人員之職務、使用工具等。
C～67	每日科學	潘人木主編 （民77）	台英	• 頁58～117　介紹關於交通運輸及通信等各類資料。
C～68	物理 自然科學大百科⑰ 電磁與機械	綠地球 （民81）	綠地球	• 介紹電與磁在生活上的運用。
C～69	溝通的方法	文・圖／阿麗奇 余欲弟譯 （民83）	台英	• 介紹人類從出生到現代所發明的一些彼此溝通的方式。
C～70	國民中學童軍教育學生手冊（第三冊）、（第四冊）	國立編譯館主編 （民79）	國立編譯館	• 介紹旗語的打法、聲光訊號的符號表示方式及意義。
C～71	人類的資源—— 天然氣	Ian Ridpath （民68）	三通	• 介紹天然氣之探勘、輸送、用途及對未來之重要性。
C～72	人類的資源—— 石油	Ian Ridpath （民68）	三通	• 介紹石油之形成、開採及用途。
C～73	人類的資源—— 煤	Ian Ridpath （民68）	三通	• 介紹煤的形成、分佈區、用途及對未來之重要性。

三、錄影帶

編　號	名　　稱	出　版　社	主題相關資料	備　註
V～1	科技大展30 通訊科技——蜂巢式電話	普傑實業	• 介紹歐美最新的通訊器具、行動電話，具有影像傳真的功能。	
V～2	科技大展6 今日電信——電話的運作方式	普傑實業	• 介紹電話透過電話線、交換機、海底電纜傳輸的過程，以及越洋電話透過人造衛星傳送的經過。	
V～3	科技大展6 今日電信—— 廣播與電視波/同步衛星	普傑實業	• 介紹無線電報的發明、電磁波的發明，而更進一步的發明廣播及電視波。 • 介紹衛星的種類、使用的能源，及通訊衛星在通訊上的功能。	
V～4	科學尋根—— 馬可尼與無線通訊/電視	台視文化	• 由阮大年博士介紹無線電報之發明及對後來世界的影響，例如廣播電視、飛航安全的導航系統。	公共電視節目
V～5	國小科學錄影帶 電與磁性	小牛頓	• 介紹電與磁力的關係及實驗。	
V～6	幼兒輔助教學錄影帶 行的單元——㈠交通工具	光國視聽文教	• 介紹飛機運輸工具之功能及飛行原理。	

四、錄音帶

編　號	名　　　　稱	出　版　社	主題相關資料	備　　註
TA～1	耳聰目明	信誼	• 錄音帶中有飛機、消防車、救護車、警車、火車、平交道、摩托車、汽車等聲音，並可搭配圖卡進行聽音找卡的遊戲。	
TA～2	光復最好的幼兒百科錄音帶——交通工具的聲音	光復	• 錄音帶中有各種的交通工具之聲音。	

五、幻燈片

編　號	名　　　　稱	出　版　社	主題相關資料	備　　註
S～1	消防車的故事——小白兔的家失火了	光國視聽文教	• 故事描述小白兔因煮東西不慎釀成火災，後來經猴子消防隊開了消防車來滅火才保住小貓及房子。 • 在救災過程中有雲梯以及救護車等內容畫面呈現。	
S～2	巡邏車、救護車的故事——辛苦的警察伯伯	光國視聽文教	• 故事描述警察執行勤務及助人，並以巡邏車、救護車來協助達成救人工作的情節。	

第四節　社會資源

名　　　稱	資　源　內　容	備　　註
車站	• 車站內有各類的車輛進站、停靠，可提供幼兒了解不同運輸工具的實際運作情況	• 各縣市之市內較具規模的火車站、汽車站、貨運站
機場	• 機場有通關檢查（人身、行李）、塔台設備，可供幼兒認識飛航安全措施	• 國外航線有桃園中正機場、高雄小港機場；國內航線有松山、台南、花蓮等機場
漁港或商港	• 港灣的碼頭及相關措施，可提供幼兒認識船舶功能及航行安全	• 全省沿海各縣有漁港及商港可參觀。如：新竹南寮漁港、桃園永安漁港、基隆港、台中港、高雄港、台東港……
中正航空館	• 館內陳列不同年代飛機的模型、飛行員裝備、塔台模型，可提供幼兒對飛行器發展的認識與飛航安全措施的了解	• 位於桃園國際機場
電信局	• 電信局內障礙台、查號台、交換機房等電信業務的工作情形，可供幼兒了解信息傳輸的過程及方式	• 可由電話簿中查詢可供參觀的局所
氣象台	• 提供氣象資料的收集方式，如：地面觀測場、衛星收集雲圖及電腦分析、傳送氣象資訊等	• 可由電話簿中查詢及聯絡
廣播電台	• 提供廣播所需的各項配備、使用方式及聲音傳送原理等	• 校內播音室或各縣市之公、民營廣播電台
電視台	• 提供電視製作及轉播的過程，及所需的各項設備	• 國內之公、民營有線或無線電視台
公用電話	• 公用電話設置的方式及地點各有不同，使用方式及器具型式也有差異，如投幣式、插卡式	• 校園或市區內

通訊器材公司	• 展示行動電話、有線電話、對講機等通訊器材和器具，提供對各式通訊工具的認識	• 市區內的通訊器材公司
對電、磁物理具專業知識人員	• 示範及解說電流傳送的原理	• 校內同仁或學生家長
汽車修理廠	• 可供幼兒觀察汽車的內部構造、汽車拆卸及維修的過程，並可請修車的技術人員說明汽車內部構造的名稱及功能	• 學校附近的汽車修理廠、保養廠
加油站	• 提供陸上運輸工具所使用的燃料種類	• 找車流量較少及空間較寬敞的加油站
公路交通警察大隊	• 提供人力支援，到校實地示範交通警察的配備，示範幾種指揮交通的手勢，說明幾起違規肇事的交通事故實例，及解說行人和駕駛人應如何遵守交通規則等	• 可以從電話簿上查詢、聯絡
兒童交通博物館	• 館內設有視聽中心、列車教室、交通教室和數十種體能反應的測驗儀器。明日交通世界館將設置 360° 旋轉太空椅，在模擬的太空艙內由機械人帶領民眾穿越時空，體驗公元 2090 年的台北交通	• 地址：台北市汀州路 3 段 2 號（02）23685492

第五節　參考活動

Ⅰ.體能與遊戲

編號：Ⅰ～1

❋**名稱**：公用電話在哪裏？

❋**準備工作**：

1. 硬幣三十個、電話卡一張。

2. 找尋校內裝置公用電話地點。

3. 收集各類型電話機。

4. 各角落材料。

❋**遊戲說明**：

1. 師生共同討論：如果外出時有急事要通知家人該在哪裏打電話？哪些地方有公用電話？

2. 帶幼兒參觀校內的公用電話，並討論投幣式、插卡式電話型式及使用上之不同。

3. 提供硬幣給幼兒嘗試打公用電話回家，或撥 117、166、104 等。

4. 提醒幼兒 110 及 119 的電話是報警及火災時才能撥的，不可任意亂玩。

5. 角落活動：

　(1)工作角：用空紙盒製作投幣式及插卡式電話。

　(2)積木角：利用大積木搭建公用電話亭。

　(3)娃娃角：電話公司賣電話機。

編號：Ⅰ～2

❋**名稱**：公用電話

❋**遊戲說明：**

1. 老師帶領幼兒到校內參觀投幣式及插卡式的公用電話。

2. 幼兒在積木角利用大積木搭建成公共電話亭（先把三面牆部分疊高起來，上面架上木板或紙板）。

3. 把在工作角中完成的投幣式及卡式的電話黏貼在兩側的牆上。

4. 幼兒到工作角利用名片紙製作成電話卡（或用小花片代替硬幣）。

5. 完成電話卡及持有硬幣者則主動的到搭建好的電話亭進行打公用電話的遊戲。

❋**活動實景分享：**

編號：Ⅰ～3

❋**名稱：**電話公司

❋**準備工作：**請幼兒協助收集家中不用的舊電話、書面紙、各類顏色筆。

❋**遊戲說明：**

1. 老師介紹幼兒帶來的不同種類電話：撥盤式、按鍵式、無線電話。

2. 和幼兒討論家裏電話是怎麼來的？哪些地方賣電話？

3. 角落活動開始時，娃娃角的幼兒將各種不同的電話擺起來，同時用方形積木把電話墊高作為展示，然後利用標籤紙寫上價格貼在電話上。

4. 當顧客的幼兒則先到工作角畫錢幣，做好之後即可以到電話公司交易。

5. 當顧客說要買電話時，老闆則需詢問要按鍵式的？還是撥盤式？或無線電式的？再說明需付多少錢。

※**活動實景分享：**

編號：Ⅰ～4

※**名稱：**電話修護人員

※**準備工作：**

1. 收集各種電話。

2. 準備大積木、椅子。

3. 裝扮用的手套、雨鞋。

※**遊戲說明：**

1. 老師和幼兒討論家裏的電話是誰裝設的？幼兒發表家中如何使用電話？（誰打？打給誰？電話如果壞了怎麼辦？請誰來修理？）

2. 角落活動時參與積木角的幼兒，利用大積木來搭蓋電信局工務組辦公室裏的辦公桌，然後在桌上放置無線電話及行動電話。

3. 幼兒到娃娃角將自己裝扮成修理電話障礙的員工，戴上手套，穿上雨鞋，出任務時戴上國小學生的圓盤帽做為安全帽。

4. 當老師打電話呼叫 112 時，工務組人員會問什麼事？老師告之家中需裝電話，幼兒即接上毛線當電話線，從電信局拉到娃娃角桌上的電話機上，經過通道的時候，把線用木板蓋在下面表示埋在地下了，並且用塑膠積木組合成銲接槍來銲接電線。

❋活動實景分享：

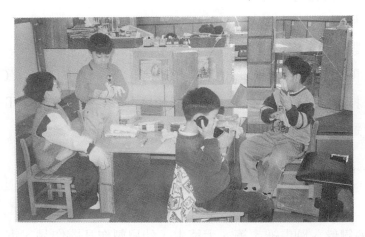

編號：Ⅰ～5

❋名稱：參觀查號台──104

❋準備工作：

1. 公函聯繫電信局安排參觀時間及部門。

2. 聯絡家長座車支援參觀。

3. 角落各項材料。

4. 電話簿。

❋遊戲說明：

1. 老師展示電話簿給幼兒看。

2. 師生共同討論：

　⑴電話簿是做什麼用的？

　⑵如果家中沒有電話簿，或是在外想打電話給親友、公司或學校，但是不知道號碼時該怎麼辦呢？

(3)電信局的哪個部門可以幫忙查號？

3. 參觀 104 查號台。

4. 幼兒分享參觀心得。

5. 角落活動：

(1)工作角：利用紙盒製作電腦。

(2)積木角：利用大積木搭查號台，玩電腦查號。

(3)益智角：數字盒、單位積木（1～10）。

(4)語文角：閱讀書籍⇨無線電和雷達（C～44）、語言的故事（C～46）、我會打電話（C～62）、千里眼與順風耳——介紹電信（T～8）、語言和通訊（T～24）。

編號：Ⅰ～6

❋名稱：查號台

❋準備工作：電腦鍵盤、圖畫紙、筆、大積木、幼兒製作耳機作品、電話實物。

❋遊戲說明：

1. 幼兒在參觀 104 查號台後，在積木角進行的自發性活動。

2. 利用大積木圍成一個辦公室的空間，再將立方體大積木貼上圖畫紙當作電腦螢幕，而電腦鍵盤則放在螢幕下。

3. 在工作角利用膠帶圈及毛根、保利龍球做成耳機，戴在耳朵上表示可以接聽顧客打電話來查詢號碼。

4. 幼兒用電話機具假裝打電話查號，查號台的小姐則立即打電腦，並用筆將電話號碼寫在圖畫紙上表示查出號碼了，然後透過耳機將電話號碼告訴顧客。

編號：Ⅰ～7

❋名稱：聲音的振動實驗

❋準備工作：音叉、敲鎚、塑膠杯。

❋遊戲說明：

1. 將音叉、敲鎚、塑膠杯各兩組放在科學角。

2. 老師和幼兒討論聲音是如何發出來的。

3. 引導幼兒觀察自己或同學唱一長音時，喉嚨部分的振動情形。

4. 老師做一次敲擊音叉發出振動，再垂直放入盛⅔杯水的塑膠杯中，可見到水花被震到外面來。

5. 幼兒輪流實驗音叉振動的實驗，老師提示看杯裏的水面沒放振動的音叉時情形如何？放入振動音叉時水面有什麼變化（圓形的波紋），聽聽音叉敲擊後的聲音。

6. 和幼兒討論我們的聲音是因為哪裏振動？又為什麼能發出比較大的聲音？

❈**活動實景分享：**

編號：Ⅰ～8

❈**名稱：**頻率的共振與共鳴實驗

❈**準備工作：**有箱型底座的音叉兩組、敲鎚。

❈**遊戲說明：**

1. 商請對聲音的傳播有專業知識的同事或家長支援玩實驗遊戲。

2. 老師敲擊一個音叉，請幼兒仔細觀察音叉的振動，再將另一座音叉移動靠近剛被敲過的音叉，則可看到未被敲擊的音叉也在振動了。經過約一秒後，將第一次敲擊過的音叉用手按住，此時音叉就靜止了，但是另外一座音叉則還在振動。

3. 和幼兒討論為何未敲的音叉會振動？為什麼一組已經停止了，而另一組卻還繼續在振動？

4. 同時敲擊兩組音叉而使聲音擴大。

5. 和幼兒討論為何兩組音叉同時敲能使聲音擴大？我們使用的物品中，哪些有使音量變大的設備？

✤**活動實景分享：**

編號：Ⅰ～9

✤**名稱：**話筒的秘密

✤**準備工作：**

1. 報廢的電話機具、螺絲起子。

2. 幼兒用書——自然科學大百科⑰電磁與機械（C～68）。

✤**遊戲說明：**

1. 拿娃娃家的電話機引起動機。

2. 主題探討：

   ⑴老師現在想打電話回家可以嗎？為什麼打不出去呢？

   ⑵聲音為什麼可以傳進電話筒裏？聲音怎麼可以變成電流呢？

   ⑶電流靠什麼來傳送？電話線從家裏通到哪裏？

   ⑷電磁鐵裝在哪個部分？我們用什麼方法可知道？

3. 指導幼兒使用螺絲起子的方法。

4. 拆卸電話的聽筒、話筒及機座，並與「電磁與機械」書上的電話圖解做對照。

5. 拆卸活動結束後可以引導幼兒在工作角利用紙杯、免洗湯杯、餅乾紙盒組合成電話，完成之後在角落扮演活動中使用。

編號：Ⅰ～10

❀名稱：郵局

❀準備工作：

1. 聖誕卡片、聯絡參觀郵局事宜（日期、時間）、舊的信封。

2. 準備各角落材料。

3. 集郵冊或郵票。

❀遊戲說明：

1. 老師展示聖誕卡片（或書信）給幼兒看。

2. 師生共同討論：

(1)聖誕卡片（或書信）是如何得到的？

(2)為什麼要寄卡片（或書信）呢？

(3)誰幫忙把這些卡片送到我們家呢？

(4)郵差為什麼可以從我們親友那兒拿到卡片然後送給我們？

(5)寄信時需要用哪些工具？

3. 參觀郵局。

4. 幼兒分享參觀心得。

5. 角落活動：

(1)工作角：①設計郵票、製作信封。

②用紙箱、色紙製作郵筒。

(2)積木角：利用大積木搭櫃台玩寄信、包裹遊戲。

(3)益智角：①欣賞集郵冊。

②利用郵票玩分類遊戲（以圖案或者票面額分類）。

編號：Ⅰ～11

❀名稱：隱形郵差

❀準備工作：

1. 聯絡辦公室操作傳真機的同仁協助示範傳真。

2. 一張申請參觀氣象局的公函。

❀遊戲說明：

1. 老師出示參觀公函引起動機。

2. 問題討論：

(1)這張參觀的申請書（信），怎麼樣才能送到氣象局去，讓他們知道我們要去參觀？

(2)除了用郵寄的方式外，還有沒有更快、更簡便的方法？

(3)傳真信函需要到什麼地方？需要什麼工具或手續？

3. 到辦公室（有傳真機的）去請職員或老師示範傳真參觀公文給氣象局。

4. 商請氣象局工作人員配合協助，當他們收到申請函時，用電話或傳真來回覆我們，讓我們了解申請信函已經收到了，及是否已被准許參觀。

5. 在參觀活動結束後，亦可以鼓勵孩子製作謝卡，然後用傳真的方式送給氣象局的阿姨或叔叔們。

編號：Ⅰ～12

❀名稱：超級秘書

❀準備工作：

1. 聯絡圖書館同仁協助做上網路查詢資料的示範活動。

2. 一本書〔如電話或電磁與機械（C～68）〕。

❀遊戲說明：

1. 師生共同討論：

(1)幼兒到圖書館借書或還書需要什麼工具來幫忙登記？

(2)電腦除了可以登記我們借閱的書外，還可以做什麼？

(3)我想借「我會打電話」這本書，不知道圖書館裡有沒有？該怎麼辦呢？

(4)如果在電腦上查的結果沒有這本書，我想知道其他學校的圖書館有沒有，可以查出來嗎？

(5)電腦網路要如何使用呢？誰可以幫助我們？

2. 帶幼兒到圖書館觀看阿姨檢索「我會打電話」這本書的資料及上網路到其他圖書館（如文化中心、師院……）查詢、檢索資料之示範操作。

3. 請幼兒請教阿姨上電腦網路需要什麼設備？除了查書之外還有哪些用途呢？

4. 此活動可延伸到工作角製作電腦，及在角落活動時玩上網路的扮演遊戲。

編號：Ⅰ～13

✤名稱：傳令兵

✤準備工作：

畫上 ⌒⌒ 、 〜〜 、 ✕→ 圖案的紙（每張紙上只畫一種）各兩份、跳跳馬三隻、標的物三座。

✤遊戲說明：

1. 在每支標的物上貼上一張畫有圖案的紙，將標的物放在距幼兒隊伍 2m 的正前方。

2. 將幼兒分成三組，排最前面者騎馬並且手持一張捲起來的圖案紙（用橡皮筋套住），裏面畫有 ⌒⌒ 或 〜〜 或 ✕→ 的圖案；騎著跳跳馬繞過標的物將圖案紙傳給下一位。

3. 當最後一位幼兒騎跳跳馬到達標的物前時，趕緊打開圖畫紙看看自己的圖案是與第幾座標的物相同，然後趕快站在這座標的物前下馬站起來說：「我達成任務了！」或「我把信送到了！」接著解釋自己圖案紙上的符號意思，如 ⌒⌒：我要把信送到山上。〜〜：前面要渡河。✕→：我們大家變成好朋友了。

編號：Ⅰ～14

✤名稱：SOS！求救

❀**準備工作**：製作好紅色及藍色的旗子、跳箱及旗式的圖卡（代表 1 及 2 的）。

❀**遊戲說明**：

1. 與幼兒共同設定代表 1 的旗式之姿勢，代表 2 的旗式、3 的……姿勢，最多不超過三種旗式。

2. 幼兒共同訂定旗式的意義，如：12 兩碼表示救命，22 表示危險，11 表示安全（旗式請參考 I～25）。

3. 將幼兒分成三組，每組選一人當公主站在跳箱上，表示被巫婆困住了，必須同組的組員解除密碼才可把她救回。

4. 由公主發出訊號（即利用旗子打旗語），請求救援。

5. 老師當巫婆出題（出示兩位數字 11，12，22 等密碼）讓公主們打。

6. 當公主打 11 時，該組的成員須立即說出正確的意義：「安全」，而打出 12 時會說出「救命」，22 時答出「危險」。

7. 當該組成員完全答對時，站在該組前方的公主即可被救回來。

8. 老師提出密碼時，不可以讓各組員看見，只能讓公主知道，而密碼要逐次的提出，幼兒答對一種時，再換另一種。

9. 當公主者可以換人，由幼兒輪流擔任。

10. 密碼代號可以自行訂定或改變。

編號：I～15

❀**名稱**：安全進港

❀**準備工作**：呼拉圈十五個、體能泡棉墊五個、手電筒一支、音樂錄音帶。

❀**遊戲說明**：

1. 師生共同設定燈號的號訊，燈亮時間較長時代表一畫（—），燈亮時間短時為點（˙）。

2. 師生決定安全及危險的信號，如一畫二點（— ˙ ˙）表示安全，三點時（˙ ˙ ˙）表示危險。

3. 幼兒兩人一組乘著呼拉圈當開船，分別放五個泡棉墊在活動室中不同的地點當作島嶼，老師持手電筒當燈塔導航員。

4. 音樂響起時，幼兒兩人一組開著船在海上自由航行，兩分鐘後，老師利用手電筒打出（‧‧‧）危險信號，船上的幼兒馬上放下呼拉圈，踏在體能墊上表示安全登陸。然後經一分鐘後再用手電筒打出（─‧‧）安全信號，島上的幼兒即可再乘著船到處遨遊。

5. 體能墊可以逐次的減少到一個，對遇上（‧‧‧）危險信號時，無法踩在島嶼上的船員即被淘汰出局（被鯊魚吃掉了）。

6. 燈塔的導航員可由幼兒輪流來擔任。

7. 此活動在光線較弱的室內進行較佳。

編號：Ⅰ～16

❋ **名稱**：無線電通訊

❋ **準備工作**：

1. 飛機起飛聲音鳴叫器。

2. 錄影帶「馬可尼與無線通訊」（Ⅴ～4）。

3. 各角落的材料。

❋ **遊戲說明**：

1. 欣賞影帶「馬可尼與無線通訊」錄影帶。

2. 師生共同討論：

    (1)如何使用無線電報和別人聯絡訊息。

    (2)無線電報的發明讓後來的人類怎樣來運用它？

    (3)飛機和船為什麼需要用無線電通訊。

    (4)飛機在機場起飛時如何和塔台聯繫？

3. 角落活動：

    (1)工作角：①利用膠帶圈、毛根做成無線電通話耳機。

             ②用毛線將飛機上的椅子綁住當安全帶。

    (2)積木角：①利用桌子、椅子、大積木搭成塔台。

             ②用大積木組合客機。

    (3)娃娃角：空中小姐在地面將食物盛在餐盤中，並用鋁箔紙包裝起來。

編號：Ⅰ～17

❋名稱：軍艦上的通訊設備

❋準備工作：

1. 積木角的大積木、幼兒作品——碟形天線
、人造衛星、電腦。

2. 幼兒用書「船與潛水艇」（C～41）。

❋遊戲說明：

1. 老師大略介紹「船與潛水艇」一書的部分
內容。

2. 師生共同討論：軍艦如何測知航向及如何
與地面部隊或戰機上的隊友通訊，獲得正
確消息。

3. 幼兒利用大積木搭成軍艦，軍艦上面放置
電腦，模擬輸入資料及查詢敵人戰機的資
料。

4. 模擬時，電腦輸出的資料可以透過碟形天線、人造衛星傳送給遠方的隊友。

❋活動實景分享：（如右圖）

編號：Ⅰ～18

❋名稱：坐火車去旅行

❋準備工作：

1. 聯絡座車（或家長支援）搭載幼兒到火車站。

2. 幼兒用書「第一次坐火車」（C～43）。

3. 辦公室電話。

❋遊戲說明：

1. 老師讀「第一次坐火車」的故事給幼兒欣賞引起動機。

2. 師生共同討論：

(1)在哪裡乘坐火車？要經由哪些手續呢？

(2)從前買票須要親自到火車站的售票窗口去購買或預購，現在有更方便的方法嗎？

(3)如果我們要用電話訂票，需要向售票員說明哪些事情（日期、地點、班次、車別）？

(4)怎麼樣才能知道旅遊當天的天氣好壞呢？

3. 選個晴朗天氣，訂出發時間，帶學生到辦公室或公用電話，打電話預訂火車票，做個火車之旅。

4. 請家長搭載或搭乘公車到火車站，然後取票坐火車去旅行囉！

5. 旅遊地點不要太遠，車程約三十分鐘。老師須事先探路，看目的地是否安全，為適合幼兒休憩之所。

編號：Ⅰ～19

※名稱：氣象播報中心

※準備工作：大積木、電腦、鍵盤、圖畫紙、色筆、電話數台。

※遊戲說明：

1. 參觀氣象台之後，師生共同分享經驗及探討：

(1)如何取得氣象台播報的資料？

(2)除了國內氣象外，還有哪些地區、國家的氣象資料呢？為什麼可以得知國外的天氣情況。

(3)世界各地的天氣在同一時間都一樣嗎？如現在台灣是晴天，那澳洲、美國、日本地區呢？

2. 角落活動：

(1)工作角：①繪製天氣圖及溫度、數字。

　　　　　　②利用長方形保鮮保利龍盤、吸管、色紙製作溫度計。

(2)積木角：利用大積木搭建氣象播報台，在台上放置電話及電腦，玩打166查詢天氣的遊戲。

(3)語文角：閱讀書籍⇨人造衛星（C～2）、氣象預報員的一天（C～35）、善變的臉孔——陰晴不定的天氣（C～45）、暴躁的訪客——認識可怕的

颱風（C～52）。

編號：I～20

❀名稱：飛機的家

❀準備工作：

1.幼兒用書「坐飛機旅行」（C～29）。

2.聯絡幼兒搭乘的車子。

3.各角落的材料。

❀遊戲說明：

1.欣賞故事「坐飛機旅行」。

2.師生共同討論：

(1)我們需要到什麼地方去搭乘飛機呢？

(2)為什麼要到飛機場才能搭飛機？

(3)搭乘飛機時需要經過哪些手續？

(4)飛機如何起飛？誰來告訴它、指揮它？

(5)飛機上有哪些工作人員？

3.到中正機場及中正航空館、模擬塔台參觀。

4.幼兒分享參觀心得。

5.角落活動：

(1)工作角：用木塊釘飛機。

(2)積木角：①利用大積木搭建飛機。

②利用樂高玩具組合飛機。

(3)娃娃角：扮演機長、副機長、空中小姐、旅客。

編號：I～21

❀名稱：塔台指揮

❀準備工作：

1.飛機起飛的鳴叫器或用口哨。

2.大木箱（或積木組合）當成塔台。

3.正方形大積木三個，上面分別貼上數字 1、2、3。

❀遊戲說明：

1.將幼兒分成三組，每組十個人，每組報數 1～10，請幼兒牢記自己的號數是多少（或是事先寫在紙上貼在身上）。

2.將正方形大積木放在距每組幼兒 2m 前方。

3.老師當塔台指揮人員喊×號飛機起飛，當按鳴叫器聲響時，該架飛機就要起飛到應該降落位置。

4.十架飛機起飛後降落的位置隊形為

		1		
8	7	2	5	6
		3		
	10	4	9	

5.剛開始時老師按順序叫號讓飛機起飛降落，看哪組組合得最快最正確。

6.在幼兒熟悉飛機組合的隊形後，塔台可以不按順序指揮飛機起降，如開始時先叫 5 號起飛，並且任由他自選降落位置，到最後看哪組先組合好為優勝。

7.可以用任意的方式組合成創意的機形。

編號：Ⅰ～22

❀名稱：氣象台

❀準備工作：

1.幼兒用書「氣象預報員的一天」（C～35）。

2.聯絡搭載的交通工具。

3.聯絡氣象台確定參觀時間。

4.各角落的材料。

❀遊戲說明：

1.老師唱「雷雨」（Ⅲ～3⑵）引起動機。

2.師生共同討論天氣有哪些變化，及如何知道未來的天氣？

3. 介紹「氣象預報員的一天」（C～35），讓幼兒大略了解氣象台的工作情形及一些設備。

4. 帶幼兒參觀氣象台。

5. 幼兒分享參觀後的心得。

6. 角落活動：

(1)工作角：①製作毛髮濕度計（用柔力磚搭蓋百葉箱、毛線當毛髮）。

②製作溫度計（用長方形免洗盤、色紙、錫箔紙、紅色吸管）。

③製作地震記錄器（材料：紙卷軸、紙箱、圖畫紙）。

(2)積木角：利用大積木搭建地面觀測場。

(3)娃娃角：扮演氣象局人員接收氣象資料傳真並做記錄。

(4)科學角：將溫度計分別放入溫水及冰水中觀察溫度的變化。

編號：Ⅰ～23

❀名稱：廣播電台

❀準備工作：

1. 與學校的廣播室負責人員聯繫。

2. 角落的各項材料。

❀遊戲說明：

1. 老師和幼兒討論除了在電視上可以得知一些重大消息外，還可以透過哪種無線電波知道氣象、交通狀況、比賽或新聞等訊息？

2. 廣播需要用哪些設備？如何得到交通路況及氣象方面的資料？

3. 參觀學校的廣播室。

4. 幼兒分享參觀經驗。

5. 角落活動：

(1)工作角：利用圓形盒蓋、路障製作碟形天線。

(2)積木角：利用大積木搭蓋廣播電台。

(3)娃娃角：扮演播音小姐在電台上班。

(4)音樂角：利用擴音器、麥克風配合錄音機唱歌。

編號：Ⅰ～24

❀名稱：實況轉播

❀準備工作：

1. 電視機、攝影機、AV 端子接線、攝影機腳架。

2. 角落各種材料。

3. 幼兒用書「神奇的電視」（C～66）。

❀遊戲說明：

1. 在積木角靠牆角落放置電視機並架設攝影機，將攝影機用 AV 端子的線連接在電視機後面的影像插孔。

2. 打開電視機的開關及攝影機，幼兒可以看到在積木角走動的同伴，老師操作攝影機對準幼兒，幼兒可以看到自己在電視的畫面上。

3. 介紹幼兒用書「神奇的電視」，並與幼兒討論電視上可以轉播什麼節目。

4. 幼兒自行討論及裝扮準備上節目。

5. 角落活動：

　(1)工作角：利用紙盒、色紙、圖畫紙製作電視。

　(2)積木角：①利用大積木搭建成舞台，後面搭上布幕。

　　　　　　②幼兒擔任攝影師取鏡頭。

　(3)娃娃角：穿著長衣長裙，披上領巾、圍巾扮成演員在攝影機前表演。

　(4)語文角：欣賞書籍⇨我家有架電視機（T～28）、電視與錄放影機（C～64）神奇的電視（C～66）。

編號：Ⅰ～25

❀名稱：打旗語

❀準備工作：兩面旗，規格為 40cm×40cm，旗色為藍色或紅色。

❀遊戲說明：

1. 如下頁附圖，學習打旗語。

2. 可事先放大附圖張貼於教室內，供幼兒自發學習用。

❀附圖：

1.中文電碼雙旗旗式圖

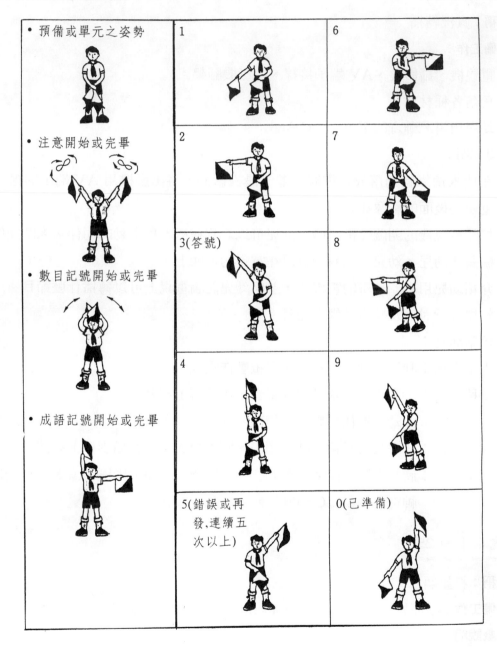

註：①每一國字均有四個電碼，故以四個號碼爲一組連發，表示一字。

　　②引自：國民中學童軍教育學生手冊（第三冊）。

2. sem‧a‧phore ［ˊsɛmə‚for; ˊseməfɔ:］ n.1 Ⓒ（鐵路的）臂式號誌（信號機）。2. Ⓤ 旗語，手旗信號（☞Morse code 的插圖）。

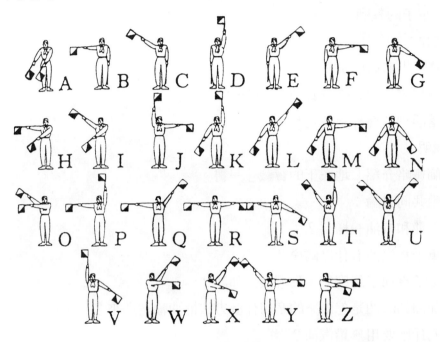

semaphore 2

3. Morse code ［ˊmɔrs ˋkod; ˊmɔ:skoud］ n.《the～》摩爾斯電碼［美國人 Samuel Finley Breese Morse (1791-1872) 所發明的無線電通信電碼；也簡稱 Morse； ☞SOS, semaphore 的插圖］。

A • —	K — • —	U •• —	1 • — — — —
B — •••	L • — ••	V ••• —	2 •• — — —
C — • — •	M — —	W • — —	3 ••• — —
D — ••	N — •	X — •• —	4 •••• —
E •	O — — —	Y — • — —	5 •••••
F •• — •	P • — — •	Z — — ••	6 — ••••
G — — •	Q — — • —		7 — — •••
H ••••	R • — •		8 — — — ••
I ••	S •••		9 — — — — •
J • — — —	T —		0 — — — — —

註：引自　新知識英漢辭典（民 77）：台北：黃帝圖書。

編號：Ｉ～26

❋名稱：車子的餐廳

❋準備工作：

　1.聯絡可供參觀的加油站。

　2.幼兒用書「地底下的寶藏」（Ｃ～13）。

　3.角落活動各種材料、道具。

❋遊戲說明：

　1.老師概略介紹「地底下的寶藏」一書。

　2.師生共同討論：

　　⑴石油和汽油一樣嗎？

　　⑵車子和汽油有什麼關係？

　　⑶車子沒油了怎麼辦？到哪裏去加油？

　　⑷加油站的油是怎麼來的？用什麼方法把油輸送過來？

　　⑸為什麼要用無鉛汽油？

　　⑹除了用油之外，有什麼燃料可以讓車子發動行駛？

　3.參觀加油站並請有關人員解說油槽、油管、加油機、加油槍、加油卡之用途。

　4.角落活動：

　　⑴工作角：①畫車子。

　　　　　　　②用黏土捏塑車子。

　　⑵積木角：用大積木搭建加油機，報紙捲成圓柱形接成油管接在加油機上。

　　⑶語文角：欣賞書籍⇨水陸運輸（Ｃ～7）、地底下的寶藏（Ｃ～13）、交通工具
　　　　　　　的污染（Ｃ～14）、認識能源（Ｃ～49）。

編號：Ｉ～27

❋名稱：太空船

❋準備工作：

　1.幼兒用書「飛船」（Ｃ～27）。

2.各角落活動的材料、工具。

❊遊戲說明：

1.欣賞故事「飛船」。

2.師生共同討論問題：

(1)怎樣的船會飛？它可以飛到哪裏去？

(2)除了太空船外，還有什麼工具可以到外星球？

(3)地面上的太空船如何發射到外太空去？

(4)誰駕駛太空船？人類上過外星球嗎？

(5)太空人去月球做什麼？

3.角落活動：

(1)工作角：①利用養樂多瓶製作火箭。

②利用鮮奶空瓶做成氧氣筒。

(2)積木角：利用大積木搭建太空站。

(3)語文角：欣賞書籍⇨太空站（C～5）、太空人的一天（C～6）、火箭升空

（C～8）、外星人來了（C～11）、飛行器與太空火箭（C～26）、

飛船（C～27）、挪亞博士的太空船（C～34）。

編號：Ⅰ～28

❊名稱：神氣的警察伯伯

❊準備工作：

1.預先電話聯絡公路交通警察大隊派員到學校來宣導交通安全教育之日期、時間，

確定後再行公函邀請。

2.準備一間較大的教室或活動室來進行。

❊遊戲說明：

1.請兩、三位交通大隊的警察阿姨或叔叔到校來，介紹他們出勤務之配備及工具

（如白手袖、反光背心、白手套、安全帽、墨鏡……等）。

2.請交通警察叔叔示範幾項交通指揮的手勢。

3.幼兒模仿交通警察叔叔吹口哨指揮前後左右行車手勢。

4.警察叔叔說明幾個車禍及違規的實例和罰則。

5.警察叔叔說明警車上的裝備（如：無線電對講機、警示燈、警棍、電擊棒）示範警笛聲。

6.經由上述的活動過程後，在教室內準備好安全帽及口哨，幼兒很容易就會進行交通警察指揮的社會性遊戲。

編號：Ⅰ～29

❋**名稱**：警察的巡邏車

❋**準備工作**：

1.巡邏車的玩具模型。

2.高速公路的圖片。

3.收費站的圖片。

4.各角落活動的材料及道具。

5.幻燈片「巡邏車、救護車的故事──辛苦的警察伯伯」（S～2）、幻燈機、布幕（白色）或白板。

❋**遊戲說明**：

1.師生共同討論：

(1)巡邏車是誰在使用的？在哪些地方常看到？

(2)高速公路上，公路警察駕駛巡邏車的任務是什麼？

(3)高速公路和一般公路不同的地方在哪裏？

(4)為什麼要設收費站？

2.角落活動：

(1)工作角：利用大紙箱製作汽車。

(2)積木角：大積木搭建高速公路收費站。

(3)語文角：欣賞幻燈片「巡邏車、救護車的故事──辛苦的警察伯伯」。

(4)娃娃角：裝扮成警察，與積木角幼兒互動，玩警察開違規罰單遊戲。

編號：Ⅰ～ 30

❋**名稱**：特殊功能的車子

❋**準備工作**：

1. 消防車、救護車、警車等玩具車模型。

2. 幻燈片「消防車的故事──小白兔的家失火了」（S～1）。

3. 各角落的材料、工具。

　(1)工作角：鮮奶瓶、蠟光紙、吸管、玻璃紙。

　(2)積木角：大積木、小積木、水管、安全帽、雨鞋、雨衣。

　(3)語文角：幻燈機、幻燈片。

❋**遊戲說明**：

1. 觀賞幻燈片「小白兔的家失火了」。

2. 師生共同討論：

　(1)小白兔的家為什麼會失火呢？

　(2)失火時該怎麼辦？

　(3)消防隊員如何來滅火？需要裝備哪些東西？

　(4)消防車上有哪些設備？

　(5)消防車遇上紅綠燈該怎麼辦？

3. 角落活動：

　(1)工作角：製作滅火器。

　(2)積木角：大積木搭建消防車，玩消防隊員救火。

　(3)益智角：玩具汽車分類遊戲。

　(4)語文角：觀賞幻燈片「小白兔的家失火了」。

編號：Ⅰ～ 31

❋**名稱**：陸上的巨龍

❋**準備工作**：

1. 幼兒用書「兩列火車」（C～18）。

2.聯絡可供參觀的火車站。

3.角落活動的材料、工具。

❋遊戲說明：

1.欣賞故事「兩列火車」。

2.師生共同討論：

　　(1)火車的種類有哪些？

　　(2)火車在什麼樣的地方行駛？

　　(3)火車的輪子和汽車的輪子有何不同的地方？

　　(4)火車需要休息嗎？它的家在哪兒？

　　(5)我們去參觀火車站時應注意哪些安全規則？

3.參觀火車站、售票處、月台、候車室。

4.角落活動：

　　(1)工作角：利用空牙膏盒或其他果汁、飲料盒製作火車。

　　(2)積木角：①大積木搭建月台及火車站。

　　　　　　　②幼兒座椅排成火車。

　　(3)娃娃角：裝扮成列車長及站務員擔任駕駛及剪票員的工作與積木角做互動的遊戲。

　　(4)語文角：欣賞書籍⇨火車快跑（C～4）、兩列火車（C～18）、形形色色的車子（C～20）、旅行的方式——坐火車旅行（C～31）、陸上交通工具（C～33）、輪子的本事（C～50）。

編號：I～32

❋名稱：車子的醫院

❋準備工作：

1.聯絡可供參觀的汽車修理場。

2.聯絡搭載幼兒的交通工具。

3.損壞的玩具小汽車。

❋遊戲說明：

1. 老師拿出輪子脫落的玩具小汽車展示。

2. 師生共同討論：

　　(1)這部車子怎麼了？

　　(2)輪子壞了不能走，還有哪些部分壞了也不能走？

　　(3)有時候車子和人一樣不知道哪裏生病了，那要怎麼辦呢？車子的醫院在哪裏？

　　(4)如果車子在半路生病了，該如何處理？

　　(5)到修車場參觀應該注意什麼：

　　　　①不可隨意走動影響工作人員。

　　　　②不任意動手碰場內工具。

　　　　③用心觀察工作人員的修理及解說過程。

　　(6)幼兒向工作人員請教問題並致謝。

3. 參觀後的心得分享。

Ⅱ.故事與戲劇

編號：Ⅱ～1

❋名稱：小叮噹的法寶

❋內容：

　　小叮噹及小叮鈴是大雄的朋友，他們兩兄妹常常古道熱腸、樂於助人，深得大雄的喜愛。有一次，大雄很想看電視，但是功課太多了，寫不完，而且媽媽說過功課沒做完不可以看電視。怎麼辦呢？大雄利用小叮噹喜歡助人的好心腸，欺騙他說：「今天媽媽不在家，要幫媽媽打掃客廳，功課沒辦法做完，請小叮噹幫忙好嗎？」因為他的孝順，於是小叮噹、小叮鈴滿口答應幫助他。但是過了半天還不見動靜，小叮噹覺得奇怪，於是拿出了會追蹤人的雷達耳、追蹤眼法寶飛到客廳去探察，結果影像傳回到小叮噹的眼睛，讓他清楚的看到大雄躺臥在地上看電視。小叮噹知道受騙，一氣之下，用遙控鈕切斷電源，不讓大雄繼續看。連作業也不幫忙做了。大雄最後承認錯了，並答應以後再不犯錯，大雄好奇的想知道為什麼小叮噹隔

333

著幾道牆，還能知道他在看電視。小叮噹就展示他的追蹤眼、雷達耳給大雄看，大雄好羨慕地說：「我也要一個，這樣我就可以當千里眼、順風耳了！」小叮噹說：「你自己做吧！」

編號：Ⅱ～2

❋**名稱**：小丁丁和媽媽上學

❋**內容**：

1. 在一處較寬敞的活動室或室外，利用水谷式的體能器材、教室桌子、梯子、木箱等在合適的位置，搭建成天橋、平交道，地板上用白色膠帶貼上枕木紋、人行道標示及十字路口道路。

2. 準備三個透明的飲料空瓶分別貼上紅、黃、綠三種顏色玻璃紙當作紅綠燈；長竹竿一支當作平交道的柵欄，及錄音帶（平交道的聲音、平安回家去）。

3. 請幼兒自行選擇扮演的角色：

    (1)媽媽、小丁丁。

    (2)交通警察。

    (3)掌管紅綠燈的人、持平交道柵欄的人。

    (4)開火車的人（利用呼拉圈將彼此圈套起來）。

    (5)上學的鄰家小孩。

    (6)開車的人、騎腳踏車的人。

4. 由老師擔任旁白及播放音樂。

5. 老師講述劇情：

    (1)第一幕：今天是小丁丁第一天上學，他好高興，因為媽媽要帶他一起去（播放「平安回家去」音樂）。他們走呀走的，不知不覺就到市區了，哇！十字路口好多車子，小丁丁好害怕，媽媽說我們走天橋好了，於是他們就過天橋。

    (2)第二幕：有五位上學的小孩在十字路口並排走路且闖紅燈。正巧有兩部車開來差點造成車禍，警察先生來勸導，指導他們要一個接一個排隊並且遵守紅綠燈指示，警察先生也指揮交通，小丁丁和媽媽在路邊直說好危險。

    (3)第三幕：小丁丁和媽媽走到平交道前聽到火車平交道的聲音，柵欄緩緩的放

　　下，媽媽說：「經過平交道要停、看、聽，不可急忙通過。」這時正好一位騎車的人想搶越被媽媽阻止，正巧火車就開過來，小騎士趕忙跟媽媽謝謝，並說下次不敢了。

　　(4)過了平交道後，終於到了學校。

※**活動實景分享：**

Ⅲ. 兒歌與律動

編號：Ⅲ～1

❀**名稱**：輪子世界

❀**內容**：

1. 事前先將腳踏車〔參見Ⅲ～2〕、三輪車〔參見Ⅲ～3(3)〕、汽車〔參見Ⅲ～3(8)〕、火車快飛〔參見Ⅲ～3(9)〕、獨輪車〔錄一段輕快的圓舞曲音樂〕等音樂錄起來或以錄音帶替代。

2. 老師在活動開始前先和幼兒討論各種車子的輪子數量及它們的功能。

3. 每位幼兒當作是一個輪子，當老師放圓舞曲時，幼兒以自創的方式扮成小丑的表情、姿勢，做騎獨輪車的動作，到處走動。

4. 當音樂換成腳踏車的音樂時，幼兒兩人一組，一人在前、一人在後，在後面的幼兒雙手托住前面幼兒的腰部，前面的幼兒張開雙手做騎腳踏車狀，直至音樂轉換才停止。

5. 當音樂換成三輪車時，幼兒三人一組手拉手，其中一人彎腰從另兩人的（牽著的）雙手下面鑽過去，變成一部三輪車，隨著音樂到處開駛，無法組成車子的幼兒當乘客坐在三輪車中間。

6. 汽車音樂開始時，幼兒每四人一組，變成長方形手搭肩膀隨音樂行駛，同時口喊「叭！叭！」汽車聲響。

7. 最後火車音樂響起時，所有的幼兒搭肩膀成為一列長長的火車，並合著音樂唱著向前行駛。

8. 亦可讓幾位幼兒不搭火車，而變成山洞（二人一組）玩火車過山洞的遊戲。

編號：Ⅲ～2

❀**名稱**：腳踏車

❋內容：

C 2/4

| 5 5 5 6 | 5 5 5 3 | 1 1 2 3 | 2 － | 3 3 3 5 | 6 i̇ i̇ 6 | 5 5 6 5 | i̇ － |

鈴 鈴 鈴 鈴 鈴 鈴 鈴 鈴 騎 著 腳 踏 車， 經 過 小 巷 穿 越 大 街 到 十 字 路 口，

| i̇ 2 i̇ 6 | i̇ i̇ 5 | 6 5 6 5 | 3 － | 5 3 2 1 | 2 1 2 | 3 5 6 5 | i̇ － ‖

看 見 紅 燈 停 下 來， 綠 燈 向 前 走， 遵 守 交 通 規 則 呀！ 騎 車 真 快 樂！

編號：Ⅲ～3

❋其他相關歌曲：

(1)交通工具（孫德珍），收錄於台灣省政府教育廳（民 79）：音樂的生活、美的分享（第四冊）。頁 33。台灣省政府教育廳。

(2)雷雨（孫德珍曲、許義宗詞），收錄於台灣省政府教育廳（民 79）：音樂的生活、美的分享（第二冊）。頁 9。台灣省政府教育廳。

(3)三輪車（孫德珍），收錄於台灣省政府教育廳（民 79）：音樂的生活、美的分享（第一冊）。頁 5。台灣省政府教育廳。

(4)電話響了，收錄於陳淑美編（民 70）：幼兒唱遊教材集錦（第二集）。頁 48。新民教育社。

(5)電視，收錄於吳美雲著（民 76）：幼兒音樂 123 唱遊集㈠。頁 30。台北：屹齋。

(6)小郵差（孫德珍），收錄於台灣省政府教育廳（民 79）：音樂的生活、美的分享（第四冊）。頁 19。台灣省政府教育廳。

(7)郵政局，收錄於陳淑美編著（民 70）：幼兒唱遊教材集錦（第二集）。頁 13。新民教育社。

(8)汽車，收錄於陳淑美編著（民 70）：幼兒唱遊教材集錦（第二集）。頁 22。新民教育社。

(9)火車快飛，收錄於龔恆華編譯（民 72）：兒童唱遊教材。頁 113。台南：西北。

337

⑽火車頭，收錄於張翠娥編（民 73）：大家來唸兒歌。頁 216。台北：大洋。

⑾交通工具，收錄於張翠娥編（民 73）：大家來唸兒歌。頁 214。台北：大洋。

⑿交通安全，收錄於張翠娥編（民 73）：大家來唸兒歌。頁 221～225。台北：大洋。

Ⅳ. 工作

編號：Ⅳ～1

❋**名稱**：按鍵式電話

❋**材料**：各種顏色的油土。

❋**作法說明**：

1. 拿有顏色的油土（如黃色）捏成電話機的形狀，再用另一顏色（如白色）捏成圓形或正方形當按鍵。

2. 再用白色或其他顏色油土捏塑成話筒的形狀，利用毛線或膠管將話筒與話機接起來即完成。

❋**成品簡圖**：

編號：Ⅳ～2

❋**名稱**：公用電話亭

❀**材料：**

中型紙箱、餅乾空盒、蠟光紙、藺草、毛線、棉花、縐紋紙、包裝紙、牙刷空盒、雙面膠帶、亮金膠帶。

❀**作法說明：**

1. 將長方形紙箱寬的部分之蓋子剪掉，而留下的另兩邊蓋子則剪去一半，留下一半長度當作亭子的門，箱子的表面部分用蠟光紙貼起來。

2. 將餅乾盒的左上角挖一個長形口做為投幣口，中間貼上藺草做為數字按鍵，右下方割一個ㄩ形留有蓋子的孔當作退幣口。

3. 利用牙刷盒當成電話筒黏上毛線再接於餅乾盒的話機上，投幣式電話便完成了。

4. 將投幣式電話機黏貼在用紙箱做成的電話亭之牆壁上。

5. 人偶的部分，利用縐紋紙把棉花包起來，捏塑成圓形當頭部，再用長方形的黑色縐紋紙當頭髮，利用雙面膠帶黏在頭上。

6. 先用縐紋紙或餐巾紙把鮮奶瓶包起來當人偶身體，瓶口四周先用雙面膠帶纏一圈，可把頭髮部分黏在上面。

7. 額頭部分用金膠帶或壁紙將之圈起來當頭套，再用鈕扣或色紙當眼睛，色紙剪成嘴巴貼上即完成。

8. 將人偶放在電話亭的電話前，話筒黏在人偶肩膀上，作品即大功告成。

❀**活動實景分享：**（參見右圖）

編號：Ⅳ～3

❀**名稱：**公用電話和大哥大

❀**材料：**瓦楞紙板、餅乾空盒、香皂空盒、吸管、藺草、雙面膠帶。

※**作法說明：**

1. 將瓦楞紙板摺成三角形固定好當電話的蓬頂，再把餅乾盒用書面紙或包裝紙包起來，和三角形的蓬頂黏合起來。

2. 利用較小的紙盒當話機，長形蓮草和圓形蓮草片黏合做成話筒，將話筒黏貼在話機上，再將電話貼在牆上即告完成。

3. 將兩個香皂空盒接合起來，在空盒上貼上蓮草片當號碼按鍵，黏上吸管，當接收天線，作品即完成。

※**活動實景分享：**

編號：Ⅳ～4

※**名稱：**ISDN 電話（高傳真影像電話）

※**材料：**

電腦包裝保利龍護墊、長形紙筒、養樂多瓶、免洗碗、亮金膠帶、禮盒紙盒、長方形大塊保利龍板。

※**作法說明：**

1. 將長紙筒兩端用雙面膠帶黏貼養樂多瓶，再把免洗碗用雙面膠帶黏貼在養樂多瓶口處，電話筒就完成了。

2. 將保利龍護墊反面放置，然後用色紙或金膠帶佈置美化，再用一個寬度較窄的保利龍墊黏在主機的右側當放話筒的支架。

3. 在主機及話筒架的下面墊一層大塊的保利龍板，電話即完成。

4. 將空盒周邊利用蠟光色紙佈置好，中間貼通話對象的人物畫（當作螢幕在傳真影像）的圖畫，影像傳真的螢幕就完成了。

5. 最後將電話和螢幕用線連接起來就全部完成。

❀**活動實景分享：**

 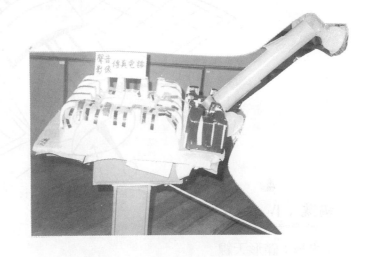

編號：Ⅳ～5

❀**名稱**：人造衛星

❀**材料**：

圓的冰淇淋空筒兩個、錫箔紙、長方形保利龍免洗盤、長竹籤、保利龍球、蓮草、雙面膠帶、白膠（樹脂）。

❀**作法說明**：

1. 將圓形冰淇淋筒兩個連接起來，外層用錫箔紙包起來。

2. 將蓮草切成 1.5cm 厚度，用雙面膠帶黏貼在圓面的圓心上，另一面則在圓周 60°距離處黏上蓮草，共黏三個。圓柱的兩側亦分別黏貼蓮草片。

3. 再用長竹籤兩頭沾上白膠後，一頭插進蓮草中，另一頭則把保利龍球插入，圓柱兩側的竹籤用來支撐免洗盤（故不須插保利龍球），之後在圓心處黏貼一個免洗碗。

4. 將翅膀部分畫上格子線條，作品即完成。

❀**成品簡圖**：（見下頁圖）

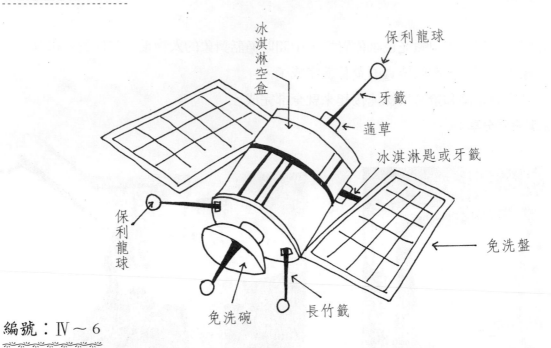

保利龍球

冰淇淋空盒

牙籤

蓪草

冰淇淋匙或牙籤

免洗盤

保利龍球

免洗碗　　　長竹籤

編號：Ⅳ～6

❀**名稱**：碟形天線

❀**材料**：

　　大的圓盤（蛋糕盒蓋或大鍋蓋）、道路施工的路
　　障、紙捲筒、雷射包裝紙、雙面膠帶、毛線。

❀**作法說明**：

1. 將圓盤及紙捲筒、路障等都先用銀色雷射包裝紙
　包起來。
2. 將紙捲筒利用雙面膠帶黏貼在圓盤的圓心位置。
3. 再把圓盤利用寬面膠帶黏貼在路障上，最後將毛
　線貼在圓盤上當接收線路即算完成。
4. 亦可以用茶葉禮盒的包裝圓筒數個接起來代替路
　障做為碟形天線的底座部分。

❀**活動實景分享**：（見右圖）

編號：Ⅳ～7

❀**名稱**：形形色色的車子

✿**材料**：各類空盒、瓶蓋、蒲草、白膠、雙面膠帶、保利龍球。

✿**作法說明**：

　1. 將大小不同的紙盒準備好放在工作角。

　2. 老師提示車子的外型特徵有哪些？（為什麼會走？晚上為什麼看得見？如何顯示　　左右邊方向？哪種車輪子最多？哪種車身體最長？）

　3. 鼓勵幼兒發揮創意，組合一部與眾不同的車子。

　4. 將幼兒完成的作品佈置起來（利用大積木搭成公路網）延伸為作品成果展。

✿**活動實景分享**：

編號：Ⅳ～8

✿**名稱**：生日花車

✿**材料**：

　1. 各種電器用品（或電腦）箱底的保利龍襯墊、圓形冰淇淋空盒、蛋糕空盒。

　2. 縐紋紙、果凍空盒、毛線、蒲草、顏色漿糊、廣告原料。

✿**作法說明**：

　1. 將兩個大小、形狀相同的保利龍襯墊，利用寬邊的透明大膠帶將兩塊黏接起來做　　成車子的身體部分最底層（或者用數支牙籤兩頭沾白膠將兩塊襯墊接合起來）。

　2. 用另外一塊襯墊黏合在底層襯墊的中央部分做為車子身體部分的第二層。

3. 第三層則用蛋糕空盒的蓋子部分，先用廣告顏料塗上顏色（最上面部分不須塗）。

4. 第四層用冰淇淋的保利龍空盒黏在第三層的中間部分，第三層空白的圓面部分用彩色漿糊擠沾在上面做出奶油效果。第四層的空盒先黏上長形蒲草當作蠟燭，然後再擠彩色漿糊在盒面上。

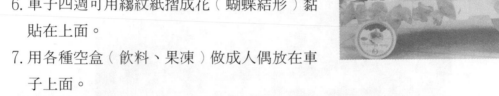

5. 用四個冰淇淋圓形盒蓋做為輪子黏在車體下方的四週。

6. 車子四週可用縐紋紙摺成花（蝴蝶結形）黏貼在上面。

7. 用各種空盒（飲料、果凍）做成人偶放在車子上面。

❀**活動實景分享**：（見右圖）

編號：Ⅳ～9

❀**名稱**：平底船

❀**材料**：

月曆紙、飲料空盒或其他果汁空盒、保利龍塊、蒲草、竹筷、藍色縐紋紙、色紙、毛線。

❀**作法說明**：

1. 將月曆紙（長方形）兩邊摺向中央線（見步驟1）。

2. 把摺好的紙反面後，將四個角往中線部分摺成三角形（見步驟2、3）。

3. 再將四邊的三角形再摺一半（見步驟4）。

4. 再將船身的中間部分（兩側都要）摺向中線（見步驟5）就會變成步驟6。

5. 最後將步驟6的船舷部分往後翻摺即成。

6. 平底船完成後，可讓幼兒發揮創意加上果汁空盒、蒲草、竹筷等變成遊輪或軍艦。

7. 將幼兒的作品佈置成碼頭即景（見活動實景分享）。

8. 步驟說明如下頁圖所示：

步驟說明：（步驟1）　　　　（步驟2）　　　（步驟3）

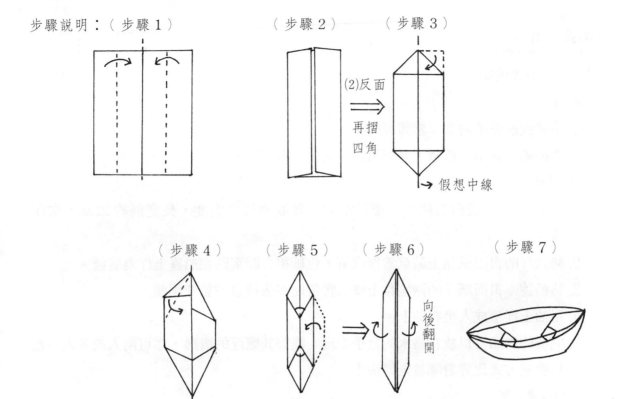

(2)反面
再摺
四角

→ 假想中線

（步驟4）　　（步驟5）　　（步驟6）　　　（步驟7）

向後翻開

❀**活動實景分享：**

編號：Ⅳ～10

❀**名稱**：有篷的船

❀**材料**：

1. 蛋捲或餅乾的內盒（塑膠製的）。
2. 書面紙、蓆草、色紙、雙面膠帶、油土（有顏色的）。

❀**作法說明**：

1. 將書面紙裁成約為船身（塑膠空盒）長度的½之寬度，長度則約 22cm，當作篷。
2. 將裁好的書面紙黏上蓆草當作汽笛，色紙組合圖案貼在船篷上作為裝飾。
3. 將船篷（書面紙）的兩端黏上雙面膠帶貼在蛋捲盒的船身兩側。
4. 用油土捏塑成人坐在船上。
5. 完成的作品可以放在盛水的盆子中玩，觀察其飄浮的情形，亦可兩人或多人一起用吹氣方式比賽看哪艘走得快！

❀**活動實景分享**：

編號：Ⅳ～11

❀**名稱**：電視機

❀**材料**：方形的空盒、竹筷、圖畫紙、黏劑、剪刀、蓆草。

❀**作法說明**：

1. 將方形空盒中間挖空再將左右兩側的上端、下端鑽洞。（如下頁右圖）
2. 圖畫紙的寬度比紙盒的寬度稍小，然後畫上圖畫。

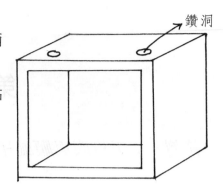

鑽洞

3. 將兩支竹筷子分別插進紙箱左、右兩側的上、下兩個洞裏。

4. 將畫好的圖畫紙一邊黏在左側竹筷子上，另一邊黏在右側的竹筷子上。

5. 將一邊的圖畫紙捲緊，使中間畫面部分平整。

6. 在紙箱的螢幕旁或下方貼上蓮草當按鈕即可。

7. 亦可將小型的長形空紙盒黏上蓮草當搖控器。

❀**成品簡圖：**

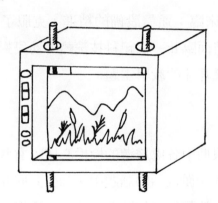

第六節　活動範例

範例一：千里眼與順風耳

前言

　　由於科技的發達，使得資訊時代加速來臨；通信設備的精進，克服了時空的阻隔，縮短了人與人之間的距離。為了讓即將面臨廿一世紀科技洗禮的幼兒對資訊設備有概略的了解，於是進行了「千里眼、順風耳」的教學主題。

信號的傳遞

　　經過寒假假期後，孩子們和老師分享假期中各處旅遊的愉悅心情；有些幼兒報告春節期間利用電話向親友及老師拜年的經驗。從電話的話題中，師生共同探討信息傳遞的方式。孩子們提出印地安人利用煙火、鼓聲作為信號互通消息。透過家長提供的印地安人使用符號的資料及幼兒用書「語言的故事」（C～46）之介紹，孩子們將語言與符號的相關性概念統整起來了。角落活動時，佑佑將兩張長條色紙分別寫上「甲」、「乙」，然後貼在布丁杯上，而後告訴同伴說：「寫上甲的這張表示盒子裏的東西很熱，會燙人的；乙的這張表示溫度低不會熱，這兩張紙上的意思也是一種語言噢！」最近他迷上化學變化的熱傳導現象，師生們聞言驚訝不已！

電話的種類

　　幼兒們從家中帶來的各類電話：大哥大、撥盤式、按鍵式、無線電話等，在各角落玩出十分精彩的遊戲內容。大積木角：孩子們利用大積木建構核能發電廠及電信局，小男生們用毛線當高壓電線，用柔力磚組成電線桿，將發電廠的電輸送到電信局去使用，而且將電話線架設到娃娃家使用的電話上；益智角則進行農場組塑膠積木的組合遊戲，他們架設道路網。在馬路上開車的人，車上備有用樂高組成的行動電話的

裝置；娃娃家則進行電話材料店出售電話的遊戲；創作角則有油土捏塑的按鍵式電話、紙盒組合的撥盤式電話及小朋友打電話的畫畫作品呈現。

公用電話

　　當與孩子們探討外出時如有緊急的事要聯絡時怎麼辦？他們立即回答出可以借別人的電話或打公用電話的解決方式。於是安排參觀校內的公用電話，從參觀中，孩子們觀察到公用電話有投幣式及插卡式兩種型式。老師們準備三十元硬幣讓孩子實際撥電話回家或打 117 或 166……等電話服務台，結果他們好興奮，直呼：「好好玩！好有意思！」他們還看到一個緊急電話按鈕，問老師這個鈕的作用是什麼？老師回答：「緊急情況時，不需投幣直接可打電話。」孩子們反問老師哪些情況是緊急情況？經過討論後總結出：火災、車禍、搶劫、殺人等事件屬之。還告之幼兒遇到情況可按110 或 119 就可以救人、救己，藉機培養其應變的能力。

　　角落活動時，孩子們在創作角製作投幣式及插卡式的公用電話（空紙盒材料），用名片紙設計成電話卡。孩子們在積木角用大積木和柔力磚搭建一座公用電話亭，把不同型式的電話機放在亭內，完成電話卡的幼兒排隊等候打公用電話，顧客表現得井然有序，他們彼此間的默契令人嘆服，我們發現孩子們已經建立自己的公約及遵守規範了！

電信局之旅

　　孩子們在課餘之暇，常三五作伴地自動打開電子琴的開關，合著已錄好的小電話歌曲旋律，唱著：「小小電話響鈴鈴，打個電話到家裡……」，經過四週來的活動，孩子們對電信的了解，真令我們對其學習興致之高昂感到欣慰。

　　為了實地了解電話傳輸的過程，我們作了一趟電信之旅，透過電信局叔叔、阿姨們熱情的接待與安排，孩子們十分具體地和 104 查號台的工作人員互動，他們將耳機借給孩子們戴，讓他們體會接聽客人查問電話號碼的經驗，並且一一詢問每位孩子父母的名字，利用電腦來查尋家中的電話號碼。在參觀的過程中，孩子們發現到阿姨使用的電腦鍵盤上有紅燈信號在一閃一滅，與我們教室的電腦不同，阿姨們說明燈號亮代表有人打電話進來查號了，足見孩子們觀察力之敏銳。在與嚴叔叔的答問時間中，

孩子們對電話用的電是否與家庭一般用電相同的疑惑總算釐清了，原來電話用的電是直流電，不會讓人觸電呢！雖然並未如預期的參觀到電話交換機及長途電話的衛星天線接收器，但是得到了充滿熱情、關懷的一袋資料、糖果等禮物與寶貴的資訊，也算是滿載而歸了！

聲音的通道

　　從錄影帶——現代通訊的內容中，孩子們對於聲音可以經過電話線及衛星來接收、傳送感到好奇，因此透過高中部陳金楓老師的帶領下，我們在物理實驗中玩了很多種實驗，如：音叉發出聲音而產生震動，聲音透過電磁產生電流；陳老師讓孩子們利用小發聲器發出最大的音量，而在電流計上顯示出急速震盪的現象之觀察，同極相斥的盪鞦韆遊戲，電報機的構造及原理等。一堂電與磁的實驗下來，他們對於電話的原理及構造的了解可不遜於大人呢！在教室裡可以看到幾位孩子拆電話筒，並且討論說：聽筒裡面有磁鐵耶，聲音可以變成電流跑到別人家裡去囉！

資訊時代特展

　　透過上述活動之後，配合校慶活動「幼兒作品展」，孩子們在充滿興奮的氣氛下完成了浩大的集體創作工程，有人造衛星、碟型天線、ISDN 通訊（聲音影像傳真電話）、航空母艦的通訊設備（無線電通訊電腦導航）、公共電話亭及電信局之長途電話；在大班師生共同的佈置下，一項資訊時代的組合作品在十六日那天展現在許多貴賓的眼前，而且得到極高的讚賞，令我們雀躍不已！

飛航安全

　　現實的局勢、敏感的兩岸關係似乎也讓孩子們敏銳的覺察到了，他們在益智角利用士兵組玩具玩軍機起飛攻防戰的遊戲。飛機上面有飛彈、無線電通訊，我們藉著錄影帶——無線電通訊的觀賞，讓他們增加對機場塔台、飛航指揮的認識，於是在角落活動時，積木角呈現了大積木搭成的華航客機，頭戴圓盤帽的正、副機長，點心桌疊搭起來的塔台有電腦及無線電通訊的設備，塔台人員還戴上自己製作的耳機。娃娃角則有小女生扮成空姐，準備空中廚房的特別餐點，一場「呼叫！呼叫！五點半的飛機

在第一跑道起飛了！請繫上安全帶！」「呼叫！有亂流來了！緊急降落，趕快跳傘！」精彩的活動過程真令人拍案叫絕呢！午餐時請幼兒整理自己的桌子，他們說：「旅客怎麼要擺桌子！不是空中小姐做的嗎？（當時是由兩位老師當空姐！）」老師回答：「這一餐是自助式！」

無遠弗屆的人造衛星

孩子們在積木角利用大積木搭起太空船，將電腦鍵盤放在表面操作，然後利用在工作角製作的通話耳機玩起太空站通訊的遊戲。當老師和他們一起討論太空人如何在太空把訊息與資料傳給地面時，帶出了人造衛星的主題。同時透過在圖書角擺放的「神奇電視」和「電視與錄放影機」兩本書之介紹，提供給孩子們十分具體的資訊：有的電視轉播需要經由人造衛星。

原本計畫帶孩子到電視台參觀實際上的轉播作業，但是找不到合宜的管道來聯絡，這個腹案在許老師的巧思下得到十分完美的解決：把教室變成電視台！真是教學上破天荒的第一遭呢！

我上電視了

我們在科學角擺上大電視，螢幕旁邊架設一部攝影機，再請設備組的莊先生協助接上 AV 端子，當老師拿起攝影機對準積木角、工作角遊戲的孩子們時，有些好奇的孩子們驚叫：「咦！電視上有你耶！」立刻引來一群圍觀的孩子，七嘴八舌地問：「老師！你在做什麼？」「我是電視台的攝影師呀！我正在拍攝節目呢！」「誰是演員？要表演什麼節目呢？」於是一群小女生馬上到娃娃角穿起長裙子，利用長圍巾蓋在頭上變成舞者；隨即又發現應該要有一個舞台，於是利用柔力磚搭起舞台的地板，四周利用滑溜布及大積木圍起來；老師播放一首輕快的曲子，他們就三三兩兩地組隊手舞足蹈起來。

新聖戰士轉播

男生們也不甘示弱，到工作角製作披風；用砲彈積木組成寶劍，玩起紅衣戰士的卡通劇情來；活動進行到第二天，部分孩子開始對攝影機產生興趣，紛紛想當攝影

師，於是在指導如何對焦取景後，居然也能抓出遠景與特寫的鏡頭，正當意猶未盡時，機器出了問題（電源老是自行中斷），老師只好宣布現場實況轉播停止，孩子一陣遺憾的嘆息後，老師提示他們：「工作角也可以看電視呀！」於是有些孩子立刻反應：「對了！我去做電視！」一陣忙碌後，紙箱做成的活動畫面電視在作品欣賞時成為最佳主角。

廣播與火車站

益智角的男生們重新對火車組合玩具感到興趣：銜接鐵道、設置車站，有的是高架式的，也有轉轍器；有人拿起麥克風播音：「注意！自強號進站！」玩得不亦樂乎！

氣象站

在探討電視節目內容時提到氣象報告，於是透過「氣象預報員的一天」圖書之介紹，孩子們對於地面觀測站的百葉箱有個深刻的印象；經由氣象台主任及彭先生的帶領，作了一趟知性之旅，我們觀察到屋頂上的風速器、風向計、碟形接收天線、地震記錄儀等。

第二天，孩子們在角落活動時呈現精彩的內容：四位小女生在積木角用柔力磚組合氣象站的外觀，裏面利用柔力磚組成方形的長方形，外側則貼上用報紙剪成的長條紙變成百葉箱的外形；箱裏有用毛根纏繞的長圓筒，做成毛髮濕度計。

另有幼兒在科學角利用免洗碗裝上水，放在大積木圍起的氣象觀測場中央，做為觀察水份蒸發的設備，還用快得樂積木（圓柱管形）放置一排，中間插入竹筷做成溫度計，玩起測量地下溫度的遊戲。小真和佑佑則用空牙刷盒及吸管、色紙做成溫度計。最令人訝異的是佑佑還用裝電鍋的紙箱做成開飲機，裏面的構造十分精確，有注水口，把磁鐵放在盛水的布丁杯中置入箱內，將溫度的概念擴展了。隔幾天後，小志和小衡想在工作角做天氣圖，老師提示他們電視上的氣象預報內容有哪些，於是他們畫出溫度表、風速器、晴雨圖案、海浪等幾項分六天來記錄。小昀和小年利用大積木搭出電視氣象播報台，在播報台前畫上不同的溫度及太陽、雲等圖示，老師問他們這些圖與數字是什麼？小昀說：「有☀的代表台灣是晴天，畫雪的那張是代表美國正在

下雪呢！」沒想到孩子們也知道氣候並非全球一致的道理。更有一次在做校外教學時，小儒告訴老師：「今天台北會下毛毛雨喲！」老師答：「你怎麼知道？」小儒說：「我看過昨天晚上的氣象報告了！」讓老師挺有成就感呢！

　　為期一個半月的電信之旅在歡笑與驚呼中完成，原本在設計教案時懷有「艱深、太專業，老師主導性太強，將推得很辛苦」的疑慮一掃而光，讓初嘗非我所長的活動設計憑添信心。各位幼教界的朋友，是否也有興趣來試試呢？

範例二：交通的世界

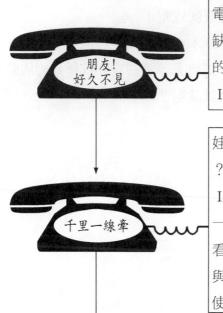

電話是現代人互通信息不可或缺的工具，幼兒除了會打家中的電話外，也會打公用電話（Ⅰ~1），且知道電話的其他功能

參考活動

Ⅰ~2, Ⅰ~3, Ⅰ~5, Ⅰ~6, Ⅲ~3 (4), Ⅳ~1, Ⅳ~2, Ⅳ~3, T~25, C~62

娃娃家的電話為什麼打不出去？原來是「話筒裏的秘密」（Ⅰ~9），讓我們做個小科學家一探究竟，拆下來看看。聲音看得見嗎？實驗室的頻率共振與共鳴實驗（Ⅰ~8）遊戲可以使我們實現心願

參考活動

Ⅰ~4, Ⅰ~7, Ⅲ~3 (4), T~8, C~68

朋友過生日，除了打電話祝賀外，還有什麼方式來傳達心意呀？郵局（Ⅰ~10）的郵差先生可幫大忙呢！現代人的信不需郵差也能快速的送達。這位隱形的郵差是誰呢？（Ⅰ~11）

參考活動

Ⅰ~12, Ⅲ~3 (6), Ⅲ~3 (7), T~9, C~46, C~63

古時的印地安人不會寫信，當他們遭遇危險想求助時怎麼辦？嗯！有厲害的傳令兵幫忙（Ⅰ~13）。還有其他的方法；如打旗語SOS！求救（Ⅰ~14），現代人在船上和飛機上想安全進港（站）可以打電報（Ⅰ~15）

參考活動

Ⅰ~16, Ⅰ~17, Ⅰ~21, Ⅰ~25, Ⅰ~26, Ⅳ~8, C~44

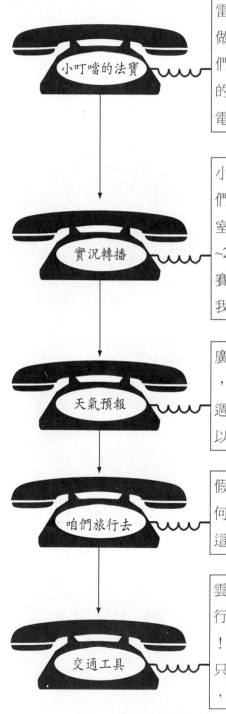

小叮噹和小叮鈴利用追蹤眼和雷達耳偵測到大雄偷看電視不做功課的詭計（II~1），在我們現實的生活中也擁有小叮噹的法寶呢！就是我們的 ISDN 電話（IV~4）	參考活動	T~25, V~1, C~44, C~63
小叮噹在電視上好神氣噢！我們也想上電視，沒問題！在教室就可以來個實況轉播了（I~24）；想看在美國的現場比賽？沒問題！人造衛星可以使我們如願（IV~5）	參考活動	IV~6, III~3 (5), IV~11, V~4, C~64, C~66
廣播和電視是不是天神的使者，不然怎麼知道明天或未來一週的天氣呢？參觀氣象台就可以得到正確答案了（I~22）	參考活動	I~23, T~12, C~35, C~45
假日到了，想出去玩，天氣如何呢？打個電話查詢（I~19），這樣才能做個妥善的準備呢！	參考活動	I~6, III~3 (2), III~3 (4), III~3 (5), IV~1, IV~3, T~8
雲淡風清的日子，坐火車去旅行吧！買票可是必要的手續噢！別耽心，現在可省事多了，只要打電話事先預訂（I~18），就不需大排長龍了	參考活動	III~3 (10), III~3 (1), III~3 (9), IV~7, T~5, T~14, C~4, C~18, C~31, C~43

355

第 ⑧ 章

環保之旅

第一節　前言

　　人類生活在地球資源日益耗竭、生命之存續備受危機的今日，如何愛惜資源、維護賴以生存的環境是項刻不容緩的議題。

　　「環保之旅」單元共分三個主題：從飲料開始，然後到水，最後到樹。這三個主題原本是個別進行的活動，最後卻串為「環保之旅」的單元。其過程中轉折之精彩讓人玩味再三，拍手叫好呢！

　　飲料主題是因小班受邀參加國小哥哥姐姐們舉辦的期末飲料品嚐大會後顯露出愛喝高糖份飲料的傾向，再加上嗜吃高熱量的速食，眼看他們就將陷入媒體所報導目前正急速增加的胖弟胖妹行列中，再則飲料空瓶隨地被棄置，造成環境污染影響生態；礦泉水、果汁等飲料水質不良，危害身體健康等問題浮現。為讓幼兒養成正確的飲食習慣和態度而設計了這個主題。水的主題則緣於當時台灣地區正鬧水荒，缺水問題嚴重，加上有污水處理廠、淨水廠等社會資源的提供，於是就容易的被編擬出來。樹的主題則是出自於「森林是水的故鄉」之概念而來。樹可涵養水源，森林的維護關係到水源、土壤的留存，生物生命的永續。當進行到登山活動時，山泉水、礦泉水飲料的概念被帶出來，又如何使其避免被污染而成為健康的飲料：於是「環保之旅」的想法浮現，而將這三個主題給串起來。

　　如您有興趣走一趟環保之旅的話，建議您可以由任一主題切入。以樹為例，樹的果實是飲料的原料而由此再進入水。很有趣喲！祝您旅途愉快。

第二節　主題概念網

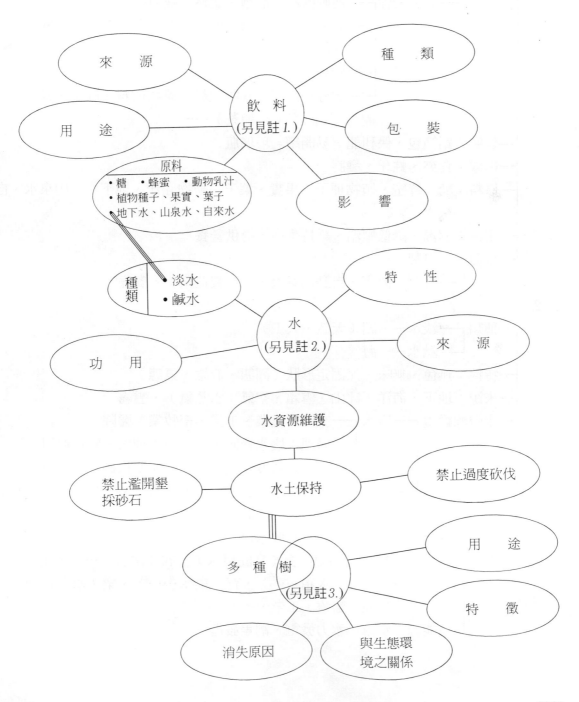

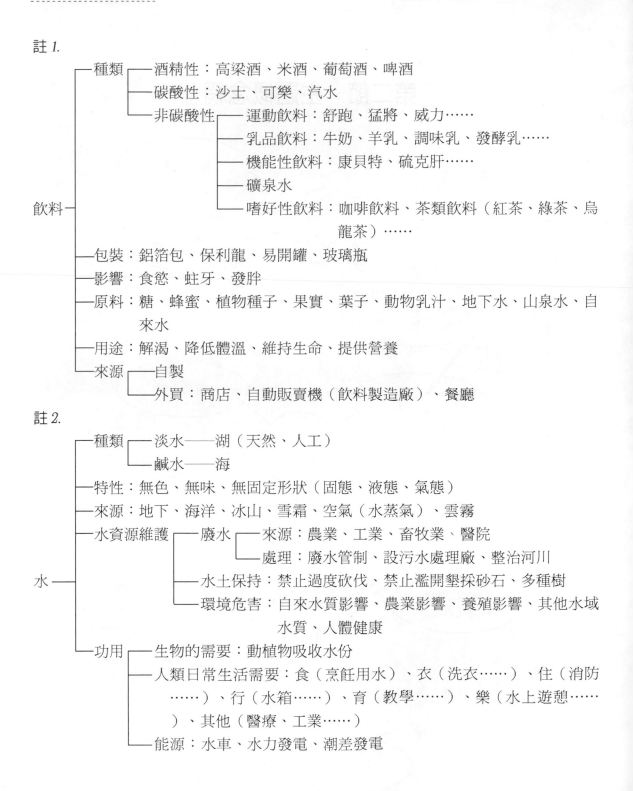

註1.

飲料
├─種類
│　├─酒精性：高粱酒、米酒、葡萄酒、啤酒
│　├─碳酸性：沙士、可樂、汽水
│　└─非碳酸性
│　　　├─運動飲料：舒跑、猛將、威力……
│　　　├─乳品飲料：牛奶、羊乳、調味乳、發酵乳……
│　　　├─機能性飲料：康貝特、硫克肝……
│　　　├─礦泉水
│　　　└─嗜好性飲料：咖啡飲料、茶類飲料（紅茶、綠茶、烏龍茶）……
├─包裝：鋁箔包、保利龍、易開罐、玻璃瓶
├─影響：食慾、蛀牙、發胖
├─原料：糖、蜂蜜、植物種子、果實、葉子、動物乳汁、地下水、山泉水、自來水
├─用途：解渴、降低體溫、維持生命、提供營養
└─來源
　　├─自製
　　└─外買：商店、自動販賣機（飲料製造廠）、餐廳

註2.

水
├─種類
│　├─淡水──湖（天然、人工）
│　└─鹹水──海
├─特性：無色、無味、無固定形狀（固態、液態、氣態）
├─來源：地下、海洋、冰山、雪霜、空氣（水蒸氣）、雲霧
├─水資源維護
│　├─廢水
│　│　├─來源：農業、工業、畜牧業、醫院
│　│　└─處理：廢水管制、設污水處理廠、整治河川
│　├─水土保持：禁止過度砍伐、禁止濫開墾採砂石、多種樹
│　└─環境危害：自來水質影響、農業影響、養殖影響、其他水域水質、人體健康
└─功用
　　├─生物的需要：動植物吸收水份
　　├─人類日常生活需要：食（烹飪用水）、衣（洗衣……）、住（消防……）、行（水箱……）、育（教學……）、樂（水上遊憩……）、其他（醫療、工業……）
　　└─能源：水車、水力發電、潮差發電

註3.

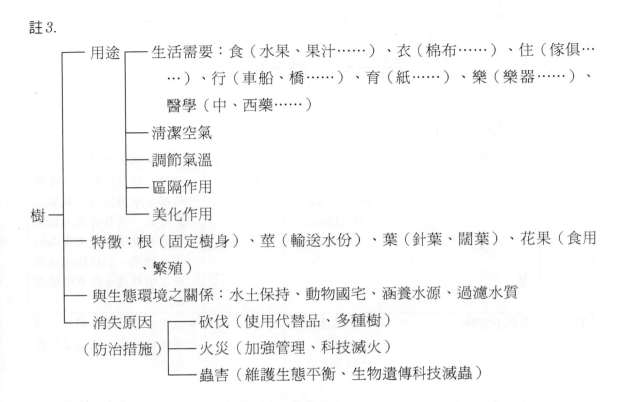

樹
- 用途
  - 生活需要：食（水果、果汁……）、衣（棉布……）、住（傢俱……）、行（車船、橋……）、育（紙……）、樂（樂器……）、醫學（中、西藥……）
  - 清潔空氣
  - 調節氣溫
  - 區隔作用
  - 美化作用
- 特徵：根（固定樹身）、莖（輸送水份）、葉（針葉、闊葉）、花果（食用、繁殖）
- 與生態環境之關係：水土保持、動物國宅、涵養水源、過濾水質
- 消失原因（防治措施）
  - 砍伐（使用代替品、多種樹）
  - 火災（加強管理、科技滅火）
  - 蟲害（維護生態平衡、生物遺傳科技滅蟲）

第三節　參考書籍

一、教師用書

編　號	書　　　名	作　　　者	出　版　社	主題相關資料
T～1	生態環境的惡化	文/T. Hare 圖/James MacDonald （民82）	智茂	• 描述人類居住的環境越來越髒，水源污濁，氣溫愈來愈高，這些皆因人類破壞原始環境，資源因而減少的結果，動植物瀕臨滅絕；喚醒讀者拯救環境意識。
T～2	環保小百科	日本環境廳原著 於幼華審訂 （民79）	台英	• 敘述全球性環保問題，推廣環保教育，建立環保觀念。
T～3	環境保護ㄅㄆㄇ	行政院環境保護署 （民79）	教育部行政院環境保護署	• 說明地球產生哪些環境危機以及具體落實行動的方法，促成舉手做環保之共識。
T～4	環境衛生學	陳永仁、陳雄文著 （民84）	國立空中大學	• 說明環境衛生之科學事實問題與發生之根由，並提出可行的預防措施與解決方法。 • 頁25～65　空氣污染防治。 • 頁119～154　飲用水衛生。 • 頁155～171　水污染防治。 • 頁187～210　垃圾處理。 • 頁251～278　環境危害物質管理。

			• 頁321～328　病媒管制。 • 頁365～374　環境衛生問題展望。
T～5	學齡前兒童環境保護課程之設計	國立台中師院 （民84）	台灣省政府環境保護處	• 提供具體教學活動實例作為環保單元教學之參考。
T～6	風力與水力	文／Clint Power 圖／Mike Lacy （民82）	智茂	• 描述風力和水力可以提供免費的電力，且取之不盡用之不竭，未來將變得普遍。並為減少污染問題及解決能源短缺最有效的方法。
T～7	海洋污染	文／M. Bright 圖／James MacDonald （民82）	智茂	• 描述佔地球面積3/4的海洋，孕育豐富的魚類及海洋植物，但因人類的污染使海洋生物面臨生存考驗。其列舉全球污染嚴重的海洋，讓人們思考如何解決這項難題。
T～8	酸雨的危害	文／M. Bright 圖／Simon Bishop （民82）	智茂	• 介紹酸雨成因及對生活環境之危害、影響。
T～9	今日資源(7)—— 木材	曾惠美譯	鹿橋	• 介紹大樹砍伐後成材過程、功用。木材原料被製成木漿、紙的回收利用及砍伐需付出之代價等。
T～10	我要欣賞美麗的花木	王銘琪 （民82）	渡假	• 介紹四十種生活中常見的花木及其特徵特性。
T～11	植物之美（科學工業園區四季的植物景觀）	李淑芳 （民82）	自行	• 介紹新竹科學工業園區內栽植之植物。
T～12	美麗的路樹	文・攝影／鄭元春 （民81）	華一	• 介紹常見之路樹的種類及其功能。
T～13	樹木生長與奧秘	江丙森、 江采梅主編 （民80）	護幼	• 介紹樹的各部分功能，內附精美插圖說明。 註：自然生態實驗室8

T～14	熱帶雨林的消失	文／M. Bright 圖／James 　　MacDonald （民80）	智茂	• 介紹熱帶雨林在地球的重要性。由於現在每分每秒都有像足球場大的面積遭破壞，而使地球生態感受威脅，喚醒人類保護現有雨林，廣植樹林，才不致使雨林消失。

二、幼兒用書

編　號	書　　名	作　者	出　版　社	內容簡介
C～1	一起吃早餐	文／陳芳美 圖／劉宗銘 （民79）	光復	• 透過故事主角小美，在吃早餐的過程中向小弟弟說明豆漿之製作及材料。
C～2	四季的水果	鄭元春 （民77）	華一	• 介紹各種不同季節所出產的水果種類及種植方法。
C～3	小青蛙航海記	企鵝 （民79）	大千	• 小青蛙嚮往航海旅行，利用一個飲料空瓶當作航海交通工具，在旅途中遭遇許多趣事。
C～4	石門觀音茶 （簡介）	台北縣石門鄉 農會	石門鄉農會	• 介紹石門鄉種植的觀音茶。
C～5	冰果店的學問	華一 （民81）	華一	• 內容介紹酸梅湯、冬瓜茶。
C～6	冰箱裏的食物	鄭明進 （民79）	光復	• 部分圖片介紹飲料冷藏。
C～7	作怪的氧化現象	陳慶飛 （民78）	華一	• 介紹關於化學實驗室的一些設備及氧化實驗。
C～8	怎樣預防蛀牙	今西孝博 （民80）	正陽	• 介紹蛀牙引起的原因及如何防止蛀牙。
C～9	張小猴買水果	文／陳木城 圖／鄭明進 （民79）	光復	• 故事介紹張小猴買水果時，水果們自我推薦說出優點，引導讀者認識水果的外型特徵、營養及吃法。
C～10	發酵的秘密	陳慶飛 （民78）	華一	• 介紹發酵作用產生CO_2及酒類、發酵乳之發酵。
C～11	漢聲小百科	漢聲 （民83）	漢聲	• 第3集　頁97水果王國。 • 第3集　頁105蘿蔔。 • 第6集　頁102冰箱的奧秘。 • 第8集　頁78台灣溫帶的水果——水蜜桃、梨、蘋果。 • 第9集　頁73寶島水果系列——葡萄。

C～12	媽媽買綠豆	文／曾陽晴 圖／萬華國	信誼	• 故事描述孩子想喝綠豆湯，媽媽從買綠豆開始到完成的過程。
C～13	下雨了	施政廷 （民78）	信誼	• 以故事描繪的方式，讓讀者領會大自然的水循環過程。
C～14	小河愛唱歌	文／廖春美 圖／林傳原 （民75）	洪建全	• 採兒童詩的方式描述原本清澈的河水，有許多動物喜愛在它的周邊玩耍，後來被牠們污染，警覺之後採取整治的行動。
C～15	小黑魚的故事	文／張劍鳴 圖／林傳宗 （民77）	國語日報	• 描述深海的一隻小黑魚利用機智將盜採珊瑚者繩之以法。
C～16	水	理科 （民80）	理科	• 介紹水存在的地方、水的功用、三態變化及由來等。
C～17	小河的故事	文／鄭明進 圖／洪德麟 （民79）	光復	• 描述從深山流出的水經過不同的地方而有不同的名稱，以及水裏與周圍的動物生態。
C～18	小雨滴的旅行	文／杜榮琛 圖／龔雲鵬 （民79）	東方	• 介紹小雨滴從雲霧降到河川、溪流等地方，人們因這些水而使得生活方便舒適，後來因垃圾增加致使小河受污染，小雨滴最後請求天上的伙伴們幫忙欲將溪流洗淨。
C～19	水中動物的生活	文／Shirley 　　Greenway 圖／Kim 　　Taylor & 　　Jan 　　Burton （民82）	人類	• 描述在水中的動物種類和陸地上的一樣豐富多采，它們的造形多變，如海葵、海星等及其他可愛的動物。
C～20	水底神奇的世界	文／Kim 　　Taylor 圖／Jane 　　Burton & 　　Kim 　　Taylor （民82）	人類	• 介紹海洋深處和池塘底部是個非常奇妙的世界，由許多動植物共同組成生態環境。包括：珊瑚礁、玳瑁、海馬……。

C～21	走向大自然——河流㈠	林碧琪（民81）	華一	• 好奇男孩奇奇帶領讀者認識河流之由來及河川中動植物生態與賞玩時裝備。
C～22	走向大自然——河流㈡	林采萱（民82）	華一	• 介紹河床的植物及構造、溪水污染現象、水災形成原因與防範。
C～23	走向大自然——海洋	賀行羽（民82）	華一	• 介紹海洋中生物的種類及人類如何利用海洋資源。
C～24	綠池裏的大白鵝	文／林良 圖／吳昊（民76）	理科	• 描述小朋友在綠池觀察兩隻大白鵝如何從陌生成為好朋友的過程。
C～25	小猴子回家	文／陳木城 圖／黃大山（民77）	國語日報	• 描述中央山脈居住著泰雅族及許多的猴子，由於頑皮的學童捕捉了一隻猴子而引發了一場人猴鬥智的情節，因而提醒人們保護生態。
C～26	大樹之歌	文／Harry Behn 圖／James Endicott（民83）	大樹文化	• 透過優雅的詩及美麗的畫來啟發幼兒用全新的眼光看待大自然奇蹟——樹，期能對樹有份尊敬外，尚可延伸對樹的種種感覺及退思。
C～27	大樹搬家記	文／珊蒂史傳克 圖／前野伊登子（民83）	大樹文化	• 一棵名叫東妮亞的樹，因為環境不適合而停止生長了，後來在樹醫生之建議和朋友、鳥兒們的鼓勵下，終於同意搬家，而且找到自己生命喜悅的泉源與原動力。
C～28	可怕的垃圾	華一（民81）	華一	• 介紹地球生長環境因人類大量製造垃圾、丟棄垃圾而造成環保問題。
C～29	可愛的綠樹	文／Mario Gomboli（民76）	智茂	• 介紹樹的形態、特徵及功能。
C～30	拯救地球——生態環境的惡化	文／T. Hare 圖／James MacDonald（民81）	智茂	• 介紹生態環境的意義及提供圖畫呈現生態環境遭破壞，將遭受病媒孳生，環境衛生破壞之後果。

C～31	去樹下乘涼	隆發 （民78）	隆發	• 有一個老婆婆在樹下乘涼，後來許多動物也來乘涼，結果太擠了，最後大象一個噴嚏把樹蔭都吹掉了。
C～32	走向大自然——山脈㈡	林采萱 （民82）	華一	• 介紹台灣高山上的植物及四季風景之變化。
C～33	我的蘋果樹	文‧圖／ 彼得‧巴奈爾 林丹譯 （民83）	大樹文化	• 描述一棵長得又大又粗的蘋果樹，根瘤盤錯，枝條糾結，像巫婆欲抓人的怪手。它和昆蟲、鳥、小動物、地衣、苔蘚和我組成一個小小世界。
C～34	林中的樹	圖／克里斯多 福‧曼森 張碧員主編 林丹譯 （民83）	大樹文化	• 原本是一首法國傳統民歌，反覆押韻。主題把自然界所有生命的生長和變化生動地描繪出來；有綠油油的草、林中的樹、樹上的枝、枝上的小枝、小枝上的鳥巢及鳥巢裏的小鳥。
C～35	柳杉的美夢	文／方素珍 圖／楊麗珍 （民77）	國語日報	• 高山上一片柳杉樹林，這些杉樹們都期待長大後能被做為最高貴的用途，其中有一棵樹很難得被挑選上了，卻被做為電線桿，原本失望的它後來了解自己工作的重要後，乃能欣然的盡忠職守替人服務。
C～36	被遺忘的森林	文‧圖／ Laurence Anhalt （民83）	大樹文化	• 描述發生在一個長滿樹木的森林，因城市與鄉鎮快速發展致使森林逐漸消失。最後終剩一小片淨土，是孩子們終年嬉笑玩耍的友善樹。有一天出現標語，這使得孩子們哭聲震撼森林，結果卻是工人來種樹。
C～37	野營歷險	文／William R. Gray 攝影／Steve Raymer （民79）	圖文	• 描述父親帶孩子們到山上露營，發現高山上有許多令人驚異的岩石地質及動植物生態。

C～38	第一座森林的愛	文／約翰· 吉爾 圖／湯姆· 海菲林 林丹譯 （民83）	大樹文化	• 故事中將貪婪、自私的行為用擬人化方式來表現，透過樹在秋冬中的落葉、光禿來表達行為的傷害，以春天的新芽、鮮綠來顯示大自然的包容。
C～39	森林大熊	文／ 約克史地那 圖／ 約克·米勒 （民83）	格林	• 描述一隻冬眠的大熊一覺醒來後，發現部分森林被闢成工廠，然後歷經許多不被人類世界接納的情節，最後又回到山洞中冬眠。
C～40	植物的花	陳淑華 （民74）	圖文	• 介紹不同植物所開的花之型態、構造及功能。
C～41	植物的莖	陳淑華 （民72）	圖文	• 介紹不同植物的莖、構造與功能。
C～42	植物的根	陳淑華 （民72）	圖文	• 介紹不同種類植物的根之構造、功用等。
C～43	植物的葉	陳淑華 （民72）	圖文	• 介紹不同植物葉子之構造及功能。
C～44	森林裏的鏡子	文·圖／ 花之內雅吉 （民80）	人類	• 描述猴子阿吉和朋友將一面鏡子搬到森林裡，引起動物們的好奇而引發許多趣事，鏡子後來成為森林中的寶貝。
C～45	拯救地球── 資源回收	文／T. Hare 圖／Simon Bishop （民81）	智茂	• 人類所製造的垃圾中有許多可回收後再利用，如紙、保特瓶、金屬罐、玻璃瓶等。垃圾減少可以降低生活環境的污染。
C～46	獨臂猴王	文／李潼 圖／洪義男 （民77）	國語日報	• 描述小男孩和開山產店的父親一起上山獵猴子，小男孩不幸掉入父親做的陷阱中，後來由獨臂猴王救起送回，感動的父親再也不捕殺動物。
C～47	樹逃走了	文·圖／ 馬丁·波克特 張碧員譯 （民83）	大樹文化	• 描述馬路上一棵受人漠視的樹決心搬家，後來發生一連串的反應；鳥不再築巢，人無法乘涼，髒空氣無法除去……後來

				小孩決定請大樹回家，最後大家把路佈置漂亮後，大樹才搬回來住下。
C～48	叢林是我家	文／ 勞拉·費沙托 圖／ 拉蒂利亞·蓋里	大樹文化	• 描述亞馬遜叢林繁複的生命及罕見的美麗景致，同時希望世界各地孩子了解人類砍伐樹木對動物之影響，進而願意幫助動物返回叢林。
C～49	樹林裏的動物	文／Toni 　　Eugene （民78）	圖文	• 介紹動物在森林裡的生活情形，森林是牠們的家。
C～50	森林裏的一天	文／Ronad 　　M. Fisher 圖／Gordon 　　W. Gahan 張東銘主編 朱文艾譯 （民79）	圖文	• 兩位小朋友到森林裏玩耍，當他們停下腳步時，森林靜悄悄的，好像什麼東西都沒有，但是他們繼續探險之後，有了令人驚訝的發現，他們看見了在樹上有……，陸地上有……，水塘裏有……，讓他們興奮不已！

三、錄影帶

編　號	名　　　　稱	發行公司	內容簡介	備　　註
V～1	認識果汁	台視文化事業	• 介紹果汁製造的原料及包裝過程。	• 公共電視──天之美祿
V～2	認識牛奶	台視文化事業	• 透過電視劇方式介紹喝牛奶應注意的事項及牛奶來源。	• 公共電視──小小消費者
V～3	多明尼加共和國	台視文化事業	• 介紹多國咖啡種植的條件，及如何分辨咖啡成熟與否。	• 公共電視──天涯若比鄰
V～4	修道院和啤酒	台視文化事業	• 介紹巴伐利亞平原國家盛產啤酒，而主司工作者最有名的是修道院。	• 公共電視──天涯若比鄰
V～5	來自大自然的飲料	台視文化事業	• 介紹茶葉的製造過程及品嚐方法，及一些已泡過茶葉的用途。	• 公共電視──天之美祿
V～6	杯底知音	台視文化事業	• 介紹威士忌、白蘭地酒的原料和其他水果酒，及酒在烹調上的用途。	• 公共電視──天之美祿
V～7	巧克力的誘惑	台視文化事業	• 介紹巧克力的原料及食用它的影響。	• 公共電視──天之美祿
V～8	是甜頭還是苦頭	台視文化事業	• 介紹糖的原料及其種類與製造過程。	• 公共電視──天之美祿
V～9	科技大展──綠色大地㈡	普傑實業	• 介紹森林受到火災、蟲災之危害而逐漸消失，人類採科技方法來滅蟲。	• 危害森林的兩大因素
V～10	環保小英雄	行政院環保署	• 利用卡通人物傑比環保兔來喚醒地球人類如何改善污染以拯救地球。	

V～11	幼兒生活小百科—— 樹的故事	根毅文化	• 介紹樹的功用及生 活中常見的一些樹	
V～12	從今天到明天—— 台灣環保啟示錄	行政院環保署	• 介紹水質受污染的 情形，及如何維護 水資源。	• 第7集 飲水思源篇
V～13	淺酌話美酒	台視文化事業	• 介紹各式雞尾酒的 做法以及使用的杯 具。	• 公共電視—— 天之美祿

第四節　社會資源

一、飲料

名　　稱	資源內容	備　　註
黑松汽水公司	• 提供參觀以了解飲料之來源、製作過程、設備及種類的認識	• 黑松汽水公司位在桃園縣中壢市，另外在南部縣市也有分廠 • 亦可參考其他汽水公司，如：百事公司
豆漿製造廠	• 提供參觀藉以了解豆漿之製作原料及過程	• 地點有新竹縣寶山鄉 • 各鄉鎮農會亦有不同飲料種類之產製
茶園或製茶廠	• 提供參觀以認識茶飲料的來源及產製過程	• 竹南天仁茗茶廠，或一般山坡地種植之茶園
味全牧場	• 提供參觀以了解鮮奶的來源及認識乳牛	• 地點在桃園埔心 • 其他縣市之農會也有製乳的業務
乳羊牧場	• 提供參觀了解羊乳的來源，及人工採集羊乳過程和畜養方式	• 地點在各縣市近山區處
化學實驗	• 從實際觀察中了解 CO_2（碳酸飲料之原料）之產生	• 徵求有這方面專業知識的老師或家長支援
食品檢驗局	• 提供諮詢以了解飲料的分類方法	• 地點有新竹市、基隆市、台北市、台中市、高雄市、台南市、花蓮市等
工研院食品研究所	• 提供資訊，了解飲料的分類方法	• 地點在新竹市食品路

二、水

名　　稱	資源內容	備　　註
水庫、淨水廠	• 提供參觀藉以了解水貯存的地方及自來水之淨化過程	• 本省北部有寶山水庫、大埔水庫，翡翠、石門、暖暖、新山等水庫 • 中部有：永和山、明德、德基、萬大等水庫 • 南部有：蘭潭、仁義潭、白河、尖山埤、曾文、烏山頭、阿公店、澄清湖、鳳山、龍鑾潭等水庫
自來水管及排水管	• 提供參觀藉以了解自來水輸進住家的路線，及明白家庭污廢水排放的方式	• 學校或住家的水管及屋外或路旁的排水溝
污水處理廠	• 提供參觀以了解污水廢水的去處及明白污水處理的過程及重要性	• 地點有新竹科學工業園區 • 其他縣市工廠規模較大者亦有污水處理設備
人工湖或池塘	• 提供參觀以了解水存在的地方，及生活在其中的動植物	• 公園、學校
荷花池	• 提供參觀以了解水生植物之種類與生長方式	• 市區、公園、郊區、學校
水族館	• 提供參觀以了解水族動物的種類及養殖方法	• 街上的水族館
水生植物園	• 提供參觀以了解水生植物的種類、特徵	• 學校或有關學術機構

三、樹

名　　　稱	資源內容	備　　　註
校園或公園的樹	• 參觀社區內的樹以了解樹的名稱及種類	• 居住的社區
人力支援	• 透過專業人士之介紹，藉以對樹的特徵、特性有更正確的了解	• 邀請在植物方面有特殊專長的家長或老師協助
木材行	• 提供參觀以了解木頭成材的過程	• 可透過查閱電話簿獲得參觀地點，或家長支援
傢俱工廠或門市區	• 提供參觀以了解木材在生活中的利用	• 市區的傢俱行或製造傢俱的工廠
公園的老樹	• 提供幼兒了解老樹被迫搬家對新環境的適應，及人們愛護樹木的機會教育	• 因土地規劃、馬路拓寬等因素使許多年代已久的樹都被迫遷移，可透過錄影的方式（V8 或幻燈片）來介紹
林務局人員介紹國家公園生態	• 透過豐富的專業知識及完備的資料，協助幼兒了解國家公園的意義及功能	• 全省各地的林務局、部分森林生態保護區或森林遊樂區設有專門解說員（如：新竹、羅東、花蓮、台中東勢、台東、屏東、南投林管處育樂課洽詢）

第五節　參考活動

Ⅰ.體能與遊戲

編號：Ⅰ～1

❋**名稱**：飲料在哪裏

❋**準備工作**：

　1.收集各類飲料空瓶罐。

　2.聯繫學校附近的商店作為參觀地點。

　3.角落的材料。

❋**遊戲說明**：

　1.師生共同討論汽水、果汁、烏龍茶……等飲料在哪些地方可以看到及買到。

　2.參觀超市、商店或學校的合作社：

　　(1)發表商店內的飲料有哪些？

　　(2)這些飲料如何擺置？

　　(3)要透過哪些手續才能把飲料買回家？

　3.角落活動：

　　(1)娃娃角：配合當日的點心（飲料類）玩福利社賣飲料遊戲。

　　(2)積木角：利用超型積木、木質大積木建構商店及冰箱，用來冷藏飲料。

　　(3)工作角：利用書面紙、蠟筆或彩色筆，畫出與飲料主題有關的作品。

編號：Ⅰ～2

❋**名稱**：飲料國（分類）

❋**準備工作**：收集各類的飲料空瓶（須洗淨、擦乾）。

❋遊戲說明：

1. 幼兒發表自己最常喝的飲料是哪些？它們的味道如何？

2. 討論商店會如何來擺放不同的飲料？為什麼要作分類？

3. 角落活動：

　(1)娃娃角：賣飲料（與當日的點心時間、飲料種類結合進行）。

　(2)積木角：用大積木建構超市，搭配收集之空瓶罐，將它們做分類的擺置，玩開超商的遊戲。

　(3)工作角：①畫商店的店徽、店名。

　　　　　　　②剪貼報紙、雜誌上的飲料廣告圖片。

編號：Ⅰ～3

❋名稱：碳酸飲料

❋準備工作：

1. 黑松汽水、沙士、可口可樂易開罐裝各一瓶。

2. 聯絡化學教師提供支援，做 CO_2 之收集實驗。

3. 廣用試紙數張。

❋遊戲說明：

1. 幼兒用自己的茶杯倒少量汽水、沙士……等飲料品嚐。

2. 幼兒發表喝這些飲料的感覺（甜甜的、涼涼的、辣辣的、會冒泡泡……）。

3. 討論冒泡泡的原因及如何來收集 CO_2。

4. 觀察化學老師示範收集二氧化碳（大理石加上鹽酸），及碳酸之產生。

5. 利用廣用試紙來測試汽水、沙士、可樂等呈淺紅色反應，即表示呈酸性。

編號：Ⅰ～4

❋名稱：飲料的家

❋準備工作：

1. 聯絡參觀地點（汽水工廠）及租用交通工具。

2. 準備大積木、空紙箱、碳酸飲料、飲料空瓶罐。

❀遊戲說明：

1.師生共同討論參觀汽水公司的禮貌及安全事宜。

2.參觀汽水工廠。

3.幼兒發表參觀感想與心得。

4.師生討論製作汽水、可樂的原料有哪些？採用哪種水質？用哪些容器來包裝？

5.角落活動：

  ⑴積木角：①汽水廠的汽水輸送帶（木質大積木搭建）。

         ②汽水的裝箱作業（木質大積木搭建工廠，把汽水空瓶罐裝入紙箱中）。

  ⑵工作角：畫畫——飲料工廠。

  ⑶語文角：欣賞幼兒用書⇨一起吃早餐（C～1）、四季的水果（C～2）、冰果店的學問（C～5）、冰箱裏的食物（C～6）、張小猴買水果（C～9）。

編號：I～5

❀名稱：果汁飲料

❀準備工作：

1.果菜機或果汁機一部，量杯 100c.c.、500c.c.。

2.木瓜一個、鮮奶、冷開水、果糖、過濾紗布、內鍋、水果刀、乾淨的砧板、各類飲料空瓶罐、木質大積木。

❀遊戲說明：

1.師生共同討論：

  ⑴喝過的果汁有哪些？

  ⑵如何製作果汁？

  ⑶果汁機的正確操作方法，及用完之後如何處理及收拾？

2.角落活動：

  ⑴娃娃角：打木瓜牛奶汁。

  ⑵工作角：製作果汁機。

(3)科學角：容量的遊戲（飲料瓶裝水 500c.c.、100c.c.）。

(4)積木角：大積木建構飲料店。

編號：Ⅰ～6

❋**名稱**：果菜汁

❋**準備工作**：

1.果菜機、紅蘿蔔、柳丁實物、刨刀、盆子、冷開水。

2.大積木、溴碘酚氯酸鹼測試液。

❋**遊戲說明**：

1.師生共同討論果汁和果菜汁之不同點，及果菜汁製作的工具、材料。

2.老師說明果菜機操作的方法。

3.角落活動：

(1)娃娃角：打紅蘿蔔汁及榨柳丁汁。

(2)積木角：建構果汁公司。

(3)工作角：設計果菜汁的品牌。

(4)科學角：用溴碘酚氯液測試紅蘿蔔片（呈藍色反應為鹼性）。

編號：Ⅰ～7

❋**名稱**：好喝的豆漿

❋**準備工作**：

1.故事書「一起吃早餐」（C～1）、黃豆種子、綠豆種子、布丁或豆花空盒、棉花。

2.聯絡參觀地點：如新竹縣寶山鄉農會豆乳製造廠。

3.準備大積木、小積木、各類飲料空瓶罐、豆漿實物。

❋**遊戲說明**：

1.老師讀「一起吃早餐」的故事。

2.師生共同討論豆漿由何人及在何處製造。

3.參觀豆乳製造廠。

4.角落活動：

(1)娃娃角：賣豆漿（配合點心內容：豆漿及燒餅）。

(2)積木角：搭建豆漿工廠。

(3)科學角：種植黃豆或綠豆。

(4)語文角：欣賞幼兒用書⇨一起吃早餐（C～1）、冰果店的學問（C～5）、

　　　　　　冰箱裏的食物（C～6）、怎樣預防蛀牙（C～8）。

編號：Ⅰ～8

❋名稱：茶類飲料

❋準備工作：

1.老人茶具一組、烏龍茶、紅茶、綠茶隨意包及不同類的茶葉。

2.純黏土、油漆筆、亮光漆。

❋遊戲說明：

1.討論：

(1)茶是否為飲料？如何製造？

(2)家中誰最喜歡喝茶？茶的種類有哪些？

2.角落活動：

(1)娃娃角：休閒茶藝館。

(2)科學角：觀察各種茶葉的外形、聞香味及觀察、比較茶水的色澤。

(3)積木角：搭建公園——喝老人茶。

(4)工作角：紙黏土捏塑茶壺及茶杯。

編號：Ⅰ～9

❋名稱：好喝的奶茶

❋準備工作：

1.紅茶包、鮮奶、果糖、各類隨身茶包。

2.大積木。

3.錄影帶「天之美祿——來自大自然的飲料」（V～5）。

❀遊戲說明：

1. 討論茶樹在什麼地方可以看到？

2. 觀賞「來自大自然的飲料」錄影帶。

3. 幼兒發表紅茶、綠茶、烏龍茶之不同處。

4. 角落活動：

(1)娃娃角：製作奶茶。

(2)積木角：搭建茶藝館。

(3)科學角：觀察紅茶、烏龍茶的茶水色澤。

編號：Ⅰ～10

❀名稱：咖啡牛奶

❀準備工作：

1. 錄影帶「多明尼加共和國」（Ⅴ～3）。

2. 咖啡空盒、瓶罐、鮮奶、砂糖、果糖、咖啡（顆粒）、大積木。

❀遊戲說明：

1. 討論：

(1)咖啡是什麼？

(2)咖啡生長在哪裏？

(3)小孩為何不適合喝咖啡？

(4)如何減低苦的感覺？

2. 觀賞錄影帶「多明尼加共和國」（產咖啡的國家）。

3. 角落活動：

(1)娃娃角：泡咖啡牛奶。

(2)積木角：搭建咖啡屋。

(3)科學角：糖、鹽溶於水的觀察實驗。

編號：Ⅰ～11

❀名稱：酒精性飲料

❋準備工作：

1.白蘭地、高粱酒、米酒、水果酒、啤酒及酒類空瓶罐。

2.錄影帶「天之美祿——淺酌話美酒」（V～13）。

3.大積木。

❋遊戲說明：

1.師生討論哪些時候、哪些地方會看到大人們喝酒。

2.分享看過或聽過哪些酒的名稱。

3.探討小孩為何不能喝酒。

4.觀賞錄影帶「淺酌話美酒」（酒的製造、酒在烹調上的利用、酒醉的弊害）。

5.幼兒發表觀賞後的心得。

6.角落活動：

(1)娃娃角：請客喝喜酒。

(2)積木角：搭建酒廠及商店賣酒。

(3)科學角：觀察及聞葡萄酒、啤酒、高粱酒、米酒、烏梅酒之色澤及味道。

(4)工作角：畫與飲料主題有關的作品。

編號：Ⅰ～12

❋名稱：營養的牛奶

❋準備工作：

1.大信封袋、保利龍球、牛奶空瓶罐、養樂多瓶、鮮奶、茶杯、農場組玩具。

2.錄影帶「小小消費者：認識牛奶」（V～2）。

❋遊戲說明：

1.老師模仿一段廣告詞讓幼兒猜是哪一種飲料（如：「每天喝一瓶會長得像大樹一樣高噢！」）。

2.討論：

(1)什麼時候人們會喝牛奶？

(2)牛奶是怎麼來的？

(3)除牛奶之外還有哪些乳製品？

(4)牛奶要如何存放才安全？

3. 觀賞錄影帶「認識牛奶」。

4. 角落活動：

(1)娃娃角：配合點心時間喝牛奶、吃餅乾。

(2)積木角：搭建牧場。

(3)益智角：農場組玩具之組合及設計。

(4)工作角：①製作乳牛頭套（參見Ⅳ－2）。

②畫牧場風光。

編號：Ⅰ～13

※**名稱**：辨別果汁及汽水

※**準備工作**：

1. 柳橙汁、檸檬汁、橘子汽水、沙士、可樂、黑松汽水。

2. 透明杯（裝飲料）、小茶杯（每人一個）。

3. 飲料號碼牌。

※**遊戲說明**：

1. 展示透明杯中的飲料（六種），並加以編號1、2、3、……、6。

2. 請幼兒猜看看這些是什麼飲料。

3. 幼兒發表辨認這些飲料的方法（用聞的、看的、喝的）。

4. 幼兒輪流用聞的方式將飲料作兩種分類（哪幾號杯是果汁？哪幾杯是汽水？）

5. 第二次時，幼兒分別把透明杯的飲料倒到自己的小杯中嚐嚐，然後將汽水類及果汁類飲料的號碼牌分成兩堆。

6. 請幼兒發表果汁、汽水的相同點（如顏色）、相異點（有泡泡、涼涼的……）。

7. 師生討論汽水、可樂、沙士為何會涼涼的且會冒泡。

※**注意事項**：

1. 剛開始時可以三種飲料來猜，然後再逐漸增加種類。

2. 第二次品嚐時，老師要注意幼兒倒飲料的動作，加以協助以免打翻。

3. 遊戲完後可延伸為打果汁的活動。

編號：Ⅰ～14

❀名稱：是汽水？還是果汁？

❀準備工作：

1. 在科學角準備汽水、橘子汁、芭樂汁、芬達橘子汽水。

2. 幼兒自用的茶杯。

❀遊戲說明：

1. 幼兒從科學角汽水、果汁之實物佈置引發品嚐動機。

2. 幼兒拿自己的茶杯，將不同的飲料倒進杯子（少量）嚐嚐看。

3. 喝過之後告訴老師所嚐飲料的名稱。

4. 師生共同討論汽水和果汁的不同點。

5. 將未喝完的易開罐飲料提供給幼兒在娃娃角玩賣飲料的遊戲。

編號：Ⅰ～15

❀名稱：飲料工廠

❀準備工作：

圓孔海綿墊兩個、不同之飲料空瓶（數量與幼兒人數同）、紙箱四個。

❀遊戲說明：

1. 兩個紙箱放在兩隊的排頭右側，另外兩個紙箱則放在距 2m 前海棉墊的左、右兩邊。

2. 幼兒分成甲、乙兩隊，由第一位開始起跑到海綿墊的圓孔中坐下，自紙箱中拿出一樣飲料後，立即說出飲料的名稱如：「麥根沙士。」正確地說出名稱後，折回起點將空瓶罐放在隊伍最前面的右側紙箱中，即表示飲料工廠的產品生產完成。然後由下一位接續。直到最後一位，先完成的一隊算優勝。

3. 附簡圖：（見下頁）

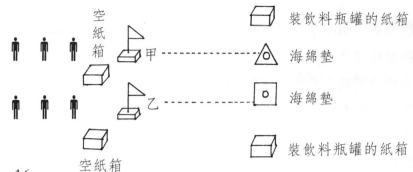

編號：I～16

❀名稱：飲料大搬家

❀準備工作：

　1.座墊或椅子（數量與幼兒人數同，老師除外）。

　2.各種飲料空瓶。

❀遊戲說明：

　1.參與的幼兒圍成一個大圓圈坐下，每人並手持一飲料空瓶；老師當商店裏賣飲料的店員。

　2.老師說一則故事，內容為售貨員要把商店裏貨架上的飲料重新擺放。

　3.當店員喊說：「飲料要搬家了！」幼兒回答：「誰搬家？」店員則說：「果汁！」則手持果汁瓶罐的幼兒須互換位置（店員可以將飲料的名稱做不同的改變如：「咖啡」、「可樂」、「沙士」……等）。

　4.店員需加入搶位置的行列。未佔到位子的幼兒由他擔任店員，繼續進行遊戲。

編號：I～17

❀名稱：自來水從哪裏來

❀準備工作：

　1.幼兒用書「小河的故事」（C～17）。

　2.聯絡水庫及淨水廠參觀事宜並安排交通。

❀遊戲說明：

　1.討論：

　　⑴附近哪裏有水庫、大河？

(2)為什麼要有水庫呢？

(3)淨水廠是什麼？

(4)參觀水庫時需要注意哪些安全問題？

2. 參觀水庫——取水塔、量雨器、溢洪道。

3. 參觀淨水廠：原水池、水耀池、攪拌池、沈澱池、過濾池、淨水池的過程。

4. 參觀後討論：

(1)水從哪裏來的？

(2)怎樣變成自來水的？

5. 欣賞故事「小河的故事」。

編號：Ⅰ～18

❀**名稱**：水晶世界（情境佈置）

❀**準備工作**：

1. 各種有色的紙（玻璃紙、縐紋紙、蠟光紙、圖畫紙）。

2. 有水情境的月曆風景圖片。

3. 藍色滑溜布、地毯。

4. 幼兒用書「水」（C～16）。

❀**遊戲說明**：

1. 師生共同討論媒體報導水荒的問題。

2. 幼兒發表缺水的原因。

3. 師生討論如何把教室變成水的世界。

4. 角落活動：

(1)工作角：將風景月曆剪下貼在教室各個角落。

(2)娃娃角：在玻璃窗貼上藍色玻璃紙。

(3)積木角：鋪上藍色地毯或地墊。

(4)益智角：牆面上用縐紋紙條佈置成海浪。

(5)語文角：欣賞幼兒用書⇨下雨了（C～13）、小河愛唱歌（C～14）、小黑魚
的故事（C～15）、水（C～16）、小河的故事（C～17）、小雨滴

的旅行（C～18）、水底神奇的世界（C～20）、走向大自然——河流㊀（C～21）、走向大自然——河流㊁（C～22）、走向大自然——海洋（C～23）。

5. 幼兒介紹自己在角落所完成的作品。

編號：Ⅰ～19

❀**名稱**：停水了！

❀**準備工作**：

1. 故事——停水了（Ⅱ～2）。

2. 學校洗手台、廚房的自來水管或所拍的照片。

3. 大積木。

4. 工作角材料。

❀**遊戲說明**：

1. 老師說「停水了！」的故事。

2. 師生討論停水的原因及自來水如何從水庫到學校或家裏來。

3. 師生在校園做小偵探，找找看水管的線路及排水管。

4. 角落活動：

　(1)娃娃角：①玩扮演遊戲（扮演家人看電視報告氣象），並將娃娃角的天花板貼
　　　　　　　　上一條一條的紙當成雨，玩下雨的遊戲。

　　　　　　　②將廚具流理台下端接上用報紙捲成的水管通到積木角的淨水場。

　(2)工作角：製作噴水池。

　(3)科學角：搭建淨水場。

　(4)語文角：欣賞幼兒用書⇨下雨了（C～13）、水（C～16）、小河的故事（C
　　　　　　～17）、小雨滴的旅行（C～18）、走向大自然——河流㊀（C～
　　　　　　21）、走向大自然——河流㊁（C～22）、走向大自然——海洋（C
　　　　　　～23）。

編號：Ⅰ～20

❁**名稱**：河水哭了

❁**準備工作**：

1.幼兒用書「小雨滴的旅行」（C～18）。

2.錄影帶「環保小英雄」（V～10）之河川污染部分。

3.事前觀測學校附近可以觀察的溪流水溝。

4.各角落的材料。

5.集水瓶三個。

❁**遊戲說明**：

1.老師說「小雨滴的旅行」（C～18）故事，或觀賞錄影帶「環保小英雄」（V～10）。

2.師生討論河川變髒的原因，及河川污染對人類有何影響。

3.徒步到學校附近的小溪及水溝觀察。

4.收集溪水或水溝的水帶回教室（集水瓶要有蓋子，貼上膠帶以防臭味四溢）。

5.角落活動：

(1)娃娃角：用超型積木搭成浴室玩洗澡遊戲，洗澡水流入排水管。

(2)積木角：搭建豬舍、牛舍，將動物模型放在裏面，玩排洩物污染河川的遊戲。

(3)科學角：用放大鏡觀察集水瓶所裝的自來水及排水溝、溪水的水質。

(4)語文角：欣賞幼兒用書⇨小河愛唱歌（C～14）、水（C～16）、小河的故事（C～17）、小雨滴的旅行（C～18）、水中動物的生活（C～19）、水底神奇的世界（C～20）、走向大自然——河流㈠（C～21）、走向大自然——河流㈡（C～22）、走向大自然——海洋（C～23）、綠池裏的大白鵝（C～24）。

編號：Ⅰ～21

❁**名稱**：把水變乾淨

❋準備工作：

1. 聯絡污水處理廠參觀事宜。

2. 商請家長支援參觀時的座車。

3. 幼兒用書「小河愛唱歌」（C～14）。

❋遊戲說明：

1. 老師唸「小河愛唱歌」的故事。

2. 師生共同討論：河川污染了要如何把它清理乾淨。

3. 討論參觀時的注意事項及仔細的觀察態度。

4. 到污水處理廠參觀，請污水處理廠負責人大略簡介該廠功能。

5. 實地參觀污水處理的過程。

6. 參觀後討論：污水處理廠是做什麼的？為什麼要把污水處理好？

編號： I ～ 22

❋名稱：天鵝湖

❋準備工作：

1. 天鵝湖錄音帶（取自動物狂歡節曲，聖桑作）。

2. 各角落之材料。

3. 湖光的風景圖片。

4. 幼兒用書「綠池裏的大白鵝」（C～24）。

5. 小花童白紗小禮服。

❋遊戲說明：

1. 老師放一段天鵝湖的音樂給幼兒欣賞。

2. 師生共同討論湖是如何形成的（幼兒觀賞圖片）？

3. 故事欣賞：「綠池裏的大白鵝」。

4. 討論湖水要是髒了怎麼辦？天鵝還會飛來嗎？

5. 角落活動：

　⑴娃娃角：天鵝湖即興韻律表演（幼兒穿著小禮服）。

　⑵積木角：搭建污水處理廠。

389

(3)語文角：欣賞幼兒用書➪小河愛唱歌（Ｃ～14）、小黑魚的故事（Ｃ～15）、小河的故事（Ｃ～17）、小雨滴的旅行（Ｃ～18）、水中動物的生活（Ｃ～19）、水底神奇的世界（Ｃ～20）、走向大自然——河流㊀（Ｃ～21）、走向大自然——河流㊁（Ｃ～22）、走向大自然——海洋（Ｃ～23）、綠池裏的大白鵝（Ｃ～24）。

編號：Ⅰ～23

❋名稱：水生植物

❋準備工作：

1. 收集水生植物圖片：荷花、睡蓮、水芙蓉、布袋蓮、水蠟燭等。

2. 找尋或事先探測可供參觀的池塘或其他地點。

3. 聯絡水生植物園之參觀事宜。

4. 各角落的工具、材料。

❋遊戲說明：

1. 老師展示水生植物圖片給幼兒觀賞。

2. 師生共同討論可以去參觀的池塘。

3. 到水生植物園或池塘，觀賞荷花池裏布袋蓮、水芙蓉、荷花等。

4. 角落活動：

　　(1)娃娃角：搭建水生植物園。

　　(2)積木角：大積木搭建湖邊涼亭及用柔力磚砌荷花池。

　　(3)工作角：利用縐紋紙、蒲草、冰淇淋杯、書面紙、色紙製作荷花池。

　　(4)科學角：①種植綠豆。

　　　　　　　②將水生植物園收集之植物放在水盆裏養殖作觀察（種類有：金魚藻、水蘊草、水綿、水芙蓉、水蠟燭等）。

編號：Ⅰ～24

❋名稱：海底世界

✽準備工作：

1. 幼兒用書「水中動物的生活」（C～19）及「水底神奇的世界」（C～20）。

2. 各角落的工具、材料。

3. 沙拉油一小匙及水杯。

✽遊戲說明：

1. 老師介紹「水底神奇的世界」圖書內容給幼兒欣賞。

2. 師生共同討論：

(1)生活在水中的動物有哪些？

(2)為什麼現在水中的生物愈來愈少了？

(3)要如何來保護海洋資源？

3. 角落活動：

(1)工作角：①製作水族箱。

②畫海底世界（利用廣告顏料、水彩筆）。

(2)積木角：搭建清除垃圾的垃圾船（可以吸油污、垃圾）。

(3)科學角：油不溶於水的實驗。

編號：Ⅰ～25

✽名稱：酸雨的危害

✽準備工作：

1. 錄影帶「環保小英雄」（V～10）之酸雨部分。

2. 教師用書「酸雨的危害」（T～8）。

3. 各角落工具、材料。

4. 鏽蝕的鋁壺。

✽遊戲說明：

1. 觀賞錄影帶「環保小英雄」。

2. 師生共同討論：

(1)為何會有酸雨？

(2)酸雨對人類造成哪些災害呢？

(3)地面上的水遭酸雨破壞時該如何處理？

(4)空氣污染嚴重時該如何改善？

3.角落活動：

(1)積木角：①搭建有污染檢測設備的工廠。

②搭建污水處理廠。

(2)工作角：製作環保船。

(3)科學角：觀察鏽蝕的鋁壺。

編號：Ⅰ～26

❋名稱：校園裏的樹

❋準備工作：

1.教師用書「熱帶雨林的消失」（T～14）。

2.教室佈置樹的情境。

❋遊戲說明：

1.老師大略介紹「熱帶雨林的消失」圖書內容。

2.師生討論雨林消失的原因與對生活環境之禍害以及如何來愛護樹木。

3.參觀校園裏的樹（撿拾落葉）。

4.報告參觀的心得：

(1)小葉南洋杉的樹形最像聖誕樹。

(2)印度橡皮樹的葉子最大。

(3)榕樹有鬍鬚，印度橡皮樹也有。

(4)柳樹枝條最長，上面長了很多長形葉子。

5.角落活動：

(1)娃娃角：煮菜。

(2)工作角：①主題佈置欄上加上印度橡皮樹葉。

②酋長帽。

③樹葉裙。

④引河水溝渠道。

(3)積木角：校園的樹。

(4)語文角：欣賞幼兒用書⇨大樹之歌（C～26）、可愛的綠樹（C～29）、走向大自然──山脈㈡（C～32）、林中的樹（C～34）、植物的花（C～40）、植物的莖（C～41）、植物的根（C～42）、植物的葉（C～43）。

編號：Ⅰ～27

❋名稱：猜猜它是誰

❋準備工作：

1. 聯繫校內或校外對植物方面有專業知識的人士支援教學事宜。

2. 準備幻燈片、校園內撿拾的樹葉。

3. 角落材料之補充。

❋遊戲說明：

1. 老師拿一片樹葉，請幼兒說出它的正確名稱。

2. 師生共同討論：

(1)這些樹名是怎麼來的？

(2)我們如何正確地知道它們的名稱？

(3)植物學家要做些什麼事？他們的知識是怎麼來的？

3. 邀請有專業知識的校內同事或家長介紹常見的樹名及特徵。

4. 角落活動：

(1)工作角：畫蘋果樹、松樹、榕樹，製作大樹。

(2)積木角：建造高高矮矮的樹。

編號：Ⅰ～28

❋名稱：樹的身體

❋準備工作：

1. 收集樹葉。

2. 刷畫用的紗網。

❀遊戲說明：

1. 老師唱「頭、耳、肩膀、膝、腳趾」的歌，然後聽口令玩摸五官的反應遊戲（如：一、二、三，摸腳趾）。

2. 師生共同討論：

   (1)人和樹在外觀上有何不同？

   (2)樹有腳嗎？在哪裏？有何功用？

   (3)樹的身體在哪裏？嘴巴呢？有沒有鼻子？

   (4)樹的身體構造如何稱呼？

3. 觀察園內樹的樹根。

4. 問題討論：

   (1)印度橡皮樹和榕樹的根好長，為什麼會跑到外面來？它有何功用？

   (2)為什麼有些樹有長鬍鬚？有什麼功用？

   (3)樹葉為何會掉下來？

5. 角落活動：

   (1)積木角：搭建木橋、木道。

   (2)工作角：①樹葉刷畫。

   　　　　　　②畫樹。

   (3)科學角：觀賞年輪與心材標本。

   (4)語文角：欣賞幼兒用書⇨可愛的綠樹（C～29）、植物的花（C～40）、植物的莖（C～41）、植物的根（C～42）、植物的葉（C～43）。

編號：Ⅰ－29

❀名稱：樹林裏遊戲

❀準備工作：

1. 菩提樹錄音帶（取自國民小學音樂科教材，舒伯特作）。

2. 動物頭套。

3. 教師用書「植物之美」（T～11）。

❀遊戲說明：

1. 老師播放一段「菩提樹」錄音帶讓幼兒欣賞。

2. 師生討論：

(1)校園內哪裏有菩提樹？

(2)很多的樹長成一片，這樣的地方要如何稱呼它？

(3)樹林裏可以看到哪些東西？

3. 到樹林裏玩耍：

(1)撿拾鳳凰樹果夾。

(2)利用樹藤將樹圍起來。

(3)玩樹的造形（肢體）遊戲（模仿身旁的樹）。

(4)幼兒劇——自編、自演獅子餓了要吃小動物。

(5)樹藤當跳繩。

(6)鳥媽媽生小鳥。

(7)丈量樹幹粗細。

編號：Ⅰ－30

❀名稱：小動物不見了

❀準備工作：

1. 幼兒用書「林中的樹」（C～34）。

2. 角落的遊戲材料：大積木、柔力磚、吸管、竹筷、縐紋紙、毛線、色紙、空盒。

❀遊戲說明：

1. 讀詩歌「林中的樹」讓幼兒欣賞。

2. 師生共同討論：

(1)為什麼在樹林裏沒有看到小動物？

(2)什麼地方才可以見到真正的小動物呢？

(3)森林在哪裏呢？除了樹、動物外，還有什麼？

3. 角落活動：

(1)娃娃角：佈置森林景象（山泉、瀑布、奇花、草地、樹）。

(2)工作角：①森林的樹。

②爬藤的樹。

(3)積木角：森林中的聖誕樹。

(4)語文角：欣賞幼兒用書⇨去樹下乘涼（C～31）、我的蘋果樹（C～33）、林中
的樹（C～34）、森林大熊（C～39）、森林裏的鏡子（C～44）、獨臂
猴王（C～46）、叢林是我家（C～48）、樹林裏的動物（C～49）。

編號：Ⅰ～31

❋名稱：樹寶寶的家

❋準備工作：

1.撿拾樹的果實——松果。

2.聯繫可供參觀的苗圃，並請家長支援座車。

3.各角落之材料（布丁杯、小積木、紙片）。

❋遊戲說明：

1.老師展示松果讓幼兒觀察。

2.師生共同討論：

(1)松果是樹的哪一部分？

(2)它可以做什麼？

(3)樹寶寶的家在哪裏？

(4)小樹苗是由誰來照顧它長大的？

3.參觀苗圃：

(1)觀察培養土、骨粉、陽明山土、河沙、栽植土、蛇木。

(2)馬櫻丹扦插法——莖是方形的。

(3)觀賞小盆栽——非洲鳳仙。

4.角落活動：

(1)工作角：發芽的樹。

(2)積木角：建造苗圃及樹苗出售。

(3)娃娃角：東山苗圃——培養土栽培小樹苗。

編號：Ⅰ～32

❀**名稱**：木材哪裏來？

❀**準備工作**：

1. 木工檯、鋸子、鐵釘、槌頭、木輪、木板。

2. 教師用書「木材」（T～9）。

3. 各角落的遊戲材料。

❀**遊戲說明**：

1. 師生共同討論生活中有哪些物品是木材做的。

2. 老師展示木板、木輪並討論：

　(1)木工角的木塊、木輪是怎麼來的？

　(2)哪些地方裁製這些木塊？

　(3)樹為什麼要搬家呢？

　(4)有百年老樹因蓋停車場被迫搬家，要搬到哪兒？

3. 參觀木材行、有老樹的公園。

4. 參觀心得分享。

5. 角落活動：

　(1)積木角：用積木搭蓋神木（杉樹）。

　(2)娃娃角：一起扮演「為樹過生日」。

　(3)工作角：①葉子拓印。

　　　　　　②對稱印畫。

　(4)木工角：鋸木板、釘椅子、飛機、花等作品。

　(5)語文角：欣賞幼兒用書⇨大樹搬家記（C～27）、走向大自然——山脈㈡（C～32）、柳杉的美夢（C～35）、被遺忘的森林（C～36）。

編號：Ⅰ～33

❀**名稱**：國家公園

❋**準備工作：**

1. 錄音帶「森林裏的水車」（取自幼兒音樂系列——遊戲曲。幼福文化事業出版）。

2. 幼兒用書「第一座森林的愛」（C～38）、「樹林裏的動物」（C～49）。

3. 準備幻燈片。

❋**遊戲說明：**

1. 老師播放「森林裏的水車」音樂給幼兒欣賞。

2. 師生共同討論：

(1)森林裏怎麼會有水車呢？

(2)水和森林有何關係？

(3)誰需要水和森林呢？

(4)森林由誰看管呢？

(5)什麼是國家公園？在哪裏？有誰去過？

3. 林務員解說——森林與生態保育的關係。

4. 有獎徵答：

(1)樹寶寶如何培育？

(2)水的故鄉在哪裏？

(3)竹梯是做什麼用的（魚梯）？

(4)動物的國宅在哪裏？

(5)攔沙壩有什麼用？

(6)樹根對水有什麼作用？

(7)森林旅遊對健康有何益處？

編號：Ⅰ～34

❋**名稱：**水的故鄉——森林

❋**準備工作：**

1. 幼兒用書「叢林是我家」（C～48）。

2. 各角落的工具及材料。

❈遊戲說明：

1. 老師說故事「叢林是我家」給幼兒欣賞。

2. 師生共同討論：

(1)為什麼現在缺水這麼嚴重呢？

(2)森林這麼重要，要如何保護它？

3. 角落活動：

(1)積木角：水車、水塘、動物在水塘邊喝水。

(2)娃娃角：管理員清除池中的垃圾。

(3)工作角：①木工造形：樹、飛機、花。

②製作謝卡：向林務局人員致謝。

編號：Ⅰ～35

❈名稱：樹生病了

❈準備工作：

1. 腐蝕的樹枝。

2. 錄影帶「綠色大地㈡：危害森林的兩大因素」（Ⅴ～9）。

3. 各角落的工具、材料。

❈遊戲說明：

1. 老師展示腐木讓幼兒觀察。

2. 師生共同討論：

(1)樹木為什麼會朽壞呢？

(2)誰可以治好樹的病呢？

3. 觀賞錄影帶「綠色大地㈡：危害森林的兩大因素」。

4. 角落活動：

(1)積木角：攔沙壩、魚梯。

(2)娃娃角：①幫樹治病。

②鳥小姐要結婚了。

(3)益智角：樂高水壩。

(4)工作角：小鳥帽。

(5)語文角：欣賞幼兒用書⇨大樹搬家記（C～27）、被遺忘的森林（C～36）、第
　　　一座森林的愛（C～38）、樹逃走了（C～47）。

編號：Ⅰ～36

❈**名稱**：森林消失了

❈**準備工作**：

1.幼兒用書「被遺忘的森林」（C～36）。

2.各角落的工具及材料。

3.剪報：森林火災的報章消息。

❈**遊戲說明**：

1.老師唸森林火災的報導剪報給幼兒聽。

2.師生共同討論：

　(1)引起森林消失的原因除了蚜蟲、火災外，還有其他的原因嗎？

　(2)如何來預防呢？

3.角落活動：

　(1)積木角：①實驗室（培養好細菌吃蚜蟲）。

　　　　　　②電腦測視火災區。

　　　　　　③森林救火。

　(2)益智角：樂高組合蚜蟲實驗室。

　(3)工作角：①製作果樹。

　　　　　　②製作電腦。

4.故事欣賞：被遺忘的森林。

編號：Ⅰ～37

❈**名稱**：森林守護神

❈**準備工作**：防雨登山外套、長筒靴、手電筒、安全帽。

✲遊戲說明：

1. 老師裝扮成巡山員，手拿手電筒到處照射，並用誇張的表情說：「別讓我給抓到了！」

2. 詢問幼兒：「你們知道我是誰嗎？」「你們可以向我問問題，我來回答。」

3. 幼兒發問：

(1)為什麼穿這麼厚的大外套？

(2)為什麼穿長筒靴？

(3)為何沒帶背包、營帳？

(4)衣服上為何有標誌？

(5)你到這兒來做什麼？

編號：Ⅰ～38

✲名稱：最安全衛生的飲料

✲準備工作：

1. 礦泉水空瓶。

2. 各角落的工具及材料。

3. 幼兒用書「野營歷險」（C～37）。

✲遊戲說明：

1. 老師為幼兒翻閱「野營歷險」圖書。

2. 師生共同討論：

(1)到山上露營時口渴了怎麼辦？

(2)如果沒帶飲料時要如何解渴？

(3)山泉水需要經過處理才可以喝嗎？

(4)礦泉水的飲料是從哪裏來的？

(5)飲料和樹有什麼關係？

(6)如果沒有樹，對飲料有何影響呢？

3. 角落活動：

(1)積木角：①取自大自然的礦泉水。

　　　　②賣礦泉水。

(2)娃娃角：扮演大霸尖山的巡山員和遊客。

(3)工作角：①畫爬山旅客警告標誌——小心毒蛇。

　　　　　②畫畫：爬山。

編號：Ⅰ～39

❀**名稱**：奇形怪狀的樹

❀**準備工作**：鈴鼓或手搖鈴一個。

❀**遊戲說明**：

1. 幼兒在空間較大的活動室或教室中，成自由隊形散開。

2. 聽隨老師拍擊鈴鼓的節奏做快速、慢、滑步、跑跳步的動作。

3. 當鈴鼓聲停止時，老師說出樹的名稱，幼兒即停止，並利用肢體做出該種樹的造形。

4. 老師可以依據樹的外形特徵，激發幼兒做不同的樹造形，如大樹、矮矮的樹、高山上的樹、胖胖的樹、聖誕樹……等。

5. 樹造形的呈現方式，可以由個人或二人以上一組的合作方式做出造形。

6. 可以繼續延伸為有小鳥、小動物到樹下休息、遊戲……等。

編號：Ⅰ～40

❀**名稱**：摸樹

❀**準備工作**：被單數條。

❀**遊戲說明**：

1. 幼兒分成數隊（每隊人數不超過四人），兩隊合為一組。

2. A 隊幼兒在被單內做造形，另外 B 隊在外面觸摸，經過約三十秒後即仿造相同的造形。

3. 揭開被單察看 B 隊的造形是否與 A 隊造形相同，完全相同的話就算勝利，然後互換角色再玩。不同的話，則繼續。兩次錯誤者即互換再玩。

4. 模仿正確次數最多的那隊算優勝隊。

編號：Ⅰ～41

❀名稱：呼吸樹

❀準備工作：一把紙製的斧頭；需要在戶外或大一點的活動室。

❀遊戲說明：

1. 一半的幼兒扮動物，一半的幼兒當樹，扮演樹者不能移動位置。

2. 遊戲開始時每隻動物不可呼吸，必須跑到一棵樹下才能呼吸三秒鐘，隨後須離開到別棵（亦是在樹下才能呼吸三秒鐘）。

3. 老師扮樵夫砍樹，倒下的樹可再扮動物，到剩下最後一棵樹時，看小朋友有何反應（保護樹？把樹藏起來？請求樵夫別砍樹？）。

編號：Ⅰ～42

❀名稱：播種遊戲

❀準備工作：斗笠、手搖鈴、拔河繩一條（圈成大圓形）、汽球傘或滑溜布。

❀遊戲說明：

1. 老師頭戴斗笠，手提小水桶扮成農夫，每位幼兒當一粒小種子。

2. 老師說一則小種子撒在泥土裏，經過陽光照射、雨水澆淋慢慢長成大神木的短篇故事。

3. 遊戲開始前幼兒坐在繩圈內（當成裝在桶子裏的種子），當農夫說出撒×顆種子時，×位小朋友要按老師的指令，一邊聽樂器聲，一邊運用不同的肢體動作（如：滾、爬、跳……）到指定的地方。例：撒三顆種子慢慢地落在鞋櫃旁，五顆種子在右邊的窗戶下，一堆種子被風吹到農夫腳下……等。當聲音停止時，落在地上的種子趴在地上不動。

4. 農夫開始灑水（做澆水動作），或兩位老師拉起汽球傘或滑溜布滑過幼兒身上，表示太陽光照射種子。

5. 然後種子慢慢的（聽樂器聲）長高，變成大樹或一片森林。

6. 可以將這些動作延伸，配合輕快音樂編成即興律動。

編號：Ⅰ～43

❋名稱：魔鬼森林

❋準備工作：

　大手帕、節奏樂器、響板、小鈴、碰鐘、沙鈴、刮胡或木魚、拐杖（竹竿）。

❋遊戲說明：

1.幼兒分成兩隊或三隊。

2.每隊中有三人當森林裏的樹（或站、或蹲之姿勢），成蛇形且以等距離之間隔排列，手上並各拿一種樂器。其他幼兒當迷路者，輪流穿過魔鬼森林（穿越時，需矇上眼睛）。

3.迷路者手拄拐杖往前走，當樹的幼兒要敲擊樂器，發出聲音警告迷路者，別碰到樹，碰到樹者即淘汰出局。

4.安全通過魔鬼森林之人數最多隊者為優勝。

5.迷路者與樹的角色可以互換著玩。

編號：Ⅰ～44

❋名稱：飲水思源

❋準備工作：

1.錄影帶「從今天到明天──台灣環保啟示錄：飲水思源篇」（V～12）。

2.幼兒用書「第一座森林的愛」（C～38）。

3.角落的材料。

❋遊戲說明：

1.欣賞錄影帶「從今天到明天──台灣環保啟示錄飲水思源篇」或故事書「第一座森林的愛」。

2.師生共同討論：

　⑴河水、地下水變髒、變少或乾涸了會有何種後果？

　⑵要怎樣來節省用水？水源如何來保護？

3.角落活動：

(1)積木角：種樹。

(2)娃娃角：洗滌過的水來擦地板、沖馬桶，馬桶水箱中放一瓶水。

(3)工作角：利用蒲草、牙籤、吸管、書面紙來製作樹。

(4)語文角：欣賞幼兒用書⇨大樹搬家記（C～27）、可怕的垃圾（C～28）、拯救地球──生態環境的惡化（C～30）、被遺忘的森林（C～36）、第一座森林的愛（C～38）。

編號： Ⅰ～45

※名稱：讓魚兒再游

※準備工作：

1. 準備滑溜布二條，一條藍色，另一條為紅色或黃色。

2. 一種節奏樂器（小鈴或鈴鼓、沙鈴……）。

※遊戲說明：

1. 由兩位幼兒拉藍色滑溜布之兩端（表示乾淨的河水）在場中任意上下搖動。

2. 另一條黃色（或紅色）滑溜布代表被化學工廠或事業廢棄物污染的河水，請另外兩位幼兒拉開。

3. 節奏樂器聲響表示河水被清理整治（可由老師負責）。

4. 遊戲開始時乾淨的河水在活動室中央上下晃動，其餘的幼兒當魚兒在滑溜布下或四週到處游動（走）。

5. 一段時間（兩分鐘）後，拉黃色滑溜布的幼兒出場，利用黃色布去圍堵魚兒（藍色滑溜布此時退在一旁），被黃色布碰觸到或圍住的魚兒即到一定點表示被污染生病了，到一指定角落靜止不動。

6. 之後聽到小鈴聲時黃色滑溜布退下，藍色滑溜布上場（表示污水經過整治、清理了），在這同時，未生病的魚兒可以去輕拍生病的魚兒，而生病的魚兒即能繼續再玩。

7. 乾淨、污染的河水，其上、下場時間可由老師事先和拉滑溜布的幼兒協商好。如：老師手指「1」時，藍色布上場，指「2」時，黃色布上場。

8. 拉滑溜布的幼兒可以輪替，打樂器者亦同。

9.幼兒如在地板上玩時需脫襪子，且避免太激烈及人數太多之追逐。

編號：I～46

❋**名稱**：飲料製造廠

❋**準備工作**：

　1.大型的木質積木。

　2.各類飲料空瓶、空紙箱或盆子。

　3.活動小車子、棉製工作手套。

❋**遊戲說明**：

　1.先透過參觀飲料公司或觀賞飲料製作的錄影帶後，師生共同討論飲料製作的原
　　料、機器及運送到商店的過程。

　2.經由積木角的活動，讓幼兒發揮想像力，利用大積木來建構飲料公司，進行工人
　　裝箱運送到各販賣店的扮演遊戲。

❋**活動實景分享**：

編號：I～47

❋**名稱**：飲料工廠

❋**準備工作**：不同類型及形狀的積木。

❋遊戲說明：

1. 透過影片欣賞或參觀活動後，討論積木角可以玩些什麼遊戲。

2. 幼兒利用海綿積木組合工廠造形，另一類棘齒小積木依其不同的顏色來當成紅蘿蔔、蔬菜、白蘿蔔等，放入泡綿積木的圓孔中榨汁。

3. 榨完汁後按不同顏色的圓柱形泡綿積木當成裝罐完成的蘿蔔汁、芹菜汁、橘子汁等。

4. 製作好的飲料放在用泡棉積木組合成的卡車運到木製方塊小積木組合成的商店中賣。

❋活動實景分享：

編號：Ⅰ～48

❋名稱：蘇州園的池塘

❋準備工作：大積木、柔力磚、小積木、藍色的滑溜布或紙。

❋遊戲說明：

1. 幼兒參觀蘇州園後在積木角自行呈現的作品。

2. 利用大積木搭成涼亭上的小橋及池塘。

3. 小橋上用柔力磚做裝飾，如欄杆、壁柱。

4. 池塘中放置藍色布當水，上面放上雪花型小積木做為水中植物：水芙蓉、金魚

藻。

❀**活動實景分享：**

編號：Ⅰ～49

❀**名稱**：污水處理廠

❀**準備工作**：木質大積木、柔力磚、報廢電腦。

❀**遊戲說明**：

1.透過參觀污水處理廠後在積木角所呈現的遊戲。

2.幼兒利用大積木建構成辦公室，裏面放一部電腦。

3.利用柔力磚搭成污水處理廠的大門。

4.幼兒利用電腦檢視，統計污水中的細菌。

❀**活動實景分享：**

編號：Ⅰ～50

❋**名稱**：污水處理過程

❋**準備工作**：大積木、小木屋、水管。

❋**遊戲說明**：

1. 幼兒利用長形大積木圍成好幾塊區域，表示水經過的過程，如：攔污柵、消毒池、過濾池、生物旋轉盤處理房等。

2. 將娃娃家的水管接到污水處理場來，表示家庭污水排放到污水處理廠來處理。

3. 幼兒用電腦來計算細菌的數量，及被清除的情形。

❋**活動實景分享**：

編號：Ⅰ～51

❋**名稱**：校園裏的樹

❋**準備工作**：塑膠杉樹、大積木、柔力磚。

❋**遊戲說明**：

1. 幼兒在參觀校園裏的樹木之後在積木角所呈現的自發性遊戲。

2. 利用長方體及三角形、長形木板建構成大樹造形。

3. 柔力磚在旁側圍成方形當作灌木的花園。

4. 幼兒將心目中最美麗的聖誕樹放在中間位置，並且自行製作吊飾掛在樹上。

❋**活動實景分享**：

編號：Ⅰ～52

❀**名稱**：照顧公園的樹

❀**準備工作**：大積木、水管、書面紙。

❀**遊戲說明**：

　1.幼兒在參觀公園的老樹之後，在積木角所呈現的自發性遊戲。

　2.利用大積木搭建成神木，然後寫樹木的年齡「1000歲」貼在上面。

　3.從娃娃家流理台的水龍頭接上水管，拉到積木角，然後給老樹澆水。

❀**活動實景分享**：

編號：Ⅰ～53

❀**名稱**：樹林裏的遊戲

❀**準備工作**：覓一塊可供玩耍的樹林地、動物頭套。

❊**遊戲說明：**

1. 帶領幼兒到校園附近的樹林裏去玩耍（詳細內容可參考Ⅰ～31）。

2. 提供頭套，並和幼兒討論在樹林裏的動物會做些什麼事或發生什麼事情。

3. 幼兒利用頭套的角色來編一則幼兒劇的內容。

4. 當小動物的幼兒每人站在一棵樹旁。

5. 當獅子的幼兒到動物的樹下去要食物吃，當獅子不滿意動物所給的食物時，即可抓他當點心，動物們可以跑開，而其他動物也可以來救他或干擾獅子搶食物的行為。

6. 最後被保育人員餵養、保護，自由地在樹林中生活。

❊**活動實景分享：**

編號：Ⅰ～54

❊**名稱**：森林動物在喝水

❊**準備工作**：大積木、塑膠杉樹、滑溜布、動物頭套。

❊**遊戲說明：**

1. 幼兒在欣賞過「森林裏的一天」（C～50）故事書及林務局解說員透過幻燈片之說明後，在積木角所呈現之自發性遊戲。

2. 幼兒利用滑溜布或玻璃紙圍成似圓形的池塘，然後將動物頭套及布娃娃放在周圍喝水。

3. 池塘旁利用娃娃車上面遮蓋紗帳將池水用水管接過來，當作水車。

❊**活動實景分享：**（見下頁圖）

編號：Ⅰ～55

❋**名稱**：幫樹看病

❋**準備工作**：大積木、電腦、醫藥箱、塑膠小積木、填充布偶。

❋**遊戲說明**：

1. 幼兒在觀賞過「綠色大地㈡」（Ｖ～9）錄影帶後在積木角所呈現的自發性遊戲。

2. 幼兒利用大積木搭成森林實驗室，裏面有電腦配備。

3. 幼兒將正方體積木組成一棵樹，上面放置紅、白塑膠花形積木作為樹上開的花，這棵樹因為生病了，所以被搬到實驗室來診治。

4. 醫生拿起聽筒，聽聽看樹裏到底有什麼細菌。

5. 電腦可以測知樹身內有什麼細菌，提供醫生做治療之參考。

❋**活動實景分享**：

Ⅱ.故事與戲劇

編號：Ⅱ～1

❋**名稱**：可樂惹的禍

❋**內容**：

1. 老師說故事：可樂惹的禍

小女孩甜甜喜歡喝可樂，所以常常要求爸媽帶她去麥當勞喝可樂、吃漢堡，結果不但牙齒疼了，同學也說她愈來愈像小象隊了。甜甜不想吃飯，很容易生病感冒，媽媽帶她去看醫生，醫生伯伯說：「一定是可樂惹的禍！可樂含糖份太多，容易蛀牙，又含有咖啡因，小孩喝太多會愈來愈急躁、變笨，而且會變成小胖妞了！」小甜甜聽了之後，從此再也不敢喝可樂了！

2. 由幼兒分別扮演甜甜、爸媽、醫生等角色。

3. 表演的幼兒依不同的角色做裝扮。

4. 表演程序及內容之大略介紹：

第一幕

(1)小甜甜出場——甜甜唱飲料歌，然後介紹自己，且說出自己最愛喝可樂。

(2)爸媽出場，和小甜甜對白，告之飲料含糖份太高易蛀牙，要節制。小甜甜不聽，執意要拿錢去買，話還來不及說完就叫起牙疼來了，於是爸媽帶她去看醫生。

第二幕

(3)醫生出場，自我介紹後，敘述門診小病人都是喝太多飲料引起蛀牙的。

(4)甜甜來就診，開始時不合作，後來經過醫生開導後乖乖看診並聽醫生叮嚀，再也不愛喝碳酸飲料了！

(5)最後所有演員一起謝幕。

編號：Ⅱ～2

❋**名稱**：停水了

❀內容：

環保兔傑比和怪博士呼拉先生乘坐太空船到宇宙間的星球做訪問。太空船開了一段時間之後，受到隕石撞擊，把裝水的設備毀壞了，太空船內一時之間缺水，大家都口渴得難受，而且太空船也因溫度愈來愈高即將燒壞。環保兔建議往最近且有水的星球來求救，結果在電腦上查到地球上的水源最豐富，於是怪博士滿懷希望地將船開到地球上降落。當他在地球上空飛行探查時，看到許多的河床已經沒水在流了，而有水的河流卻堆滿垃圾。怪博士很疑慮地來到水廠向地球人要水喝及供水注入太空船，地球人告訴他，這個地方缺水嚴重，許多地方都停水了，人們無法每天得到供水，因此沒有水煮開水喝、做飯、洗澡、洗手、沖廁所，造成衛生上的問題。傑比和怪博士打開電腦分析地球缺水的問題，結果發現是因為地球人類沒有做好環境保護，造成水資源的污染、浪費及流失等問題。於是環保兔指導地球人如何避免水污染及做好水土保持等措施，來解決地球上停水的問題。

編號：Ⅱ～3

❀名稱：小雨滴的旅行

❀內容：

1. 準備故事一則，及布偶戲台，竹棒紙偶（小雨滴、太陽），河川、溪流、山谷、瀑布的風景月曆圖片，工廠圖片，住屋圖片，飲料空瓶，河水聲音的錄音帶。
2. 老師說故事。
3. 幼兒用紙棒偶來表演說故事。
4. 亦可由幼兒裝扮成小雨滴、太陽等角色來表演。

❀故事內容：可參考幼兒用書「小雨滴的旅行」（C～18）。

編號：Ⅱ～4

❀名稱：森林中的水車

❀內容：

1. 準備一卷「森林裏的水車」錄音帶——天才兒童啟蒙音樂教材：森林的音樂系列。

2. 師生共同佈置森林的情境：利用大積木來搭建成樹、水車及大湖，藍色滑溜布當水放在湖中。

3. 將幼兒分成小孩、小鳥、小鹿、兔子、熊等五組。

4. 第一段音樂開始時，小鳥飛出來在樹的四週飛來飛去，幫樹看病，聽聽它、摸摸它。

5. 第二段：幼兒模仿小鹿、兔子、熊等動物的肢體動作，分別依序出來。

6. 第三段：小孩出來和動物們一起玩遊戲，餵牠們吃東西，動物口渴了喝湖邊的水，小孩在樹下休息。

7. 第四段：天黑了，小孩們要回家，動物們和他們揮手再見，然後小鳥在樹旁休息，動物在湖邊睡覺。

編號：Ⅱ～5

❋名稱：乳牛要點名

❋內容：

1. 幼兒觀賞「認識牛奶」（Ⅴ～2）錄影帶。

2. 師生討論乳牛的家、飼養的方式及如何擠奶。

3. 透過積木角之活動，幼兒利用木質大積木建構牧場。

4. 幼兒自行戴上自製的乳牛頭套，玩起扮演乳牛的遊戲。

5. 扮演牧場工人的幼兒給扮乳牛的幼兒繫上節奏樂器小鈴。

6. 鈴上貼上號碼標籤，被點到號碼的小牛爬行過來並發出聲音，讓工人擠牛奶或餵食。

❋活動實景分享：（見右圖）

編號：Ⅱ～6

✽名稱：看！牛奶的威力

✽內容：

1. 老師略述一篇簡短故事：巫婆噹噹老欺負幼小的小朋友，後來有個叫小強的小男孩因為喜歡喝牛奶，所以身體很強壯。噹噹不是小強的對手，結果被打敗了，巫婆不服氣想詐騙小強的牛奶喝，但被識破真相。小強巧用過期的牛奶給巫婆喝，結果巫婆拉肚子令她法力全部消失了。最後巫婆痛改前非，和小朋友們做好朋友了。

2. 老師提供布偶台及布偶、鮮奶空盒等道具。

3. 幼兒三人一組，上台表演故事的大致內容。

4. 表演的台詞不需全照故事對白，可由幼兒自編，甚至於鼓勵幼兒自編故事來表演。

✽活動實景分享：（如右圖）

Ⅲ. 兒歌與律動

編號：Ⅲ～1

✽名稱：飲料

✽內容：

飲料種類真正多，汽水、可樂、優酪乳；牛奶、咖啡、冰紅茶；咕嚕、咕嚕、咕嚕嚕；啊！真正最棒白開水，人人天天喝兩千，健康美麗又快活。

編號：Ⅲ～2

✽名稱：榕樹

❋**內容：**

大榕樹下好乘涼，遊戲玩耍變花樣。樹葉口笛ㄅㄅ響，姐姐吹出好樂章；騎馬打仗真刺激，弟弟爬樹有夠強。鬍鬚做成麵線湯，妹妹烹調手藝棒。

編號：Ⅲ～3

❋**名稱：**開水好處多

❋**內容：**

F4/4

| 5 1 1·1 | 7 2 2 － | 5 2 2·2 | 1 3 3 － | 3 3 6 5 | 4 3 2 1 |
飲 料 解 渴　人 歡 喜　　又 香 又 甜　又 不 膩　　果 汁 飲 料　運 動 飲 料

| 7 6 5 4 | 3 2 1 － | 3 5 4 2 | 3 5 4 2 | 3 5 6 6 | 7 2 1 － |
還 有 碳 酸　的 飲 料　　別 喝 太 多　變 胖 寶 寶　還 是 開 水　好 處 多

編號：Ⅲ～4

❋**其他相關兒歌有：**

(1)美麗的小河，收錄於賴維君編（民 85）：學齡前兒童環境保護課程。頁 238。台灣省政府環境保護處。

(2)下雨啦，收錄於劉作揖編（民 77）：幼兒唱遊教材。頁 79。台北：文化圖書。

(3)小雨，收錄於賴維君編（民 85）：學齡前兒童環境保護課程。頁 247。台灣省政府環境保護處。

(4)小河變黑了，收錄於賴維君編（民 85）：學前兒童環境保護課程。頁 261。台灣省政府環境保護處。

(5)小樹苗，收錄於賴維君編（民 85）：學前兒童環境保護課程。頁 267。台灣省政府環境保護處。

(6)大樹要離開，收錄於賴維君編（民 85）：學前兒童環境保護課程。頁 271。台灣省政府環境保護處。

(7)再生紙，收錄於賴維君編（民 85）：學前兒童環境保護課程。頁 266。台灣省政

府環境保護處。

⑻森林真可愛，收錄於賴維君編（民 85）：學前兒童環境保護課程。頁 263。台灣省政府環境保護處。

⑼世界更美麗，收錄於賴維君編（民 85）：學前兒童環境保護課程。頁 248。台灣省政府環境保護處。

⑽能源真重要，收錄於賴維君編（民 85）：學前兒童環境保護課程。頁 273。台灣省政府環境保護處。

⑾雨（周文雄），收錄於林煥彰編著（民 74）：兒童詩選讀。頁 17。台北：爾雅。

⑿雨水，收錄於張翠娥編（民 73）：大家來唸兒歌。頁 132。台北：大洋。

⒀水的來源，收錄於張翠娥編（民 73）：大家來唸兒歌。頁 129～130。台北：大洋。

Ⅳ.工作

編號：Ⅳ～1

❋**名稱：**收銀機

❋**材料：**立方體紙箱一個、正方形空盒一個、蒲草、厚紙板一張。

❋**作法說明：**

1. 將空箱開口面對自己放好，上面部分盒蓋保持完整，左、右兩側盒蓋之鄰接上面盒蓋部分剪開約 2cm，然後將左右蓋子之剪開部分向內側方向各摺一個三角形做為上面的盒蓋和它的黏合處。

2. 將上面的盒蓋往下壓，並黏合在左、右兩個三角形上，上面盒蓋即成斜坡狀。

3. 在斜面部分黏上蒲草當鍵盤（鍵入商品價格）。

4. 箱子頂部摺成三角形當螢幕可顯示出商品價格。

5. 找另一空盒寬度與紙箱子相同，放在箱子內，在盒子前做個把手，可以隨時拉出來裝錢。

6. 收銀機右上方開孔放入長形紙條當統一發票。

❉成品簡圖：

編號：Ⅳ～2

❉名稱：乳牛頭套

❉材料：

　大型信封袋或公文袋、保利龍球、鳥形保利龍、色紙、彩色筆、白膠、釘書機。

❉作法說明：

　1. 將鳥形的保利龍材料縱切成兩半，當成牛角，黏貼在信封袋的兩側。

　2. 利用色紙剪成兩片長橢圓形當耳朵，貼在頭上兩側。

　3. 圓形的蒲草或保利龍球貼在牛臉上，分成兩半當眼睛。

　4. 兩眼下方畫上長橢圓形的牛鼻子。

　5. 牛頭套完成後套在頭上，如開口過大，則用釘書針釘小即告完成。

❉成品簡圖：

419

編號：Ⅳ～3

❀名稱：牧場上的乳牛

❀材料：化學油土、養樂多瓶兩個、縐紋紙、免洗盤、毛根。

❀作法說明：

  1. 把免洗盤當成牧場，上面黏上綠色油土當成牧場上的牧草。

  2. 利用白色油土捏成乳牛的形狀，上面捏上黑色斑點。

  3. 兩個養樂多瓶切成一半，裏面放入剪成草狀的縐紋紙當乳牛的食物。

  4. 牛頭上插上兩支毛根當牛角，作品即算完成。

❀成品簡圖：

編號：Ⅳ～4

❀名稱：天鵝湖

❀材料：滑溜布、圖畫紙或月曆紙、
　　　　彩色筆、大積木、縐紋紙。

❀作法說明：

  1. 利用大積木圍成半圓弧形當成湖。

  2. 將藍色的縐紋紙或滑溜布固定在大
     積木上，使它看起來像湖水。

  3. 幼兒畫出白天鵝或黑天鵝的圖案並

將它剪下來。

4. 將剪下的天鵝黏貼在藍色滑溜布上。

5. 老師放天鵝湖音樂帶，讓幼兒自創動作表演。

❀**成品簡圖**：（如上頁右圖）

編號：IV ～ 5

❀**名稱**：荷花

❀**材料**：色紙、縐紋紙、蓆草、書面紙、白膠、冰淇淋盒。

❀**作法說明**：

1. 先讓幼兒參觀荷花池或欣賞荷花的圖片。

2. 提供色紙、縐紋紙……工作角的材料。

3. 鼓勵幼兒自己找尋材料將荷花的型態表現
   出來（提示：葉子長什麼樣子？花瓣呢？
   花蕊用什麼來做？）。

4. 幼兒的作品完成後給予鼓勵，因為全是創
   意表現！

❀**成品簡圖**：（參見右圖）

編號：IV ～ 6

❀**名稱**：吹淚畫

❀**材料**：廣告顏料、圖畫紙、吸管。

❀**作法說明**：

1. 將各種顏色的廣告顏料調勻，散佈滴在圖畫紙上。

2. 利用嘴或吸管吹氣作畫。

(1)可由中央向四邊吹散

(2)由一邊向其他方向吹散

(3)由左右向中央吹散使顏色相交錯

3.把顏料全部吹散，做各種不同的線條和形狀。

❋成品簡圖：

編號：Ⅳ～7

❋名稱：水族箱

❋材料：空紙盒、彩色筆、圖畫紙、透明膠帶、棉線、玻璃紙、剪刀。

❋作法說明：

1.用彩色筆在圖畫紙上畫出長在水裡的各種動物，如魚、蝦、章魚等等，然後剪下來。

2.將剪下來的魚、蝦、章魚等，在反面處用膠黏上細線，剪斷的另一端細線用膠帶貼在空盒子上端。

3.點綴背景，剪下畫好的海草、珊瑚、岩石等依第二項的方法，貼在空盒子下端。

4.在空盒子的表面裱上青色的玻璃紙。

❋成品簡圖：

編號：Ⅳ～8

❀名稱：水車轉轉轉

❀材料：牛奶盒、竹籤、木片或墊板、橡皮筋。

❀作法說明：

1. 將牛奶盒裁成一個正方體。

2. 把木片或墊板裁成一個長方形，並用橡皮
　　筋綁在竹籤的一端，　做為水車葉片。

3. 在牛奶盒的上端穿二個洞，將竹籤穿入洞
　　中即完成。

❀成品簡圖：（如右圖）

編號：Ⅳ～9

❀名稱：認識校園裏的樹

❀材料：有顏色的筆（如彩色筆、蠟筆）、圖畫紙、畫板。

❀作法說明：

1. 帶領幼兒到校園較蔭涼的角落坐下，老師大略介紹所看到幾種樹的名稱及特徵。

2.請幼兒畫下自己喜歡的樹（可以自行加上創意）。

❀成品簡圖：

編號：Ⅳ～10

❀名稱：小苗圃

❀材料：空盒蓋、縐紋紙、布丁空杯、毛線、雙面膠帶、金膠帶。

❀作法說明：

1.先將空紙盒用縐紋紙包起來當作空地。

2.再將布丁空杯用毛線很規則、緊密地纏繞在杯面上，表示一盆盆的小樹苗（也可以在杯子頂端黏上蓮草當樹枝）。

3.將做好的樹苗黏貼在紙盒做成的空地上。

❀成品簡圖：（見下頁圖）

編號：Ⅳ～11

※**名稱**：水上活動

※**材料**：化學油土（藍色及其他顏色）、餅乾、蛋捲包裝空盒、鮮奶空盒。

※**作法說明**：

1. 利用藍色油土捏壓在餅乾空盒中當成海水。

2. 再用其他不同顏色的油土捏塑成人在游泳的型態。或者鼓勵幼兒把自己的構想做出來，如划船、海狗、海洋世界等。

3. 提供不同的材料，如：空紙盒，讓幼兒發揮想像力做成遊艇……等。

※**成品簡圖**：（見右圖）

第六節　活動範例

範例一：環保之旅

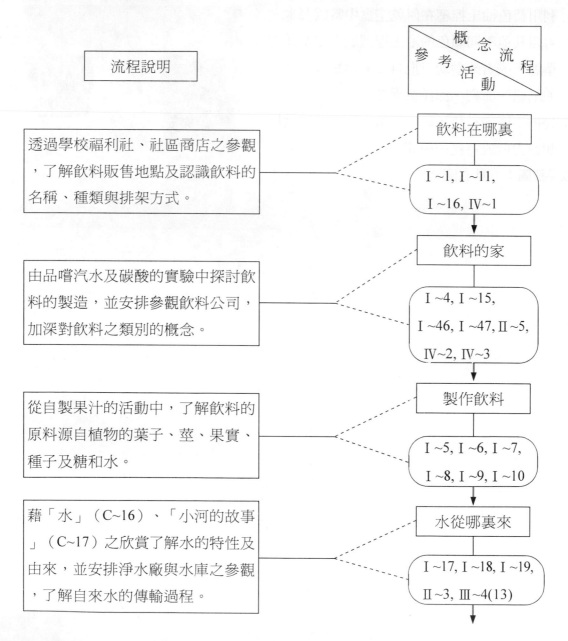

流程說明

概念流程　參考活動

飲料在哪裏

透過學校福利社、社區商店之參觀，了解飲料販售地點及認識飲料的名稱、種類與排架方式。

Ⅰ~1, Ⅰ~11, Ⅰ~16, Ⅳ~1

飲料的家

由品嚐汽水及碳酸的實驗中探討飲料的製造，並安排參觀飲料公司，加深對飲料之類別的概念。

Ⅰ~4, Ⅰ~15, Ⅰ~46, Ⅰ~47, Ⅱ~5, Ⅳ~2, Ⅳ~3

製作飲料

從自製果汁的活動中，了解飲料的原料源自植物的葉子、莖、果實、種子及糖和水。

Ⅰ~5, Ⅰ~6, Ⅰ~7, Ⅰ~8, Ⅰ~9, Ⅰ~10

水從哪裏來

藉「水」（C~16）、「小河的故事」（C~17）之欣賞了解水的特性及由來，並安排淨水廠與水庫之參觀，了解自來水的傳輸過程。

Ⅰ~17, Ⅰ~18, Ⅰ~19, Ⅱ~3, Ⅲ~4(13)

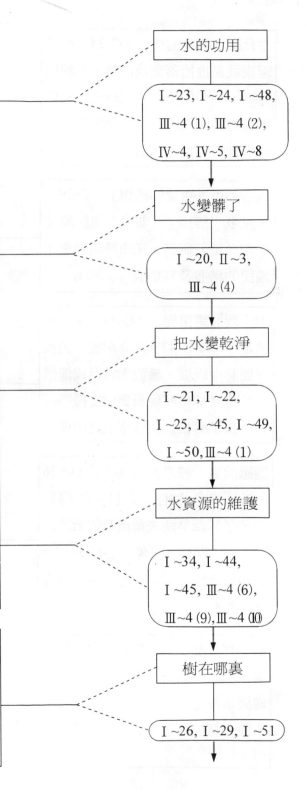

透過「停水了」（Ⅱ-2）之故事及討論動物、人類利用水的經驗，飼養水族、參觀植物園等活動來了解水的功用。

水的功用

Ⅰ~23, Ⅰ~24, Ⅰ~48, Ⅲ~4 (1), Ⅲ~4 (2), Ⅳ~4, Ⅳ~5, Ⅳ~8

由「小雨滴的旅行」（Ⅱ~3）的紙偶表演或「環保小英雄」（V~10）的錄影帶欣賞，實地參觀校內或校園附近的排水溝，了解水污染的情形。

水變髒了

Ⅰ~20, Ⅱ~3, Ⅲ~4 (4)

藉「小河愛唱歌」（C~14）故事，討論使小河重新唱歌的方法，並由污水處理廠之參觀，了解排放污水之處理過程及必要性。

把水變乾淨

Ⅰ~21, Ⅰ~22, Ⅰ~25, Ⅰ~45, Ⅰ~49, Ⅰ~50, Ⅲ~4 (1)

從上列活動體認水對生存環境之重要及水資源維護的刻不容緩。經由影帶欣賞「從今天到明天──台灣環保啓示錄」（V~12）及討論，明白生活中節約用水和水土保持之迫切性──勿濫墾濫伐，需多種樹。

水資源的維護

Ⅰ~34, Ⅰ~44, Ⅰ~45, Ⅲ~4 (6), Ⅲ~4 (9), Ⅲ~4 ⑽

透過「熱帶雨林的消失」（T~14）的圖書介紹，體會樹木的重要，引發關懷樹的心情，而願意去觸摸樹，到樹的家──校園或社區、公園拜訪樹。

樹在哪裏

Ⅰ~26, Ⅰ~29, Ⅰ~51

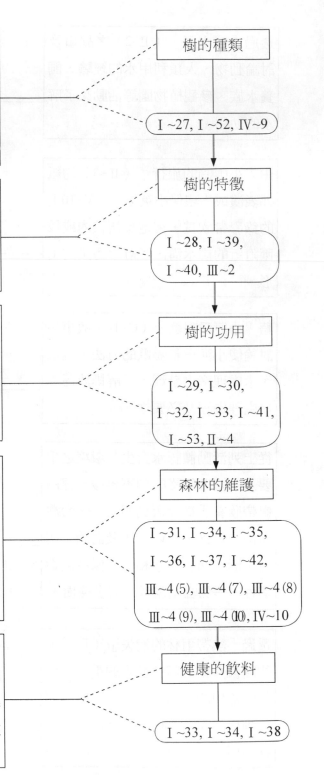

由介紹「林中的樹」（C~34）與校園或社區撿拾落葉及討論，了解樹有不同種類的概念，同時安排對植物有專業知識的人士，介紹各類的樹以加深對樹之認識。

透過圖書「可愛的綠樹」（C~29）、兒歌「榕樹」（Ⅲ~2）與討論及工作角葉子刷畫、拓印等活動來認識樹的構造及其功能。

由「我的蘋果樹」（C~33）或「樹逃走了」（C~47）之介紹後，去校園樹林中玩耍，參觀木材行或傢俱店及邀請林務解說員到校支援等活動，以了解樹對生態環境之重要。

透過故事「被遺忘的森林」（C~36）及「綠色大地㈡」（Ｖ~9）錄影帶，了解森林消失危機及防治措施，並由「森林守護神」（Ⅰ~37）及「播種遊戲」（Ⅰ~42）得到維護森林具體概念。

藉「野營歷險」（C~37）之介紹討論：爬山、露營時最需要之用水準備與取得方式。引導角落建構飛瀑、流泉情境，了解對礦泉水飲料來源。

樹的種類

Ⅰ~27, Ⅰ~52, Ⅳ~9

樹的特徵

Ⅰ~28, Ⅰ~39, Ⅰ~40, Ⅲ~2

樹的功用

Ⅰ~29, Ⅰ~30, Ⅰ~32, Ⅰ~33, Ⅰ~41, Ⅰ~53, Ⅱ~4

森林的維護

Ⅰ~31, Ⅰ~34, Ⅰ~35, Ⅰ~36, Ⅰ~37, Ⅰ~42, Ⅲ~4(5), Ⅲ~4(7), Ⅲ~4(8) Ⅲ~4(9), Ⅲ~4(10), Ⅳ~10

健康的飲料

Ⅰ~33, Ⅰ~34, Ⅰ~38

範例二：忘不了的飲料篇

準備活動

假期中即與搭擋重文老師研商開學第一個單元主題「飲料」之可行性。決定之後，立即展開蒐集資料的工作，透過商店、友人的幫助，終於找到了黑松、香吉士等各類產品廣告的海報。另外也發通知請求家長配合支援各種飲料空瓶及圖書、圖片等資源。同時透過電話聯絡參觀地點及交通。更在主題佈置欄上巧妙地佈局，貼上參照幼兒午睡用的小枕頭圖案——鄉下老鼠來引發幼兒的動機。

五、六位幼兒圍過來問老師：「板子上的動物是誰呀？為什麼要放在上面呢？」老師答：「穿裙子的叫蒂蒂，穿褲子的叫咪咪。從今天起要和我們一起玩嗽！」幼兒們好興奮地說：「好棒噢！」老師又問：「他們從很遠的鄉下來的，現在口好渴，怎麼辦？」於是討論的話題就開始了，有人建議喝可樂，有人說喝茶，有人說喝果汁、喝水。老師說：「教室裏沒有怎麼辦？」幼兒說：「福利社有！」「我家有！」「用畫的！」於是老師鼓勵他們把家中的飲料空瓶都帶來，幼兒的表情極為雀躍。

飲料的家

活動進行的第一天，我們讓幼兒介紹自己帶來的東西。結果有家庭號味全鮮乳、可口可樂、沙士、奧力多、礦泉水、豆乳、咖啡、烏龍茶、花茶等空瓶、罐、鋁箔包、立頓茶包等，以及小萍和媽媽一起剪下的果汁、杯具、茶器的雜誌圖片，猶如鑑賞藝術品的饗宴呢！分享完之後，師生共同討論「飲料在哪裏？」幼兒十分踴躍地回答：「在7-11！」「在超市！」「在百貨公司、速食店、餐飲店、雜貨店、車站販賣機、學校。」等。概念十分清楚。接著老師帶領他們參觀學校賣飲料的地方——「合作社」及中學部中廊的飲料販賣機。參觀完後師生一起討論兩處飲料販賣之方式、擺置……等不同點。幼兒的回答是：「飲料販賣機有熱的咖啡，福利社沒有。」「福利社的飲料種類比較多，數量也多。」「販賣機的飲料只要自己投錢就可以拿到飲料。」「到福利社買飲料要把錢交給阿姨才可以。」

第二天一早，小羽、小君到教室後，即到大積木角利用大積木搭建飲料店。小

萍、小容、小圭則在娃娃角利用超型積木組成冰箱，把飲料空瓶罐放在裏面，三位小女生玩起請客的遊戲了。小志及幾位男生則到工作角玩畫飲料的遊戲。小志畫了一瓶可口可樂的造形圖案，十分地傳神，老師讚美之後建議他剪下來。結果他好得意，剪下之後把它貼在蒂蒂的手上。正巧廚房阿姨送來了今天的點心──舒果。老師靈機一動問說：「哪家店要賣舒果呀！」結果小衛、小儒她們四個女生都要，因此趕緊到娃娃角的閣樓上，將桌椅組合好，再把舒果放在桌上準備開市營業。小衛吆喝著：「誰要喝飲料！快來唷！」積木角的小圭見狀，也想拿舒果去賣，可是被娃娃角的小朋友搬光了。她很生氣地告訴老師：「她們太貪心了，都不讓我們！」老師就提示一些建議：「妳可以過去向她們借幾瓶，要很客氣地說，或是賣別的飲料，聰明的人都會自己想辦法呢！」結果這個角落的幼兒，再把空的飲料瓶罐拿一些過來準備玩買賣遊戲。益智角玩樂高及拼圖遊戲的人率先到娃娃角要喝舒果，小茹說：「要給錢噢！」小衛忽然想起說：「我們沒有算錢和開發票的機器，怎麼辦？」小慈說：「我去做一個！」不一會兒功夫，月餅空盒、蒲草等組合成的電腦作品就在這項遊戲中運用了。小圭也不甘示弱在工作角做一個電腦和光罩，玩起飲料瓶刷條碼的遊戲，光罩掃過表示客人已經付帳了（上學期的電腦活動又在這個遊戲中做聯結了！）。積木角的幼兒眼見生意清淡，門可羅雀，也想出致勝奇招：小羽、浩浩到語文角拿出動物布偶、娃娃角的水瓶、茶壺等叫賣著：「買飲料噢！買一瓶送玩具噢！」沒想到年紀小卻有豐富的行銷經驗哩！

飲料的種類──果汁乎？汽水乎？

我們預先在科學角放置橘子汁、芬達橘子汽水、木瓜牛奶汁、檸檬汁（並在裝盛的紙杯上編號）和小湯匙兩支。

小文、浩浩在科學角發現不一樣的東西便好奇地圍在那兒看。小文問：「老師！這是真的？還是假的？」老師答說：「想不想試試看？」他們答道：「好啊！」積木角的幼兒也被吸引過來，各自拿自己的茶杯，參與品嚐的行列。老師問：「這些是什麼飲料？」幼兒紛紛發表說：「有檸檬汁、木瓜汁、橘子汁。」又問：「還有沒有別的？」浩浩說：「好像有汽水！」老師問：「哪一杯？」浩浩說：「2號的那杯。」小恩急著說：「那一杯也是橘子汁呀！」浩浩一副專家架勢地回答：「汽水會涼涼

的，會冒泡泡！果汁不會！」小恩不以為然地向老師徵詢意見，老師答說：「我們可以做做看呀！」幼兒們高興地跳起來，於是師生一起討論做檸檬汁、木瓜汁的製作材料、方法、過程及安全規則。之後隨即展開角落活動。小宇和另一位幼兒負責削木瓜，小儒和小宜洗砧板，分工合作之後總算完成前置作業，當木瓜在果汁機中，絞成泥狀時，幼兒們雀躍地說：「哇！很像果醬吧！」小宇猛然像發現什麼似的說：「好像跟我們剛剛喝的不太一樣喲！」小儒說：「太乾了，要多加一點冷開水。」另一組，小容及其他兩位幼兒利用簡易的檸檬榨汁器，將切開的檸檬榨出汁液來，然後把它放進盆子裏。小志說：「做好了！」小圭說：「還要加糖呀！」於是加了三瓢糖後問老師：「可以了嗎？」老師說：「嚐嚐看呀！」她拿紙杯裝了半杯之後喝了一口，連忙說：「好酸噢！」老師提示說：「忘了加什麼了？」小圭說：「是不是加水？」小志說：「多加一些糖才可以。」老師回答說：「都對！」結果在一次次的加水和糖及不斷的品嚐下，終於調好了十杯的檸檬汁。張老師問：「這些做好的果汁怎麼辦呢？」幼兒們說：「請大家過來喝呀！」張老師說：「這裏有點擠吧！」小君說：「可以拿到積木角搭的飲料店喝呀！」老師說：「那你們要跟積木角的同學商量。」結果原本搭蓋房子的小立及四位幼兒隨即將積木搭成方形長桌及矮凳。果汁組的幼兒就把木瓜汁移到積木角桌上。小衛吆喝著其他角落的幼兒來品嚐。結果嚐過木瓜汁的幼兒說：「水太少了，濃濃的和福利社賣的不一樣！」小衛說：「我們的木瓜汁沒有加鮮乳呀！」喝了檸檬汁的幼兒則誇讚說：「嗯！酸酸甜甜的很好喝！」張老師則說：「有媽媽的味道喲！」木瓜組的幼兒剩下了幾杯，有點沮喪，兩位老師則很有默契地說：「噢！木瓜汁可以使人年輕漂亮，我很需要多喝幾杯呢！」這會兒才看她們展起笑臉來。

在製造果汁的活動後，浩浩問老師：「老師，我們的汽水還沒做吧！」老師告之做汽水需有的設備，材料教室沒有，需請高中部的化學老師幫忙。大家的興致十分高昂，因此就與施老師聯繫後進行認識汽水的活動——碳酸飲料。

幼兒一進入化學教室即被實驗儀器所吸引，目光到處掃瞄。由於行前做過常規的探討，因此幼兒們十分合作，只動眼、動腦，不動手。施老師很和悅親切地招呼幼兒，讓幼兒五人一組坐在實驗桌旁並告訴大家使用實驗器材的規則，幼兒們都聚精會神地聆聽。為了引起幼兒們的注意力，施老師說：「我要變魔術了。」幼兒問：「要

變什麼？」施老師說：「火山爆發。」施老師拿起燒杯先盛入些許小蘇打後加入指示劑（溴鉀酚氯）再加鹽酸，立即使藍色泡泡變紅直往上冒。我們驚呼：「好棒噢！再來一次。」接下來施老師介紹花蓮出產的「大理石片」和鹽酸及燒杯、廣口瓶等，並示範操作收集二氧化碳的方法。施老師問幼兒：「我現在正在抓一種氣體，這種氣體可以做汽水的喲！」幼兒馬上回答說：「是二氧化碳！」施老師讚美幼兒們十分聰明外，還特別提示他們 CO_2 氣體是看不見、摸不到、聞不出來的。現在看見水中會冒泡泡就是 CO_2 氣體跑到水裏去了。他還說在這瓶子裏放些糖，就變成汽水了。幼兒們躍躍欲試。可是施老師說鹽酸具有危險性，會把皮膚燒爛，不適合他們做，所以給他們玩酸鹼試劑的遊戲，每個人都玩得很過癮，直說：「我是神奇魔術師吔！」活動結束後，施老師要求幼兒按照指令一一把器具、材料歸到指定位置，並把桌面整理乾淨，幼兒們都一一照辦，令施老師頗為驚訝，因此還送給我們指示劑及石蕊試紙當禮物帶回教室玩變顏色的魔術呢！經過實驗活動後，在科學角常會看見三、兩個幼兒時而拿蘿蔔、洋蔥、青椒碎片放在不同的試劑中，一會兒藍、一會兒橘的樂不可支哩！老師問他們：「芬達橘子汽水會把石蕊試紙變什麼色？」小文說：「是紅色吧！因為汽水是碳酸飲料嘛！」老師故意說：「你確定嗎？好像是藍色吧！」另一個幼兒說：「實驗實驗就知道了嘛！」當試紙變紅時他們雀躍地叫：「我們贏了！老師輸了！」

　　為了讓幼兒們對碳酸飲料有更深入的認識。我們安排前往香山的百事公司汽水廠參觀。在翁主任的招待下他們喝了可樂及汽水，他並且用平面圖解說汽水、可樂製造的流程。由於當天正是廠房機器的消毒日，因此無法看見汽水之製造過程。我們橫越駕高的走道往下看時，蒸氣消毒鍋爐散發的熱氣瀰漫整個廠房，幼兒們直說：「好熱噢！快離開！」只好到放置飲料的倉庫參觀。大家驚呼道：「哇！堆得像山一樣高吔，什麼時候才喝得完呀！」翁主任說：「這些都要送到全省去的，不到兩個月就賣完了。」我們還看到了封瓶罐的機器，十分可惜的是未親睹操作過程。一趟汽水廠巡禮後對於碳酸類的飲料就更有概念了，如：沙士、可樂、奧力多、汽水等。而且知道沙士、可樂是刺激性飲料而且含有咖啡因呢！主任臨別時還特別叮嚀我們：「汽水、可樂別喝太多，不然的話會變胖、變笨噢！」司機叔叔還補充一句：「汽水要飯後喝才不會傷胃。」參觀回來後作分享報告；幼兒發表踴躍，有人說汽水是用豐年果糖做的，有人說可樂有刺激性不可喝太多，有的則說果汁汽水是人工色素、香料做的，礦

泉水是山泉水做的。當老師問他們實驗室做的汽水為什麼不能喝時，小恩說：「因為沒有消毒呀！」老師說：「對！你好聰明唷！而且自己做的也不像汽水廠一樣會把不好的味道去掉，所以不能喝！」

透過圖書館時間，我們讓幼兒尋找有關飲料的書。結果他們找到水果類製作的飲料及各種花茶的飲料，小宇找到黃豆做豆漿的書，在分享看書心得之後，討論嚐豆漿的經驗。有幾位幼兒表示看過媽媽用果汁機打過豆漿。於是老師提議參觀豆乳工廠時，幼兒們又是一陣的歡呼了！

經過學校公文的聯繫，很順利的在寶山農會范主任的帶領下參觀豆漿、米乳的製作過程。幼兒們很專注地觀看堆放著袋裝的黃豆、砂糖、冒煙（蒸氣）的機器，回收瓶的消毒及豆漿裝瓶的分工過程。幼兒們說：「好好玩噢！豆乳瓶會排隊走路吔！走得好整齊噢！」離開欲向他們道謝時，范主任送給我們三大箱的豆乳當禮物，我們好感動，也回贈了我們自製的謝卡表示對工作人員的敬意及謝忱。

第二天，小文、小綺等三人在閣樓上利用大積木將四週圍起來，其中以超型積木建構成大箱子狀，將水果模型全放在裏面，且用木塊攪動。老師問：「你們在做什麼呀！」小文說：「不要看，很恐怖喲！溫度很高，會燙人噢！我們在榨果汁！」小萍和小宇她們在娃娃角，利用超型積木組成裝瓶器，把飲料空罐放在上面玩瓶子消毒的遊戲；排列得像閱兵一樣。科學角有老師預先放好的各類豆子，小倩問這些豆子可以玩嗎？老師建議她要不要種看看？她表示願意，其他三位幼兒也加入種植的活動。工作角則有小伶、小捷他們畫汽水公司的商標和飲料店的招牌。小伶請老師幫她寫「快樂汽水公司」幾個字。這些幼兒在大積木角玩起買賣飲料的遊戲，原來幾天前汽水廠的參觀又讓其經驗聯結起來。分享活動時老師問：「這些豆子將會變什麼呢？」幼兒們說：「變豆子！」又問：「會長成什麼樣子呢？」小諭說：「會長出葉子來，像小樹一樣，我看過姊姊種。」老師問：「那和飲料有什麼關係呢？」倩倩說：「可以做紅豆湯、綠豆湯、豆漿呀！」老師又問：「你們還喝過或看過其他植物做成的飲料嗎？」小衛說：「我喝過波蜜果菜汁。」君說：「我媽打過小麥草汁！」儒說：「我喝過蕃茄汁、椰子汁。」一場熱烈的發表會又被挑起，有欲罷不能之勢呢！倩問：「我們的豆子什麼時候才會長大？」老師答說：「你們要每天都去觀察，要耐心地照顧它，別讓水乾掉，不然會渴死。明天早上可以做一本小記錄簿，畫出每天觀察後豆

子成長的樣子。」幼兒聽完後高興極了。結果帶動班上半數以上的幼兒加入種豆的行列。老師也佈局軋上一角。每天早上自由活動時從科學角傳來：「你看！我的豆子長得比老師高了，太棒了！」老師答：「沒關係，明天我種黃帝豆，一定不輸給妳！」小茹問：「什麼叫黃帝豆？」老師答：「不告訴妳，回家去問媽媽！」

這些活動後來在「親職活動」中得到家長的回饋，擇錄部分和大家分享：

楊媽媽帶女兒參加同學會時，女兒唱一首「喝開水好處多」的飲料歌，結果轟動全場，在座的老教授十分推崇歌詞的意義，直說值得推廣！並督促媽媽們別喝太多果汁、汽水，免得變成胖媽媽啦！

剛回國就讀的小志上過飲料之後就不敢喝可樂了，令媽媽高興極了！

傅媽媽寫道：「孩子回家後告訴媽媽，不要再用洗潔精洗碗了，要用泡過的茶來洗。」（從錄影帶欣賞中得到的資訊）。晚餐後，她自己去拿爸爸最心愛的白毫烏龍茶葉，沖泡之後用來洗碗，弄得爸媽啼笑皆非！一顆環保的種子似已植入幼兒的心田！

小儒及幾位幼兒偏食不喜歡吃青菜，但做過蔬菜酸鹼實驗後，才知道胃中有酸液需要多吃青菜來中和，胃才不會壞掉。因此漸漸地把偏食習慣改正過來。

整個活動進行了一個多月，從情境佈置到最後的資源回收。在師生間熱烈地參與、互動之下，盡情地享受了幼兒們不斷地創新、出點子的喜悅。在此得向提供各項資訊、支援的鄭主任、家長及參觀機構致上最深的謝意。

註：本文業經修改，原文曾刊載於新幼教 84.11 版。頁 55。新竹師範學院。

第 9 章 電腦

第一節 前言

很多人都會質疑為什麼會在幼兒園裏上電腦？這是因為作者的幼兒園正好是在新竹科學園區內，電腦是科學園區的文化特色之一。在這個社區裏不但生產電腦、零件，組合電腦，就連區內的服務業也是以電腦為主要的輔佐工具；且大部分的父母從事電腦的相關工作，家裏幾乎都擁有個人電腦，因此電腦是這個社區裏較為特殊的文化特色，同時也為幼兒所獨享了。在教學時，擁有豐富的社區資源可以運用，同時電腦對這裏的孩子是那麼地熟悉。事實上，每個地方或社區都有不同的文化特色，電腦只不過是這個社區的特色而已，如何能藉此來思考屬於自己的文化特色、發展與自己居住環境有關的文化課程，才是介紹電腦這個主題的目的。

在二十一世紀資訊發達的時代，電腦是現代人不可缺少的工具之一，想想看在幼兒的生活當中，無論吃飯、坐車、看醫生，甚至於家裏的電器設備等都是與電腦有關的東西，幼兒在不知不覺中已經享受了電腦帶給現代人生活的影響，因此做為一位現代的國民，對現在及未來的資訊發展，不得不做些準備工作，以適應未來的生活需要。在幼兒園實施電腦教學也正是為幼兒的未來播下一顆資訊的種子，期盼這顆種子能在未來的科技時代中有所發揮。

第二節　主題概念網

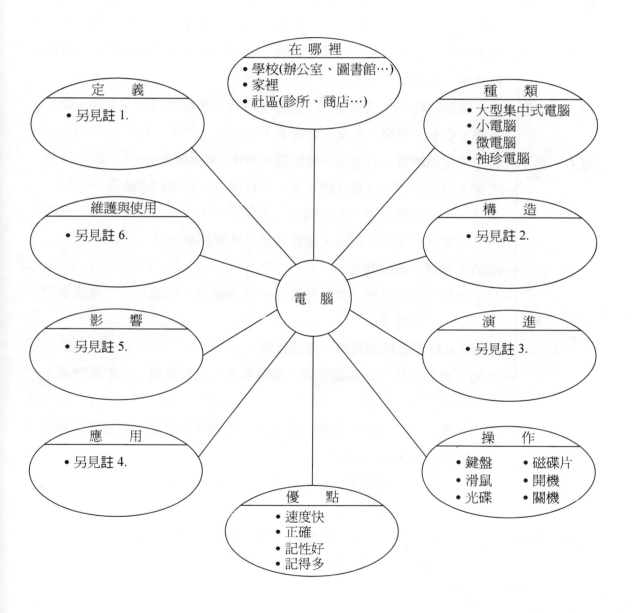

在哪裡
- 學校(辦公室、圖書館⋯)
- 家裡
- 社區(診所、商店⋯)

定　義
- 另見註 1.

種　類
- 大型集中式電腦
- 小電腦
- 微電腦
- 袖珍電腦

維護與使用
- 另見註 6.

構　造
- 另見註 2.

影　響
- 另見註 5.

演　進
- 另見註 3.

應　用
- 另見註 4.

電　腦

操　作
- 鍵盤　　・磁碟片
- 滑鼠　　・開機
- 光碟　　・關機

優　點
- 速度快
- 正確
- 記性好
- 記得多

註 1.　定義：主體部分是一個電子裝置，具有算術和邏輯的運算功能，能夠用程式來控制其動作，可連接多種輸入和輸出的周邊設備（印表機、顯示幕、鍵盤……）。

註 2.　構造：分軟體（程式）與硬體二部分。其中硬體包含輸入單元（鍵盤、光學閱讀機、滑鼠）、處理單元（主機記憶體、中央處理單元）、輸出單元（印表機、顯示監視器、電腦繪圖機）、輔助儲存單元（磁片、磁碟機、磁帶機、磁帶匣、光碟）。

註 3.　演進：大型電腦時代、PC套裝時代、網路化時代、多媒體時代（文字、圖形、動畫、聲音、音樂、影像、影片）。

註 4.　應用——醫學：電腦斷層、心電圖、遠距醫療 NH、電腦驗光……

　　　　　——工業：機器手臂、自動倉儲系統、原料操控、監控汽車品質……

　　　　　——商業：市場毛豬買賣、衣服剪裁、旅館訂位、火車訂票、洗車、地磅、電腦、照相、報關、家庭辦公、休閒娛樂……

　　　　　——國防：飛彈、虛擬戰士……

　　　　　——日常生活：合成音樂、電話傳呼器、診所掛號、電器用品、電腦字典、提款卡……

　　　　　——教育：CAI 電腦輔助教學、遠距教學……

　　　　　——其他：預測天氣、影像處理機、電腦雕刻、虛擬實境（大型遊樂器）……

註 5.　影響——正面：改良學習方式、改變生活方式、改變身心狀況、接受資訊傳達方式、商業決策方式。

　　　　　——負面：生理（眼睛疲勞……）、心理（隱私權受威脅……）、社會（造成失業危機……）。

註 6.　維護與使用：病毒感染（重視智慧財產權）、禮節態度、定期保養、勿碰撞、勿潮濕、勿陽光直射、勿忘記關機。

第三節　參考書籍

一、教師用書

編　號	書　　名	作　　者	出版社	主題相關資料
T~1	中文 PC DOS 快速入門	黃慧容編著（民 83）	全華科技	• 介紹電腦的特性、功能、硬體、軟體及 DOS 的安裝、操作、電腦病毒的防治等。
T~2	PC 完全傻瓜手冊基礎篇	Joe Kraynak 原著 藍鈴譯（民 85）	松崗	• 介紹電腦的基本知識、怎樣採購電腦、DOS Windows 的內容及與遠方的電腦連接等。
T~3	PE3 中英文文書處理（增修版）	許慶芳編著（民 83）	松崗	• 認識電腦的基本概念、MS-DOS 的簡介、PE3 概述及使用。
T~4	國民小學電腦(1)	莊益瑞主編（民 83）	松崗	• 為一電腦課程，從認識電腦到怎樣操作電腦都有詳細規劃，適合小學生使用；另外還有電腦習作供學生練習使用。
T~5	DOS 6.22 實用手冊	文／施威銘（民 83）	旗標	• 介紹用 MS-DOS 開機、下命令、檔案操作、系統配備及防毒程式、常用命令說明等。
T~6	電腦入門與中文 Quick Basic	許慶芳（民 80）	松崗	• 介紹電腦基本概念：MS-DOS 簡介、啟動、認識鍵盤、程式設計、輸出輸入、電腦音樂、電腦繪圖、資料檔的應用等。
T~7	實用中文 Word For Windows	黃仁宏編著（民 82）	松崗	• Word for Windows 的使用方法。

T～8	看圖學電腦 DIY	黃明達編著（民84）	碁峰資訊	• 自己想組裝PC、多加一顆或多顆硬碟、數據機、音效卡、CD-ROM及想要多了解PC的內部等。
T～9	電腦虛擬現實入門圖解	文／Joshua Eddings 圖／Pamela Drury、Watemmaker 石祥生譯（民84）	百通	• 介紹什麼是虛擬現實，虛擬現實的硬體軟體以及視覺聽覺的影響。另外，還有圖解虛擬現實對娛樂、醫學、工程、建築、軍事、金融、科學、藝術的應用和未來發展的趨勢。
T～10	電腦病毒徹底研究	施威銘（民79）	旗標	• 認識電腦病毒及其預防、檢驗、治療、復原等。
T～11	個人電腦應用指南	Lee Laporte、Gina Smith原著 楊密蓉、唐玲譯（民85.3）	萬里機構	• 介紹如何購買電腦及電腦的硬體、軟體、網路等，是一本比較容易學習的入門書。
T～12	dBASE Ⅲ PLUS 入門與進階——以中文資料為例	楊世瑩編著（民82）	松崗	• dBASE Ⅲ PLUS的概略介紹及如何使用的詳細內容，在幼兒園中可以幫助處理幼兒各項基本資料。
T～13	圖解電腦	Ruth Maran 編著 圖／Dave Ross, Davidde Haass, Tamara Poliquin, Chris KL Leung, Carol Walthers, Suzanna Pereira 鄭國焱譯（民84）	學英文化	• 介紹電腦硬體、軟體、怎樣工作、輸出輸入、儲存，以及多媒體簡介、多媒體品種、多媒體電腦系統、便攜式電腦、應用軟體網路。圖解清晰，容易了解。
T～14	識電腦用電腦——如何進行多媒體製作	Erik Holsinger 編著	緯輝電子	• 介紹多媒體如何在生活中應用它的系統和有哪

	圖／Nevin Berger 鄒紀軍、邱美康 譯 （民84）		些可以工作的硬體軟體 等。
T～15	識電腦用電腦—— 如何進入電子資訊高速公 路	Les Freed & Frank J. Derfler, Jr. 編著 圖／Chad Kubo 鄒紀軍、楊朝暉 、邱美康譯 （民84）	緯輝電子	● 介紹什麼是資訊高速公 路，它是否存在，它對 我們生活有什麼影響， 有哪些設施可以利用， 及如何付費等。
T～16	識電腦用電腦	Ron White 編著 毛慶禎譯 （民83）	緯輝電子	● 介紹個人電腦的運作方 式，並以精美的圖片作 說明。
T～17	識電腦用電腦—— 通訊網路	Frank J. Derfler, Jr. & Les Freed 編著 圖／Michael 　　Troller （民84）	緯輝電子	● 介紹網路是什麼，怎樣 與電腦結合，以精美的 圖片作說明。
T～18	INTERNET 虛擬世界快速入門	文／Cean 　　Canton 博碩顧問譯 （民84）	博碩顧問	● 介紹如何進入虛擬世界 ，在此虛擬世界中如何 表現、怎麼玩。
T～19	NEXTSTEP 入門寶典	張大風編著 （民83）	松崗	● 頁12～1至12～20 介紹信件郵箱
T～20	新幼教（第9期）	國立新竹師範 學院 （民85.1）	國立新竹師 範學院	● 頁4～8　迎接電腦遊戲 時代 新新人類新新文化—— 電腦遊戲在兒童教育的 新角色(高豫) ▶介紹兒童學電腦已是 　時代所趨，藉由遊戲 　引導兒童走入電腦世

				界，將有助於他們學習新知識，讓資訊教育早日向下紮根。 • 頁9～11 兒童電腦遊戲觀——邊玩邊學電腦輔助教學樂趣多（羅銘辰） ▶介紹目前電腦輔助教學的優缺點。 • 頁12～14 玩電腦的孩子不會變壞？——兒童電腦休閒軟體的分析（尹維洸） ▶介紹市面上兒童電腦休閒軟體並加以分析。 • 頁15～18 越玩越聰明——電腦遊戲啟發兒童心智的效益分析（陳念慈） ▶介紹電腦遊戲對兒童心智的影響。 • 頁19～22 電腦遊戲DIY——為兒童選擇合適的電腦休閒硬體環境（李昆翰） ▶介紹如何選擇電腦的硬體設備。
T～21	用電腦留下歷史見證	涂裔輝 （民84.10.7）	國語日報 （第17版資訊特刊）	• 介紹電腦光碟可以將事物逼真表現，為歷史留下見證。
T～22	我們家為什麼不買電腦	涂裔輝 （民84.10.10）	國語日報 （第17版資訊特刊）	• 介紹給老師、父母，當孩子要求買「電腦」時，用什麼態度來回應，以及使用電腦的優缺點等。
T～23	通訊科技的發展是福？是禍？	涂裔輝 （民84.9.30）	國語日報 （第17版資	• 介紹資訊發展後對人類的影響。

		訊特刊）	
T～24	開車不用手	美聯社 （民 84.9.12）	兒童日報 （第 8 科學版）	• 介紹最新的電腦車，車上的電腦可以控制方向盤，及處理影像。
T～25	國際網際網路	黃勻熙 （民 84.9.26）	兒童日報 （第 12 版）	• 介紹國際網際網路的資源及服務。
T～26	電腦生病了—— 認識電腦病毒	趨勢科技 （民 84.10.31）	兒童日報（第 8 科學版）	• 介紹電腦為什麼生病、怎樣預防。
T～27	聰明選購電玩	黃崇珉 （民 84.9.2）	國語日報 （第 18 版資訊特刊）	• 介紹怎樣選擇適合的電玩。

二、幼兒用書

編　號	書　　名	作　　者	出版社	內容簡介
C～1	人造衛星和電腦	林宏宗譯	鹿橋	• 介紹衛星是什麼，衛星在氣象、地球、導航、太空中的重要性，以及載人衛星、軍事衛星的應用。
C～2	太空	魏韻純譯	鹿橋	• 介紹人類進入太空後已經為我們日常生活增加許多便利；通訊衛星、氣象衛星，使農民受益，國際航空更安全，進而再研究探測行星、宇宙，建立太空站。
C～3	太空站	文／長友信人 圖／穗積和夫 黃郁文譯 （民82）	台英	• 介紹太空人在做什麼，他們是怎樣生活的，以及揭開太空站的秘密。
C～4	未來的世界	華一 （民78）	華一	• 描述電腦機器人的時代，及一些生活上的改變。
C～5	地下鐵開工了	文·圖／ 加古里子 黃郁文譯 （民83）	台英	• 敘述地下鐵的施工方法及建好後的設備有哪些，因為現代化的地下鐵與電車有許多自動的裝置，都與電腦有關，此提供了電腦應用的教學內容。
C～6	自動化的時代	郭景宗 （民73）	圖文	• 介紹邁向自動化：工廠自動化、辦公室自動化、家裏自動化。
C～7	我們的頭腦	文／高橋悠治 圖／柳生弦一郎 漢聲譯 （民74）	漢聲	• 敘述我們的頭腦裏面有哪些功能，可與電腦的功能做比較。

C～8	家用電腦	高欣欣譯	鹿橋	•介紹電腦是什麼，及電腦組件、電腦的種類、代碼、內部、邏輯、語言、影像、連線等。
C～9	挪亞博士的太空船	文・圖／布萊安・懷雨德史密斯張劍鳴譯（民 82）	台英	•描述一群動物在地球上住不下去了，而坐上了太空船到太空。牠們利用機器人幫忙製作太空船，以電腦來測試太空中的樹葉……。
C～10	運作中的電腦	林宗宏譯	鹿橋	•介紹電腦在商業、醫學、運輸、警力、繪圖、戰場、太空上的用途。
C～11	資訊科技	高欣欣譯	鹿橋	•介紹資訊科技這門學問是研究如何把電腦和通訊結合，以形成一個資訊處理系統，同時了解它們如何改變我們的生活和工作方式。
C～12	電腦	許舜欽（民 73）	圖文	•介紹什麼是電腦，電腦的演進及構造。
C～13	電腦	文／麥可波羅、泰里博頓齊自佳譯（民 83）	台英	•介紹電腦的種類、內部構造、病毒、附屬功能（滑鼠），及使用的方法。
C～14	電腦 123	文／華一插圖／陳耿彬　　　郭由美（民 78）	華一	•以人腦為例，介紹電腦是什麼及電腦的構造、後遺症。內容淺顯，擬人化的圖案方式呈現。
C～15	電腦世界	唐一貞譯	鹿橋	•介紹電腦的種類、容量、功能及如何了解電腦
C～16	電腦如何運作	高欣欣譯	鹿橋	•介紹電腦運作的過程，及為什麼會儲存大量的資料。
C～17	電視和視訊	林宏宗譯	鹿橋	•介紹視訊系統中錄製和傳送的基本原理，以及

				它在現在生活中的應用 （包括電腦）。
C～18	語言與通訊	尤彥傑譯	鹿橋	• 介紹各種不同的通訊方 式將使我們的生活更方 便。
C～19	機器人	白偉民譯	鹿橋	• 介紹機器人的構造、動 作、程式設計、動力、 感測器及視覺等，以及 自己行走的機器人、工 作中的機器人及個人 用、教育用的智慧型機 器人等。
C～20	機器人和電腦	高欣欣譯	鹿橋	• 介紹機器人在世界上正 廣泛地在使用，由於電 腦功能日新月異，因此 將使機器人在我們日常 生活中更重要。
C～21	醫學科技	陳裕忠譯	鹿橋	• 頁 10　掃描技術 • 頁 14　醫用聲波 介紹電腦在醫學上的應 用。

第四節　社會資源

名　　稱	資源內容	備　　註
小叮噹科學遊樂區	• 遊樂區內部分遊樂器材係為電腦操控，可提供實際操作的機會	• 位於新竹縣新豐鄉
自然科學博物館	• 館內許多自然科學內容的介紹係以電腦配合的方式呈現，供操作使用	• 位於台中市
資訊科學展示中心	• 中心內展示各種電腦及相關網路資訊，可提供實際操作的機會	• 位於台北市和平東路二段108號1、2、3F
資訊展	• 展期大約在每年的十二月份，分北、中、南三區輪流展示。有主題館介紹最新資訊及各種電腦廠商的電腦展售（包含軟硬體）	
家長	• 提供汰舊的電腦、相關書籍雜誌及電腦操作技術、軟體的支援	• 此項資源有利於情境的主題呈現及扮演道具
學校、電腦公司	• 提供各類型電腦的參觀介紹及操作示範	
醫院、診所、火車站、電影院、金融機構、加油站、洗車中心、超市、圖書館……	• 呈現電腦在我們生活上的實際應用；可作參觀（如：電腦掛號、電腦看板……）、操作示範（如：電腦洗車、光學閱讀機……），或實際操作（如：電腦購票、自動櫃員機……）	

保全公司	• 可提供目前保全系統的用途及如何利用電腦連線進行安全性保障的工作介紹	
電器商店、琴行……	• 這些地方所陳列的電器用品（如：洗衣機、電視、遊樂器……）及合成樂器也都是電腦在生活科技上的應用	

第五節　參考活動

Ⅰ.體能與遊戲

編號：Ⅰ～1

✿**名稱**：數字的輸入輸出

✿**準備工作**：大型積木及數字。

✿**遊戲說明**：

1. 幼兒將大積木搭建成電腦的形狀，上面貼上數字（數字可用月曆紙上的數字）。

2. 最好有兩組以上的幼兒同時進行。

3. 前面的幼兒是控制輸入的數字，當他喊「1」時，後面的幼兒即假裝打「1」表示
   輸入1的資料，這樣前面控制、後面輸入的遊戲持續一段時間後，可輪流再玩。

編號：Ⅰ～2

✿**名稱**：電腦吃什麼

✿**準備工作**：

1. 大、中型紙箱。

2. 響板放在木板上並貼 Enter 英文記號。

3. 紙筆放在主機的箱子內。

✿**遊戲說明**：

1. 將大、中型紙箱分別製成主機與螢幕（大型紙箱要前後挖空方便幼兒進出，螢幕
   則上面開口即可）。

2. 遊戲按照(1)(2)(3)的順序進行（參閱圖示）：

   (1)首先幼兒在響板上拍兩下表示進入(2)的主機內。

   (2)用筆在主機內的紙上畫0和1。

(3)再出來投入(3)的螢幕內即可。

3. 如材料多時可準備兩組同時進行比賽。

4. 最後大家從螢幕中數數看電腦吃了多少張資料。

(1)幼兒拍 Enter 兩下，
表示要進入主機。

(2)在主機內用筆將主機
內的紙畫上 0 和 1，
再將紙拿出投入(3)螢幕內

(3)

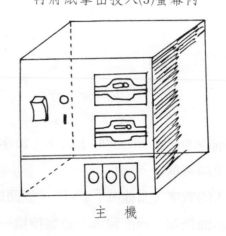

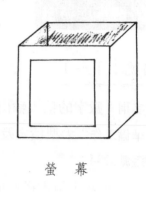

鍵 盤　　　　　　　　　　　　　　　　　　　螢 幕

主 機

編號：I ～ 3

❋名稱：電腦醫院

❋準備工作：

1. 單位大積木。

2. 針筒（去掉針的部分）、包藥的紙、紗布、空罐、健素糖。

3. 塑膠超型大積木。

4. 舊型電腦。

5. 幼兒自製電腦（工作角利用空盒自製）。

6. 扮演用的制服（醫生、護士的衣服、帽子）。

❋遊戲說明：

1. 利用單位大積木搭建醫院，並在醫院門口畫上標誌來代表。

2. 將超型大積木組合成電腦或是利用自製的電腦。

3. 在醫院裏擺放扮演的衣服、針筒、包藥紙、紗布、空罐等，即可開始玩遊戲了。

4. 扮演病人的幼兒可先從肚子痛要到醫院掛號開始，護士小姐將病人的名字、電話等資料詢問完畢後，假裝打入電腦存檔。

5. 再依序叫號碼給醫生檢查。

6. 醫生在詢問症狀後就在電腦記錄所開的藥名，並且叮嚀病人要多喝水。

7. 病人看過醫生後就到藥房去拿藥（用紙包健素糖）。

8. 整個看病的過程中，角色可輪流扮演。

✻**注意事項：**

1. 幼兒可能起先都不願當病人，因此老師要主動扮演，然後再引導他們自己扮演。

2. 掛號、問診、拿藥的過程，是幼兒們常有的經驗，可是像這樣的看病流程，幼兒在玩扮演遊戲時，可能會忘記，老師可適時提示，引導幼兒玩得更精彩。

3. 包裝健素糖可增加幼兒扮演的興趣，但亦可選用其他替代品。

4. 在搭建時如沒有大積木或是電腦，可用桌子、椅子、大紙箱代替。

編號：Ⅰ～4

✻**名稱：**謝卡傳真

✻**準備工作：**自製謝卡（尺寸要能符合傳真機）、傳真機。

✻**遊戲說明：**

1. 在參觀活動後，引導幼兒自製謝卡（可畫圖）。

2. 師生一起傳真謝卡，給曾提供參觀或資源的人。

3. 讓幼兒看操作過程或親自操作，並打電話給對方，證實傳真的謝卡是否收到。

✻**注意事項：**

1. 傳真的顏色是黑白的，所以製作謝卡時，也可以稍加配合，傳真的效果會更好。

2. 可傳真數張或一份集體創作，務必讓每位幼兒有參與的機會。

3. 如果有擴聲效果的電話，讓全部的幼兒聽到對方的回應，則效果會更好。

4. 活動結束後與幼兒討論，使用傳真機送謝卡有什麼好處，以及傳真時使用哪些材料、工具等。

編號：Ⅰ～5

❀名稱：電腦在哪裏（參觀活動）

❀準備工作：與學校、公司或是郵局、診所等可參觀的場所連絡。

❀遊戲說明：

1. 出發前的討論：

(1)到哪裏去參觀？參觀目的為何？

(2)參觀時應該注意哪些禮貌？

2. 參觀活動：

學校、附近的公司、工廠、郵局、診所醫院、車站等。

3. 參觀後的討論：

(1)看到什麼？電腦在哪裏呢？

(2)還有什麼地方有電腦？為什麼？

❀注意事項：

1. 儘量選擇離學校近的地點參觀，比較方便。

2. 如果幼兒園內沒有電腦，可連絡附近的中小學校試試看。

3. 不易安排參觀時，可用錄影或拍幻燈片、照片的方式來達到教學目的。

編號：Ⅰ～6

❀名稱：玩電腦記憶遊戲

❀遊戲說明：

1. 老師扮演「資料」，輸入「電腦」（電腦由幼兒扮演）。

2. 遊戲開始時，老師說「輸入吃的資料」，如蛋糕、香蕉、水果等，等老師說到吃的東西時，電腦會發出「ㄅㄅㄅ」的聲音。反之，老師說的是不可以吃的東西時，電腦就沒有反應。

❀注意事項：

1. 老師可以輸入動物、植物或其他的資料。

2. 老師與幼兒的角色可以互換。或是由幼兒一組二人互相扮演不同的角色。

編號：Ⅰ～7

❋**名稱**：我也會打電腦

❋**準備工作**：大型積木、空紙盒、各種紙或蒲草。

❋**遊戲說明**：

1. 大型積木組合成螢幕、主機，利用空盒上面貼蒲草或是小紙片當做鍵盤。

2. 幼兒可獨自玩操作遊戲或是兩、三人一組玩操作電腦的模擬遊戲。

3. 如能配合其他的玩具，如電話、玩偶等，更能創造出不同的遊戲內容。

❋**活動實景分享**：

編號：Ⅰ～8

❋**名稱**：開機與關機（圖表）

❋**準備工作**：磁碟片、電腦。

❋**遊戲說明**：

1. 開機：

　(1)取出磁碟片。

　(2)將磁片放入Ａ磁碟機，並將磁碟機門把向右下方扳到垂直方向。

　(3)打開主機及螢幕的電源（ＯＮ）。

　(4)燈亮了，請等候。

　(5)螢幕出現「Ａ＞」表示成功。

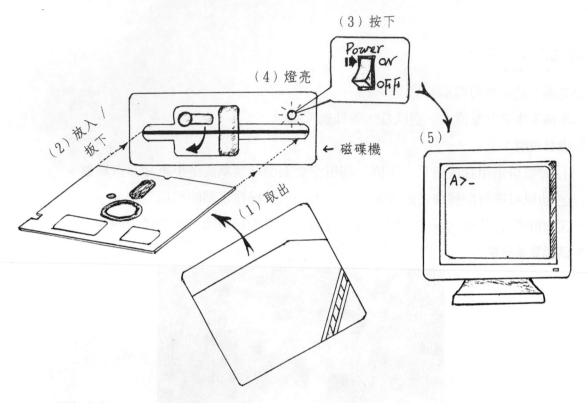

（3）按下
Power on off

（4）燈亮

（2）放入／板下

← 磁碟機

（1）取出

（5）

A>_

2.關機步驟恰與開機步驟相反。

3.這是用 DOS 開關機的方法，或許有些電腦不需要這些步驟，老師可自己斟酌。

4.圖片可貼在電腦旁邊的適當位置，便於幼兒觀察。

編號：Ⅰ～9

❋名稱：自製電腦展

❋準備工作：

1.幼兒自製的電腦作品。

2.利用桌椅展示作品。

❋遊戲說明：

1.與班上幼兒討論準備工作：

(1)邀請的對象？

(2)展覽時間與地點？

(3)要不要貼海報？

(4)誰負責照相？

(5)誰製作邀請卡？

(6)怎樣歡迎客人呢？要不要送小禮物等。

2.將自製的電腦作品陳列於教室中。

3.介紹自製作品予客人分享。

❀**注意事項**：展覽後，幼兒可依客人的建議進行改裝工作。

❀**活動實景分享**：

編號：Ⅰ～10

❀**名稱**：認識電腦鍵盤

❀**準備工作**：

1.準備數字卡（0～9）及箭頭卡（ ↑ ↓ ← → ）。

2.報紙。

❀**遊戲說明**：

1.幼兒數人（人數視幼兒數決定）手持卡片，當成是鍵盤上的「鍵」。

2.每個鍵都排列整齊地坐在椅子上（距離不要太遠，以免幼兒打不到）。

3.一幼兒當按鍵的人，手持報紙捲成的紙棒，聽另一幼兒的口令，如聽到「1」，立刻輕敲當「1」鍵盤的幼兒，被敲到的幼兒跳起，表示答對，若錯則不動，如此重複遊戲，輪流看誰的動作又準確又快速。

4.待遊戲規則熟悉後，可再加上英文鍵、注音鍵。（人數許可時）

編號：Ⅰ～11

❀**名稱**：搭建學校、郵局、銀行

❀**準備工作**：

　1.大積木、小積木。

　2.各類紙材。

❀**遊戲說明**：

　1.學校：

　　(1)在參觀學校的電腦後，利用大積木搭建學校的門及教室。

　　(2)學校的門可用長形積木左右兩條分別豎起後，在上面加一條長形積木即可成門
　　　　的形狀，門前可貼上校名或是學校的標誌。

　　(3)門的後面用各種不同形狀積木圍成長方形當成辦公室。

　　(4)辦公室內再放些由小積木組合成的小電腦，就成為使用電腦辦公的地方了。

　　(5)幼兒們可扮演辦公室的行政人員，模擬使用電腦辦公的樣子。

　2.郵局：

　　(1)在參觀郵局後，利用大積木圍成一四方形的空間，略為高起當成郵局的櫃台。

　　(2)櫃台前可貼些標誌（如郵筒、郵差送信的圖片）來代表郵局。

　　(3)另外再找不同形狀的積木組合成電腦，放在櫃台上，即完成搭建的工作。

　　(4)如果幼兒想要繼續玩扮演遊戲時，可增加郵票、印章、存款遊戲的部分，不過
　　　　別忘了引導幼兒們用電腦來賣郵票或用電腦來登記存款唷！

　3.銀行：

　　(1)在參觀銀行後，利用大積木搭建銀行的門，並貼上銀行的標誌。

　　(2)用不同類型的積木組合銀行工作用的電腦數台。

　　(3)幼兒可扮演成行員在銀行裏玩操作電腦或存款、數鈔票的遊戲。

❀**活動實景分享**：（見下頁圖）

◀銀行

學校▶

◀郵局

編號：Ⅰ～12

❋名稱：電腦圖書館

❋準備工作：

1.連絡圖書館或超市之參觀時間及內容。

2.準備大積木、小積木及各種紙材。

❋遊戲說明：

1.參觀圖書館或超市，觀察電腦實際操作的情形。

2.討論電腦有什麼功能，除了借閱書籍、物品結帳外還會處理什麼呢？

3.搭建圖書館：

(1)利用大積木搭建櫃台、電腦及書架。

(2)書架也可利用語文角現有的書和櫃子來配合，再將櫃台組合即成圖書館。

(3)幼兒可扮演圖書館員，利用電腦玩借閱書籍的遊戲。

(4)扮演遊戲中，老師可以參與遊戲，扮演其中一個角色來引起幼兒的興趣，並持續遊戲的進行。例如扮演借書的人，或是工作人員。詢問工作人員什麼時候到期，或者是提醒幼兒要貼條碼電腦才能輸入資料。

4.除了圖書館外，也可搭建並模擬超市的遊戲。

Ⅱ.故事與戲劇

編號：Ⅱ～1

❋名稱：挪亞博士的太空船（改編自布萊恩·懷爾德史密斯著的「挪亞博士的太空船」，民83。台北：英文雜誌）

❋內容：

1.角色：

(1)動物：有豬、獅子、大象等（幼兒自製頭套代表各種動物）。

(2)人物：挪亞博士（幼兒穿白色的衣服）。

(3)其他：機器人（幼兒自製的紙箱機器人）。

2. 背景與道具：

 (1)森林區：幼兒用大積木搭建，配合盆景。

 (2)太空船：幼兒用大積木搭建，配合電腦。

3. 故事：

  從前有一座很大的森林，所有的動物都在那裡快樂地生活。突然，森林失去了生氣，樹木漸漸地枯萎。動物們決定離開那裡。他們坐上挪亞博士建造的神奇太空船，飛到太空去尋找另一個世界。在建造的過程中機器人幫了很多的忙，也和小動物們玩得很愉快，等到太空船和食物都準備好，就出發了，可是在太空中尋找新的星球而經過時光區時，太空船的時光導航尾翅損壞了，經過電腦的查證，原來他們已經到了幾百年前還沒污染的地球，他們決定住在這個地方。

※**活動實景分享：**

◀動物們在森林裏過著快樂的生活

突然樹木都枯萎了，動物們快要生
 活不下去了，所以決定離開森林▶

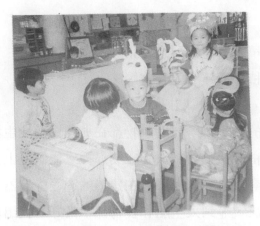

大家坐著太空船去找另一個星球

編號：Ⅱ～2

❀**名稱**：電腦開門

❀**內容**：

1. 人物：阿里、阿里的母親、強盜。

2. 背景：

(1)用積木組合樹林、阿里的家。

(2)利用玩具組成山洞。

(3)電腦及鍵盤則用淘汰的舊電腦。

3. 故事：

　　阿里的母親告訴阿里家裏需要柴火，所以阿里就到森林去砍柴，當他來到森林要砍柴的時候，聽到遠處傳來了馬蹄聲，他趕緊爬到樹上，原來是強盜們搶了一袋金銀珠寶，而且聽到他們說要把珠寶藏在山洞裏，於是阿里就偷偷地跟在強盜後面來到山洞。

　　強盜們先在洞口的鍵盤上輸入電腦密碼（1、2、3、4、5、6、7），然後說了三聲「電腦開門」，奇怪的是洞口的門真的開了，於是強盜們把珠寶的袋子放在洞內就離開了。

　　這時阿里也模仿強盜按下1、2、3、4、5、6、7的密碼，然後喊了三聲「電腦開門」，山洞的門又再度開了，阿里看到了許多的珠寶，就拿了一些回家，告

訴媽媽這些珠寶的來源。

媽媽認為這些錢是不義之財，就決定送給貧窮的人了。

※活動實景分享：

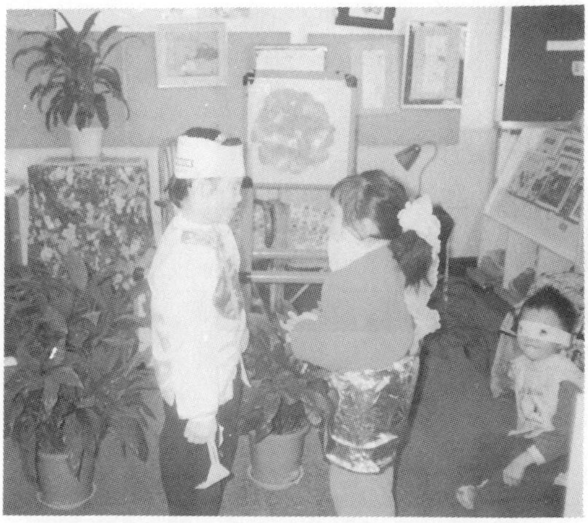

①阿里的媽媽要阿里去森林砍材

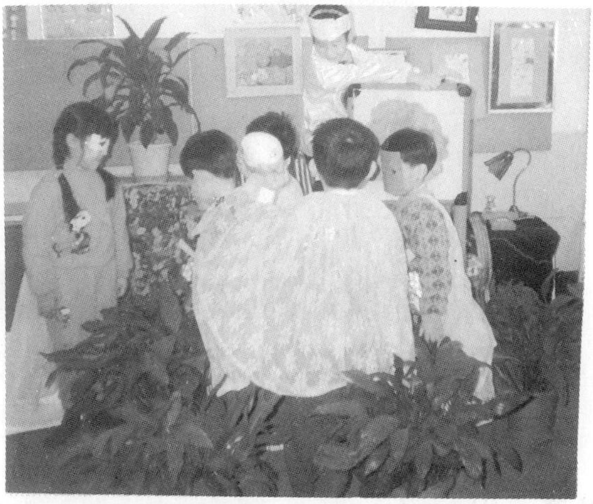

②阿里聽到強盜說要把搶來的珠寶放到山洞

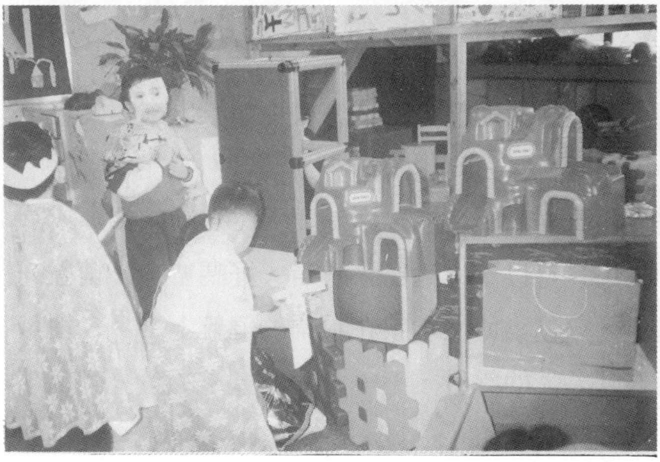

③先按電腦的密碼1、2、3、4、5、6、7，然後說三聲「電腦開門」

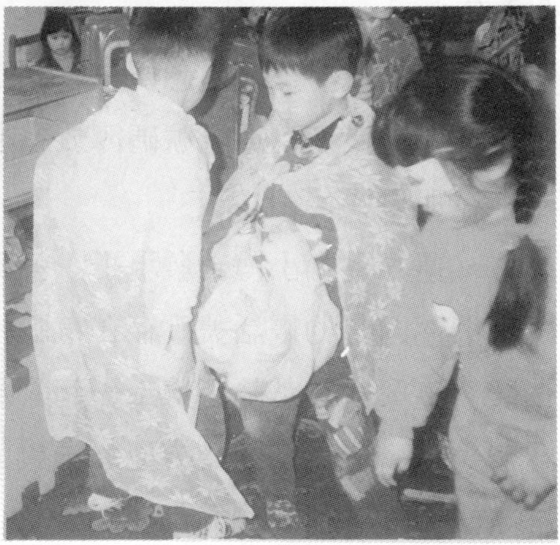

④強盜把珠寶的袋子放入山洞內

⑤阿里和媽媽要把珠寶送給窮人

編號：Ⅱ～3

✤名稱：小精靈找資料（電話號碼）

✤內容：

　　有一天，小精靈想要打電話給同學，問他們明天遠足要帶什麼東西，可是東找西找就是找不到電話號碼簿放在哪裏，他努力地想，可是怎麼也想不出來，就急得坐在那裏哭。

　　還好電腦小博士發現了，就安慰他說：「小精靈，你不要哭了，我想媽媽或許會把你同學的電話號碼存在電腦中喲！我可以幫你輸出來看看，好嗎？」小精靈一聽，高興地和電腦小博士一起到書房，只見小博士的手在扁扁的鍵盤上ㄉㄉㄉ地敲了幾下，然後就聽到方型盒子裏面有ㄐㄐㄐ的聲音，不一會兒黑盒子的螢幕就出來了好多電話號碼和名字。

　　小精靈實在高興極了，這台神奇的電腦幫他解決了問題，他想從今以後一定要和電腦當好朋友。

編號：Ⅱ～4

✤名稱：小精靈遊電腦王國

❋內容：

　　小精靈有一天來到了電腦王國，他走呀走的肚子餓了，於是來到了麥當勞，想要吃一些食物。

　　可是店裏卻排了很多的人都等著買食物。小精靈心裏想這下要餓慘了，那麼多人，一定要等很久吧！可是沒有想到麥當勞利用電腦控制溫度炸薯條、烤麵包，還有算帳，所以速度很快，不用多久，就輪到小精靈了。小精靈發現比想像中快很多，覺得很高興。

　　吃飽了，他想坐公車去超級市場，於是他拿出 IC 卡的車票讓機器刷了一下就可以上車了，沿路上的看板（招牌）都閃著美麗的圖案，而且可以換來換去像是卡通片一樣，小精靈正看得入神的時候，超級市場到了，小精靈看看時間已經很晚了，他匆匆忙忙拿了一堆東西，有：青菜、蘿蔔、餅乾、鮮奶……好多、好多，然後拿到櫃台去算錢，櫃台的人用一隻奇怪的燈（光照）在每樣東西的條碼上照一下，奇怪的是螢幕就記錄起來了，似乎是很簡單地就買好了需要的東西。小精靈快樂得不得了，他覺得電腦王國的東西都太神奇、太方便了，於是他決定趕快回家告訴大家，下次也要到電腦王國玩。

編號：Ⅱ～5

❋名稱：電腦繪圖說故事

❋內容：

1. 先利用電腦繪圖的功能繪製故事圖（如附圖），並用印表機印出來後說故事。

2. 故事內容：

　　　　有一隻美麗的大金龜子，非常神氣，也非常驕傲，牠常對別人說：「你們看我有多麼漂亮的衣服呀！而且我的衣服上還有一顆顆像黑珍珠般的圓圈呢！」這時在旁邊聽到的毛毛蟲，豎起它的觸角，勸金龜子不要那麼驕傲，因為牠聽說人類發明了一種電腦，「他們不但會複製很多像你一樣漂亮的衣服，還會把你變大變小喲！」金龜說：「哼！我才不信呢！」於是金龜又到處炫耀自己的衣服，當金龜剛好停在桌上向桌角的蜘蛛展示自己的衣服時，恰巧被桌旁玩電腦繪圖的小元發現了，於是小元把金龜子抓起來，放在一個玻璃罐，自言自語地說：「多美

麗的金龜呀，我可以用電腦畫出一模一樣的金龜，同時我也可以把它變小呢！」
不一會兒小元就用滑鼠在電腦上畫了一隻一模一樣的金龜，同時還把它變得非常
非常小，小元把這隻電腦畫的小金龜放在桌上就離開了，這時玻璃罐裏的大金龜
說：「小金龜呀！你是什麼東西，那麼小還要穿跟我一樣漂亮的衣服嗎？你最好
趕快走開，免得我出去時把你壓死！」小金龜聽完了，只是搖搖頭走開了，突然
「呼」的一陣大風吹來，把桌上的玻璃罐吹到窗外的水溝裏，大金龜急得大喊：
「救命呀！」剛好被在旁邊吃嫩葉的小金龜聽到了，七手八腳地丟了許多的葉子
在水溝裏，終於救了大金龜一條命，從此以後大金龜就再也不敢驕傲了。

3. 討論：

(1)小元是用什麼東西來複製小金龜呢？

(2)除了小金龜，猜猜看這些圖都是怎麼來的？

❋附圖：

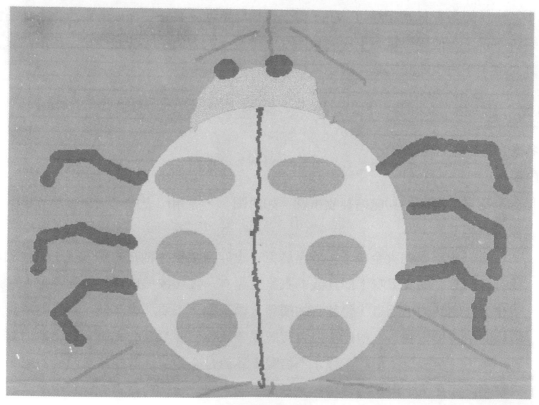

大金龜

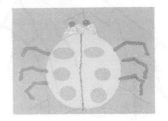

小金龜

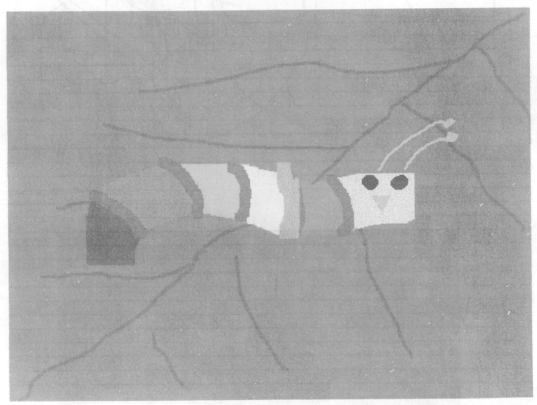

毛毛蟲

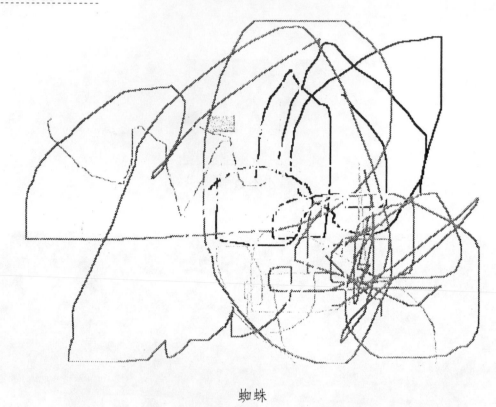

蜘蛛

水溝中的樹葉

編號：Ⅱ～6

❋**名稱**：電腦博物館

❋**內容**：

　　元元過生日那天收到了爺爺、奶奶、哥哥、姐姐、媽媽等人送給他的禮物，他好喜歡，但是只缺爸爸的。元元問爸爸：「你忘了我的生日禮物嗎？」爸爸回答說：「沒有呀！我要給你一個很特別的禮物呢！」不久門鈴響了，元元開門一看有位叔叔搬個大箱子進來，箱子上綁個大蝴蝶結，爸爸說：「這就是你的禮物……」元元高興得跳起來，趕忙拆開一看：「原來是部電腦耶！」元元看了說：「現在我可以玩俄羅斯方塊遊戲了。」哥哥、姐姐說：「電腦也可以做數學作業呢！」爺爺說：「電腦可以替我算錢嗎？」爸爸說：「當然可以囉！」爺爺說：「原來電腦還可以代替我的算盤呀！」爸爸說：「你們知道嗎？算盤可是電腦的老祖先呢！」元元好奇地問說：「那電腦有沒有兒子、孫子呢？」爸爸說：「有個地方可以告訴我們答案！」姐姐說：「我知道，上次老師帶我們去歷史博物館看人類祖先用的用具呢！」爸爸說：「對！我們可以到電腦博物館看看電腦的祖先。」

　　於是元元全家來到了電腦博物館，看到了一部好大的電腦，差不多像家裏的衣櫃一樣大。「這些大東西搬起來一定很費事吧！」元元心裏想著，正好博物館解說員來了，就告訴大家說：「大電腦因為體積大、儲存的東西多，所以搬動起來很不方便，可以說是電腦的爺爺呢！」爺爺聽了呵呵地笑著說：「像我一樣！」解說員說：「因此科學家又發明了體積小、攜帶方便的個人電腦，這個就是電腦兒子。」解說員指著另外一台小電腦說明，元元一看興奮地大叫：「跟爸爸送我的禮物一樣。」「對了！因為個人電腦體積小而方便，所以現在到處都在使用！」大家一面說一面走，到了一個佈滿線路的地圖前，姐姐問說：「這些線是什麼呢？好像高速公路一樣彎來彎去。」解說員連忙解釋說：「這是網路圖，確實像是高速公路一樣。這是電腦與電腦通話的路線圖，只要有電話線的地方就可以和電腦結合，互相通話。」爺爺說：「什麼？機器也能說話嗎？」「對！」解說員說：「不但可以通話，還可以傳信呢！」爺爺想到自己以前當過郵差就緊張地說：「如果以前就發明了電腦，那我不就沒有工作了，好險！」大家都哈哈大笑，繼續往前走，看到電腦

旁邊多了好多的東西，解說員說：「電腦也可以跟其他東西結合，變得更有用，例如 CD ROM、喇叭等，讓電腦不但可以有聲音，還有看起來像電影的效果一樣。」「哇！太厲害了！」大家都不禁驚訝了起來，解說員緊接著又說：「對了，這就是多媒體時代的來臨，電腦還可以跟好多的好朋友結合，像是幻燈機、大螢幕……，讓我們能有更方便、更好的享受喇！」聽完了，大家都鼓掌表示謝謝，就離開博物館回家了。

在回家的路上，元元說：「我現在對電腦越來越喜歡了，原來電腦的歷史也是滿有趣的呢！」元元催著爸爸快走，因為他想回家試試看，電腦怎麼寄信、怎麼會有聲音呢！

編號：Ⅱ～7

❋**名稱**：電腦病毒與版權

❋**內容**：

1. 故事：

有一天元元打開電腦，卻是怎麼都無法有熟悉的畫面出現，於是元元跑去問爸爸說：「電腦不會動了，怎麼辦呢？」爸爸告訴元元說：「不要急，先檢查看看是不是電腦的零件鬆掉了，所以沒辦法工作，還是電腦真的中毒了。」「中毒？」元元大叫：「電腦也會中毒嗎？」爸爸笑著說：「對！電腦與人腦一樣也是會生病的，如果電腦生病了，就沒辦法繼續工作，嚴重的電腦病毒，像是米開朗基羅，就會讓電腦所有的資料全部毀掉！」元元呀了一聲說：「那怎麼辦呢？如果醫院的病人資料全毀了，那病人不是很危險嗎？」爸爸點頭說：「當然啦！醫生不能看到病人以前的資料來診斷病情，對病人來說，當然非常危險啦！不過，也不要那麼緊張，只要預防得好，電腦是不會中毒的。」元元問：「怎麼預防呢？」「就是不要用盜版的軟體，因為盜版的軟體不但是違法的，而且很容易讓電腦中毒，因此借用別人的軟體時，也要詢問清楚才行。」「哇！原來是這樣呀！以後我會特別注意的，可是如果真的中毒了，怎麼辦？」爸爸邊走邊說：「那只好請電腦醫生了。」

2. 討論：

(1)電腦為什麼會生病？

(2)電腦生病了，怎麼辦？有什麼預防的方法？

(3)為什麼用盜版的軟體是違法的？

Ⅲ.兒歌與律動

編號：Ⅲ～1

※名稱：小電腦

※內容：

小電腦　　　　　　　　4/4C

| 1 3 1 3 | 5 5 5 0 | 3·32 1 3 | 2 2 2 0 |
稀 奇 稀 奇 　真 稀 奇　　小 小 電 腦 　真 神 奇

| 1 3 1 3 | 5 5 5 0 | 2 23 2 3 | 1 1 1 0 |
能 寫 能 算 　還 能 畫　　大 小 事 情 　都 靠 它

| 1 7 6 5 | 3 3 3 0 | 2 3 4 2 | 1 3 5 0 |
要 是 不 能 　愛 護 它　　天 下 大 亂 　我 的 媽

| 1 3 1 3 | 5 5 5 0 | 23232 | 1 1 1 － ‖
啦 啦 啦 啦 　啦 啦 啦　　電 腦 是 我 的 　好 朋 友

編號：Ⅲ～2

❊名稱：電腦博物館 RAP

❊內容：

節奏（RAP）

| ♫ ♫ ♩ | ♫ ♩ ♩ : ‖

電腦博物館，東西真多。

各種老電腦，展現魅力。

小弟問電腦，為何不動。

老電腦回答，算得太慢。

小妹看電腦，電腦太胖。

老電腦回答，沒辦法啦。

雖然是這樣，××××。

小弟和小妹，××××。

非常的高興，××××。

他們看到了，以前的電腦。

知道了電腦，怎麼來的。

編號：Ⅲ～3

❊名稱：滑鼠快跑

❊內容：

1.　　　　滑鼠快跑，滑鼠快跑。

（節奏）　♩♩♩××　♩♩♩××

　　　　我要抓你，我要抓你。

（節奏）　♩♩♩××　♩♩♩××

滑鼠快跑，快快跑。

（節奏）　♩♩♩♩　♩♩♩

我要抓你，我要抓你。

（節奏）　♩♩××　♩♩♩××

滑鼠快跑，快快跑。

（節奏）　♩♩♩♩　♩♩♩

2. ×為節奏樂器，可用鈴鼓、響板、三角鐵或是木魚。

3. 可利用「火車快飛」的曲來進行節奏音樂的遊戲。

Ⅳ. 工作

編號：Ⅳ～1

❋**名稱**：木製電腦

❋**材料**：小木頭、釘子、鐵鎚、膠帶。

❋**作法說明**：

1. 利用木頭組合成電腦，再用釘子或膠帶固定。

2. 在上面貼上鍵盤的符號，或螢幕內畫上圖案，木製電腦就完成了。

❋**活動實景分享**：

編號：Ⅳ～2

※名稱：機器人

※材料：紙箱、剪刀、各種紙材、保麗龍、飲料空罐。

※作法說明：

　1. 將空盒或空罐組合成機器人。

　2. 加上眼睛、嘴巴即完成。

※活動實景分享：

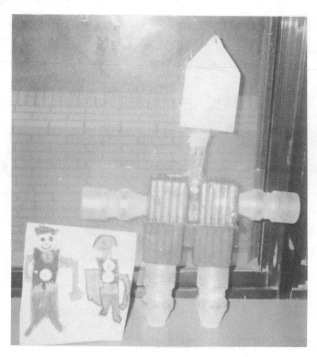

編號：Ⅳ～3

※名稱：算盤

※材料：空盒、筷子、蒲草。

※作法說明：

　1. 將筷子插入蒲草內當算珠。

　2. 將一串串的算珠固定在空盒內即完成。

※活動實景分享：（如右圖）

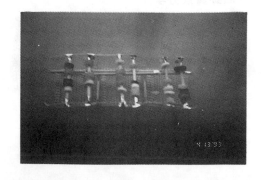

編號：Ⅳ～4

❀**名稱**：製作 IC 板

❀**材料**：蓆草、紙板或盒子。

❀**作法說明**：

　1. 將蓆草黏在紙板上或盒子內，彩色的
　　 IC 板即完成。

　2. 蓆草亦可以用釦子或其他材料代替。

❀**活動實景分享**：（如右圖）

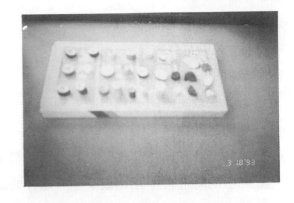

編號：Ⅳ～5

❀**名稱**：立體電腦

❀**材料**：

　各種類型的大小盒子、保麗龍球、各種顏色的蓆草、釦子、色紙、玻璃紙、毛線。

❀**作法說明**：

　1. 利用盒子製成螢幕、主機與鍵盤。

　2. 螢幕可利用色紙直接貼在盒子的正前方，或是將盒子挖洞貼上玻璃紙，旁邊接上
　　 蓆草當按鈕即可。

　3. 主機則利用較高的盒子，前面加上蓆
　　 草的按鍵或是磁碟片的匣子（用長條
　　 紙貼或用畫的）。

　4. 鍵盤則選擇較扁的盒子，上面貼蓆草
　　 或釦子，做成按鍵。

　5. 將 2、3、4 組合起來，並用毛線（當
　　 電線）連接，立體電腦即完成。

❀**活動實景分享**：（參見右圖）

編號：Ⅳ～6

❋**名稱**：教室情境佈置

❋**材料**：舊的電腦雜誌。

❋**作法說明**：

1. 老師在教室內的一角剪貼電腦圖片（將舊雜誌的圖片剪下，貼在厚紙板上），引起幼兒興趣。

2. 當幼兒好奇地想嘗試時，就可將材料工具交給幼兒。

3. 師生同時進行，互相觀察，剪貼好的圖片，讓幼兒自行張貼在教室內，當教室內到處都有電腦圖片時，幼兒自然就進入電腦的氣氛中了。

4. 當幼兒選擇剪字而非圖，或者圖的內容與電腦主題無關時，千萬不要批評，以免喪失了信心。

5. 允許幼兒自由張貼時，亦不要給太多的「指示」，使能自由發揮。

6. 舊雜誌的數量要多，才夠幼兒選擇，並且翻閱。

7. 在剪貼的同時，幼兒可能會好奇地提出問題，此時可順便告訴他們有關的內容。

8. 完成後提醒收拾整理的重要性。

編號：Ⅳ～7

❋**名稱**：電腦網路

❋**材料**：大積木、汰舊的小電視和電腦螢幕、童軍繩數條。

❋**作法說明**：

1. 先將大積木組合成電腦的螢幕、主機、鍵盤、椅子。

2. 有些螢幕可用汰舊的小電視、電腦螢幕來組合。

3. 用童軍繩代表電線，連接數部電腦，形成電腦網路。

❋**活動實景分享**：（見右圖）

編號：Ⅳ～8

❋**名稱**：剪貼電腦

❋**材料**：圖畫紙、色紙、剪刀、膠水或漿糊。

❋**作法說明**：

　1. 將色紙剪成螢幕、主機或鍵盤的形狀。

　2. 剪好的電腦圖貼在圖畫紙上即可。

　3. 亦可在電腦圖上用彩色筆畫出鍵盤按鈕或是開關等。

編號：Ⅳ～9

❋**名稱**：積木搭建電腦

❋**材料**：木製大型積木、單位小積木、坐墊、雪花片。

❋**作法說明**：

　1. 圖一是利用大型積木所搭建的電腦，方形當主機，三角形當螢幕。

　2. 圖二是單位小積木所搭建的電腦，長方體當螢幕、鍵盤。有方形電腦，還有扇形電腦。

　3. 圖三是用坐墊當螢幕，雪花片放在上面可以當鍵盤。

❋**活動實景分享**：

圖一

圖二　　　　　　　　　　　　　　圖三

編號：IV～10

❋**名稱**：電腦吸塵器

❋**材料**：大積木、長條木棒、三角形積木。

❋**作法說明**：

1. 大積木組合成長方形的箱子，當做吸
   塵器的肚子。

2. 長木條插在肚子前方當做吸管。

3. 上面放三角形積木表示：電腦控制的
   人只要坐在裏面按鈕，吸塵器就會工
   作。

❋**活動實景分享**：（見右圖）

編號：IV～11

❋**名稱**：大型電腦

❋**材料**：各種空紙盒、硬紙板、蓆草、色紙、鈕扣、瓶蓋等。

❋**作法說明**：

1. 參觀過大型電腦的圖片或實物後，討論大型電腦的功能來引起動機，並製作大型
   電腦。

2. 利用在餅乾空盒上面挖洞，下面固定在硬紙板上的方式，呈現不同的電腦機器，每一空盒即代表一種功能的機器（如果要精緻些，可將空盒先包裝好，用其他紙來遮住空盒的圖案與顏色）。

3. 共有三組機器分別代表主機、磁帶機及記憶機。

4. 主機與記憶體的部分類似，可讓幼兒在空盒前方或適當位置用蓪草、釦子或是其他材料來裝飾成機器的按鈕。

5. 磁帶機則是用兩塊圓形的小瓶蓋，如圖中間之空盒所示，圓形的代表磁帶的轉盤，另外用毛線繞在圓形轉盤的蓪草上，並垂下些毛線呈現　　　　　的形狀即可。

毛線　　　蓪草

✼**活動實景分享：**

編號：Ⅳ～12

✼**名稱**：我是電腦繪圖設計師

✼**材料**：大積木、毛線、小積木、圖畫紙、膠帶、蓪草。

✼**作法說明**：

1. 先用大積木組合成長方形的電腦螢幕，大約用十片積木來拼接。

2. 將長方形螢幕豎起來，並在前方放置一片黃色積木當成鍵盤，在鍵盤上貼蓪草，表示按鍵。

3. 另外用小積木當成滑鼠，連在電腦螢幕旁邊用毛線當成電線來連接。

4. 利用圖畫紙，讓幼兒先畫上設計好的衣服圖案，並用膠帶貼在螢幕上即完成。

5. 完成後，幼兒可玩扮演遊戲，操作滑鼠，設計衣服的遊戲。

6. 亦可在活動結束後，保留作品，讓幼兒介紹給大家分享。

❋**活動實景分享：**

編號：Ⅳ－13

❋**名稱：**彩繪電腦

❋**材料：**漿糊、廣告顏料。

❋**作法說明：**

1. 將漿糊加上各色的廣告顏料，攪勻後使用。

2. 幼兒可將調好顏料的漿糊，用手指在玻璃上畫出電腦的形狀。

3. 如果沒有透明玻璃時，也可以畫在白色玻璃紙上。

❋**活動實景分享：**

第六節 活動範例

範例一：奇妙的電腦

概念流程	流程說明	參考活動

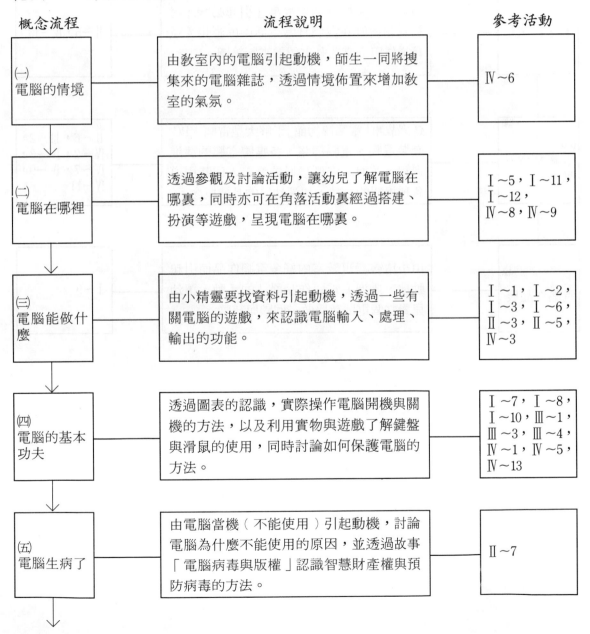

(一) 電腦的情境 — 由教室內的電腦引起動機，師生一同將搜集來的電腦雜誌，透過情境佈置來增加教室的氣氛。 — Ⅳ～6

(二) 電腦在哪裡 — 透過參觀及討論活動，讓幼兒了解電腦在哪裏，同時亦可在角落活動裏經過搭建、扮演等遊戲，呈現電腦在哪裏。 — Ⅰ～5，Ⅰ～11，Ⅰ～12，Ⅳ～8，Ⅳ～9

(三) 電腦能做什麼 — 由小精靈要找資料引起動機，透過一些有關電腦的遊戲，來認識電腦輸入、處理、輸出的功能。 — Ⅰ～1，Ⅰ～2，Ⅰ～3，Ⅰ～6，Ⅱ～3，Ⅱ～5，Ⅳ～3

(四) 電腦的基本功夫 — 透過圖表的認識，實際操作電腦開機與關機的方法，以及利用實物與遊戲了解鍵盤與滑鼠的使用，同時討論如何保護電腦的方法。 — Ⅰ～7，Ⅰ～8，Ⅰ～10，Ⅲ～1，Ⅲ～3，Ⅲ～4，Ⅳ～1，Ⅳ～5，Ⅳ～13

(五) 電腦生病了 — 由電腦當機（不能使用）引起動機，討論電腦為什麼不能使用的原因，並透過故事「電腦病毒與版權」認識智慧財產權與預防病毒的方法。 — Ⅱ～7

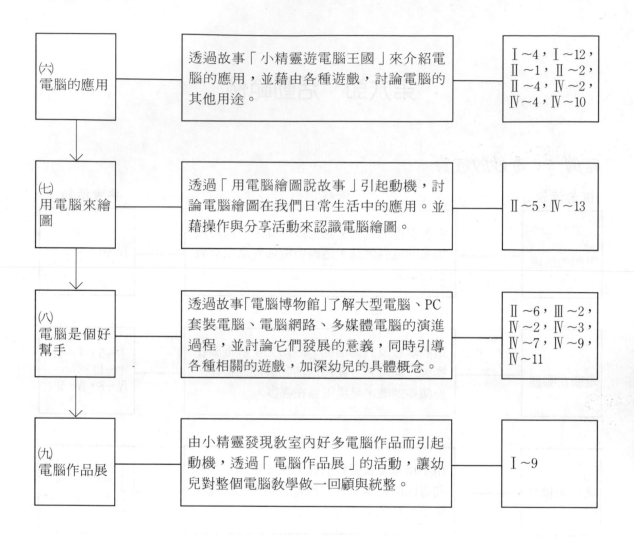

(六) 電腦的應用	透過故事「小精靈遊電腦王國」來介紹電腦的應用，並藉由各種遊戲，討論電腦的其他用途。	Ⅰ～4，Ⅰ～12，Ⅱ～1，Ⅱ～2，Ⅱ～4，Ⅳ～2，Ⅳ～4，Ⅳ～10
(七) 用電腦來繪圖	透過「用電腦繪圖說故事」引起動機，討論電腦繪圖在我們日常生活中的應用。並藉操作與分享活動來認識電腦繪圖。	Ⅱ～5，Ⅳ～13
(八) 電腦是個好幫手	透過故事「電腦博物館」了解大型電腦、PC套裝電腦、電腦網路、多媒體電腦的演進過程，並討論它們發展的意義，同時引導各種相關的遊戲，加深幼兒的具體概念。	Ⅱ～6，Ⅲ～2，Ⅳ～2，Ⅳ～3，Ⅳ～7，Ⅳ～9，Ⅳ～11
(九) 電腦作品展	由小精靈發現教室內好多電腦作品而引起動機，透過「電腦作品展」的活動，讓幼兒對整個電腦教學做一回顧與統整。	Ⅰ～9

範例二：超級瑪利

事前的預備

決定之後，我和教學的伙伴一起討論並著手收集相關的資訊，在暑假期間我們花了許多時間到圖書館或透過家長、高級中學的電腦老師……，找尋一切可能的資料和地點，並初次嘗試用圖解的方式繪成「電腦主題概念圖」，來幫助自己更清楚主題的方向。

概念圖中共有十個主題，主題之間並沒有先後次序之別，我們選擇了目前資源較豐富，孩子可能比較喜歡及自己較容易切入的「電腦在哪裡？」做為第一個進行的主題。

「超級瑪利」，開始行動！

第一天，我拿著家長送的電腦雜誌坐在工作角剪貼著，孩子們圍著我好奇地問：「老師，你在剪什麼？」「剪電腦圖片呀！」「做什麼？」「佈置教室呀，想不想幫忙剪呢？剪好還可以貼在教室任何一個地方哦！」孩子們興奮地剪著，或站或搬椅子來貼圖片。不一會兒，整個教室就充滿了電腦的氣氛。

在每天的運作過程中，大致上以參觀、討論、自由角落活動的模式來進行，至於時間的長短則由老師視孩子當天的狀況做彈性的伸縮！以下提供一些教學的片段和大家一起分享，共同切磋！

電腦在哪裡？

我問孩子們：「電腦在哪裡？」孩子答不出來，一聽到要去參觀並找找看電腦在哪裏，個個都好興奮！到了科學園區實驗中學的行政大樓，接著一路參觀了校長室、收發室、總務處、會計室、人事室、訓導室、教務處及電算中心，還到海關大樓內的銀行、報關行等地方，受到了熱情的招待！

等到回教室後，我還是問了那句：「電腦在哪裡？」這次，孩子們爭著舉手發

表，之後在角落活動中看到孩子利用積木搭建銀行，在娃娃角組合了辦公室，用廢棄的舊電腦佈置成海關大樓，其實在自由玩的情境下孩子已經很自然地反芻了他們的生活經驗。

電腦的種類有……

原本是預定帶孩子到電算中心看大小電腦的，由於電算中心當天不便參觀而改到圖書館去，因之前自己在搜集資料時，對圖書館內的書籍分類滿清楚的，所以就直接帶孩子到自然科學類的區域，讓孩子自由翻閱找電腦圖片。孩子們很快地陸續找到許多不同的電腦圖片，我和孩子們一同享受著找書的喜悅，雖然這些圖片大半我都看過了，可是從孩子手中找到的意義就完全不同了。

好不容易盼到參觀電算中心的日子，謝媽媽的大麵包車載我們到那兒，在那裡我們見到了方叔叔和王阿姨。針對這次的參觀，之前方叔叔還為了怕不熟悉小朋友，特別請老師將全班小朋友的姓名傳真到電算中心；參觀時，也用心地將一些電腦名詞轉化成孩子可以聽得懂的話，例如把大電腦的主機稱做「爸爸」，磁帶機當做「肚子」，這個肚子專吃 0 和 1，列表機是「電腦的手」等，不但孩子易懂，老師也受益匪淺。這次的參觀，孩子不但看到不同種類的電腦，最重要的是感受到那份被尊重的感覺。

在角落裡，孩子仍繼續搭建著銀行、辦公室。我和小明聊著：「咦，怎麼這家銀行沒有電腦中心儲存資料呢？」旁邊的孩子聽到後開始變化起積木的造形，小明指著長方形的積木說：「這是我的磁帶機。」我說：「嗯，沒有轉盤和帶子嗎？」他立即用兩塊半圓形的積木拼成了轉盤，又用毛線做帶子和扣子的接鈕，他完成後非常高興！中午放學，小明特別請媽媽進教室來看他做的磁帶機，旁邊圍觀的孩子看了，也陸續搭蓋起大大小小造形不同的電腦了。

用電腦傳真機傳送謝意

孩子們為了感謝方叔叔和王阿姨的招待，決定畫張卡片送給他們。我突發點子：「咄！何不用電腦傳真機來傳送卡片呢？」正巧班上張小綺的媽媽是負責電腦傳真機的業務，和她聯絡確定後，我和孩子們帶著他們畫的謝卡到張媽媽公司麻煩她幫忙傳

送。

　　孩子們看著張媽媽將卡片放入機器上按下按鈕,當孩子們從 1 數到 23 時,整個傳真過程就完成了。張媽媽為了讓孩子了解卡片確實已傳到電算中心,特地打了一通電話過去,還開了電話擴音器讓孩子可以從擴音機中聽到王阿姨的聲音;王阿姨讚美小孩子的卡片畫得很漂亮,只是卡片中的方叔叔好像變胖了,孩子們聽了哈哈大笑!

了解電腦的構造

　　「電腦的構造」這個主題是到了真正要進行的時候,才發現有點抽象而且不太容易呈現!尤其是孩子對「輸出」「輸入」的概念,不是很清楚。所以我們介紹了滑鼠畫圖和圖書館讀碼機(即光照),希望藉此引發孩子的興趣,進一步了解電腦輸出與輸入的功能。

　　茹茹和朋友在益智角搭小積木,我走過去時她指著小積木對我說:「老師,你知道這是什麼嗎?」我回答:「不知道哪!」我看茹茹將毛線的一端黏在一塊小積木上,另一端則連在大積木搭成的電腦上,茹茹說:「我是在用電腦畫衣服!」我問:「電腦滑鼠嗎?」她點頭,我請她幫我畫件衣服,她答應了。接下來,我看她跑到手工角拿了張紙畫衣服,再跑到積木角貼在積木搭建的螢幕,最後跑來告訴我:「老師,你的衣服畫好了。」這觀察讓我驚訝地發現孩子居然能將電腦滑鼠和設計衣服的概念連接在一起!

　　除了了解電腦「輸出」和「輸入」的功能之外,我們還在高中部的倉庫裏找到了幾台廢棄的電腦。打開一台廢棄電腦的主機,裡面的 IC 板立刻呈現在孩子面前。孩子們好奇地圍著我不斷地指著裏面問:「這是什麼?那是什麼?」我告訴他們主機像是人的大腦一樣會想、會算,還能記很多事情。他們似乎挺有概念的,在角落裏不時會看到一些孩子用空盒子當主機、扣子當 IC 板,還有的把盒子挖個洞說是放磁碟片的地方。

電腦博物館

　　「電腦博物館」的活動之一是在教室裏展示石頭、繩結、算盤、電子計算機等,讓孩子大致上看到電腦計算的演進過程。其中,孩子對算盤和電子計算機的操作特別

有興趣！活動除了現場展示外，還安排了以錄影帶的方式來觀賞電子元件的演進，並藉著紙偶演出一場「電腦博物館」的戲呢！

電腦有什麼用途？

讓孩子了解電腦在日常生活的用途是「超級瑪利」的重頭戲。我們聯絡了負責活動中心看板操作的許媽媽，讓孩子們可以實地看到「電腦看板」。當孩子看到看板上變化的字和動畫，新奇、高興地歡呼起來！許媽媽跟孩子們說明就是桌上的小電腦操控一樓看板的，並在電腦上打上「歡迎小一班」的字及滿傘圖案的動畫，孩子們走到一樓，果然看到看板上放大的「歡迎小一班」的字和圖，這種感受真是深刻！

參觀電腦洗車和地磅也是我們預定提供給孩子的經驗，當天下著忽大忽小的雨，走到洗車的地方才發現沒開店，洗車的老闆為了不讓孩子失望，特別跟停在旁邊的計程車司機商量，免費為他洗車讓孩子們看，這份熱心真讓我們感動！之後，恰巧隔壁的地磅進來了一輛大貨車，負責地磅的老先生招呼孩子們到屋裡看電腦怎麼秤貨物，還將磅好貨物的資料送一張給我們留做參考。

參觀宏碁電腦公司自動倉儲系統是一次難得的經歷，孩子們看到三十六層樓高的倉庫裏，電腦控制的機器手臂及無人駕駛的搬運車正在搬運取貨，這些似乎是科幻故事裏才有的情境，讓孩子們看了興奮得久久不肯離去，停留了大約二十五分鐘才依依不捨地轉到生產電腦的部門參觀。

全友電腦公司是慈慈父親工作的地方，透過慈慈媽媽的連絡，孩子們參觀了全友公司生產的各種產品及電腦影像處理機。孩子對於一張圖片經由電腦影像處理機可以任意修改圖形的現象，都覺得非常神奇、有趣。

「電腦身高體重器」的提供是因為當孩子站到體重器上時，量身高的板子會自動升降，且身高、體重數字還會同時出現在螢幕上，較傳統的身高體重器更方便、正確。

電腦是需要愛惜的！

「我爸爸說電腦要蓋套子才不會有灰塵，線也要接好才不會當機，還有電腦不可以曬太陽喲！」思宇說著爸爸告訴他的及自己在教室內電腦圖片中的發現；美如說：

「不要亂按電腦，不要按錯鍵。」喬治接著說：「不可以把電腦摔壞！」……，孩子們七嘴八舌講得比我還好，看來自己好像不用「教」他們，其實孩子們都已經知道很多了。

註：本文曾於民國 83 年 9 月刊載於成長幼教季刊教學篇

第
10
章

數學

第一節　前言

在幼兒園的日常活動中，如晨檢時數好寶寶、觀察日曆上的日期、用點心時的食物配量、對換乖寶寶卡……等，在在都脫離不了「數學」，驗證了「數學即生活」的道理。其實，我們在日常生活中，孩子們看得到的、接觸得到的，都是我們在幼兒園裡的數學教育課程所涵蓋的範圍。

幼兒園裡的數學教育課程可以從兩方面著手：一方面以系統化的課程安排，規劃一段時間進行有關數學方面的教學。另一方面則強調幼兒園課程是統整性的，在每一個教學主題之下，它都涵蓋數學的、語文的、音樂的……等各類型的活動，當在進行其他教學主題（非數學）時，也可以把相關的數學概念帶入，與之連結。例如：在進行古蹟巡禮時，可以利用統計圖表來統計孩子們對各個古蹟喜好的程度並呈現比較。

至於在幼兒園裡是否一定需要有系統的、深入的數學課程，得依孩子的特質而定。若所接觸的孩子對數學有較強烈的學習慾望或他們在這方面的經驗較弱時，則老師可以特別安排這樣的時段來進行數學課程教學。或者可以在教室的某一個角落安排「數學角」，作有系統的規劃，雖然可能不是與現行的教學主題有直接的關聯，但可以變成一個長設性的學習角。

於此，將數學歸納為五大類——數、量與實測、圖形空間、邏輯推理、統計圖表，作一有系統的整理，供教學者參考使用。

第二節　主題概念網

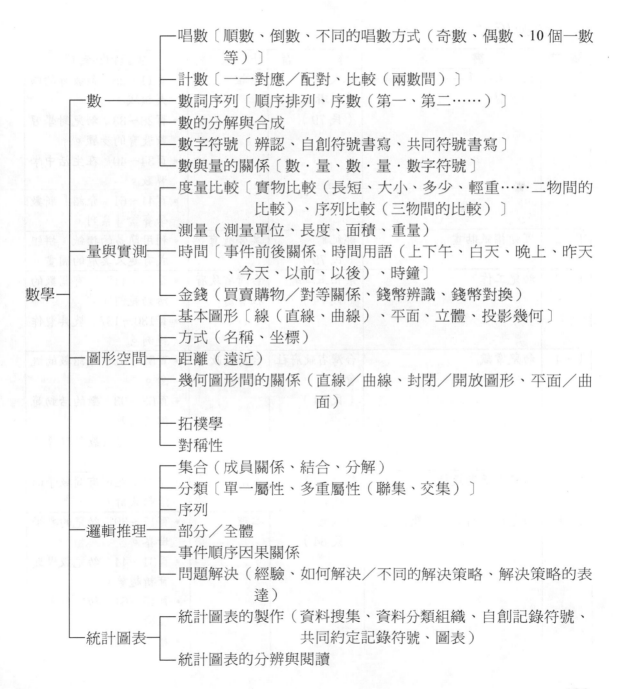

第三節　參考書籍

一、教師用書

編 號	書　　　名	作　　者	出 版 社	主題相關資料
T～1	大手牽小手——幼兒數概念的學習	林文玲、黃娣琳主編（民79）	信誼	• 頁11～25　數教育的四大領域。 • 頁26～33　幼兒對學習數教育的步驟。 • 頁34～40　在生活中學習數。 • 頁41～61　介紹「新數學寶盒」系列。
T～2	可愛摺紙貼畫	鄒紀萬（民79）	美勞教育	• 利用簡易的摺紙，拼組成有趣又美麗的圖畫。
T～3	幼兒工作	余柏玉編著（民74）	台灣省政府社會處	• 頁76～112　有關數的活動範例。 • 頁130～137　教具製作範例。
T～4	幼兒常識	台灣省政府社會處（民74）	台灣省政府社會處	• 頁57～62　介紹數的概念。 • 頁63～93　數的活動範例及教具。 （註：托兒所教保輔導叢書7）
T～5	幼兒園活動設計	蔡淑苓編著（民83）	五南	• 介紹十九則有關數學的活動設計。
T～6	幼兒數學新論——教材教法	周淑惠（民84）	心理	• 頁17～30　幼兒的數學世界。 • 頁31～44　幼兒數學教育新趨勢。 • 頁45～64　幼兒數與量經驗。 • 頁65～108 幼兒數與量

				教學。
				• 頁109～142　幼兒幾何與空間經驗。
				• 頁143～188　幼兒幾何與空間教學。
				• 頁189～209　幼兒分類型式與序列經驗。
				• 頁211～244　幼兒分類型式與序列教學。
				• 頁245～261　統整化教學的設計與實施。
T～7	幼兒學習活動設計參考資料（小班下學期）	台灣省政府教育廳（民80）	台灣省政府教育廳	• 頁169～192　活動範例：比比看。
T～8	幼稚園科學教育單元教材（小班上冊）	教育部國民教育司（民74）	台灣書店	• 頁24～93　活動範例：圖形與顏色。
T～9	幼稚園科學教育單元教材（大班上冊）	教育部國民教育司（民74）	台灣書店	• 頁57～91　活動範例：數的遊戲（上）。
T～10	幼稚園科學教育單元教材（大班下冊）	教育部國民教育司（民74）	台灣書店	• 頁1～40　活動範例：數的遊戲（下）。
T～11	幼稚園教具特輯——幼師的好幫手	台北市立師範學院幼兒教育學系（民82）	台北市立師範學院幼兒教育學系	• 頁42～47　談幼兒數、量、形概念學習。 • 頁44～68　介紹數量形概念性教具。
T～12	幼稚園自然事象‧數量形教學設計	岡田正章等（民81）	武陵	• 頁28～32　談人類生活和數量形的關係。 • 頁32～35　利用日常活動從事數量形的關係。 • 頁63～78　談幼童發育和數量形。 • 頁386～417　理想的經驗和活動／自然與數量形之研究／各種問題和

				處理方式。 • 頁79～333 活動範例。 • 頁336～384 教學計畫與實例。
T～13	幼稚園單元教學活動設計（小班上學期）	台灣省政府教育廳（民75）	台灣省政府教育廳	• 頁108～118 活動範例：形狀。
T～14	幼稚園單元教學活動設計（大班下學期）	台灣省政府教育廳（民75）	台灣省政府教育廳	• 頁134～143 活動範例：小小商店（買與賣）。
T～15	形狀真好玩（SHAPES）	黃妙群、陳靜宜、王文娟、李菲編寫	鹿橋	• 採用中英文及圖案對照方式呈現圓形、正方形、三角形、長方形……。 （註：兒童中英讀本教學技巧與應用手冊18）
T～16	高度的比較	德田雄洋（民83）	凱信	• 採用比較高度的例子來做大小順序的統計。從「八座山的高度比較」到「棒球比賽的淘汰制」討論選擇問題；從「整理書櫃」到「使用更換位置法」談歸位排列問題；從「叉路合流」探討合併問題。 （註：天才兒童電腦百科6）
T～17	造形遊戲（親子創意遊戲寶盒）	光復編譯（民83）	光復	• 在摺好的色紙上畫圖，想想長方形、正方形、三角形可以畫成什麼……？
T～18	設計貼畫教學	吳仁芳（民77）	中華色研	• 頁5～8 貼畫的基本認識。 • 頁9～90 貼畫基礎研習。 • 頁91～118 應用貼畫。
T～19	測量真好玩（MEASURING）	黃妙群、陳靜宜、王文娟、李菲編寫	鹿橋	• 採用中英文及圖案對照方式呈現，以不同的方法來測量。

				(註：兒童中英讀本教學 技巧與應用手冊 21)
T～20	蒙特梭利幼兒單元活動設計 課程	周逸芬 （民 83 ）	五南	• 頁233～240　活動範例 ：分類練習。 • 頁241～247　活動範例 ：配對練習。 • 頁327～329　活動範例 ：棉花球數字遊戲。
T～21	數	信誼 （民 76 ）	信誼	• 頁 5～13　談幼兒的數 教育。 • 頁 16～115　活動範例 五十則。 （註：幼稚園、托兒所活 動設計實例 5)
T～22	對比真好玩 （ OPPOSITES ）	黃妙群、陳靜 宜、王文娟、 李菲編寫	鹿橋	• 採用中英文及圖案對照 方式呈現大小、相同和 不同、多和少、高和矮 ……等之各種對比。 （註：兒童中英讀本教學 技巧與應用手冊 19)
T～23	數字真好玩 （ NUMBERS ）	黃妙群、陳靜 宜、王文娟、 李菲編寫	鹿橋	• 採用中英文及圖案對照 方式呈現 1～10 的數與 量關係。 （註：兒童中英讀本教學 技巧與應用手冊 16)
T～24	影子遊戲（親子創意遊戲寶 盒）	光復編譯 （民 83 ）	光復	• 介紹各種奇妙的手影遊 戲，用身體玩影子遊戲 及皮影戲。
T～25	撲克牌	財團法人豐泰 文教基金會 （民 84 ）	豐泰基金	• 介紹十二種撲克牌的數 學遊戲。
T～26	發展學習能力（下冊）—— 兒童的遊戲與教具	許天威等編著 （民 77 ）	五南	• 頁348～362　活動範例 ：數字的概念。 • 頁363～369　活動範例 ：四則運算。 • 頁370～379　活動範例 ：數學推理。

				• 頁385～394　活動範例：分類能力。 • 頁395～398　活動範例：理解能力。 • 頁419～445　活動範例：福祿貝爾之恩物的應用。 • 頁447～462　活動範例：蒙特梭利之教具的應用。
T～27	親子創意遊戲365	信誼 （民84）	信誼	• 頁81～84　形狀遊戲六則。 • 頁214～216　量的遊戲二則。 • 頁232～236　數的遊戲七則。
T～28	親子數學	文／ Jean Kerr Stenmark Virginia Thompson Ruth Cossey 圖／ Marilyn Hill 文庭澍、 馬文璧合譯 （民84）	聯經	• 提供許多親子數學遊戲活動，期望親子能在互動中體驗到集體發明、集體創造的真諦，學習到互助、溝通、解題的技巧與策略，達到學數學的目的。 • 活動內容包括：邏輯推理、測量法、數字和運算、機率、統計、模式、估算、時間和金錢、幾何和空間思考等。 • 頁299　摘記一般在幼稚園所傳授的數學課程內容（以美國為例）。

二、幼兒用書

編　號	書　　名	作　　者	出版社	內容簡介
C~1	一人、兩人玩的數學遊戲	文／曼尼斯·凱洛許 圖／洛依絲·艾勒特 漢聲雜誌譯 （民 79）	漢聲	•介紹一人玩的金字塔、智慧盤、棋子遊戲；及兩人玩的搶三十、拈、魔術師遊戲。
C~2	一位喜歡變魔術的國王	文／上野与志 圖／田頭よひたか （民 83）	凱信	•藉由治癒國王喜歡魔術毛病的故事過程，介紹「黑盒子」（重複標準動作的裝置）。
C~3	10 個人快樂的搬家	安野光雅 （民 84）	上誼	•10 個小朋友原本住在左頁的舊家，但每翻開一頁就有一個小朋友搬到右頁的新家，新家和舊家的人數就在 10 以內變動著。從故事中可以學到數字特性中的數概念的不變性、計物可以用取代品、數列的遞增遞減關係、加減的可交換性、10 的合成和分解、10 的補數數對等。
C~4	5 隻小鴨	文／李南衡 圖／洪義男 （民 79）	信誼	•鴨媽媽帶著 5 隻小鴨出去玩，在任何情形下，鴨媽媽總是數數是不是 5 隻小鴨都在。
C~5	二進位數	文／克萊德·華特生 圖／溫荻·華特生 漢聲雜誌譯 （民 79）	漢聲	•玩二進位的遊戲。
C~6	大人國和小人國——量的概念	華一 （民 80）	華一	•故事：大人國的偉偉和小人國的豆豆相遇，成了好朋友，邀請對方到自己的國家玩，發生一些有趣的事。

				• IQ教室：比一比，哪個大，哪個小？哪個重？哪個輕？…。
C～7	小小探險隊	文・圖／せぺまさゆき（民83）	凱信	• 到溫尼博士的研究所認識「時間與時鐘」。
C～8	上下裡外	文／許玲惠圖／曹俊彥（民79）	光復	• 兔寶寶和狐狸一起玩遊戲，一會兒在上面，一會兒在下面；有時又變在裡面……。
C～9	大家來切派	文／羅伯特・福曼圖／拜倫・巴頓漢聲雜誌譯（民79）	漢聲	• 介紹派的角度遊戲。
C～10	三維求體積，二維算面積，一維量長度	文／大衛・愛德樂圖／哈維・衛斯漢聲雜誌譯（民79）	漢聲	• 三維有高度、寬度和厚度，是求體積的；二維只有高度和寬度，是算面積的；而一維既沒有寬度也沒有厚度，只有長度。
C～11	大家來做乘法表	文／約翰・屈利維特圖／烏利歐・麥斯特羅漢聲雜誌譯（民79）	漢聲	• 介紹乘法算式的遊戲。
C～12	大家來跳繩（長短）	文／謝武彰圖／林傳宗（民76）	親親文化	• 吉吉想玩跳繩，可是繩子太短了。吉吉和好朋友把繩子一條一條接起來，繩子漸漸變長，很快就可以跳繩了。
C～13	大家來畫月亮	文・圖／曹俊彥（民76）	信誼	• 藉著圓形外輪廓的東西描線，就會描繪出圓形的圖來，進而使孩子對圓的形狀更為確認。也希望孩子從一個一個比大小的經驗當中，了解面積的大小是從比較中得來的。

C～14	小松鼠的大餅——分分看	文／珍妮·蓓克·蒙庫爾 圖／琳達·郝黑葛 （民81）	Elgin, Illinois	• 小安看一本書，裡面有一隻小松鼠在做果子餅，參加做大餅比賽，分給大家吃……。
C～15	小豬淘兒的一天——認識時間	華一 （民80）	華一	• 故事：小豬淘兒撿到一個寶貝，只要對著它說一句和時間有關的願望，願望就會實現。 • IQ教室：時間的進行，什麼是時、分、秒、年、月、日、今天、明天、昨天……建立形上的時間觀念。
C～16	方方和圓圓	文／珍妮·蓓克·蒙庫爾 圖／喬伊·佛瑞德門 （民81）	Elgin, Illinois	• 小桃子看一本書，裡面有四隻有趣的猴子，戴著四頂不同形狀的帽子。牠們一起尋找還有什麼是和帽子一樣形狀的，還將四種形狀組合成大火箭，飛上了天。
C～17	比比看，誰大？誰小？	文／羅伯特·福曼 圖／吉歐亞·費安門海 漢聲雜誌譯 （民79）	漢聲	• 比較大？比較小？
C～18	比零小，還有數喲！	文／羅伯特·福曼 圖／唐·麥頓 漢聲雜誌譯 （民79）	漢聲	• 找一找，負數在那裡？
C～19	不准說一個數目字——認識數字	華一 （民80）	華一	• 故事：多多和媽媽打賭，不說一個數目字，結果……。 • IQ教室：生活中，哪兒沒有數字呢？
C～20	五進位	文／大衛·愛德樂	漢聲	• 數數兒。

		圖／賴利・羅斯 漢聲雜誌譯 （民 79）		
C～21	分數是分出來的	文／理查・丹尼斯 圖／丹諾・克魯斯 漢聲雜誌譯 （民 79）	漢聲	• 介紹幾分之幾──分數。
C～22	什麼是對稱？	文／敏黛爾和哈利・斯多摩 圖／艾德・安博利 漢聲雜誌譯 （民 79）	漢聲	• 找對稱的東西。
C～23	天龍和地虎 （高矮）	文／謝武彰 圖／龔雲鵬 （民 76）	親親文化	• 天龍和地虎是好朋友，天龍高高的，地虎矮矮的；天龍的家高高的，地虎的家矮矮的。高有高的好處，矮有矮的好處，彼此幫忙，快快樂樂住在一起。
C～24	生日禮物 （大小）	文／謝武彰 圖／林傳宗 （民 75）	親親文化	• 吉吉和媽媽來到巷口等爸爸回家，在馬路上看到很多大車子……爸爸回來了，送給吉吉一台小消防車當作生日禮物。
C～25	皮皮的影子	文／陳昌銘 圖／鍾偉明 （民 80）	信誼	• 皮皮睡著了，可是他的影子不肯睡，跑出去玩了；發生一些有趣又驚險的事後，心裡想，還是當皮皮的影子最舒服了。
C～26	平均數	文／珍・喬那斯・許維斯特維 圖／阿麗奇 漢聲雜誌譯 （民 79）	漢聲	• 找平均數──介紹眾數、中位數、算數平均數。

C～27	可，否 走，停	文／茱蒂絲・傑絲汀和約瑟夫・庫斯可夫斯基 圖／唐・麥頓 漢聲雜誌譯 （民 79）	漢聲	・介紹吊橋的故事。
C～28	生活中的螺線	文／敏黛爾和哈利・斯多摩 圖／潘・麥基 漢聲雜誌譯 （民 79）	漢聲	・想一想，螺線在哪裡？
C～29	母雞生蛋了（數）	文／謝武彥 圖／曹俊彥 （民 75）	親親文化	・母雞一天生一個蛋……共生了十個蛋。每天都很快樂，邊孵蛋，還唱歌。後來孵出了十隻小雞。
C～30	古羅馬人的數字	文／大衛・愛德樂 圖／拜倫・巴頓 漢聲雜誌譯 （民 79）	漢聲	・介紹古羅馬數字。
C～31	古嘎的綠扇子——分類的概念	華一 （民 80）	華一	・故事：蘋果國的小男孩古嘎，生下來就會飛，他想找出飛翔的祕密，這個祕密是圓的？方的？……還是可以吃的？或用的？ ・IQ 教室：生活中，分類邏輯的運用。
C～32	先左腳，再右腳	文・圖／湯米德包羅 漢聲雜誌譯 （民 82）	漢聲	・爺爺和孫子小包是最親密的好朋友。小包學走路是爺爺教的……。小包長大了，告訴爺爺：「包柏，你扶住我肩膀，先左腳，再右腳，一下子你就會……。」

C~33	多多少少，談測量	文／富蘭克林 ・伯蘭利 圖／拜倫・巴 頓 漢聲雜誌譯 （民79）	漢聲	• 利用標尺測量看看。
C~34	好忙的蜘蛛	艾瑞・卡爾著 鄭明進譯 （民78）	上誼	• 一大清早，小蜘蛛就在籬笆邊上開始織網。附近農場的動物，一個接一個，過來逗小蜘蛛，要她和他們一塊兒去玩。但是，忙碌的小蜘蛛始終專心地工作。最後，她得到一個好機會，來展現她辛苦一天所織成的網，不但漂亮，而且管用。
C~35	好餓的毛毛蟲	艾瑞・卡爾著 鄭明進譯 （民79）	上誼	• 在一個陽光普照的星期天，一隻小毛毛蟲從蛋裡孵化出來。牠的肚子好餓，於是，牠在星期一吃了一個蘋果，星期二吃了兩個梨子，星期三吃了三個李子……到了星期天，牠做了一個繭包住自己，在裡面睡了兩個多星期，然後鑽出繭，變成一隻蝴蝶。
C~36	吉吉愛集郵 （分類）	文／謝武彰 圖／林傳宗 （民76）	親親文化	• 爸爸教吉吉怎樣集郵，這一頁是長方形郵票，那一頁是三角形郵票……。
C~37	吉吉種花 （多少）	文／謝武彰 圖／楊翠玉 （民76）	親親文化	• 吉吉幫菊花澆水、施肥，把花移到陽台上曬太陽，都要剛剛好，不多也不少。
C~38	衣服怎麼濕了	文／林文玲 圖／李一煌 （民79）	信誼	• 小健的衣服濕了，家人紛紛推論，猜測原因。然而，真正的原因是……。故事中了解事件發生過程和前因後果。
C~39	地圖、鐵軌和海德堡的橋──網路	文／邁克・何特 圖／溫荻・華特生 漢聲雜誌譯 （民79）	漢聲	• 介紹網路的定義與功用。

C～40	形與數	朱建正 （民 74）	圖文	・介紹數學的源起與發展、數與形及數學的有趣應用。
C～41	形狀大王國	蘇斯博士 （民 81）	遠流	・形狀可以讓人發揮想像，讓我們想像自己變成各種形狀……。
C～42	我來畫你來看	文／李南衡 圖／趙國宗 （民 79）	信誼	・畫一個風箏，畫一條線，風箏飛呀飛！……日常生活中，有許多量的比較變化。
C～43	我是第一個	文・圖／ 五味太郎 漢聲雜誌譯 （民 80）	漢聲	・小元第一個起床，第一個換衣服，第一個刷牙，爸媽都在睡……什麼都是第一，當然第一個想睡覺的也是他。
C～44	我們都是好朋友（形狀）	文／謝武彰 圖／楊翠玉 （民 75）	親親文化	・圓形、三角形、正方形一起玩遊戲，變出有趣的造形。
C～45	快來解救安妮小姐	文／山本和子 圖／赤坂三好 （民 83）	凱信	・藉由摩比王子解救安妮小姐的故事過程認識「座標」。
C～46	快把小小羊兒找回家	文・圖／なかのひるたか （民 83）	凱信	・藉由貝兒和吉兒尋找小羊兒的過程，介紹「1 對 1 的對應」。
C～47	快把小偷捉起來	文／上野与志 圖／中村景兒 （民 83）	凱信	・藉由馬鈴薯探長與助手小蕃茄追捕小偷的過程建立「集合的概念」。
C～48	咚！（輕重）	文／謝武彰 圖／張化瑋 （民 76）	親親文化	・爸爸、媽媽帶著小胖和小玉到公園玩蹺蹺板，一邊高一邊低，這邊重，那邊輕，好有意思。
C～49	波西的圖形遊戲	李勉民主編 （民 84）	讀者文摘	・小女孩波西很喜歡排圖形，平常在家常將娃娃排一排，走在路上隨著地磚一格一格跳，都沒踩到縫線，在幼兒園裡將蔬果切成不同的形狀，蓋印章成不同的圖形排列。而弟弟佳斯也喜歡各種圖形，在超市發生一起有趣的事……。

C~50	奇妙的三角形	文／喬・菲利普斯 圖／吉姆・羅林 漢聲雜誌譯 （民 79）	漢聲	• 介紹三角形的故事。
C~51	奇妙國	圖／安野光雅 漢聲雜誌譯 （民 81）	漢聲	• 書中全部以圖畫的方式呈現，有平面及立體的圖畫及立體和影子間的關係；整體來說，是介紹空間概念的一本圖畫書。
C~52	奇數和偶數	文／湯姆斯・歐布里恩 圖／阿連恩・伊特容安 漢聲雜誌譯 （民 79）	漢聲	• 想想哪些是奇數（單數）？哪些是偶數（雙數）？
C~53	來玩文氏圖的遊戲	文／羅伯特・福曼 圖／珍・派克 漢聲雜誌譯 （民 79）	漢聲	• 大家來玩文氏圖的遊戲。
C~54	爸爸走丟了	文・圖／五味太郎 漢聲雜誌譯 （民 82）	漢聲	• 小寶正在專心的玩電動玩具……不知道什麼時候，爸爸走丟了……小寶根據爸爸的穿著……最後真的找到爸爸了。
C~55	英制與公制的換算	文／富蘭克林・伯蘭利 圖／蘿瑞塔・魯斯汀 漢聲雜誌譯 （民 79）	漢聲	• 用不同的測量制度量量看。
C~56	青蛙隊伍——趣味數字兒歌	華一 （民 80）	華一	• 故事：青蛙喜喜帶著青蛙米米出門找同伴兒，最後他們到了青蛙谷……。 • IQ教室：中國有趣的數字兒歌。

C～57	長度／最長、最高	賴惠鳳主編（民 82）	東方	• 介紹世界上哪個建築最高、樹最高、汽車最長……。
C～58	長短、高矮和寬窄	文／詹姆斯・費 圖／珍妮・羅素 漢聲雜誌譯（民 79）	漢聲	• 測量時用不同的測量單位，量一量。
C～59	函數遊戲	文／羅伯特・福曼 圖／安里柯・阿諾 漢聲雜誌譯（民 79）	漢聲	• 介紹什麼是函數以及函數遊戲。
C～60	直線、平行線、垂直線	文／曼尼斯・凱洛許 圖／安里柯・阿諾 漢聲雜誌譯（民 79）	漢聲	• 學習測量直線、平行線、垂直線。
C～61	直線、線段、多邊形	文／敏黛爾和哈利・斯多摩 圖／羅伯特・奎肯布希 漢聲雜誌譯（民 79）	漢聲	• 介紹直線與線段、射線的組合變化。
C～62	美食島冒險記	文／上野与志 圖／二本柳泉（民 83）	凱信	• 藉由小老鼠和三隻野貓尋找美食天堂島的過程了解「數字順序」。
C～63	重量與平衡	文／珍・喬那斯・許維斯特維 圖／阿麗奇 漢聲雜誌譯（民 79）	漢聲	• 秤一秤，哪邊比較重？

C~64	看圖學數理	文/曼尼斯·凱洛許 圖/烏利歐·麥斯特羅 漢聲雜誌譯 （民79）	漢聲	• 玩圖案與數的結合遊戲。
C~65	第51號聖誕老公公	文/なかのひるたか 圖/ 岩井田治行 （民83）	凱信	• 藉由51號聖誕老公公準備送禮物的過程，「比較異同」。
C~66	神奇的胡蘿蔔——數字1~100的點算	華一 （民80）	華一	• 故事：一個奇大無比的胡蘿蔔，被送進了國王的城堡。突然，胡蘿蔔出現了一道門，從裡面走出了一個一個的小矮人，1、2、3……。 • IQ教室：數字符號的意義？
C~67	捉迷藏（位置）	文/謝武彰 圖/曹俊彥 （民76）	親親文化	• 吉吉和小朋友一起玩捉迷藏，當他數完後，大家都不見了。吉吉看看前面、後面、左邊……終於找到他們了。
C~68	時間	劉君燦 （民74）	圖文	• 談論時間的奧妙、長短、曆法、時間、相對論。
C~69	時間/第一、最早	賴惠鳳主編 （民82）	東方	• 介紹第一個駕駛飛機的人是誰？最早的文字是？世界第一部腳踏車……。
C~70	猜一猜、除一除	文/羅伯特·福曼 圖/吉歐亞·費安門海 漢聲雜誌譯 （民79）	漢聲	• 大家來玩分東西的遊戲。
C~71	猜一猜、算一算——估計	文/查理斯·林 圖/唐·麥頓 漢聲雜誌譯 （民79）	漢聲	• 估計一下這個有多長？那個有多少？

| C～72 | 國王的長壽麵 | 文／馬景賢
圖／林傳宗
（民 79） | 光復 | • 城堡裡的國王，喜歡什麼都是長的。高塔、長旗杆、長長的路、長長的頭髮……連壽麵也都要長長的。最後，國王一個人吃不完，大家排了好長的隊伍來幫他吃壽麵。 |
| C～73 | 逛街 | 陳志賢
（民 79） | 信誼 | • 故事中涵蓋了四種數學概念：
①「數量」的概念——
由圖一到圖四，人物的「數量」逐漸增加了，由一個人、兩個人、三個人以至於許多人。
②「組合」的概念——
作者讓人物、房屋、車輛、號誌、動物、植物等分類上場，將各式各樣的角色分別呈現出來，並賦予各個角色暗示性的符號，以構成各角色間的關聯性。（例如：鳥籠、小鳥和獵人的關聯性，樂器、音符和街頭音樂家的關聯性等。）
③「空間」的概念——
將前面出現過的所有角色重組於下一頁的圖中，形成一幅豐富、活潑的街頭景象。除了顯示各角色結合的意義之外，同時也明顯的呈現了各角色堆疊過程所產生的遊戲性。這就和玩積木一樣，能讓孩子體會整個組合建構的過程。
④「時間」的概念——
作者刻意安排了由白天到晚上的變化，讓孩子體會時間的規律和循環。由此孩子可 |

				以觀察熱鬧非凡的白天街景，如何轉變為寧靜的夜晚景致。一些在晚上才出現的角色及景象，如：月亮、星星、貓頭鷹、清道夫、警察捉小偷、觀看星星的人……等，都值得細細品味。
C～74	速度／最快、最慢	賴惠鳳主編（民 82）	東方	• 介紹世界上哪個火車跑得最快、哪部電腦速度最快……。
C～75	剪剪貼貼，算面積	文／珍·喬那斯·許維斯特維圖／雪莉·佛來許曼漢聲雜誌譯（民 79）	漢聲	• 測量區域大小的量——算面積。
C～76	軟糖 666——代數趣談	文／麥爾康·衛斯圖／茱蒂絲·霍芙曼·柯爾溫漢聲雜誌譯（民 79）	漢聲	• 玩數字遊戲。
C～77	崔婆婆的小斗篷——數概念及邏輯關係綜合練習	華一（民 80）	華一	• 故事：崔婆婆有一件神奇的小斗篷，會變出很多有趣的數學遊戲。 • IQ教室：運用數學方法，解決生活中的問題。
C～78	進入數學世界的圖畫書 1	安野光雅（民 83）	信誼	• 頁3～22　不是一夥的：學習分類、認識集合的概念。 • 頁23～44　奇妙的漿糊：學習分解與合成。 • 頁45～68　順序：認識順序數。 • 頁69～93　比高矮：認識數線和圖表。

C~79	進入數學世界的圖畫書2	安野光雅（民83）	信誼	• 頁3～20　魔術機器：認識因果關係和初淺的函數概念。 • 頁21～36　比一比、想一想：學習比較事物的異同。 • 頁37～54　點點……：認識點、線、面的綜合運用。 • 頁55～78　數的圈圈：了解具體實物個數轉化為抽象概念。 • 頁79～97　數一數水：認識單位與實測。
C~80	進入數學世界的圖畫書3	安野光雅（民83）	信誼	• 頁3～26　魔藥：認識圖案的變形與比例的關係。 • 頁27～50　漂亮的三角形：以三角形為單位做變化、組合。 • 頁51～74　迷宮：認識一筆畫和迷宮的設計關係。 • 頁75～95　左和右：認識左、右的空間位置。
C~81	萬小大的一生——有限數系的循環	文／麥爾康・衛斯 圖／湯米・包羅 漢聲雜誌譯（民79）	漢聲	• 介紹有限數及其特性。
C~82	幾何國三勇士——認識基本圖形及面積、體積	華一（民80）	華一	• 故事：幾何國有三個小勇士，三角、四方和圓圓。他們一起打敗了一個喜歡吃形狀的惡魔。 • IQ教室：大自然中的圖形。
C~83	統計	文／珍・喬那斯・許維斯特維 圖／約翰・瑞斯 漢聲雜誌譯（民79）	漢聲	• 談統計的應用。
C~84	鈔票先生的旅行——認識錢幣與錢幣	華一（民80）	華一	• 故事：500元先生跟著同伴到各地旅行，發生許多趣事。

	的使用		• IQ教室：金錢的運用。
C〜85	畫圓	文‧圖／ 曹俊彥 （民79）	光復	• 介紹怎樣畫圓，怎樣做出圓的 東西。
C〜86	圓	文／敏黛爾和 哈利‧斯 多摩 圖／喬治‧烏 斯帝 漢聲雜誌譯 （民79）	漢聲	• 學習畫圓。
C〜87	○□△找朋友	鄭明進 （民83）	台灣省政府 教育廳	• 小明剪了好多的○□△，準備 做貼畫。當小明晚上睡著後， 它們出去玩，找到好多自己的 朋友。
C〜88	圓圓國和方方國	文／張秀綢 圖／陳維霖 （民79）	光復	• 圓圓國的人都姓圓，用的都是 圓的東西；方方國的人都姓方 ，用的都是方的東西。兩國的 國王都說自己的形狀是最漂亮 的……
C〜89	零不只是沒有	文／敏黛爾和 哈利‧斯 多摩 圖／理查‧庫 法瑞 漢聲雜誌譯 （民79）	漢聲	• 介紹零的意義：比賽的起點、 測量的起點、分隔點、平衡點 、代表位數法中空的位數。
C〜90	新西遊記	文／ゆきのゆ みこ 圖／土屋富 士夫 （民83）	凱信	• 藉由三藏法師取經的過程比較 「大、中、小」的東西。
C〜91	會吐銀子的石頭 ——空間觀念	華一 （民80）	華一	• 故事：阿忠的田中間有塊大石 頭，它會吐出銀子呢！ • IQ教室：位置在哪裡？
C〜92	愛吃的小豬	文／李南衡 圖／陳璐茜 （民79）	信誼	• 小豬很愛吃，到處向動物們要 東西吃……過程中有分類的概 念及一些常用的數詞。

C～93	裴裴和皮皮	文／李紫蓉 圖／林傳宗 （民79）	信誼	• 藉著六隻狗和公寓裡的鄰居們，引介了上、下、左、右的空間概念。
C～94	數字1－10	黃盛璘 （民83）	遠流	• 10位狄斯耐人物，由1開始逐頁出現，從中讓兒童了解數字是隨著頁數在增加的；並分實物給圖中人物，夠不夠？（一張椅子分給一隻米老鼠夠不夠？）
C～95	數字王國	文／高玉梅 圖／Leonardo 　　Binato （民84）	八熊星	• 數字王國走一回，數數1～10。
C～96	數數兒	文／潘人木 圖／陳永勝 （民79）	信誼	• 用兒歌的形式，教幼兒數數兒。
C～97	數是怎麼來的？	文／敏黛爾和 　　哈利・斯 　　多摩 圖／理查・庫 　　法瑞 漢聲雜誌譯 （民79）	漢聲	• 介紹數字發展歷程：配對→一樣多、比較少、比較多→數字的命名→排次序→數數兒。
C～98	綠豆村的綠豆	文／李紫蓉 圖／張振松 （民79）	信誼	• 王老爹和陳老爹比比看誰的綠豆多，最後在村民的參與協助下，解決問題。從故事中建立了單位測量的基本概念。
C～99	摺紙的幾何	文／喬・菲利 　　普斯 圖／烏利歐・ 　　麥斯特羅 漢聲雜誌譯 （民79）	漢聲	• 利用摺紙找出直角，做出正方形、長方形、三角形與四邊形。
C～100	聚寶盆	文／李南衡 圖／曹俊彥 （民78）	信誼	• 東西給多多，他都要好多好多，給色紙是這樣，給汽球也是；他都只嫌少，不嫌多。有一天，一位老公公送他一個聚寶盆，可以變好多好多，但只要對聚寶盆說：「夠了！夠了！

			」就會停。多多試了好多次，房間都擺滿變出來的東西，他將自己放進聚寶盆，瞧瞧有什麼法寶，結果一個多多、兩個多多……越來愈多的多多，可是這一回，叫誰來喊「夠了！夠了！」呢？
C～101	影子蛋	陳璐茜 （民83）	台灣省政府教育廳	• 利用紙偶操作，陪伴孩子一起進入貝貝熊保護蛋的故事中……。最後每一個蛋都孵出和自己一模一樣的影子。
C～102	影子幾何	文／戴芬妮・哈務特・屈維特 圖／亨利・羅斯 漢聲雜誌譯 （民79）	漢聲	• 找影子，畫影子。
C～103	撞沙球	文／鄭榮珍 圖／陳苓 （民79）	信誼	• 孩子在「一個沙球撞一個沙球」的過程中，認識經由「一與一對應」來比較多少，然後再經由分配沙球的過程，了解同樣的數可以做不同的分配。
C～104	誰是小偷兒──認識數的分解與減法	華一 （民80）	華一	• 故事：象爸爸家的東西越來越少，是誰偷走了呢？ • IQ教室：數的分解與減法遊戲。
C～105	鴨子孵蛋──認識數的合成與加法	華一 （民80）	華一	• 故事：母雞和母鴨住在一起，一起孵蛋。母雞很勤快，孵出好多雞寶寶；而母鴨貪玩不孵蛋，結果……。 • IQ教室：數的合成與加法遊戲。
C～106	橡皮圈、棒球、甜甜圈──拓樸	文／羅伯特・福曼 圖／哈維・衛斯 漢聲雜誌譯 （民79）	漢聲	• 介紹圖形的不變性，拓樸學。

C～107	機率知多少	文/查理斯·林 圖/溫荻·華特生 漢聲雜誌譯 （民79）	漢聲	• 介紹生活中，各種事物的機率有多少？
C～108	橢圓	文/曼尼斯·凱洛許 圖/雷納德·凱斯勒 漢聲雜誌譯 （民79）	漢聲	• 介紹圓與橢圓。
C～109	圖解遊戲	文/佛雷德里克和帕比 圖/蘇珊·霍爾丁 漢聲雜誌譯 （民79）	漢聲	• 介紹紙上的圖解遊戲。
C～110	精靈國歷險記	文/岡本一郎 圖/せぺまさゆき （民83）	凱信	• 進入精靈國辨識「圓形、三角形和方形」。
C～111	雙雙對對	文/黎芳玲 圖/嚴凱信 （民79）	光復	• 找一找什麼東西是成雙成對的？手、筷子……。
C～112	雙胞胎真可愛 （相似）	文/謝武彰 圖/林傳宗 （民76）	親親文化	• 吉吉和奇奇是雙胞胎，看看他們哪些地方不一樣？
C～113	魔術剪刀	文·圖/陳璐茜 （民79）	信誼	• 魔術剪刀會剪好多東西，想一想就可以剪出自己想要的畫面了。
C～114	歡迎來到夢幻世界	文/上野与志 圖/ませなおかた （民83）	凱信	• 與安安一起進入夢幻世界，認識「合成分解」的秘密。
C～115	體積/最大、最小	賴惠鳳主編 （民82）	東方	• 介紹世界上哪個骨頭最大、哪本書最小、哪種植物的花最大……。

第四節　社會資源

名　　稱	資源內容	備　　註
小叮噹科學遊樂區	• 遊樂區內的部分遊樂設施，係根據數學原理設計	• 位於新竹縣新豐鄉境內
台北兒童育樂中心	• 其中昨日世界有「五行八卦陣」的遊樂設施，其設計以迷宮形式呈現，且有流水竄流其中，是一具空間方位的概念遊戲區	• 位於台北市圓山
學校	• 學校內所懸掛的統計圖表，可供幼兒參觀及參考用	
古奇峰遊樂區	• 遊樂區內設有立體迷宮	• 位於新竹市高峰路
超級市場	• 目前超市四處林立，它可以提供幼兒一個很好的買賣經驗及增加數合成及分解的概念	
電腦公司	• 電腦已普及，軟體也漸漸開發，電腦公司可以提供一些形狀配對、數量配對、繪圖、買賣、數的分解合成……等遊戲軟體供幼兒操作	

第五節　參考活動

Ⅰ.體能與遊戲

編號：Ⅰ～1

❀名稱：圖形賓果

❀準備工作：

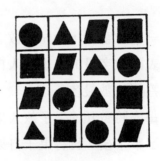

1. 製作遊戲卡：在硬紙板上畫十六個格子，
   並分別畫（貼）上四組不同的形狀圖形（
   如右圖）。
2. 再剪一組同1.的圖形紙卡，放在紙盒中。

❀遊戲說明：

1. 幼兒二或四人，事先選定自己要的圖形一～二種。
2. 以猜拳輪流的方式，幼兒自紙盒中抽取一張紙卡；若是屬於自己的圖形則放在遊
   戲卡上配對，若不是屬於自己的圖形，則放回紙盒中。
3. 最後看誰先放滿自己的圖形，則賓果勝利。
4. 熟悉遊戲後，可鼓勵幼兒自行設計遊戲卡，彼此交換遊玩。

❀延伸活動：

1. 遊戲卡的格子數可依參加遊戲的幼兒人數及幼兒年齡而作改變。如：三人時九格
   或十二格，五人時二十格或二十五格……。
2. 亦可將遊戲卡放大為遊戲圖，畫在地面上；以猜拳輪流的方式，幼兒自紙盒中抽
   取一張紙卡，若為圓形，則雙腳（或單腳）跳入地面遊戲圖中的圓形處，遊戲反
   覆進行，看誰最後都沒有跌倒即為賓果王。

編號：Ⅰ～2

❀名稱：果子樹

❀準備工作：

1. 幼兒自製果子樹一棵。

2. 收集各式釦子、瓶蓋、豆子，或雪花片當果子。

3. 老師製作 0～10 的數字卡。

❀遊戲說明：

1. 老師抽取一張數字卡，幼兒依數字卡上的數字，將代表該數字量的果子放入自製果子樹中。看誰答對次數最多。

2. 也可事先每人將數顆的果子放入果子樹中，待老師出示數字後，再將果子自果子樹中取出。

3. 幼兒熟悉遊戲後，可輪流擔任老師的角色。

❀延伸活動：

1. 若幼兒年齡稍長，可利用果子樹進行簡單的數的加減遊戲。

2. 活動亦可在戶外進行，事先在地面畫上三棵果子樹，每棵有十位小朋友當果子，依老師出示的數字卡做加減遊戲。

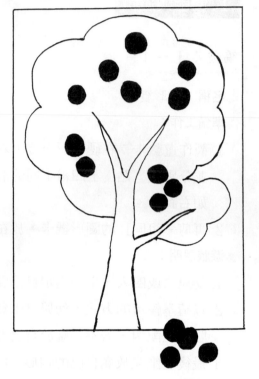

編號：Ⅰ～3

❀名稱：圖形追緝令

❀準備工作：各種基本圖形的紙卡和貼紙。

❀遊戲說明：

1. 在教室的地面中央畫一個圓，所有小朋友集合在裡面。

2. 老師出示圖形紙卡，若為正方形，則小朋友要立刻尋找教室裡有關正方形的物

品，並摸它，其他圖形亦同。

3. 每一次成功的追緝者，可獲得追緝到的圖形貼紙，遊戲結束後，看誰的圖形貼紙最多，為最成功的圖形追緝兵。

編號：Ⅰ～4

✽**名稱**：神秘的白布

✽**準備工作**：白色具透光性布一塊、探照燈一具、平面圖形、立體積木。

✽**遊戲說明**：

1. 在黑暗的房間裡進行。

2. 白色布後方打燈光，將所有準備的圖形、積木一一呈現。

3. 讓白色布前方的幼兒猜一猜，觀察討論平面與立體間的關係。

4. 亦可用人或其他物品在白色布後玩影子造形的遊戲。

編號：Ⅰ～5

✽**名稱**：巧巧拼

✽**準備工作**：仿間玩具──智慧片一組（內含△、□、○、△等形狀）。

✽**遊戲說明**：

1. 利用智慧片的各種形狀組合成立體造形，或平面造形。（如圖一）

2. 分享與討論作品：如三片△組合成三角錐；兩片△組合成菱形；六片□組合成立方體；兩片□組合成長方形。

✽**延伸活動**：

智慧片亦可由老師及幼兒共同製作。在厚紙板上剪出大小不同的圖形之後，在各邊剪一小缺口（嵌入用），再塗上喜歡的顏色，即可組合自己喜愛的立體造形。（如圖二）

圖一

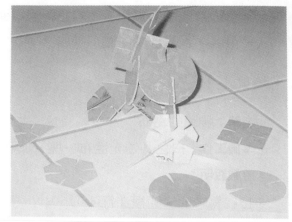

圖二

編號：Ⅰ～6

❋ **名稱**：形狀國展覽會

❋ **準備工作**：

1. 將教室分隔成幾個形狀區，如：正方形區（方方國）、三角形區（三角國）、圓形區（圓圓國）……等。

2. 將有關的形狀造形作品、書籍……分置各區。

3. 製作形狀邀請卡分送親朋好友。

❋ **遊戲說明**：

1. 幼兒分成數組，分別擔任不同形狀區的解說員。

2. 當有人參觀時，給予該形狀區的代表貼紙，由解說員帶入參觀、介紹。

3. 另設一區為「動動腦區」，提供來賓也來動手做，一同享受創作樂趣。

❋ **延伸活動**：

1. 本活動可擴大為親子活動，擬定不同的流程：如參觀、肢體表演、戲劇、有獎徵答、益智遊戲……等。

2. 整個活動的佈置、情境、人物盡量以「形狀」為主，以強化「認識形狀」的功能。如：解說員如為方方國的人，則取名為方小明，或身上佩帶方方國的胸章。

編號：Ⅰ－7

❋**名稱**：財產點閱兵

❋**準備工作**：紙、筆。

❋**遊戲說明**：

1. 將全班幼兒分成幾組，分別負責清點教室的財產：桌椅、圖書、玩具、剪刀……。

2. 各組自行討論記錄方式，並將清點結果記錄下來。

3. 將各財產統計圖表張貼於教室。

4. 財產統計圖表亦可發展成立體的，如五張桌子，則疊五個香皂盒……。

❋**延伸活動**：

1. 選定幼兒分別擔任各財產統計表解說員。

2. 邀請園內幼兒及老師或家長前來參加，並準備簽到處。

3. 請解說員一一作財產統計圖表的解說。

4. 活動結束後，可依參加者的身份（幼兒、老師、家長），製作一張參與情形統計圖表。

5. 本活動亦可擴大舉行，成為全園的活動，各班級彼此做財產分享。

編號：Ⅰ～8

❋**名稱**：投石問路

❋**準備工作**：

1. 將報紙剪成兩個大圓形，分別黏貼於地板上。

2. 準備兩組不同的沙包，各十五個。（視幼兒人數）

❋遊戲說明：

1. 幼兒分兩組，以輪流的方式，在一定距離，背對大圓形投擲沙包。

2. 在每一回合後，清點圓內、圓外的沙包各有幾個？

3. 記錄每一回合兩組的成績，最後，在圓內的沙包最多的一組即勝利。

編號： I～9

❋名稱：跳格子

❋準備工作：

用彩色膠帶在教室地板上貼上各種圖形的輪廓，並在圓內寫上號碼1～10。

❋遊戲說明：

1. 指導幼兒按1～10的順序用雙腳跳。

2. 亦可發展至單腳跳。

3. 活動若在戶外進行，則可利用繩子圍成各種圖形的輪廓。

編號： I～10

❋名稱：我會買東西

❋準備工作：數字牌1～10、老闆及顧客的頭套各一個。

❋遊戲說明：

1. 以輪流的方式，請一名幼兒當顧客，其餘幼兒當面額1元的錢幣。

2. 剛開始老師當老闆，進行買賣活動。如，幼兒說：「老闆，我要買棒棒糖，一枝棒棒糖多少錢？」老師說：「5元。」幼兒就要找五個人一組蹲下來。

3. 待幼兒熟悉遊戲後，老闆即可由幼兒擔任。

4. 若幼兒年齡較大，或認知程度較高，可將數字牌更改為2的倍數、5的倍數、10的倍數……進行數目較大的遊戲。

編號： I～11

❋名稱：跳圈圈

❄準備工作：

將八個呼拉圈排放在地上，挑選數字牌 1～10 其中連續數八張，分別放入呼拉圈中。

❄遊戲說明：

1. 老師敲著音磚 Do、Re、Mi……Si、Do，依次指著地上八個呼拉圈用「啊」或「啦」音唱熟 Do、Re、Mi……八個音階。

2. 用數字順序替代 Do、Re……Do 八個音階。（如：Do→2，Re→3……Do→9）

3. 請幼兒輪流出來，一邊唱，一邊跳呼拉圈。

4. 呼拉圈擺放的位置及距離可隨時調整，唱數順序可由小→大或大→小。（如：2、3、4……9 或 9、8、7……2）

編號：Ⅰ～12

❄名稱：踩影子遊戲

❄準備工作：尋找一空地，且選擇有陽光的日子。

❄遊戲說明：

1. 陽光下，幼兒分散站開。

2. 遊戲一開始，幼兒彼此踩對方的影子，同時避免自己的影子被踩到。

3. 影子被踩到的幼兒大叫「啊」一聲，並倒下，看最後誰都沒被踩到，即屬勝利者。

編號：Ⅰ～13

❄名稱：走線遊戲

❄準備工作：彩色膠帶。

❄遊戲說明：

1. 在教室地上用彩色膠帶貼上大的基本圖形。

2. 請幼兒輪流在圖形上，依邊緣的彩色線走走看。

3. 探討基本圖形的外型特徵及組成（如：有角、幾條線、有轉彎……）。

4. 遊戲亦可在戶外進行，若在草地上，可用繩子替代彩色膠帶；若在水泥地上，則

可用粉筆畫圖形。

編號：Ｉ～14

❋**名稱**：接力賽

❋**準備工作**：

依幼兒人數準備大小相同的物品，如：單位積木、保鮮膜紙筒、椅子、彩色筆……等。

❋**遊戲說明**：

1. 幼兒分成數組。

2. 在一定時間內，每一位幼兒由起點出發至另一頭排一物品，輪流玩，直至時間到。

3. 看看哪組所排物品長度最長，即獲勝。

4. 用小紙片代替所用物品，製作這次比賽的統計圖表；如甲組有十塊積木，就貼十張小紙片……。

5. 完成的統計圖表，可作為每次的成果呈現。

Ⅱ.故事與戲劇

編號：Ⅱ～1

❋**名稱／作者／內容**：

請參考幼兒用書：大人國和小人國（Ｃ～6）、小松鼠的大餅（Ｃ～14）、好忙的蜘蛛（Ｃ～34）、好餓的毛毛蟲（Ｃ～35）、國王的長壽麵（Ｃ～72）、幾何國三勇士（Ｃ～82）、○□△找朋友（Ｃ～87）、圓圓國和方方國（Ｃ～88）、精靈國歷險記（Ｃ～110）。

❋**注意事項**：

1. 可將現有的故事書內容轉成戲劇活動。如「好忙的蜘蛛」（Ｃ～34）中有幾個動物角色，由幼兒分飾演出；幼兒自行製作行頭，依故事內容前後進行演出，是一有趣的戲劇活動。

2. 由故事書轉成的戲劇活動形式可以是真人演出、偶劇、幻燈片加配音來呈現、投影片⋯⋯，不同的形式，有不同的效果。

編號：Ⅱ～2

❀**名稱**：外星人平平和立立

❀**內容**：

　　平平和立立是分別從不同的外星球來的外星人。平平的外星球上的東西都是平面的，如平面的麵包、平面的電冰箱、平面的巧克力盒⋯⋯而立立的外星球上的東西都是立體的，如正正方方的麵包、立方體的巧克力盒、三角錐的甜筒⋯⋯。倆人來到我們的世界，都感到新奇，平平看不懂立體的東西，立立看不懂平面的東西⋯⋯。正當倆人弄不清楚時，聰明的小博士經過，為他們作說明。小博士告訴平平和立立說：這個巧克力盒其實是六個平平的正方形紙板組合成的，平平星球上的人只有看到它的一個面，而立立星球上的人，卻有看到它六個面的立體盒子，其實看到的東西是一樣的⋯⋯。

❀**注意事項**：

　　本自編故事，可依教室陳列物的名稱、外形特性、外形組成的變化，點出平面與立體間的關係，由幼兒來向平平和立立解說這些不懂的問題。故事最後發展：平平和立立在大家的協助下了解了平面與立體間的關係，倆人也成了好朋友，相約定將至對方的星球去玩。

Ⅲ. 兒歌與律動

編號：Ⅲ～1

❀**名稱**：圓兒是什麼？

❀**內容**：

什麼圓兒在天邊？

太陽月亮在天邊。

什麼圓兒在水邊？

荷葉水珠在水邊。

什麼圓兒新竹賣？

貢圓肉圓新竹賣。

什麼圓兒最可愛？

紅臉娃兒人人愛。

編號：Ⅲ～2

❁**名稱**：數學小神童

❁**內容**：

我是數學小神童，

物品輕重我會秤，

計算長短我也行，

比較高低最容易，

實際動手去操作，

認識數學真輕鬆。

編號：Ⅲ～3

❁**其他相關兒歌有**：

(1)數數兒七則，收錄於張翠娥編（民73）：大家來唸兒歌。頁238～241。台北：大洋。

(2)樹上的鳥兒，收錄於張翠娥編（民73）：大家來唸兒歌。頁235。台北：大洋。

(3)什麼是方的，收錄於張翠娥編（民73）：大家來唸兒歌。頁242。台北：大洋。

(4)儲蓄，收錄於台北市政府教育局主編（民71）：台北市幼稚園單元教學活動設計與指導大班（5歲組）。頁160。台北：正中。

(5)找圖形，收錄於教育部國民教育司（民74）：幼稚園科學教育單元教材小班（上冊）。頁36。台北：台灣書店。

(6)前後左右跳，收錄於吳淑美編著（民80）：幼兒音樂（上）。頁172。台北：格致。

(7)圖形遊戲（張素珍），收錄於台灣省政府教育廳（民 75）：幼稚園單元教學活動設計小班上學期。頁 112。台灣省政府教育廳。

(8)圈圈歌（張素珍），收錄於台灣省政府教育廳（民 75）：幼稚園單元教學活動設計小班上學期。頁 112。台灣省政府教育廳。

(9)小撲滿，收錄於劉作揖編著（民 77）：幼兒唱遊教材。頁 220。台北：文化圖書。

(10)從一數起，收錄於朱介凡（民 74）：中國兒歌。頁 205。台北：純文學。

(11)放雞鴨（台語），收錄於簡上仁（民 81）：台灣的囝仔歌②。台北：自立晚報。

(12)育女歌（台語），收錄於簡上仁（民 81）：台灣的囝仔歌③。台北：自立晚報。

(13)一的炒米香（台語），收錄於簡上仁（民 81）：台灣的囝仔歌②。台北：自立晚報。

(14)十二生肖歌（台語），收錄於簡上仁（民 81）：台灣的囝仔歌①。台北：自立晚報。

(15)一隻蝶仔（台語），收錄於王金選（民 80）：紅龜粿。頁 15。台北：信誼。

(16)三隻豬（台語），收錄於王金選（民 80）：紅龜粿。頁 19。台北：信誼。

(17)白馬穿白衫（台語），收錄於王金選（民 80）：紅龜粿。頁 21。台北：信誼。

Ⅳ. 工作

編號：Ⅳ ～ 1

❀**名稱**：數字閱兵

❀**材料**：色紙、書面紙或圖畫紙、數字印章、剪刀、膠水。

❀**作法說明**：

1. 將紙裁剪成正方形、圓形、長方形、三角形……等形狀。

2. 利用數字印章蓋印後剪下數字。（或剪下日曆、月曆上的數字）

3. 將1.的形狀紙及2.的數字作隨意組合的設計貼畫。

4. 亦可一邊唸兒歌，一邊直接用數字印章蓋印作畫。

　兒歌：1什麼1？（耳環）1。

　　　　2什麼2？（耳朵）2。

　　　　3什麼3？（頭髮）3。

　　　　4什麼4？（髮夾）4。

　　　　5什麼5？（短腳）5。

　　　　6什麼6？（鼻子）6。

　　　　7什麼7？（長手）7。

　　　　8什麼8？（嘴巴）8。

　　　　9什麼9？（釦子）9。

　　　　0什麼0？（眼睛）0。

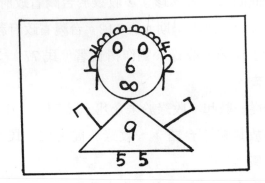

5. 兒歌的應用為師生問答方式，如：老師問：「1什麼1？」幼兒自由回答：「耳環1」或「拉鏈1」……。集體創作數字兒歌真有趣。

✿**成品簡圖**：（如右上圖）

編號：Ⅳ～2

✿**名稱**：我的數目書

✿**材料**：舊的報章雜誌、月曆、圖畫紙、剪刀、膠水、訂書機。

✿**作法說明**：

1. 幼兒從舊的報章雜誌、月曆上剪下喜歡的圖畫，分類貼於圖畫紙上。

2. 在每一張圖畫紙上，寫上正確的數目字。如貼了三隻小鳥，即寫「3」。

3. 累積數張圖畫紙後，可依數序排列，裝釘成冊，並自製封面，「我的數目書」即完成。

4. 分類剪貼時，可將自己最喜歡的東西都剪下，成為「我的書」：我的「2」個好朋友，我最喜歡吃的「5」種水果……。

✿**成品簡圖**：

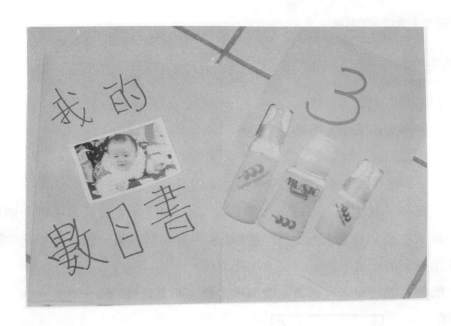

編號：IV～3

❀**名稱：**圖形蛋糕（餅乾）

❀**材料：**紙黏土、形狀模型、切割工具、油漆筆。

❀**作法說明：**

　　1. 將紙黏土搓成一小塊，壓入形狀模型中，取出待乾。

　　2. 將乾燥後的紙黏土著上喜歡的顏色，成為圖形蛋糕（餅乾）。

　　3. 可將作品帶至娃娃家扮演遊戲時使用。

　　4. 本活動亦可更換為烹飪活動，利用麵粉、糖……等材料，製作香噴噴的小點心。

編號：IV～4

❀**名稱：**圖形集中營

❀**材料：**色紙、書面紙或其他紙材、剪刀、白膠。

❀**作法說明：**

　　1. 將紙剪成三角形、圓形、正方形……等多種形狀圖形。

　　2. 隨喜好自由創作，拼貼出各種造形。

❋**成品簡圖：**（如上頁右圖）

編號：Ⅳ～5

❋**名稱：**撲克王國

❋**材料：**大小形狀相同的紙卡、彩色筆。

❋**作法說明：**

1. 每人取一組紙卡（十張），設計相同的圖案。

2. 設計圖案時，其中第一張紙卡在邊角處寫上「1」，並於紙卡中畫一個圖案；第二張紙卡在邊角處寫上「2」，並於紙卡中畫兩個與第一張紙卡相同的圖案……依此類推至第十張。即完成自製的撲克牌。

3. 對年齡較大的幼兒，可建議他增加紙卡數，如：1～15、1～20……。

❋**成品簡圖：**

❋**延伸活動：**

1. 幼兒四人一組，混合四人自製的撲克牌，隨機分給四人。約定從某一種圖案的「5」開始，持有此牌的幼兒先出，然後依順時針方向輪流出牌，出牌的規則是：

   ①有「5」的先出。

   ②要跟進已出現的撲克牌數字，做數序的接龍。

   ③若手中無牌可出，則蓋牌一張。

   最後，看誰蓋牌的次數最少，或所蓋牌的數字總和最少，則為撲克王國的國王。

2. 幼兒二人一組，玩比大小的遊戲。混合二人自製的撲克牌，隨機分給二人，輪流出牌，看誰的數字較大，數字大的可以收走數字小的撲克牌，最後看誰的牌都沒

了，就是撲克小兵。（出牌時，不能看自己的牌）

編號：Ⅳ～6

❀**名稱**：量一量，誰比較高

❀**材料**：身高尺、線、紙條、筆、印台、壁報紙。

❀**作法說明**：

1. 幼兒彼此互量身高。

2. 方法有三：

　①在身高尺上畫記。

　②一位幼兒緊靠牆壁，或直躺，另一幼兒拿線測量他的高度。

　③同上，但是用手測量幼兒的高度，如十個手掌高，蓋手掌印在紙條上。

　④將所得的線、手掌印分別貼在壁報紙上，做簡單的統計圖表，比較身高。

編號：Ⅳ～7

❀**名稱**：財產統計圖表

❀**材料**：大張書面紙、教室財產資料、筆。

❀**作法說明**：

1. 選定一種共同認定的統計方式。（如：長條圖）

2. 將教室財產資料繪製成一「財產統計圖表」。

3. 財產統計圖表上可呈現數、量、圖案。

❀**成品簡圖**：

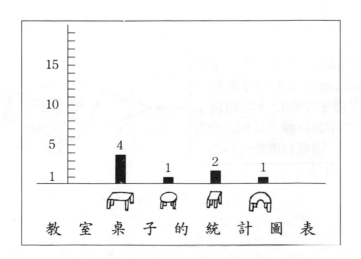

527

第六節　活動範例

範例一：形狀國

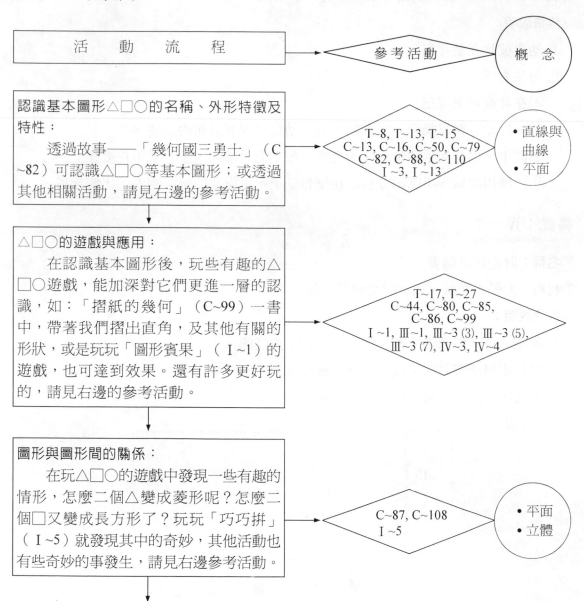

| 活　動　流　程 | 參考活動 | 概　念 |

認識基本圖形△□○的名稱、外形特徵及特性：

　　透過故事──「幾何國三勇士」（C~82）可認識△□○等基本圖形；或透過其他相關活動，請見右邊的參考活動。

T~8, T~13, T~15
C~13, C~16, C~50, C~79
C~82, C~88, C~110
I~3, I~13

• 直線與曲線
• 平面

△□○的遊戲與應用：

　　在認識基本圖形後，玩些有趣的△□○遊戲，能加深對它們更進一層的認識，如：「摺紙的幾何」（C~99）一書中，帶著我們摺出直角，及其他有關的形狀，或是玩玩「圖形賓果」（I~1）的遊戲，也可達到效果。還有許多更好玩的，請見右邊的參考活動。

T~17, T~27
C~44, C~80, C~85,
C~86, C~99
I~1, III~1, III~3 (3), III~3 (5),
III~3 (7), IV~3, IV~4

圖形與圖形間的關係：

　　在玩△□○的遊戲中發現一些有趣的情形，怎麼二個△變成菱形呢？怎麼二個□又變成長方形了？玩玩「巧巧拼」（I~5）就發現其中的奇妙，其他活動也有些奇妙的事發生，請見右邊參考活動。

C~87, C~108
I~5

• 平面
• 立體

平面與立體的關係：
　　「巧巧拼」（Ⅰ~5）的遊戲玩著玩著，出現了一個可以裝東西的立方體，搖著搖著變成了樂器；它是怎麼變出來的？讓我們一起來探索，其他相關活動請見右邊的參考活動。

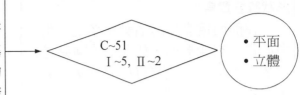

C~51
Ⅰ~5, Ⅱ~2

• 平面
• 立體

影子遊戲：
　　刻意的讓燈光來陪伴我們，進行影子遊戲，「神秘的白布」（Ⅰ~4）後面放的是自己組合成的立方體樂器，從前面看不一樣了，放放其他的東西又有不一樣的發現——同樣的立體物可創造出不同的平面影子，不同的立體物亦可創造出相同的平面影子。除此之外，還可以讓陽光陪伴我們玩遊戲，相關的活動請見參考活動。

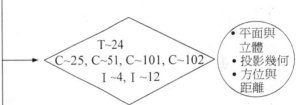

T~24
C~25, C~51, C~101, C~102
Ⅰ~4, Ⅰ~12

• 平面與立體
• 投影幾何
• 方位與距離

人的形狀國：
　　人也是由平面和立體所組成的，人也可以變出很多形狀，可在「神秘的白布」（Ⅰ~4）後面發揮想像創造力；蘇斯博士的「形狀大王國」（C~41）中和我們分享他的想像世界。

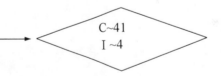

C~41
Ⅰ~4

立體造形創作：
　　基本圖形△□○能夠變出許多有趣的圖形，還讓我們發現平面與立體間的奧妙，將它們統統組合起來，必定是一件有意思的事，有關的活動，請見參考活動。

C~16, C~49, Ⅲ~3 ⑶,
Ⅲ~3 ⑸, Ⅲ~3 ⑺

形狀國展覽會：

　　在前面這麼多的活動裡必定產生許多心得，有無形的，如兒歌「圓兒是什麼？」（Ⅲ~1）。也有有形的，如「圖形集中營」（Ⅳ~4）的作品……。開一個展覽會，與親朋好友分享，其樂融融。相關活動，請見參考活動。

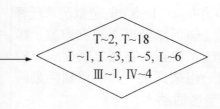

T~2, T~18
I ~1, I ~3, I ~5, I ~6
Ⅲ~1, Ⅳ~4

範例二：外星人來訪

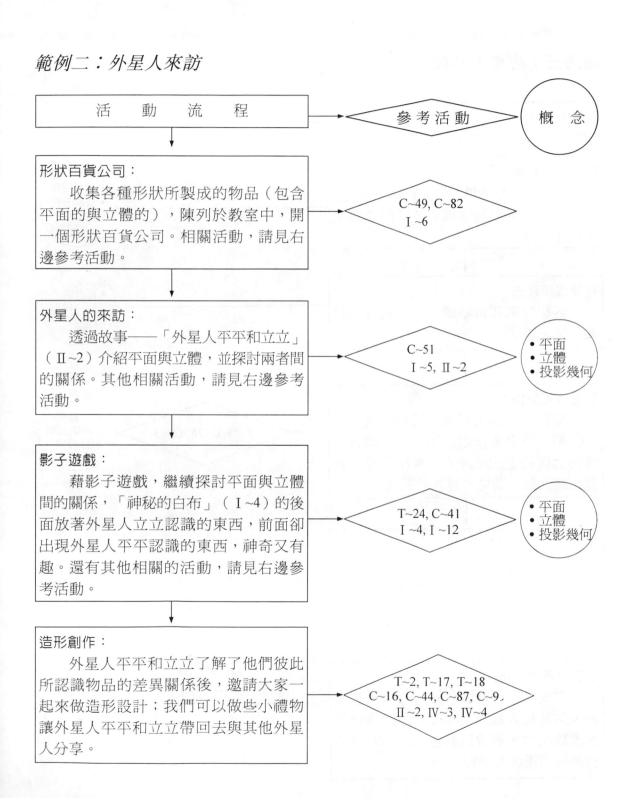

範例三：財產大公報

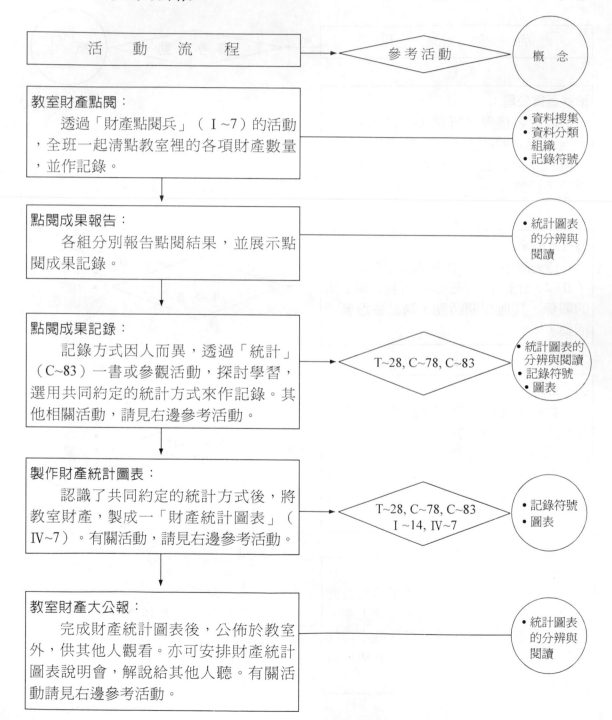

活　動　流　程	參考活動	概　念
教室財產點閱： 　透過「財產點閱兵」（Ⅰ~7）的活動，全班一起清點教室裡的各項財產數量，並作記錄。		• 資料搜集 • 資料分類組織 • 記錄符號
點閱成果報告： 　各組分別報告點閱結果，並展示點閱成果記錄。		• 統計圖表的分辨與閱讀
點閱成果記錄： 　記錄方式因人而異，透過「統計」（C~83）一書或參觀活動，探討學習，選用共同約定的統計方式來作記錄。其他相關活動，請見右邊參考活動。	T~28, C~78, C~83	• 統計圖表的分辨與閱讀 • 記錄符號 • 圖表
製作財產統計圖表： 　認識了共同約定的統計方式後，將教室財產，製成一「財產統計圖表」（Ⅳ~7）。有關活動，請見右邊參考活動。	T~28, C~78, C~83 Ⅰ~14, Ⅳ~7	• 記錄符號 • 圖表
教室財產大公報： 　完成財產統計圖表後，公佈於教室外，供其他人觀看。亦可安排財產統計圖表說明會，解說給其他人聽。有關活動請見右邊參考活動。		• 統計圖表的分辨與閱讀

幼兒教育 34

幼稚園教學資源手冊

策劃主編：江麗莉
作　　者：江麗莉、黃靜子、張重文
　　　　　曾月琴、曾錦貞、詹日宜
執行編輯：陳文玲
發 行 人：邱維城
出 版 者：心理出版社股份有限公司
社　　址：台北市和平東路二段 163 號 4 樓
總　　機：(02) 27069505
傳　　真：(02) 23254014
郵　　撥：19293172
 E-mail ：psychoco@ms15.hinet.net
網　　址：www.psy.com.tw
駐美代表：Lisa Wu
　　Tel　：973 546-5845　　Fax：973 546-7651
登 記 證：局版北市業字第 1372 號
印 刷 者：玖進印刷有限公司
初版一刷：1999 年 11 月
初版三刷：2003 年 11 月

定價：新台幣 580 元

ISBN 957-702-347-9

國家圖書館出版品預行編目資料

遊戲治療技巧 / Charles E. Schaefer , Donna
M . Cangelosi 編；何長珠譯.— 初版.—
臺北市：心理, 2001〔民 90〕
　　面 ；　　公分. -- (心理治療；23)
參考書目：面
含索引
譯自：Play therapy techniques
ISBN 957-702-416-5(平裝)

1. 遊戲治療 2. 心理治療

178.8　　　　　　　　　　　　89020209

讀者意見回函卡

No. _____ 填寫日期： 年 月 日

感謝您購買本公司出版品。為提升我們的服務品質，請惠填以下資料寄回本社【或傳真(02)2325-4014】提供我們出書、修訂及辦活動之參考。您將不定期收到本公司最新出版及活動訊息。謝謝您！

姓名：_____ 性別：1□男 2□女
職業：1□教師 2□學生 3□上班族 4□家庭主婦 5□自由業 6□其他_____
學歷：1□博士 2□碩士 3□大學 4□專科 5□高中 6□國中 7□國中以下

服務單位：_____ 部門：_____ 職稱：_____
服務地址：_____ 電話：_____ 傳真：_____
住家地址：_____ 電話：_____ 傳真：_____
電子郵件地址：_____

書名：_____

一、您認為本書的優點：（可複選）
　❶□內容 ❷□文筆 ❸□校對 ❹□編排 ❺□封面 ❻□其他_____

二、您認為本書需再加強的地方：（可複選）
　❶□內容 ❷□文筆 ❸□校對 ❹□編排 ❺□封面 ❻□其他_____

三、您購買本書的消息來源：（請單選）
　❶□本公司 ❷□逛書局⇨_____書局 ❸□老師或親友介紹
　❹□書展⇨____書展 ❺□心理心雜誌 ❻□書評 ❼□其他_____

四、您希望我們舉辦何種活動：（可複選）
　❶□作者演講 ❷□研習會 ❸□研討會 ❹□書展 ❺□其他_____

五、您購買本書的原因：（可複選）
　❶□對主題感興趣 ❷□上課教材⇨課程名稱_____
　❸□舉辦活動 ❹□其他_____ （請翻頁繼續）

廣　告　回　信
台灣北區郵政管理局登記證
北 台 字 第 8133 號
（免貼郵票）

 心理出版社 股份有限公司

台北市 106 和平東路二段 163 號 4 樓

TEL:(02)2706-9505
FAX:(02)2325-4014
EMAIL:psychoco@ms15.hinet.net

沿線對折訂好後寄回

六、您希望我們多出版何種類型的書籍

　❶□心理 ❷□輔導 ❸□教育 ❹□社工 ❺□測驗 ❻□其他

七、如果您是老師，是否有撰寫教科書的計劃：□有□無

　書名/課程：_____

八、您教授/修習的課程：

上學期：_____

下學期：_____

進修班：_____

暑　假：_____

寒　假：_____

學分班：_____

九、您的其他意見

_____

謝謝您的指教！　　　　　　　　　53104